Ludovica Squirru Dari

Horóscopo chino
2022

TIGRE
DE AGUA

2010 • 2022 • 2034

VERGARA

PRODUCCIÓN GENERAL E IDEAS
L. S. D.

COORDINACIÓN EDITORIAL Y CORRECCIÓN
Marisa Corgatelli

DISEÑO Y SUPERVISIÓN DE ARTE
Natalia Marano

FOTOS TAPA, CONTRATAPA, INTERIOR Y PÓSTER CALENDARIO
Claudio Herdener - gatophoto@gmail.com
gatophoto.blogspot.com

ILUSTRACIONES DE INTERIOR
Verónica Quesada - makita-66@hotmail.com

VESTUARIO, PEINADO Y MAQUILLAJE
Gabriel Oyhanarte - gabrieloyhanarte@gmail.com

COLABORACIONES ESPECIALES
Cristina Alvarado Engfui - islacentral@yahoo.com
Ana Isabel Veny Llabres - zonaatomica@gmail.com

COLABORACIONES
Julián Randle - @randle1962
Deepak Ananda - @horoscopohinduok

AGRADECIMIENTOS ESPECIALES
Hoby De Fino - @hobydefino
Mis amigos y sus mascotas

Fundación Espiritual de la Argentina
http://www.ludovicasquirru.com.ar/html/fundacion.htm

INSTAGRAM
@ludovica.squirru

FACEBOOK
Ludovica Squirru

Penguin
Random House
Grupo Editorial

Horóscopo chino 2022
Tigre de agua 2010 • 2022 • 2034

Primera edición en Argentina: septiembre, 2021
Primera edición en México: octubre, 2021

D. R. © 2021, Ludovica Squirru Dari

D. R. © 2021, Penguin Random House Grupo Editorial, S.A.
Humberto I, 555, Buenos Aires
penguinlibros.com

D. R. © 2021, derechos de edición mundiales en lengua castellana:
Penguin Random House Grupo Editorial, S. A. de C. V.
Blvd. Miguel de Cervantes Saavedra núm. 301, 1er piso,
colonia Granada, alcaldía Miguel Hidalgo, C. P. 11520,
Ciudad de México

penguinlibros.com

ISBN: 978-607-380-586-5

Impreso en México – *Printed in Mexico*
Impreso en los talleres de Litográfica Ingramex, S.A. de C.V.
Centeno 162-1, Col. Granjas Esmeralda, C.P. 09810, Ciudad de México.

DEDICATORIA

ÍNDICE

Prólogo del año del Tigre 9
Introducción a la Astrología china,
   por Cristina Alvarado Engfui 17

ASTROLOGÍA POÉTICA
Rata 28
Búfalo 46
Tigre 62
Conejo 82
Dragón 98
Serpiente 114
Caballo 132
Cabra 148
Mono 164
Gallo 180
Perro 196
Chancho 212

Relación de cada signo con sus amores animales 230
El Eneagrama: un poderoso camino
para la iluminación personal
   por Julián Randle 249

Predicciones mundiales 2022
   para el año del Tigre de Agua 256
Predicción general para el año
   del Tigre de Agua *yang* 2022/4720 261
Predicciones preventivas para Argentina basadas
   en la intuición y el I CHING 278

Los astros y sus influencias en 2022 para Latinoamérica,
Estados Unidos de América y España
por Ana Isabel Veny Llabres 289

PREDICCIONES PREVENTIVAS
Rata 315
Búfalo 326
Tigre 336
Conejo 347
Dragón 357
Serpiente 369
Caballo 379
Cabra 389
Mono 399
Gallo 410
Perro 419
Chancho 430

Tabla de los años lunares exactos 440
Tabla Ki 9 estrellas 443

Un viaje por los años del Tigre 446

Bibliografía 448

PRÓLOGO DEL AÑO DEL TIGRE

Ni siquiera el destino,
ni acaso algún disfraz,
y ni aun la esperanza
lograron que traiciones
durante mucho tiempo
tu amor por esa luz,
por esa etérea luz
que perdura en las cuevas
donde vocabularios en el olvido yacen.
Han Shan

Humanidad autodidacta
Sin libros, maestros, oportunidades para admirar y seguir ejemplos.

Somos huérfanos de un mundo que se evapora y otro que está naciendo sin partera.

Absortos, vivimos sin saber por qué hay que permanecer en una ola que se acrecienta de situaciones límite, en donde estamos incómodos, fuera de eje, apesadumbrados, fulminados, desesperados por encontrarnos en una cita que no llega; la presión de lo suscitativo trae temor y temblor.

Hay que hacer ofrendas y ceremonias a los antepasados para apaciguar la ira de los que están vivos y olvidan los sacrificios de los ancestros.

La conmoción del último tiempo nos sacude sin centrifugar los sentimientos que quedaron a la deriva.

La desconexión, con el alma devorada, de los deseos que nunca llegan de tanto imaginarlos nos transportaron a la placenta del parto sin reencuentro con la madre, su calor, amor y ganas de explorar el mundo. Este mundo extraño y despiadado que nos eyecta a la intemperie y que no tiene leyes terrenales ni justicia.

Es un laboratorio con un nuevo genoma, donde la PANDEMIA arrasó a los débiles de espíritu y desamparados del sistema desde el origen.

LA PREVENCIÓN, como se practica en algunos países de Oriente, ayudó a que la catástrofe no fuera igual que en Occidente.

Pero finalmente nos globalizaron en el planeta, con más o menos recursos, médicos, enfermeros, asistentes sociales y de la salud, y la OMS demostró ser el virus de tratados con laboratorios y las potencias de turno, con las cuales se alió en sus 73 años de existencia.

ES CRONOS DENTRO DE KAIRÓS.

No hice la gira de promoción del libro del búfalo; no viajé a ningún lugar del planeta.

No sé si tomaré algún avión otra vez. No lo deseo.

Es otra gira dentro del mundo que gira. Sin planes, con la intuición como el timón de esta frágil flor de cactus de la Puna.

Domingo porteño. Preparé el mate con el termo de Frida y la vela del día Aqabal 5 en el TZOLKIN. Escucho las señales del día.

Hoy es un día de transformación con decisiones profundas.

Me preparo para recibir Diksha, ritual hindú para liberar lo tóxico y dejar que entre el sol.

Tiempo de despertar con el tercer ojo para equilibrar la entrada y salida de prana (energía, ki, CHI), a las plantas, animales, reinos ocultos e invisibles, y en lo posible a nosotros mismos.

A quienes esperan nuestra mano, caricia, mirada para acompañar su ciclo en un cuerpo que sufre y espera despegar.

Mi ángel de la guarda está contento. Eleva su clarín de madera para que otros reciban su mensaje tocando el laúd en el cielo anterior.

Se conjuga el palo santo con la brisa suave de la mañana. Momento para intuir el devenir. Escucho *Summertime*, por ELLA FITZGERALD, cuando en el hemisferio sur se despedirá el verano dentro de diez días.

Nostalgia del futuro.

El cambio de luz comienza a notarse; la propia es de farol de noche.

Hace poco despedí a GIPSY, mi amiga perra desde los veinte años hasta estos katunes; no hubo pausas en el vínculo, en el estar visible o invisible, dejando nuestros cuerpos en la arena, riéndonos con dolor de panza, mirando las estrellas en Traslasierra mientras nos confesábamos los amores reales e inventados, con gracia e imaginación. Mutua admiración; actriz de raza, cantante excepcional, *show-woman* no captada en estas tierras.

Cumplí la voluntad de mi padre antes de morir, hace medio siglo: que sus cenizas descansen en la serranía; mitad en un cementerio en San Luis, San José del Morro, y otra en el campo fundacional.

Ayer, en el Día Internacional de la Mujer, busqué la urna, simple, de madera terciada, en el Cementerio de la Chacarita, en un día de sol en el que descubrí a ALFONSINA STORNI musitándome un poema, a OSVALDO PUGLIESE tocando *Los mareados* y a LUIS SANDRINI silbando entre dalias y margaritas.

QUÉ VIVOS SENTÍ A LOS MUERTOS ayer, vida mía.

Hoby, entre arisco y conmovido, me acompañó en el ritual.

Transito marzo, mes que espero para comer los choclos de la pacha serrana, espiar a las liebres que salen de madrugada, guiñándonos sus ojos aunque no vean.

Esa luz tenue, que sale y se pone dando reflejos iridiscentes.

La temperatura templada, rumbo al DOYO, me deja darme algunos chapuzones en el tanque australiano.

Recolecto en mi canasta de mimbre ideas, presentimientos, ceremonias, rituales, conversaciones que soñé o imaginé con los grandes ausentes de mi vida.

Me desvelé a las 4 am, después de sentir que Catman entraba en la cama y me abrazaba.

¿¿Ubicuidad??

Y sigo absorta por el fuego que sigue exterminando vida de todos los reinos de la creación: vegetal, animal, humano.

Fuegos intencionales para hacer negocios en lugares donde aparecerán carreteras espaciales, ciudades construidas en un mes por los chinos, sin árboles, ni bosque nativo, ni ecosistema que eviten que a muy corto plazo la vida se extinga.

Porque quien extinga intencionalmente o como mercenario el lugar donde habitamos, tampoco respirará aire puro, ni tendrá agua potable que nazca de deshielos, de manantiales, de afluentes en los que viven peces y sirenas que nos alimentan el cuerpo y el alma.

He sido víctima de dos grandes incendios intencionales en el campo fundacional: uno al año de haberlo comprado y sentirme dueña de un paraíso inabarcable, y otro hace dos años.

Solo la buena onda vecinal, los encargados del lugar, bomberos con base en el predio, extrayendo agua del tanque australiano y el pozo del molino pudieron apaciguar las fauces del demonio, que duró aproximadamente una semana.

Un avión hidrante como imagen de un mundo olvidado por los dioses intentaba rociar el exterminio.

En marzo del año del búfalo arden los bosques y las casas, el ganado y las vidas de la gente del Sur.

En LA COMARCA, lugar paradisíaco, único, maravilloso, lleno de aire puro, el Río Negro, CURRÚ LEUVÚ, y la provincia de Chubut, rica en recursos naturales; estamos padeciendo el Apocalipsis.

No es una pesadilla: es el plan –como diría CONFUCIO en los hexagramas del I CHING– de los que ocupan puestos, lugares que no les corresponden.

Sigo con ceremonias y rituales.

Insisto en apaciguar tanto AMODIO (amor-odio).

Los pájaros se esconden, no cantan como antes.

El aire está enrarecido.

Un año más, a los maizales que planté con entusiasmo la langosta los devora minuto a minuto.

El cambio climático es ahora nuestro desafío.

Porque ya no tenemos los mismos órganos con la contaminación del medioambiente en gran escala: los pulmones llenos de humo, el estómago con bacterias y virus que nos visitan como ejércitos ocultos en la selva, esperando el despliegue de contaminación adquirida en alimentos vencidos, envenenados, adulterados.

Hoy es una hazaña saber qué comer, de dónde provienen la verdura, la fruta, los lácteos. Porque además de que escasean, nacen empobrecidos en proteínas y vitaminas, transgénicos.

¿Nos prepararon para esto?

Nuestras acciones y sus consecuencias se agigantaron y están dilapidando a Eros. Una nueva era de adaptación a nuevas fuentes de energía y recursos nos visitan y tendremos que REAPRENDER, REHABILITARNOS, REINSERTARNOS en esta nueva vida.

Promediando marzo LA PATAGONIA ARDE EN LLAMAS.

Experiencia conocida por mí (vine a purificarme con el fuego).

Y en mi cadena ecológica recibo un poema de LUCIANO DEBANNE, que me conmovió desde la coronilla al tantra del Hara, y dice así:

Llueve, pero no alcanza.
Lueve sobre el fuego que se come las cosas.
Lueve sobre las huertas que alimentan las mesas.
Llueve sobre los abrevaderos de las majadas que resisten el desalojo.
Sobre los cuerpos anquilosados
en las veredas de tanto no poder
bañarse la mugre de la ciudad.
Llueve, pero no alcanza.
Llueve sobre las ciudades y sus titulares infames.
Llueven los ojos de las madres
de las víctimas de antes y de ahora.
Llueve sobre el calor de las chapas donde el hachero descansa su hastío.
Llueve sobre los campos yermos
de tanto sacarles, sobre las laderas de los montes pelados a máquina y humo, sobre las plazas terrosas y abandonadas de los pueblos sin presupuesto,
sobre la maceta olvidada en el patio
de la que no volvió.
Llueve, pero no alcanza.
Llueven discursos, limosnas, comunicados, políticas a medio hacer, medidas excepcionales,
pedidos de disculpa, buenas intenciones, donaciones, juntas de firma, marchas, declaraciones, editoriales, posteos y likes.
Llueve, pero no alcanza.

Llegó el DOYO, la estación intermedia entre el verano y el otoño, cuando el clima comienza a cambiar y a decretar que ya "lo que es afuera es adentro".

En Argentina atravesamos tiempos complicados.

Problemas con la llegada o no de las vacunas, la crisis política que deja más anestesiado al pueblo.

La pobreza no solo real, palpable, de la mitad de la población produce más inseguridad, violencia, atentados a los mayores, mujeres, hombres de bien, a los adolescentes y a los niños que están siendo inmolados antes de nacer.

Se avecina la segunda ola de pandemia.

Y estando aún en Buenos Aires prendo velas para regresar a nuestra casa en Traslasierra y no quedar atrapados como en el año de la rata infectada en la ciudad de Buenos Aires, que ya es un cementerio.

El mundo casi llegó a su máximo enajenamiento.

Entonces, decreto que cada día reafirmaré mis ceremonias de gratitud, el pedido por los enfermos cercanos, los que están a mi alcance, los que no puedo ayudar en lo real y cotidiano, los que mueren sin una caricia, un beso, un llamado.

El estímulo para vivir se diluye como las gotas de rocío en la madrugada.

Apenas pude ver a pocos amigos en el último año y medio.

Hoy apareció Vivi, que es la que me sigue el rastro de liana en liana y con su arte y magia crea velas, toca tambores, hace yoga y atraviesa cada experiencia con aprendizaje, que compartimos en cada reencuentro. Es otra amiga que suspendió por segunda vez su viaje a Europa, y sin conocer el viejo continente me dice que ya no le importa.

La adaptación en estos tiempos es un salto cuántico a Orión.

El paisaje interior le gana al exterior. Y si no hay vida interior desarrollada a través de la existencia, es muy difícil que alguien pueda sobrevivir, por más millonario que sea.

Durante la pandemia todos o muchos hemos tenido tiempo de rebobinar nuestra vida.

Pecados, actos de arrepentimiento, balance en el dar y recibir (espiritual y materialmente) siguen siendo una gran oportunidad para revalorizar cada pequeña acción, cada gesto de ternura, de apoyo a quienes sufren, a quienes están partiendo a otra vida, y a su familia, amigos, nuevos seres que las circunstancias nos pusieron en el camino.

El Kali yuga, ciclo de gran oscuridad para los hindúes, está en su apogeo.

Ahora la naturaleza toma su revancha y, atónitos, en minutos vemos desaparecer por el fuego, el agua, la tierra y el aire a los reinos visibles para dejar que entren los invisibles.

La transformación es irreversible.

Los dioses, cansados de guiarnos y advertirnos, buscan otros universos para ser escuchados y venerados.

En la tierra se revirtieron los órdenes para permanecer.

El cambio de estado se avecina.

Somos inducidos por gente que no conocemos, que son o se creen los nuevos dioses, creadores de redes, sitios, lugares en los que la gente cree que "el otro existe" porque eyaculan o tienen orgasmos por visiones en pantallas, en sus fantasías no resueltas, en su miedo a conectarse en un abrazo, en una mirada que nos recupere las ganas de enamorarnos por un instante, aunque sea unilateralmente.

Una luz rosa celestial inunda el balcón, los bambúes, y mi corazón.

Luz de presagios.

Y un atardecer en China.

El retorno

Después de setenta días en Buenos Aires en verano, intentando encauzar el viaje transmutador del año de la rata y sus secuelas más invisibles que visibles, con Catman pusimos en foco nuestras tareas porteñas para retornar al valle serrano.

Fue un viaje muy especial: traía las cenizas de mi padre, después de medio siglo, para cerrar su deseo: que descansen en Traslasierra y en el cementerio de SAN JOSÉ DEL MORRO, en San Luis.

El jabalí Eduardo amaba esta región, y ayer, en un mediodía cálido de Pascua, con ceremonias de sincretismo, dejé parte de sus partículas debajo del aguaribay y la tortuga del Lo Shu que mira hacia el Norte, donde los chinos entierran a sus antepasados.

Un año antes, exactamente el 28 de marzo, teníamos el regreso desde Buenos Aires a Córdoba, y el cierre del país nos impidió volver a nuestra casa. Estuvimos nueve meses en Buenos Aires, adaptándonos a los designios del TAO.

Con una mudanza de plantas, valijas, libros y muchas ganas dejamos a nuestros avatares cuidando nuestros hogares porteños.

El viaje, un domingo por la ruta 8, fue un kármico laberinto no señalizado.

Nos desvió hora y media, hasta que un hombre nos indicó que Pergamino quedaba en la dirección opuesta.

OMOMOM.

Transitamos *Las cuatro estaciones* de Vivaldi entre Buenos Aires y nuestra llegada a Feng Shui, con la luna llena que nos dio la bienvenida en el jardín poblado de aromas dignos del otoño precoz.

Sin luces ni linterna, el manojo de llaves abrió la puerta de entrada, que nos decía "bienvenidos".

En los veintiún años que vivo acá, fue la llegada más deseada de mi vida.

El otoño con su tibieza, los colores en degradé, las texturas confirmaron que más allá de las decisiones que se tomen en el país por la pandemia, si los designios del TAO (camino) lo quieren, enraizaremos dejando atrás Buenos Aires, que ya es una ciudad fantasma.

Nos esperaba una tortilla de papas de Elvira, que a pesar de la tristeza por la pérdida de Abraham, su compañero de más de sesenta años, nos recibió con amor de Pachamama.

Cada día es una paleta de Gauguin, Macció, Renoir, desde que se anuncian las primeras horas del alba hasta que el sol se despide con destellos violáceos en el lleno Dique de La Viña.

Epílogo
Dejo que el presente susurre el camino.

Cada día es un mensaje en un papiro, glifo, ideograma chino.

Solté amores no correspondidos, despedidas de maestros que fueron amigos y a mis hermanos argentinos.

Espero respirando eucaliptus medicinal sobre la salamandra, la cura más antigua para abrir los pulmones, mientras despierto de un nuevo parto en la tibieza de la mañana de otro invierno que tatuará mi alma.

L. S. D.

INTRODUCCIÓN A LA ASTROLOGÍA CHINA

por Cristina Alvarado Engfui

El *yin* y el *yang* en el despertar de conciencia

Los últimos diez años han sido una cátedra sobre el comportamiento de las polaridades *Yin* y *Yang*. El año de la rata de metal *yang* 2020 tuvo una energía que se expresa como una prisión porque la acumulación de energía en la polaridad *yang* es literalmente igual a encerrarnos en una cárcel, la prisión ese año era de la energía agua propia de la rata en relación con el metal *yang* que rigió el año 2020. Como todos sabemos, el agua es fluida y suave, lo cual asumimos que son cualidades *yin*, pero el año fue de polaridad *yang*. Ese año todos estuvimos encerrados como en una prisión porque así actúa la energía agua en combinación con la energía metal; literalmente nos tuvo a todos en la cazuela. El siguiente año búfalo de metal *yin*, la situación varió y, si bien la pandemia y el cambio climático continuaron su curso, la voluntad de la humanidad empezó a mostrar la disciplina propia de los signos de tierra y la perseverancia de la energía de metal *yin*, la energía agua se detuvo y comenzamos un año cuya polaridad básica fue *yin*: suave, perseverante, reflexiva.

La literatura taoísta nos invita a desistir de nuestros intentos por comprender el Tao, pero eso no ha impedido miles de años de análisis empírico alrededor de la energía de vida o Qi 氣. Esta energía la conocemos también como Chi o Ki. En términos burdos, podemos asumir hasta cierto punto que el Tao es la forma y el Qi, el contenido. El Qi está al mismo tiempo en lo vivo, en lo inerte que puede contener al Qi, y en lo que está en transición a disolverse por completo. Observemos: el Qi está en la planta que vive en el alféizar de la ventana y en la madera del marco que se está degradando lentamente sin que el ojo humano lo pueda notar, está en lo vivo y en lo muerto al mismo tiempo. En la bacteria que está naciendo entre las hojas, en la molécula de ADN que contiene los planos de la reproducción de la vida usando solo cuatro nucleótidos, y en la pequeña célula del parásito benigno que está en la tierra, del mismo modo que en el moho que crece sobre las piedrecitas y hasta en las esporas de micorriza en las raíces. Basta un desequilibrio en la maceta –que falte agua– para que ese diminuto ecosistema se rompa.

Estamos compuestos por 65 % de oxígeno, 18 % de carbono, 10,2 % de hidrógeno, 3,1 % de nitrógeno, 1,6 % de calcio, y proporciones diminutas de fósforo, potasio, sodio, magnesio, cloro, etcétera. Si contamos que en conjunto nuestro cuerpo tiene un porcentaje importante de información genética proveniente de toda clase de virus, bacterias, hongos, parásitos y además, adentro de cada una de esas partículas que nos componen solo hay vacío, es decir NADA, espacio vacío. ¿Entonces estamos hablando del Tao? Nuestros protones están hechos básicamente de dos cuarks positivos y dos negativos, pero no están solos, estos neutrones están vinculados a gluones. Cada átomo de hidrógeno está compuesto de un 99,9 % de espacio vacío.

Todo eso está contenido en el núcleo de cada átomo y cada átomo compone lo que estamos leyendo y al mismo tiempo es la bacteria que resistió en tu piel la última vez que te pusiste alcohol en las manos y ahora vive cómodamente en tu boca. Luego están los virus que no están vivos y sin embargo existen, por lo tanto también son *yin* y *yang*. Tal vez por eso los grandes maestros taoístas nos pedían no ahondar más en la comprensión del Tao, pero sí en la literatura clásica china, la medicina tradicional y la práctica de las artes marciales, que son las prácticas chinas más conocidas en Occidente, y que analizan el Qi a fondo. En resumen, la naturaleza del Qi es la de llenar los espacios y las formas, tanto en el plano **visible** (*yang*) como en el **invisible** (*yin*), y por eso durante milenios hemos pensado que esa naturaleza es binaria, pero no lo es. Resulta muy difícil dividir lo que forma unidad al nacer interconectado; nada es totalmente negativo ni totalmente positivo sin tener un enlace que los mantenga de manera dinámica (protones, neutrones, gluones). Tan solo separar los componentes puede provocar verdaderas tragedias en el plano físico, basta con recordar lo que las bombas atómicas pueden hacer.

La vida no puede ser dividida en dos sin llevarse una parte del opuesto en cada intento por separar lo que no es prudente separar; por lo tanto, su expresión no es absolutamente binaria aunque así tratemos de componerlo. ¿Entonces todo el asunto del *yin* y el *yang* es un cuento chino? No es un cuento, es una metáfora, o mejor dicho: son muchas metáforas, y en ellas están las voces de la historia, la poesía china, la filosofía, las artes visuales y marciales, la medicina tradicional, su dieta única y la música que los occidentales no acabamos de apreciar del todo.

La idea de un mundo binario en las múltiples corrientes filosóficas de China se concretó durante la dinastía Song (960-1279 d. C.), pero el debate de la naturaleza binaria o no binaria del mundo se venía discutiendo desde la Edad de Bronce hasta los tiempos de las primeras incursiones de los vecinos mongoles, persas, hindúes y después los europeos, con Marco Polo a la vanguardia, en el territorio de lo que hoy conocemos como China. Incluso a nivel político estaban los que defendían la idea del sistema binario, como en el neoconfucianismo, ya que esta idea sostiene que el *yang*, por ser brillante, expuesto, agresivo e inmediato, era mejor que el *yin*, de naturaleza fría, oscura, oculta y sutil. Esa filosofía era indispensable en un estado imperial regido casi en su mayoría por hombres, que exigía a la mujer quedarse en el lado *yin* oculto de la vida, donde solo existe la calidad salvaje de la naturaleza, es decir que el estado imperial como se había estado desarrollando hasta ese momento tenía como prioridad domesticar al *yin*. Una vez domesticada la naturaleza, primordialmente *yin*, y con ello la fertilidad y el trabajo doméstico de las mujeres, el control de la naturaleza se quedó en la labor campesina y doméstica; mientras la elite de la corte imperial se dedicó a la observación filosófica de la naturaleza y poco a poco creó disciplinas como la astrología, el feng shui, la medicina, las artes, etcétera. En pocas palabras: El Estado se dividió entre el *yin* (naturaleza, labor campesina, labor doméstica) y el *yang* (política, cultura, ciencia). Igual ocurrió en otras partes del mundo. Digamos que vivimos en una era *yang* que comenzó con el control de la naturaleza y estamos entrando en una era donde la polaridad *yin* nos está recordando constantemente que debemos bajar la velocidad de la civilización. El corazón del despertar de la conciencia predicho en 2012 se encuentra ahí.

Durante los últimos dos mil años la humanidad se ha encargado de darles una forma controlable a lo femenino, la reproducción y el cuidado de la vida, la fertilidad y, en la naturaleza exterior, manipular lo duro para volverlo maleable o endurecer lo que antes era flexible, iluminar lo inexplorado con una luz eterna que llevará al hombre (y hago énfasis en *hombre*) hacia la inmortalidad. En todos los ciclos de la historia, la energía *yin* y su contraparte *yang* han bailado una danza que ya lleva muchos siglos del lado luminoso y, como bichos diurnos que somos, pensamos automáticamente que lo luminoso es vida, es bueno, es verdadero y sano, pero cualquier persona que no haya podido dormir un minuto en tres días, sabe que no es saludable estar en el lado *yang* de la existencia por mucho tiempo.

En el centro de esa historia está el Taijitu

La historia de este símbolo es la historia de cómo la luz venció la oscuridad y cómo es justo volver al balance en donde la oscuridad deje de ser vista como una adversaria. El taijitu funciona como símbolo, ícono e ilustración de la palabra "balance". Esto lo explican bien los resultados que vemos en las disciplinas chinas al alcanzar el balance. Un monje Shaolín que realiza proezas increíbles con su cuerpo está aplicando el principio del balance entre el *yin* y el *yang*. El orgasmo, según el estudio de la sexualidad taoísta, manifiesta el acto de aprovechar la energía *yang* derrochada por uno de los participantes, mientras el otro participante retiene su propia energía *yin* para alcanzar una larga vida. Igualmente, en el campo de la gastronomía y el de la medicina, ningún alimento provee únicamente cualidades *yin* o *yang*, sino que todos los alimentos poseen ambas polaridades, sin llegar a ser 100 % *yin* o *yang*. Lo que está vivo no puede ser únicamente *yang* porque a cada segundo los cuerpos animados se van deshaciendo de células muertas y demás partículas sobrantes que si no son desechadas se pueden acumular, y eso afecta la salud. De igual manera, lo muerto no es 100 % *yin*, porque hasta lo más pasivo, por ejemplo una roca, esconde en sí todo un mundo de microorganismos en acción, y absolutamente todo en este universo, de acuerdo con las leyes de la física, va camino a su completo cambio de forma, pero sin desaparecer. Simplemente no se puede. La palabra "desintegrar" solo nos habla de separación, no de destrucción, la destrucción total solamente existe en nuestra imaginación. El concepto de la polaridad *yin* como acto destructivo no es, en el pensamiento chino, "muerte" como proceso de desaparición del fenómeno que llamamos vida, sino la descomposición en elementos con una forma completamente distinta, pero en esencia siguen siendo los mismos.

Lo que llamamos Alma (Qi) se integra al vacío, al Tao, y lo que ocurre ahí no lo sabemos.

El *yin* y el *yang* en la astrología china

En la carta natal ba zi y en el feng shui, los seres vivos, los espacios construidos por las personas o por la naturaleza, y los fenómenos físicos pueden poseer desequilibrio en su *yin* y *yang*. Por ejemplo, una persona nacida en un año *yang* 1996, rata de fuego *yang*: la rata siempre es *yang*, el fuego puede ser *yin* o *yang*. Imaginen que nació en junio, mes de caballo, que siempre es *yang*, sumado a la energía mensual madera *yang*. Nuestro ejemplo es entonces 50 % *yang*. Dependerá de la hora y del día de nacimiento en particular si tenemos a una persona con una composición más *yang* que *yin*, como por caso que haya nacido a la hora del dragón (*yang*) en un día del mono (*yang*). Sin embargo, en los calendarios chinos se calcula que una persona con semejante carga de energía *yang*, si sobrevive al nacimiento, será una persona con múltiples problemas de salud, sobre todo en la sangre, en el corazón, y tendrá retos mayores de integración social durante toda su vida. Solo un poco de *yin*, es decir que haya nacido con apenas uno de los signos búfalo, conejo, serpiente, cabra, gallo o chancho en su carta natal o con los signos madera, fuego, tierra, metal y agua en su polaridad *yin*, bastará para evitar la catástrofe, al menos durante su juventud, ya que tanta energía *yang* no garantizará una vida larga o saludable. El exceso de *yin* pondría a un sujeto en un estado catatónico, y el exceso de *yang* se le expresaría en constantes explosiones de violencia. En poco más de treinta años que tengo de práctica taoísta, no me he topado con ningún caso 100 % *yin* o 100 % *yang*, ni en seres vivos ni en objetos; supongo que eso se debe a que seres y objetos así no llegaron a desarrollarse en este plano de la existencia.

El universo es tan vasto que se piensa ahora en términos de universos múltiples, algo que solo podemos vislumbrar en niveles especulativos. Tal vez a eso se referían los maestros taoístas al manifestar que es imposible analizar el Tao, pero como seres inteligentes podemos poner de nuestra parte y observar las múltiples manifestaciones del Qi para equilibrar lo que necesite ser sanado, y contemplar con paz lo que presenta balance o ausencia de balance entre el *yin* y el *yang*.

Cómo balancear el *yin* y el *yang*

El primer paso es conocer ambas naturalezas y su inevitable unión, de lo cual ya tuvimos un esbozo, pero vale la pena ahondar ligeramente.

A todo lo *yin* le corresponden los siguientes aspectos: inmovilidad, fuerza centrípeta, oscuridad, paz, frío, inmovilidad, implosión, humedad, encierro, espacio, oquedad. A todo lo *yang* le corresponden otros aspectos: movilidad, fuerza centrífuga, luz, guerra, calor, movimiento, explosión, sequía, lo abierto, habitado, lleno. Lejos de los aspectos "positivo=macho, negativo=hembra" que aparecen en toda la literatura de origen occidental sobre el tema, lo que compete al *yin* y al *yang* no tiene un género ni mucho menos una connotación de valor, sino el mismo sentido que le damos a la manipulación de la electricidad y el magnetismo, nada más.

En tiempos modernos, es común que la astrología china tome en cuenta la expresión de género en las personas al momento de levantar la tabla de "Grandes Etapas" o "Saltos de Suerte", en la que se analiza el pasado, presente y futuro de la persona a través de lustros o décadas por medio del análisis del calendario chino.

Así, se contemplan la expresión de género del consultante, y el día, mes, año y la hora de nacimiento.

Levantar una carta natal completa resulta muy complicado, pero es uno de los pasos básicos para comprender tanto el pensamiento taoísta como el álgebra que se usan para hacer calendarios chinos y, por supuesto, la carta natal de personas y de objetos. Por cierto, los objetos creados por humanos e incluso objetos y estructuras creadas por algunos animales –como las represas de los castores y los nidos de las aves– son considerados siempre *yang* a menos que se construya una tumba. Hacer tumbas y funerales implica el conocimiento del manejo de la energía *yin*... pero ese es otro tema.

Una persona que se identifica como hombre contará en el calendario para formar sus grandes etapas de forma *yang*; si se identifica como mujer, contará como *yin*. Si se trata de una persona no binaria y quiere saber su futuro, entonces tendrá que pedir a su astrólogo o astróloga que proceda a hacer los cálculos según el modo en que se sienta en el momento de realizar la consulta, algo que un programa de computadora no podrá discernir para nada, ya que hasta ahora las inteligencias artificiales únicamente conocen la aplicación del lenguaje binario. Solo un humano experto y con la confianza suficiente para preguntar al consultante puede llegar a un resultado que describa perfectamente la vida del consultante.

¿Por qué recalco el asunto de la expresión de género al momento de levantar una carta natal? Este es un tema delicado porque el debate incluye que no podemos definir el destino del consultante únicamente por los genitales evidentes que tiene al momento de nacer; la expresión de género depende únicamente de cada persona. Eso quedaba claro desde la antigüedad en China, debido a los casos de personas intersexuales, los actores que participaban en la ópera de Beijing haciendo papeles femeninos (Dan), que además asumían su identidad fuera de los escenarios con el género elegido. También estaba el caso de los eunucos y las mujeres cuya expresión de género no correspondía con la de una "mujer", ya sea por obligación desde temprana edad, la confianza que se depositaba en él o ella, o por urgencia.

Hua Mulan es el personaje más conocido respecto del tema. Hay ejemplos de esto en la literatura anterior a la victoria del partido comunista. El caso más conocido en Occidente es el de los eunucos[1] que servían a los emperadores. Sin importar su condición genital, ellos tenían clara su expresión de género masculino y es de suponerse que sus cartas ba zi natales eran calculadas de acuerdo con dicha expresión y ellos jamás renunciaron a su género masculino, al grado de guardar con recelo los genitales amputados para ser enterrados "completos" llegado el momento de su muerte; por cierto, en caso de sobrevivir al procedimiento, la ausencia de hormonas masculinas provenientes de los testículos les alargaba la vida al menos veinte años sobre el promedio de los hombres de la época.

Una vez afianzada la influencia del budismo en el imperio durante la dinastía Tang (618-907 d. C.) la visión taoísta del cuerpo físico comenzó a ser considerada una trampa, una ilusión del *Samsara* y, con ello, el análisis de la carta natal se convirtió en un asunto ya no de monjes, médicos y escribanos, sino de adivinos por fuera de los templos taoístas. Con el tiempo y con la estricta influencia del confucianismo, la práctica se reservó exclusivamente a la elite imperial, que solo usaba las cartas natales en tres momentos específicos de la vida: al nacer, al casarse y al morir. Los asuntos que competían a las entretelas del género y la identidad eran decisión exclusiva del astrólogo y el modo en que percibía su propia noción del Tao, el *yin* y el *yang*, siempre en función de proveer al imperio con más súbditos.

Debido a la influencia de Occidente en las prácticas y la difusión de la astrología china, sostenemos que es mejor vivir bajo la luz del *yang* que abrazar ambas polaridades, pero hay una macropredicción que queda clara cuando analizamos las dos polaridades y sus resultados en el acontecer de los últimos años. **La humanidad se encamina a la comprensión de la polaridad *yin*.** No tenemos más opción porque esta dinámica es igual a la de un péndulo que por más que queramos no se puede quedar

---

1 Duhalde, Marcelo. How and why men became eunichs in imperial China. Inkstone News. South China Morning Post Publishers LTD. Hong Kong. https://www.inkstonenews.com/china/how-men-became-eunuchs-serve-imperial-chinas-forbidden-city/article/2179649 publicado el 27 de diciembre de 2018. Fecha de consulta: 20 de marzo de 2021.

suspendido en un solo lado de la balanza. La energía no puede seguir acelerándose en la expansión, la extracción, la explosión, el calor y la fuerza propias de la polaridad *yang*. La polaridad *yin* la vemos cada día con más intensidad en los movimientos feministas, en el activismo ecologista, en la expresión sin miedo de las personas no binarias e intersexuales, en la visibilidad trans que ya no está dispuesta a permanecer oculta y en dos generaciones que no desean seguir viviendo únicamente para demostrar que son mejores que nadie, sino mucho más amables que los que ya pintamos canas. Estamos viviendo el despertar de toda la humanidad en un mundo donde también existe la polaridad *yin*, en el que podremos por fin balancear ambas polaridades.

Que el Tao les sea propicio.

Astrología poética

rata

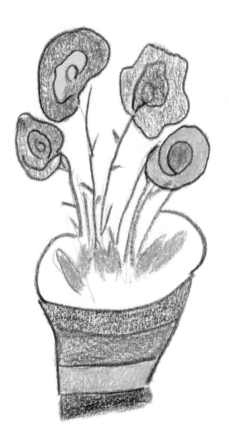

La rata enamorada
Una rata sin pasaporte
decidida entró por la puerta
   de calle,
no se ha ido todavía
y ya ha descuajeringado mi vida.
No hay veneno que la mate
a esta rata mitad roca,
   mitad luna;
se siente ya en esta casa
inquilina instalada.
Cuando la noche le pesa
   en su guarida
se desliza y come una flor,
   una manzana.
Y me crea el espanto
   de no querer verla
a esta rata chupavida.

L. S. D.

Ficha técnica

Nombre chino de la rata
SHIU

Numero de orden
PRIMERO

Horas regidas por la rata
23.00 A 01.00

Dirección de su signo
DIRECTAMENTE
HACIA EL NORTE

Estación y mes principal
INVIERNO-DICIEMBRE

Corresponde al signo
occidental
SAGITARIO

Energía fija
AGUA

Tronco
POSITIVO

Eres RATA si naciste

05/02/1924 - 24/01/1925
RATA DE MADERA

24/01/1936 - 10/02/1937
RATA DE FUEGO

10/02/1948 - 28/01/1949
RATA DE TIERRA

28/01/1960 - 14/02/1961
RATA DE METAL

15/02/1972 - 02/02/1973
RATA DE AGUA

02/02/1984 - 19/02/1985
RATA DE MADERA

19/02/1996 - 06/02/1997
RATA DE FUEGO

07/02/2008 - 25/01/2009
RATA DE TIERRA

25/01/2020 - 11/02/2021
RATA DE METAL

Carta abierta a las Ratas

Sorpresivamente, una tarde de otoño serrano vi un whatsapp desconocido en mi celular.

Decía "¿Sabés dónde puedo ubicar a CRISTIAN?".

Algo se atoró en mi garganta.

CRISTIAN.

¿Fue una historia real o la imaginé, soñé, o me la enviaron del xibalbay para sumergirme en *The Last Picture Show?*

Reviví algo que clausuré en mi memoria celular, corazón y cabeza durante diecisiete años.

Llegaba de una gira por España a Feng Shui, en noviembre de 2003.

El sol de la intensa primavera caía como soplete; la sequía era extrema y el agotamiento del *jet lag* pulverizaba los siete cuerpos.

Estaba acostada en el pasto de mi casa, olía y veía una humareda que crecía del otro lado del río Los Sauces, exactamente en el campo de Ojo de Agua, que había comprado un año antes.

De pronto me llamaron y sin anestesia escuché: "Ludovica, se está quemando su campo. Un rayo cayó en una piedra y las llamas abarcan todo el campo. ¡VENGA YA!".

Vivía ABRAHAM, el perro guardián y custodio de NOMAI, a quien busqué, y juntos, tapados por nubes negras bíblicas, pudimos acercarnos a la zona.

NO LO PODÍA CREER. ¿¿Otro incendio en mi vida??

SÍ.

"Las pruebas te las mandaremos por el fuego".

Volví a Feng Shui aceptando que no había ningún avión hidrante, ni bomberos, ni agua que se anunciara desde el cielo.

ALDO y OSCAR, encargados del campo, sobre todo de las cien vacas que estaban allí, hicieron más de lo humanamente posible para que no se quemaran la humilde casa y los pinos cercanos a ella. Creía estar viviendo una serie de ciencia ficción.

Aún tenía teléfono fijo en Feng Shui; después me robaron la línea.

A las tres de la tarde sonó el teléfono y no atendí.

¿Quién era?

Una voz que no me gustó se presentaba en el contestador: "Soy Cristian, amigo de tus tíos Charly y Dalila; estoy de paso por acá y quería visitarte. Después sigo con la moto rumbo a Jesús María".

¡¡GULP!! QUÉ INOPORTUNO.

Seguía inmersa en las fauces de las llamas que se veían ya entrada la tarde. Sonó nuevamente el teléfono y atendí.

Cristian insistía en pasar por casa, hacer una escala y conocerme. De mala gana le dije que sí.

Llegó un hombre parecido a DENNIS HOPPER.

Y le conté la tragedia que estaba viviendo enfrente de sus ojos.

Me miró hasta el fin de la retina.

Quedamos en que se duchaba, dormía una siesta en Chez Marilú y tomábamos un té en mi casa.

Estaba desolada, desamparada, inquieta, desesperada; aunque una extraña calma me decía: ACEPTA ESTA EXPERIENCIA.

Cuando Cristian llegó a la galería oeste de Feng Shui, el té estaba esperándonos para una larga charla que duró hasta la medianoche. Me atrapó como se captura una mariposa con los dedos mientras liba su néctar.

Su historia, en resumen Lerú[2] ese día, y su presentación –Vivo en tres lugares: Inglaterra, Islas Canarias y Jesús María, donde estoy con Flora, mi mujer, en una casa de la familia. Soy sociólogo, psicólogo y un hombre que viaja por el mundo en moto– eclipsaron el incendio en un instante.

Me susurró: "Soñé en la siesta que estaba en Palenque, y que sentía que Pacal Votan me hablaba de profecías y tenía que revelarlas".

Signo: rata de tierra, Escorpio. OMOMOM.

La rata se hechiza con el mono y esta vez fue mutuo el embrujo.

Sola en la montaña.

Por supuesto, se quedaría a dormir en Chez Marilú y me acompañaría al campo al día siguiente.

Sentía, después de milenios, que ningún hombre había logrado

---

2 Los Resúmenes Lerú eran unos pequeños libros que sintetizaban el contenido del programa de cada materia de la escuela secundaria, año por año. Un gran aliado de los estudiantes.

fascinarme tan rápidamente y en circunstancias surrealistas.

Cuando se levantó de la silla, unas incipientes gotas de lluvia cayeron sobre el casi beso en la boca que esquivé aterrada de sucumbir esa noche.

Casi no dormí; el fuego del campo era cada vez más intenso en la oscuridad. Iría allá con un hombre que había conocido el día anterior, y que supuestamente desviaba su TAO por mí.

Así fue.

Cristian tenía modales, era educado y estaba parado abriéndome la tranquera para ir al campo que estaba literalmente incinerado.

No sé qué es el amor, ni la pasión, el flechazo; pero doy fe de que ambos estábamos ya enamorados.

Al ver el incendio feroz creo que sintió ganas de quedarse para siempre conmigo. Era demasiado digerir el encuentro con LSD, este valle de pasiones, y mi inminente gira en dos días por la Argentina.

Él me habló de un gran amor, una inglesa que lo descolocó en sus planes existenciales; y me confesó que Flora estaba mal de salud, y que la relación era de amigos, socios, cómplices, más que de marido y mujer.

Estaba pasando una temporada en Plutón.

Y, después de años de una meseta afectiva, Cristian me atropelló como un huracán multifacético de diferentes climas, colores, perfumes, y rasguños. Esos dos días fueron como un aperitivo de lo que vendría después.

Nos despedimos.

Quedamos con mail y celular, mi teléfono porteño y código de la estafeta de Las Rabonas.

Me había dicho que iría a Europa a visitar a sus hijos, uno en Barcelona, otro en Canarias. Y que me escribiría desde allí.

Hice la gira nacional, con escala en Buenos Aires, y dos días antes de Navidad, me llamó y me contó que Flora había muerto. Me dio detalles sobre la internación y su enfermedad.

GULPPPP.

Vi lo que se venía en un instante.

Mi plan era pasar año nuevo en Feng Shui, con otro sorpresivo pedido de Fernando, un ex que buscaba pista en el campo porque estaba *homeless*.

Qué días tremendos de decisiones tuve que pasar, querido zoo. Cristian venía a instalarse en mi vida, porque así lo queríamos ambos.

Fernando, tigre de agua, también. Hacía veinte años que no lo veía.

Decidí que ambos fueran al campo; no estaba preparada para este dúo "extraña pareja".

Me tomaría días, semanas, hasta colocarme, pero realmente la vida me arrinconó en este *corner*.

Fer, perito agrario, en un mes hizo una huerta que nos brindó tomates, lechuga, rabanitos, zanahorias, achicoria, calabazas, zapallitos que devoramos con muchas ganas entre los tres.

Ambos se llevaron bien, compartieron historias de vida, y Cristian le hizo terapia a Fernando, que venía de ruptura conyugal y desolación existencial.

En enero del año del mono de madera nuestro romance ardió y se convirtió casi en una relación matrimonial.

Fernando, con la distancia óptima, quedó en el campo, intentando adaptarse a esta extraña situación, que al principio nos hizo bien a todos.

Cristian seguía hechizándome con su cultura general, poesía, cuentos reales o imaginarios, y la atracción que teníamos que nos estimulaba cada día más. Esta rata era un *brainpicking* (comesesos).

Fernando volvió a Buenos Aires por asuntos afectivos.

Cristian soñaba con que estuviéramos solos.

Fernando volvió mal, quebrado, triste y sin futuro. Y un día, el que me fui a Buenos Aires, murió en el campo. No sabré, o sí, por qué. Explotó una garrafa de gas, y la casa se quemó íntegra con él.

Cristian me dio la noticia.

Y creí que me daba un infarto en mi departamento.

Cristian, el hombre fuerte, seguro, protector, se ocupó de los detalles y me dijo que me quedara en Buenos Aires un tiempo.

Y, mientras hacía mi duelo insostenible, sin apoyo familiar ni de la familia de Fernando, Cristian se deprimió.

En mi casa había seis revólveres y tres escopetas.

Había estado internado dos veces en una clínica psiquiátrica y cuando lo vi, supe que esta intensa relación tenía fecha de vencimiento.

Pasé un tiempo que me marcó la vida en un "antes y después" para siempre. Lo tuve que llevar con enfermera y ambulancia a Buenos Aires.

Y el otro Fernando, el amigo chancho que ahora está en el otoño de su vida, lo internó en Parque Leloir.

Sufrí, lloré, pagué karma. Y pedí auxilio.

GRANDE PA me apuntaló.

Visité a Cristian en el lugar donde nací y descubrí que mi papá había sido bipolar como él.

No pude más.

Atravesé la noche oscura del alma.

Varios años.

Y blindé mi corazón.

Por eso, cuando leí ese whatsapp, dije "AH, AÚN ESTÁ VIVO".

L. S. D.

Significado del signo

La rata significa un niño recién nacido que saca los brazos de su ropa abrazando al Universo, o una semilla, la idea de la prolongación o la continuidad de la vida. Simbólicamente representa la vida dentro de la muerte o el cambio del estado de las cosas. Es por eso que la gente que pertenece a este signo esconde un misterio muy especial, como si estuviera en riesgo permanente por el miedo de ser atrapada o descubierta.

Sus cualidades son fascinantes: optimista, creativa y especial para desenvolverse en las sutiles paredes del instinto, la cordura y la locura. En la mitología china a la rata se la considera una criatura muy sabia, que tiene conocimientos ocultos.

En el lejano folklore se cree que la rata vive trescientos años y que al cumplir cien su color cambia al blanco; esto constituye un regalo de profecías. La rata es nerviosa y analítica, curiosa y arriesgada, pero al mismo tiempo, una experta en detectar peligros y escabullirse como por arte de magia.

En cualquier sexo es misteriosa y atractiva, más intelectual que manual, aunque sabe sacar provecho de su talento cuando llega el momento. Sensual y lujuriosa, una sibarita que adopta los placeres terrenales. Adora deslizarse en la noche en busca de aventuras, emociones, experiencias al más allá para convertirse en una experta catadora del alma humana.

Extremadamente generosa con su tiempo, ayuda y dinero, tiene fama de despilfarradora, pero sabe ahorrar sus quesos cuando vienen épocas difíciles y siempre cuenta con sustento para sobrevivir. Su tendencia al juego o a los vicios ocultos puede jugarle malas pasadas a través de su vida, pero su instinto de sobrevivencia superior al resto del zoo la hará zafar en el instante fatal de la desintegración.

Cuando Buda convocó a los doce animales llegó primera por saltar desde arriba del lomo del búfalo, y ganó así el liderazgo, pero en su interior puede delegar el primer puesto a gente que admira si encuentra armonía, respeto y confiabilidad.

A la rata le gusta la buena vida y conseguirá por caminos lícitos o ilícitos los medios para lograr una acomodada posición social y material. Su *charme*, simpatía, inteligencia y sentido del humor le abrirán puertas galácticas y llegará siempre al blanco de sus objetivos. Muy introvertida con sus sentimientos, solo los expresará con gente muy querida y afín; buscará compañía aunque no sea íntima, pues no soporta la soledad.

Se puede contar con ella cuando se la necesita, adora tender una mano a sus amigos y amantes. Cuando cae la tarde y las primeras sombras aparecen la rata renace y comienza a preparar quesos, tragos y habanos. Le encanta merodear los bares de los amigos y quedarse en la barra filosofando con extraños o recitándoles poesías recién creadas en una servilleta de papel.

En la rata hay dos planos que se detectan: por fuera parece calma, serena, equilibrada y madura, mientras que en su interior un volcán está a punto de explotar y derretir con su fuego las nieves eternas del Himalaya.

La roedora es ciclotímica, tiene estados *up and down* muy notorios que alteran su equilibrio psíquico y producen somatizaciones en su salud, que debería atender con más dedicación.

Intensamente romántica y sociable al mismo tiempo, necesita tener amor y cariño para sentirse segura y protegida. Sensible a las mínimas manifestaciones de afecto, vulnerable y muy sentimental, a través de este acueducto la rata expresa sus sonidos imperceptibles de amor para el o la elegida.

La pareja es fundamental en su vida y, si logra establecer un vínculo profundo, sentirá la necesidad de formar una familia. La rata también es oportunista, excesivamente agresiva y manipuladora. Consigue hipnotizar a sus presas expandiendo un arsenal de creatividad y estrategia. Logra triunfar casi siempre, y sabe rodearse de buenos colaboradores.

Adora moverse en un entorno refinado y buscará lo mejor en cada rubro para lograrlo: *shoppings*, buenos restaurantes, ropa, autos, en fin: hay un mundo mejor, pero es carísimo.

Las dos cosas que la obsesionan son el dinero y el sexo. Esta combinación las convierte en especuladoras de alto riesgo, *dandies* y *femmes* fatales, capaces de arriesgar todo por dos pesos. Los mejores proyectos comerciales están asociados con la comida, la fertilidad, productos para niños y la tierra.

La inteligencia de la rata le permite acceder a cualquier carrera: puede tener éxito como contadora, ejecutiva, crítica, diseñadora, abogada, ingeniera, bailarina, actriz, música, escritora, científica, bióloga, y especialmente, política.

Adicta al sexo; no es particularmente fiel, pero mientras dure la relación hará sentir a su pareja en las nubes. Conoce el arte de seducir a través de los sentidos y tiene un don especial para crear una atmósfera teatral a la hora del amor: pondrá música ideal, prenderá inciensos del Lejano Oriente y tendrá mentas para degustar.

Cuando una rata se enamora es capaz de llevar a su pareja "más allá del arcoiris y al filo de la navaja". Un amante imposible de olvidar. TÓMALA O HUYE ANTES DE QUE TE DETECTE.

El tao del amor y del sexo

Para el roedor de ambos sexos o de una nueva clonación, el amor es un lujo que se paga caro; esencial en sus vidas, lleno de situaciones límite que oscilan entre la vida y la muerte, y los atajos que hay en el medio.

La rata es tan cerebral, crítica y cínica que no soporta el amor en el envase clásico; elucubrará un sistema amoroso que la inspire para sublimar su libido, pues lo convencional la aburre y necesita altas dosis de imaginación para afrontar la odisea del amor.

Estará siempre a la defensiva y con los anticuerpos muy altos para no caer en las trampas. Su instinto sexual es similar a su paranoia. Puede disociar el sexo del amor o de una relación afectiva, aunque la mayoría de las ratas necesita desnudarse en la intimidad con alguien que sepa apreciar su timidez, fobia, reserva y gran voluptuosidad.

Esencialmente romántica, su aguante a la indiferencia, maltrato o desprecio es digno de admiración. Por amor puede realizar grandes hazañas, como de película; resulta muy original, audaz, valiente y atrevida a la hora romántica. Lo que oculta el resto del día lo destapa en la intimidad, dejando al amante en terapia intensiva.

Sabe llegar al punto G del alma, tiene las antenas bien conectadas con los *gritos y susurros*.

La rata crea adicción en la pareja. Su concentración en el objetivo produce alteración en las hormonas, los horarios, en el cerebro y en la rutina. La rata es el disparador de una alteración en el *statu quo*. ¡POR SUERTE!

Sensual, golosa, ardiente y experta en sexualidad es una dotada para el amor. La encarnación del pachá y de la geisha, tiene harén dispuesto a saciar todas sus fantasías y exigencias libidinosas. Hermosas odaliscas con escasas vestimentas al sonar de una música sensual deleitan los sentidos de la vista y el oído, geishas le sirven tés de jazmín perfumados… y por último, esclavos masajean cada músculo, nervio y centímetro de la piel con aceites exóticos. Escenas de *Las mil y una noches* despertando cada uno los sentidos al punto extremo de la deliciosa tortura.

Para el hombre rata: ¡Finalmente el plato principal! Una diosa tipo Scarlett Johansson, con curvas infartantes, labios de rubí, y una energía desbordante que lo dejará flotando con un estupor cósmico.

Para la mujer rata: Sean Penn en las ochenta y cuatro posiciones del Kamasutra.

Si usted no tiene un espíritu de autonegación y sacrificio, siga adelante. ¡Hay otros animales en el planeta!

La Rata y su Ascendente

RATA ASCENDENTE RATA (23.00 a 1.00)
Ambiciosa y manipuladora, usa su encanto y agudeza para su propio beneficio. Sus pasiones la pierden.

RATA ASCENDENTE BÚFALO (1.00 a 3.00)
Estable y tenaz, pone su ambición al servicio de los que quiere. Ama su hogar y vive para él.

RATA ASCENDENTE TIGRE (3.00 a 5.00)
Orgullosa y pasional, más solidaria pero también más agresiva. La energía tigre hace que la rata apueste todo por una pasión.

RATA ASCENDENTE CONEJO (5.00 a 7.00)
Destinada a obtener lo que desea. Muy convincente para imponer sus opiniones e ideas, sea por manipulación o con su encanto.

RATA ASCENDENTE DRAGÓN (7.00 a 9.00)
Generosa con los que ama, que son muchos: cultiva un séquito de amigos y amantes. Vuela alto y llega a la cima.

RATA ASCENDENTE SERPIENTE (9.00 a 11.00)
Lúcida, trabajadora y ambiciosa, consigue sacar provecho siempre. Una sobreviviente con olfato para desaparecer cuando las cosas se complican.

RATA ASCENDENTE CABALLO (11.00 a 13.00)
Desbordada por sus emociones, vive al borde del abismo. Inspira pasiones con resultado diverso. Una kamikaze.

RATA ASCENDENTE CABRA (13.00 a 15.00)
Sociable, calma, relajada; sueña con pertenecer al *jet set*. Esta rata trabaja por lo que quiere, y lo consigue.

RATA ASCENDENTE MONO (15.00 a 17.00)
Irresistible y calculadora, le importa poco lo que quede en el camino cuando se dirige a conseguir lo que quiere.

RATA ASCENDENTE GALLO (17.00 a 19.00)
Orgullosa y trabajadora, le cuesta admitir sus errores. Se preocupa por los demás, pero odia reconocerlo.

RATA ASCENDENTE PERRO (19.00 a 21.00)
Filosófica y nada comprometida, es muy buena compañía. Su ambición no interfiere con sus principios.

RATA ASCENDENTE CHANCHO (21.00 a 23.00)
Sensual y enamorada de la vida, se entrega a lo que ama y a las causas humanitarias. Flaquea por el lado de la autoestima.

La Rata y su Energía

RATA DE MADERA (1924-1984)
Capaz de adaptarse a cualquier situación y salir bien parada, o de zafar de cualquier compromiso en que se encuentre sin perder nunca un aire de elegancia y seducción, aunque venga escapando de un gato hambriento o esté ella misma procurando algo para comer. Disimula sus necesidades y apremios con mucho encanto, y seguramente seduzca a alguien que la libre del minino o le dé un pedazo de queso.

Más honesta que sus congéneres y de sentimientos más profundos, puede no ser generosa con sus propiedades, pero sí lo es con su afecto: quiere de verdad, se juega por sus amores, y le encantan las aventuras llenas de romance y acción. Trabajadora y vital, hace siempre un buen aporte de energía y sensatez, aunque a veces puede faltarle un poco de creatividad para romper viejos esquemas y moldes. UNA RATA QUE AMA Y ES AMADA.

Personajes famosos

Lauren Bacall, Charles Aznavour, Marcello Mastroianni, Carlos Tévez, Mark Zuckerberg, Henry Mancini, Scarlett Johansson, William Shakespeare, Hugo Guerrero Marthineitz, Narciso Ibáñez Menta, Cristiano Ronaldo, Toulouse Lautrec, Leo Damario, Doris Day, Marlon Brando.

RATA DE FUEGO (1936-1996)

Una ratita con un cerebro que funciona a velocidad crucero, con la astucia llevada al máximo nivel por la energía fuego. Capaz de venderle el Obelisco al más piola de los piolas, y de seducir a un estadio lleno de barrabravas con sus frases mágicas. Como el flautista de Hamelín, puede arrastrar multitudes y usarlas en su beneficio. Pero si se rodea de gente sensata que la baje a tierra seguido, toda esa energía puede encauzarse para que la rata sea una excelente proveedora de los suyos y un aporte a su medio.

Hace falta que se le ponga un freno a su necesidad de controlar vidas ajenas, y así usar ese talento para ayudar y no para manipular. Posesiva en el amor en un grado malsano, necesita el afecto y la contención del otro para prosperar y crecer como ser humano. HAY QUE TENERLE MUCHA PACIENCIA.

Personajes famosos

Mario Vargas Llosa, Anthony Hopkins, Glenda Jackson, Norma Aleandro, Ursula Andress, Rodolfo Bebán, Mata Hari, Wolfgang Amadeus Mozart, Oriana Sabatini, Richard Bach, Sofía Morandi, Bill Wyman, padre Luis Farinello, Pino Solanas, Jorge Mario Bergoglio.

RATA DE TIERRA (1948-2008)

Familiera y orientada al trabajo, es la más distinta de la familia. Trabajadora y constante, lleva a cabo su sueño del nidito propio, y la idea de ser una buena madre la puede obsesionar. Muchas veces es arrastrada por esta ansiedad autogenerada y termina enfermándose física y mentalmente. Lo ideal es que los que la rodean le den seguridad y reconozcan sus méritos; si se siente segura es capaz de ponerse sobre los hombros a toda la familia y llevar a sus integrantes a ese mundo de comodidad y bienestar material que tanto aprecia.

Es buena compañera, aguantadora y ponedora de hombro: pieza fundamental en cualquier lugar que esté. Necesita tener los oídos abiertos a las opiniones ajenas y digerir lo que le digan, sea bueno o malo. UNA RATITA CON MUCHO PARA DAR.

Personajes famosos

León Tolstói, Rubén Blades, James Taylor, Robert Plant, Donna Karan, Karlos Arguiñano, Grace Jones, príncipe Carlos de Inglaterra, Brian Eno, Olivia Newton-John, Litto Nebbia, Chacho Álvarez, Gerard Depardieu, Vitico, Indio Solari.

RATA DE METAL (1960-2020)

Una amiga que se cotiza en las buenas y en las malas, a pesar de la fama que tiene de ser egoísta o egocéntrica. Le encanta hablar, ser escuchada y escucharse; tiene armado un discurso en la cabeza y se rige por él, aunque las circunstancias estén en su contra. No escucha a nadie y no lo disimula, pero tiene tanto encanto que se la perdona. Para ayudarse debería parar la máquina, confiar en los que la rodean y aceptar críticas (constructivas y de las otras).

Compartir sus secretos y sus estados de ánimo le puede servir de cable a tierra cuando su cabeza se dispara, y pasa de un extremo al otro en la escala de las emociones.

Olvidarse de lo material, las ironías y la seducción, y dedicar algún tiempo a la meditación pueden ayudarla a crecer y mantenerse centrada.

Personajes famosos

Cura Brochero, Jorge Fernández Díaz, Roberto Arlt, Jorge Lanata, Sean Penn, Tchaikovsky, Diego Maradona, Claudio María Domínguez, Antonio Banderas, Bono, John Kennedy Jr., Ayrton Senna, Gabriel Corrado, Alejandro Sokol, Nastassja Kinski, Luis Buñuel, Juan Cruz Sáenz, Ginette Reynal, Lucrecia Borgia.

RATA DE AGUA (1912-1972)

Una rata intuitiva, sensible y cariñosa; más honesta que sus hermanitas y menos interesada en triunfar. Con mucha imaginación y una vida interior rica, necesita compañía y afecto para desarrollarse. Tiene capacidad de liderazgo y dotes de oradora, pero le importa más el bienestar común que llegar alto u ocupar un cargo de relevancia.

Es carismática y difícil de resistir; como no le interesa mantener un harén, su pareja puede confiar en sus promesas de amor y fidelidad. Vigilando esa cuota de ansiedad extra que todas las ratas tienen, esta roedora puede llevar una vida feliz, sin sobresaltos, disfrutando de "aquellas pequeñas cosas" con los que ama. No necesita bienestar económico y reconoce el valor del afecto sincero.

Personajes famosos

Gene Kelly, Antonio Gaudí, Zinedine Zidane, Facundo Arana, Sofía Vergara, Charo Bogarín, Antonio Rossini, Pablo Lescano, Valeria Mazza, Cameron Díaz, Maju Lozano, Valentina Bassi, Roy Rogers, Pablo Rago, reina Leticia Ortiz.

Tren a las nubes

Rata de Agua

Contame un cuento chino
Benito Fernández • Rata de Metal •
Diseñador de moda de alta gama

Soy de 1960, rata. ¡Soy rata! Yo creo que lo que me define es el carisma, me parece lo primordial; la inteligencia para reinventarme, la astucia, el trabajo son cualidades por las que me siento totalmente identificado con la rata. Siento que soy un ser que se reinventa, que crece, que madura; tengo mucho carisma para poder generar que la gente que está a mi lado, tanto en lo afectivo, familiar, como en lo laboral, me acompañen en los cambios que propongo.

Soy muy intuitivo en eso, siento que es mi cualidad. No sé si soy el mejor o el peor diseñador, pero sí sé que tengo una capacidad de reinventarme, de salir, de atravesar, y por eso, desde mi niñez, atravesé mi dislexia, atravesé elegir una carrera diferente hace cuarenta años, cuando no existía en mi país; una sexualidad diferente, me parece que en eso tengo la astucia de la rata y el carisma de poder atravesar y reinventarme, y así lograr que la gente me acompañe en los cambios y en las decisiones que tomo. Siento que esas son mis fortalezas y amo ser rata. Me parece que es uno de los animales que tal vez acá no está tan bien visto, pero en otros lugares del mundo es un animal supervalorado.

Tabla de compatibilidad

	karma	salud holística	amor pos COVID	trueque	nuevos vínculos
Rata	bien	regular	bien	mal	mal
Búfalo	excelente	bien	excelente	bien	excelente
Tigre	regular	bien	bien	mal	muy bien
Conejo	regular	bien	mal	regular	mal
Dragón	excelente	excelente	excelente	bien	excelente
Serpiente	regular	regular	mal	bien	mal
Caballo	excelente	bien	excelente	excelente	excelente
Cabra	regular	bien	mal	bien	regular
Mono	bien	bien	bien	bien	bien
Gallo	regular	bien	mal	regular	muy bien
Perro	regular	mal	mal	mal	regular
Chancho	regular	regular	mal	muy bien	mal

 mal regular bien muy bien excelente

búfalo

Trabajar no está de moda
en el cansancio del mundo
    globalizado
donde todo se facilita
sin esfuerzo, inspiración,
    imaginación,
estímulo.
Ay, búfalo, símbolo del trabajo
    en China
desde el Emperador Amarillo
    hasta Lao-Tse,
que predicó el TAO sobre tus ancas.

L. S. D.

Ficha técnica

Nombre chino del búfalo
NIU

Número de orden
SEGUNDO

Horas regidas por el búfalo
01.00 A 03.00

Dirección de su signo
NOR-NORDESTE

Estación y mes principal
INVIERNO-ENERO

Corresponde al signo occidental
CAPRICORNIO

Energía fija
AGUA

Tronco
NEGATIVO

Eres BÚFALO si naciste

25/01/1925 - 12/02/1926
BÚFALO DE MADERA

11/02/1937 - 30/01/1938
BÚFALO DE FUEGO

29/01/1949 - 16/02/1950
BÚFALO DE TIERRA

15/02/1961 - 04/02/1962
BÚFALO DE METAL

03/02/1973 - 22/01/1974
BÚFALO DE AGUA

20/02/1985 - 08/02/1986
BÚFALO DE MADERA

07/02/1997 - 27/01/1998
BÚFALO DE FUEGO

26/01/2009 - 13/02/2010
BÚFALO DE TIERRA

12/02/2021 - 31/01/2022
BÚFALO DE METAL

Carta abierta a los Búfalos

Hoy es día búfalo en la agenda china.

Cuando tengan la propia sabrán en qué día del zodíaco están y qué *tips* deben tener en cuenta.

También es el cumpleaños de MIGUEL, BICHI, alguien que marcó mi vida desde la adolescencia. Cuatro katunes y cuatro tunes.

El día comenzó activo. A pesar de que avanza el otoño y se nota que el sol sale cada vez más tarde detrás de las sierras, me gusta abrir los postigos y mirar las estrellas que aún titilan con fuerza. Es lunes y en nuestra vida campestre no hay diferencia entre los días de la semana; mucho trabajo con los perros, las chimeneas, salamandras y activar las tareas en la casa y fuera de ella.

Adoro mi primer mate, en silencio, sintiendo el crepitar de los leños o la agonía de las últimas brasas.

El paisaje cambiante de nubes bajas que se levantan de a poco, o los primeros rayos del sol en los pinos.

Pienso en China. A los treinta años fui sola a China a indagar si el horóscopo chino era algo cierto o un cuento chino que llegaba a la Cruz del Sur.

Y pienso en el símbolo del búfalo, en un país que hace más de cinco mil años ara, siembra y cultiva la tierra con el animal que llevó sobre su lomo a LAO TSE a predicar el TAO (camino).

Vi muchos búfalos en mi extenso viaje a China, de Norte a Sur y de Este a Oeste. Y comprendí por qué los veneran y respetan.

La República Popular China fundada por Mao Tse Tung es búfalo de tierra (1949).

Este paciente, perseverante, metódico signo es un ejemplo para el resto del zodíaco chino.

Sabe que le llevará más tiempo que a otros llegar a su objetivo y meta, y podrá demostrarlo casi siempre.

Sin prisa ni pausa, será capaz de organizar su manera de trabajar, solo o en equipo, y no le pesarán las horas extras, ni trabajar los fines de semana.

Tiene una fortaleza tanto física como intelectual que le permitirá resistir grandes desafíos, exigencias y compromisos.

A veces puede ser rutinario, monótono y hasta aburrido.

En mi vida me crucé con personas creativas, originales, talentosas y, además, que vieron en mí algo especial, como TATO BORES, un espécimen único en la galaxia.

MIGUEL GRINBERG fue desde el inicio mi compañero de ruta fundacional, y hasta muy poco tiempo atrás, con otros fundanautas, hicimos rituales, ceremonias y libros juntos.

Aprendí meditación dinámica a su lado, estuvo acompañándome en los oscuros temblores de la vida, y fue el culpable de insistir en que conozca a CATMAN, el chancho pareja 5D.

FEDERICO CATALANO, búfalo bizarro, amigo del alma, me guió en México en cada viaje en la era Atlántida.

Todos ellos me han ayudado en diferentes fases de mi vida.

Tal vez, más en hombres que en mujeres, tienen un lamento que se escucha como una quena perdida en el Norte.

Quizás el sufrimiento de su especie –cazada y perseguida por el hombre blanco– y el riesgo de extinción que eso representaba para las tribus originarias siux, hopis –que lo veneraban y consideraban un animal sagrado– sean marcas que lleva en su ADN hasta estos días.

Es cierto que a veces el ego los aleja de la gente, hablan de sus logros, conocimientos científicos, culturales, epopeyas de viajes y cursos de cerámica, tejido, cocina, horticultura, inteligencia artificial, medicina china, pintura, música clásica, y no dejan que haya *feed back* entre sus interlocutores. Eso es una pesadilla.

Los más *heavies* aprovechan "una oreja amiga" y hacen terapia con quien está a su lado como si fuera un cura o un psicólogo.

El buey no tiene límites para su poder soberano en la tierra.

He nombrado en varios libros ejemplos de dictadores que evitaré ahora; saben dominar a las masas y encontrar la debilidad en el pueblo.

Su carácter es temible y se enoja cuando sus órdenes no se cumplen o se desvían.

Saben que inspiran miedo y respeto, aunque en muchos casos por dentro sean un osito de peluche ávido de amor y de cariño.

El búfalo ama la tradición; saber el origen de su árbol genealógico, de la historia de su región y familia.

Admira a quienes se esfuerzan por conseguir sus ideales y tienen talento, humor y buenos recursos para la sobrevivencia.

Desde niño se destaca por su seriedad, madurez, resiliencia y espíritu organizativo.

Aprende tanto del príncipe como del mendigo.

Utiliza los métodos de trabajo que aprendió de sus padres y abuelos para dejarlos a su descendencia y dar el ejemplo.

En las relaciones afectivas a veces sofoca, controla, persigue y espanta a quien se acerca a su vida. La lealtad más que la fidelidad es parte de su examen hacia amigos, socios y parejas.

Sabe que solo se vive con los hechos y que la imaginación es para los búfalos sui géneris. Mide modales, palabras, y es cauto, pero si lo ofenden o hieren puede embestir hasta matar.

Le gusta la buena vida, es coleccionista de cuadros, de buena música, de ropa *avant garde* o retro y a veces hace exposiciones de colecciones de automóviles, juguetes o piedras preciosas.

Adora la buena mesa; es *gourmet*, un catador de exquisitos vinos y de diversidad de menús de diferentes culturas.

Atravesando su año, en otoño, les rindo un homenaje en la puesta de sol, entre nubes grises y negras que presagian tiempos turbulentos que espero puedan pacificarse con su milagrosa presencia.

L. S. D.

Significado del signo

El símbolo del signo representa la conexión, secuencia y continuidad, serie y combinación de la fuerza y la estabilidad.

La esencia de los nacidos en el año del buey es la profundidad, perseverancia y tenacidad en cada acto de su vida. Son seres joviales y poderosos, inflexibles, incapaces de retroceder cuando han tomado una decisión, aunque se arrepientan toda la vida.

En la creencia budista, el ganado aparece junto al asentamiento humano, y comer carne es un ritual muy bien visto para la tradición china. El búfalo está asociado con el amor familiar y las lamidas que da a sus seres queridos cuando es ternero.

El buey es terco y obstinado, perseverante y muy laborioso. Más inteligente de lo que parece, no es el tipo que ve las dos caras de la cuestión; su inteligencia es práctica y eficaz. Un perfecto organizador, estratega y paciente jefe para dar la estocada en el minuto fatal.

El *timing* es propio; cuando decide arremeter teniendo claros sus objetivos no hay nada ni nadie que lo detenga en el universo. Llegará seguro, firme y consistente a su meta confiando en su intuición y en la certeza de sus ideas. Paso a paso, convencido de los obstáculos que tiene que atravesar y sin apuro logrará obtener grandes satisfacciones en su vida personal, afectiva y profesional.

En China el búfalo representa a la familia y la tradición, por las que vivirá y se desvivirá a través de su existencia, dedicándose especialmente a criar y educar niños con gran maestría.

Detrás de una máscara de estabilidad, calma y rigor se esconde un ser tierno, afable, de inteligencia aguda y gran sentido del humor. Son pocos los que pueden atravesar esta valla y descubrirlos, pues la esencia del búfalo es tímida y reservada, y rara vez se muestra tal cual es.

Abierto y positivo por naturaleza, es instintivamente protector y amistoso con quienes lo rodean. Muy sensible al entorno, estará siempre defendiendo a su prole, a socios y amigos, y preservándolos de cualquier riesgo. Resulta necio y omnipotente, rasgos que caen mal al resto de la gente, pero el sabio búfalo sabrá dosificar estos defectos trabajando con terapias de autoayuda y alternativas que ablandarán su carácter sin cambiar su esencia.

En todos los géneros, lo que más necesita el buey es estabilidad para sentirse bien. Ama trabajar y sentirse útil, por eso es bueno estar con él y dejarlo al frente de la tropa; sabe dirigir, seleccionar, orientar y estimular al equipo. Dentro de la casa será el eje que marque el rumbo familiar. Dominante y autoritario, despierta enfrentamientos dignos de *la guerra de las galaxias* entre padres e hijos, marido y mujer o entre hermanos.

Hay distintas variedades de búfalos, pero desconfíen de los ermitaños. La mayoría son sociables, adoran las reuniones, fiestas, y siempre sorprenden con su originalidad y sentido del humor.

A pesar de ser el más trabajador y hacerse cargo del trabajo de los demás, logra tener el tiempo para el ocio creativo, los juegos de naipes, el deporte y las salidas al cine o al teatro.

Conservador y previsor, odia moverse de un lugar a otro sin alguna razón productiva. Prefiere su casa, oficina o lugar de hábitos y costumbres, como el bar de la esquina o la plaza del pueblo que frecuentaba desde niño.

Este estoico signo tiene tendencias manipuladoras y posesivas. Resulta muy difícil marcar la sutil línea divisoria con él, pues considera a las personas que ama como posesiones territoriales. Jamás reconocerá sus debilidades, es muy orgulloso y le cuesta entablar diálogos íntimos que lo comprometan afectivamente.

En general el búfalo es extremista, fanático, tiene ceguera de poder y resulta arbitrario.

Necesita estar en contacto con la naturaleza para vivir y desarrollarse. Hay excepciones, pero la mayoría buscará tener por lo menos un jardín, una quinta o un fondo para plantar hierbas aromáticas o verduras que comerá feliz con sus seres queridos.

Este noble animal llevó sobre su lomo a Lao Tse por los caminos más escarpados y perfumados de su larga travesía, esa es una de las razones por las que se lo venera y respeta tanto.

El tao del amor y del sexo

Es mejor conocer al buey promediando la vida que en el inicio de sus artes amatorias. Pues si no una creería que el resto de los hombres son iguales, y por suerte *LA VIDA TE DA SORPRESAS, SORPRESAS TE DA LA VIDA*.

El varón tiene escondida debajo de su gruesa piel una capacidad amatoria desbordante y selectiva. Su eros es poderoso, pero su timidez, recato, introversión forman una barrera difícil de atravesar. Serio y muy profundo en sus sentimientos, si alguien despierta su curiosidad y lo aleja de su pradera, isla o búnker es porque el buey se enamoró, aunque sea el último en enterarse.

Su corazón estará siempre listo para afrontar las situaciones más difíciles de la vida pues sabe que no hay nada en este mundo que no venga con sacrificio. El amor, es para el varón, deber, responsabilidad y una libreta matrimonial. Pase o no por el registro civil, sentirá que no puede entablar una relación *light*, aunque el sexo para el buey sea como el aire que respira.

El macho posee, protege a su hembra con su innata autoridad y presencia, más allá de captar si esta forma es la mejor o la adecuada. No puede ni sabe amar de otra forma.

Una vez que la elegida o elegido aceptó su amor real, tan real y palpable como las cuentas de luz, gas y teléfono, que paga sin chistar, él se olvida del romanticismo automáticamente y espera que cumpla con sus expectativas.

El búfalo desconoce los mecanismos de la seducción a fuego lento. Prefiere demostrar a su pareja o ave de paso su gran resistencia a la indiferencia, el dolor, los impedimentos.

Está siempre listo para hacer el amor: un auto o una pileta, un sauna, el bosque, la plaza del pueblo, un recital de *rock*, pues su instinto sexual es de los más altos del zoo chino. Una vez saciado, puede retornar a su labor, rutina, *hobby*, oficio, con suficiente CHI (energía) para continuar con su infatigable faena.

El varón buey necesita compartir la vida con alguien que lo inspire y le reclame presencia, atención, sexo, una renta y que lo tenga nervioso con amenazas de infidelidad, celos y abandono. La culpa es el talón de Aquiles para mantenerlo enganchado y tendrá que ser muy evolucionado para escapar de las trampas.

En la intimidad es sensual, original y apasionado. Prefiere tomar la iniciativa y dejarse llevar por los juegos amorosos. Intenso en sus demostraciones afectivas, tiene un radar para saber el límite entre la fantasía y la perversión. No le gustan los mimos, besos y caricias en público; en privado, a pesar de ser arisco, saborea el talento de su pareja y le crea una gran dependencia.

Un animal ideal para quienes no busquen emociones fuertes todos los días y se conformen con la cuota diaria de amor y sexo necesaria para seguir creyendo que en algún momento este espécimen cambiará el estilo.

La mujer buey se enceguece como un toro en una corrida cuando el hombre la elige para pasar una noche, un mes, un año o toda la vida. Da igual; en realidad ella LO ELIGIÓ sin que él lo sospechara y morirá en sus brazos a menos que la intuición lo alerte y pueda escapar a tiempo.

Nació para compartir amor, sexo y matrimonio o convivencia *part time* con su objeto de deseo, y no concibe una rebelión a sus planes o una salida a tomar aire fresco por la rambla. ES TODO O NADA, TÓMAME O DÉJAME. Esta actitud atrae a los hombres en una declaración de amor o los espanta a Ganimedes.

Ella sabe desplegar sus dones de geisha, amante ardiente, amigovia, cocinera, masajista, empresaria, especialista en reiki, flores de Bach, astrología, y el elegido sentirá que no tiene escapatoria. ES LA MEJOR MANAGER DE SUS CAPACIDADES INFINITAS.

La mujer buey necesita continuidad sexual, es muy sensual, terrenal, voraz, y exige que su amante esté siempre listo. Procura armar el escenario con estilo, elegancia y refinamiento desplegando sahumerios, aceites, pétalos de rosa en el té de jazmín. Adora pensar que cada noche, siesta o mañana pueden ser muy bien utilizadas para el TAO DEL AMOR Y DEL SEXO y que cada acto sexual puede acrecentar la familia.

Ella es ideal para quienes busquen acción, constancia y procreación. No recomendable para animales de la jungla a quienes les gusta más la variedad y la liviandad en el amor.

El Búfalo y su Ascendente

BÚFALO ASCENDENTE RATA (23.00 a 1.00)
Sociable y seductor, le preocupa conservar lo que tiene. Es glamoroso en una forma muy especial.

BÚFALO ASCENDENTE BÚFALO (1.00 a 3.00)
Nació para dar órdenes y dirigir el tránsito. Como él no lo es, le gusta rodearse de gente divertida.

BÚFALO ASCENDENTE TIGRE (3.00 a 5.00)
Jugado y energético, deja su vida por lo que cree. Ama las aventuras y viajar. Busca ser admirado y alabado.

BÚFALO ASCENDENTE CONEJO (5.00 a 7.00)
Inteligente, testarudo, esteta, alcanza lo que busca. Ama la vida del hogar y rodearse de elegancia.

BÚFALO ASCENDENTE DRAGÓN (7.00 a 9.00)
Un autócrata al que no le interesa asentarse en ningún lado. Ambicioso, es capaz de pisar al que se ponga en su camino.

BÚFALO ASCENDENTE SERPIENTE (9.00 a 11.00)
Irresistible y misterioso, astuto y rencoroso, parece no necesitar a nadie. Esto lo hace aún más atractivo.

BÚFALO ASCENDENTE CABALLO (11.00 a 13.00)
Enigmático e indomable, sensual, es una personalidad al límite que no soporta restricciones de ningún tipo.

BÚFALO ASCENDENTE CABRA (13.00 a 15.00)
Un sibarita con sentido del humor y buenos sentimientos. Inspirado para generar ganancias y cuidadoso para gastarlas.

BÚFALO ASCENDENTE MONO (15.00 a 17.00)
Enfocado en lo que quiere y sin miramientos para conseguirlo, lo disimula tras una fachada de bonhomía.

BÚFALO ASCENDENTE GALLO (17.00 a 19.00)
Sensible a la opinión ajena, es un trabajador concienzudo y exigente, apreciado por sus virtudes y su lucidez.

BÚFALO ASCENDENTE PERRO (19.00 a 21.00)
Sentimental y justiciero, se arriesga a cosas nuevas sin temor al fracaso. Un muy buen amigo que da demasiados consejos.

BÚFALO ASCENDENTE CHANCHO (21.00 a 23.00)
Sensual, trabajador, alegre, vive rodeado de sus afectos. Realista con sus gastos, impaciente con quienes se meten en su vida.

El Búfalo y su Energía

BÚFALO DE MADERA (1925-1985)
Como todos los búfalos, un trabajador incansable, líder en lo que haga y dispuesto a grandes sacrificios, pero capaz de expre-

sar sus ideas y sentimientos con mayor claridad; eso lo ayuda a tener una vida afectiva más plena, y a vivir rodeado de esa armonía familiar que todos ansían.

Con facilidad para la oratoria, no es raro que se incline a la política y llegue a cargos de importancia y responsabilidad, que cumplirá a conciencia. Tiene una veta artística y creativa que necesita ser abonada con tiempo y espacio; si logra desarrollarla, influirá en toda su vida. Gran amigo, excelente padre (biológico o cósmico), un poco chapado a la antigua, necesita controlar su temperamento para no espantar a aquellos que lo quieren y desean estar con él.

Personajes famosos
Carlos Balá, Rafael Squirru, Richard Burton, B. B. King, Jonatan Viale, Keira Knightley, Roberto Goyeneche, Gilles Deleuze, Paul Newman, Peter Sellers, Jack Lemmon, Tony Curtis, Johann Sebastian Bach, Dick Van Dyke, Benito Laren, Lula Bertoldi, Rock Hudson, Johnny Carson, Bill Haley, Malcolm X, Sammy Davis Jr., Jimmy Scott, Rosario Ortega, Bert Hellinger.

BÚFALO DE FUEGO (1937-1997)
Resistente y tenaz, el fuego le da a este búfalo una cierta inquietud que se traduce en ir un paso más lejos, y llevar las cosas a extremos que otros ni pensarían. Protector con los que quiere, lucha por su bienestar sin pensar en el costo, pero con un ojo en la caja registradora: es ambicioso y le gusta disfrutar de lujos y comodidades, que siempre gana con el sudor de su frente.

Cuando se enamora pone la misma energía, y su objeto de deseo se transforma en centro de atenciones y desvelos hasta que logra conquistarlo: es fiel y leal pero posesivo y mandón, así que hay que poner en la balanza lo que ofrece y lo que pide a cambio. Es tan exigente con su entorno como consigo mismo, y tiende a ser testarudo; necesita de los demás el apoyo y la diversión que él no es capaz de autoproveerse.

Personajes famosos
Robert Redford, Jane Fonda, Dustin Hoffman, Martina Stoessel, Camila Cabello, Warren Beatty, Boris Spassky, Jack Nicholson, Hermann Hesse, José Sacristán, rey don Juan Carlos I de España, Facundo Cabral, Norman Briski, María Kodama.

BÚFALO DE TIERRA (1949-2009)

Obsesivo con sus ideas y comprometido con sus seres queridos, logra casi todo lo que proyecta. Eso sí, sin compartir sus planes ni escuchar a nadie. El trabajo tenaz y la buena suerte son sus compañeros, pero ser menos obstinado, comunicarse mejor y divertirse más lo ayudaría en sus relaciones humanas.

No tiene ambición de poder ni le interesa escalar posiciones si es a costa de sus principios. Aferrarse tan rotundamente a su moral lo torna rígido. Debe aprender a relajarse, entrar en contacto con su estado lúdico, aceptar que todo el mundo se equivoca y que "la vida sigue igual". Gran compañero cuando está de tu lado, y de temer si está en el de enfrente.

Personajes famosos

Oscar Martínez, Jairo, Joaquín Sabina, Richard Gere, Billy Joel, Sergio Denis, Charles Chaplin, Ángeles Mastretta, César Aira, Luis Alberto Spinetta, Meryl Streep, Paloma Picasso, Napoleón Bonaparte, Jean Cocteau, Renata Schussheim, Claudio Gabis, Alejandro Medina, José Pekerman, Gene Simmons.

BÚFALO DE METAL (1961-2021)

Con el mismo exterior calmo y tranquilo que sus hermanos, este búfalo esconde una corriente interna de energía que lo diferencia. Más posesivo y celoso cuando ama, es capaz de alejar a sus seres queridos con requerimientos excesivos. Le pasa igual con el trabajo y las relaciones humanas. Debe controlar su necesidad de dirigir, y entender que se logra más con buenos modos que con reglas rígidas.

Es conservador en sus ideas, tiene mucha confianza en sí mismo y talento para arrastrar gente a su causa. Pero todo se viene abajo cuando deja de escuchar a los demás y les impone sus opiniones. Si se queda solo se siente desmoralizado, ansioso y triste, y necesita apoyo para volver al ruedo. Tiene que aflojarse, liberarse de sus ideas y de vez en cuando nadar a favor de la corriente.

Personajes famosos

Marcelo Longobardi, Barack Obama, Margarita Barrientos, Louis Armstrong, Enzo Francescoli, Juana Molina, José Luis Espert, Lucía Galán, Carlos Pagni, Ronnie Arias, Alejandro

Agresti, Cinthia Pérez, Tom Ford, Boy George, Ingrid Betancourt, The Edge, Walt Disney, Eddie Murphy, Jim Carrey, Andrés Calamaro, Andrea Frigerio, Alejandro Awada, Diego Capusotto.

BÚFALO DE AGUA (1913-1973)

Protector de los que ama, busca formar una familia a la cual cuidar. Es más cariñoso que sus hermanos, y más gentil en el trato. Tiene mucha personalidad, aunque a veces le cuesta sacarla: se adhiere a las rutinas y al trabajo. Con un poco de apoyo puede transformarse y liberarse, y llegar a ser un pilar en todos los medios en que se mueva. Conocer gente y costumbres distintas le puede ampliar los horizontes mentales.

Es un amante solícito y un padre generoso, dispuesto a luchar duro por sacar adelante a su prole. Serio y ordenado, parece más aburrido de lo que es: hay que conocerlo para entenderlo y apreciar su sentido del humor. El agua le saca rigidez, y por eso es el más vivible de los búfalos.

Personajes famosos

Cristina Pérez, Albert Camus, Romina Manguel, Iván González, Pharrell Williams, María Eugenia Vidal, Belén Esteban, Bruno Stagnaro, Carolina Fal, Nicolás Pauls, Juliette Lewis, Zambayonny, Juan Manuel Gil Navarro, Inés Sastre, Martín Palermo, Cecilia Carrizo, Sebastián Ortega, Carlo Ponti.

Club Atlético Talleres de Córdoba

Búfalo de Agua

Contame un cuento chino
Reynaldo Sietecase • Búfalo de Metal •
Escritor, poeta, periodista

Como un búfalo: persistente, decidido, valiente, justo. Duro como el metal, frágil como el cristal. Como un búfalo: tozudo, torpe, posesivo, miope. Una suerte de carozo que anda y anda. Duro en sus contornos, blando por dentro. Blando como el agua. Para conquistarlo solo hay que tener la decisión de zambullirse en su inmensidad. Búfalo de agua: *Bubalo*. Qué nombre más bonito: Bubalus.

Cumplo con el signo y el designio. La familia es lo más importante. Como dicen mis abuelos sicilianos: la sangre no es agua. Amigo de mis amigos, esa extensión comunitaria en formato de parentela elegida. Contenedor, solidario, todos pueden guarecerse detrás de esta mole que avanza. Banco la que venga, menos las traiciones. Sigo mi propia ruta, el verdadero deseo se hace contra todos. Aunque no me libro de mis propias contradicciones.

Soy un búfalo que transita la palabra. En la oscuridad de las noches de infancia, mi padre inventaba relatos para que me durmiese y, sin saberlo, me iba infectando de literatura. Me despertó para siempre. Un juego: el mastodonte sueña que tiene la levedad de una mariposa. Pasto de todas las imaginerías. Pero reacio a las creencias. Un búfalo con una enfermedad incurable, el deseo de contar. Un animal que no acepta que algún día tendrá que detenerse.

Tabla de compatibilidad

	karma	salud holística	amor pos COVID	trueque	nuevos vínculos
Rata	regular	bien	regular	regular	regular
Búfalo	regular	regular	bien	bien	regular
Tigre	mal	bien	bien	regular	regular
Conejo	bien	regular	regular	regular	regular
Dragón	regular	regular	muy bien	bien	regular
Serpiente	regular	regular	regular	bien	regular
Caballo	bien	excelente	regular	bien	bien
Cabra	regular	bien	regular	regular	regular
Mono	regular	bien	bien	bien	bien
Gallo	mal	bien	muy bien	bien	excelente
Perro	regular	bien	bien	regular	regular
Chancho	regular	regular	excelente	excelente	regular

 mal regular bien  muy bien excelente

tigre

Desperté en hora tigre
sigilosamente.
Presentí el cambio
de temperatura;
paso lento, me acunaba el tul
del último sueño.
Hacia el primer mate y la luna
     menguante.
Abrí los postigos de la cocina,
invité a Madonna hacia el infinito
     jardín
donde las liebres, hadas y cuises
esperan hacer el amor
sin testigos.

L. S. D.

Ficha técnica

Nombre chino del tigre
HU

Número de orden
TERCERO

Horas regidas por el tigre
03.00 A 05.00

Dirección de su signo
ESTE-NORDESTE

Estación y mes principal
INVIERNO-FEBRERO

Corresponde al signo occidental
ACUARIO

Energía fija
MADERA

Tronco
POSITIVO

Eres TIGRE si naciste

13/02/1926 - 01/02/1927
TIGRE DE FUEGO

31/01/1938 - 18/02/1939
TIGRE DE TIERRA

17/02/1950 - 05/02/1951
TIGRE DE METAL

05/02/1962 - 24/01/1963
TIGRE DE AGUA

23/01/1974 - 10/02/1975
TIGRE DE MADERA

09/02/1986 - 28/01/1987
TIGRE DE FUEGO

28/01/1998 - 15/02/1999
TIGRE DE TIERRA

14/02/2010 - 02/02/2011
TIGRE DE METAL

01/02/2022 - 21/01/2023
TIGRE DE AGUA

Carta abierta a los Tigres

Ayer en el campo fundacional hice un ágape e invité amigos.

Con distancia y barbijo, fuimos seis comensales que en sincronicidad nos dimos una tregua a la calma o alocada semana que pasamos.

PABLO CÉSAR, tigre de agua, cineasta, director, guionista y persona con características renacentistas en su fisonomía y *look*, fue el invitado de honor.

El TANITO, amigo simio de la infancia, insistió en unir nuestras historias de vida; tuve propuesta para participar en una película el año pasado, mientras armaba el documental de mi vida.

No lo hicimos, pero prometimos conocernos en la pacha cordobesa; en su zona: Ascochinga, o en la mía: Traslasierra.

Después de convocarlo para el cuento chino del tigre de agua, gesto que apreció, pues aceptó muy entusiasmado, e intercambiar "alineación y balanceo" de nuestra situación real en la 3D, pusimos fecha para compartir un mediodía que se estiró hasta la tarde, casi cuando se pone el sol.

Una semana antes lo llamé a JAVIER CASTELLANOS, amigo tigre de madera, que es un conocedor de los secretos e historias serranas. Él participa en la sección cultura de Nono y abre puertas a quienes considera dignos de alguna movida artística o científica.

Apareció con un astrónomo, CARLOS, del CONICET y también PABLO trajo a su amigo HORACIO, que desempeña la misma función en Capilla del Monte.

Cat y LSD de anfitriones; picada que ligué de regalo de la editorial con *delay* por mi cumpleaños, y el cordero que nos hizo con cariño ALDO.

El *lemon pie* de CARLA fue la combinación para que el almuerzo nutriera el cuerpo y el alma.

Dos tigres emblemáticos con su bagaje cultural, *charme* e inteligencia emocional dieron versiones para compartir un debate sobre el CURA BROCHERO, la historia africana en Córdoba para indagar más sobre las inmigraciones étnica y cultural, de las que poco sabemos y hay mucho que aprender.

La calidez del otoño con el cielo algo nublado se fue transformando en un mediodía a puro sol, sin rastros de nubes.

La vida, el eros, las ideas, los comentarios esotéricos y científicos comulgaron en armonía.

El tigre siempre sorprende.

Estamos distraídos y nos da un zarpazo en la carótida, en el lóbulo izquierdo, en el eneagrama, como JULIÁN, para sacarnos de la insoportable levedad del no ser.

Simpáticos, empáticos, combativos o soñadores, el encuentro con un tigre es siempre transformador, revitalizador, conflictivo e inspirador.

A veces nos embrujan con su talento, son buenos actores, músicos, escultores, pintores o carpinteros, otras veces nos embaucan con mentiras para convertirnos en socios de estafas inéditas en la historia y arrastran una legión de amigos, amantes, socios y familia.

"El fin justifica los medios" es algo usual en la vida de un tigre.

Son los líderes de las revoluciones, los cambios, la lucha por la equidad social, quienes provocan modificaciones inesperadas que nos sacuden el kundalini.

En cualquier sexo son competitivos, audaces, pioneros para descubrir lugares en el mundo y realizar emprendimientos de gran visión, en los que su pasión por el resultado les impide disfrutar el proceso creativo.

Con su versatilidad, hazañas, destreza física o mental sabe enamorar a quien tenga en la mira de su tercer ojo.

A veces, es más la necesidad de obtener trofeos en el Kamasutra que mantener una relación estable con su pareja.

Se aburre fácilmente y puede dejar en el altar a una novia si media hora antes se cruza con otra que lo divierta.

Informal, arrebatado, sanguíneo, intolerante, no es diplomático con excepción de DIEGO GUELAR, y puede devorar a quien se oponga a sus ideas y lo traicione.

En todas las formas de género y sexualidad que existen, el tigre es un adicto a las experiencias del tantra, el sadomasoquismo, las técnicas combinadas con alucinógenos con los que disfruta su *performance* hasta el éxtasis.

Dependerá del equilibrio emocional, de su educación y búsqueda interior que sea *yin-yang*.

Sabe que la introspección, la meditación, el yoga, la cosmovisión de culturas lo enriquecerán.

Es atlético, bello, fascinante, misterioso y sabe cuándo debe hacer "mutis por el foro".

Su lucha es interna: deber o placer, espíritu o materia, amor u odio; cuando descubre la otra cara de la misma moneda cierra el círculo.

Un ciclón en la quietud de la selva, un temblor en la arena del desierto; nada queda igual después de su paso, su huella, carcajada, humor, cariño, que demuestra lamiendo heridas ajenas y propias cuando la vida le pone límites.

Límite: algo que no tolera.

La libertad no se negocia ni tiene precio.

Los valores éticos y morales son para el resto del zodíaco chino o celta.

Es un gran amigo: escucha, actúa, sostiene.

El tigre es o será rebelde hasta el último suspiro, como DALMIRO SÁENZ.

Nos sorprenderá como CORMILLOT, siendo padre fértil a los cuatro katunes.

Fascinará como LADY GAGA desde los escenarios, transmutando su *look*.

En la tarde tibia, en que el sol no asomó ni para saludarme, el tigre sabe que tendrá que atravesar grandes hazañas, ralis, pruebas kármicas rumbo a su reinado.

Suerte.

L. S. D.

Mi querido amigo tigre Oscar Mulet, maquillador top, me susurró al oído esto:

Soy tigre. Cuando descubrí que era tigre, me pregunté qué significaba esto, y observando me descubrí como tal. La respuesta está en que tengo todo lo que el tigre tiene: garra, fuerza, empuje en mi vida y en mi trabajo. Me siento ágil, observador y audaz. No le temo a las consecuencias ni a lo que vendrá, no hay nada que me asuste, amo los desafíos.

También, pocas cosas me parecen tan lindas como vivir rodeado de felinos. Hoy vivo con tres gatos, pero llegué a tener trece en mi adolescencia, cuando aún era un tigre más joven. Tal vez en la vejez vuelva a vivir rodeado de felinos y un gran zoológico.

Al ver a un tigre no puedo evitar quedar hipnotizado por su mirada, su andar, su piel, todo lo que lo representa. Y pienso "¿Seré así?".

Solo sé que soy feliz al ser como soy, un auténtico tigre: tierno, dulce, que ama y adora que lo acaricien y mimen para calmar su fuerza, locura, y a veces incontrolable pasión.

Como buen tigre, amo y protejo a mis cachorros, es decir, hija, amigos y familia. Por estas razones es que soy tigre y siento orgullo y felicidad plena de serlo.

A continuación, mi querido amigo Edgardo Otero, Tigre de Agua, aporta su visión del signo:

Creo que la sabiduría de los antiguos es más sencilla de lo que a veces se piensa, por ello –entiendo– para definir un signo ellos simplemente les adjudicaron a las personas las características del animal referido, todo fundamentado y avalado por cientos de años en que la experiencia les confirmó lo que ellos observaban. El Tigre es un animal cauto, astuto, valiente y a veces cruel; esta última particularidad no es fruto de hacer el mal, sino que hace lo que debe hacer, sin titubear. Considero que el hecho de que me haya tocado ser un Tigre de la energía Agua enriquece y da un toque de humanismo, que de alguna manera atenúa la ferocidad del felino.

He transcurrido mi vida tratando de ser equilibrado y mesurado, pero han llegado instancias en las cuales he debido elegir y, pese a que algunas opciones eran más cómodas, preferí adoptar aquellas que me hicieran sentir bien con mi conciencia, a sabiendas de que era más difícil lo que había elegido. Creo que eso define a los Tigres, la valentía de tomar decisiones en el entendido de que será el comienzo de un camino más duro pero que también dejará enseñanzas y experiencia que nos harán mejores.

La energía Agua nos trae la difícil encrucijada en la cual debemos mostrarnos fuertes (somos Tigres, ¡no podemos ser débiles!) pero en muchas ocasiones la sensibilidad aflora a la superficie en forma espontánea. Puede haber un disparador, una excusa que se filtra por esa coraza y entra directo al corazón sin que nada la pueda detener. Podemos ser muy fuertes ante el dolor y a veces acudimos a la broma sarcástica para esconder nuestra debilidad frente a él. Entre varios recuerdos, me viene a la mente cuando estuve triste muchos días y aún hoy me cuesta no largar una lágrima cuando veo la foto de aquel niñito kurdo, Aylan, muerto en las costas de Turquía porque sus padres peleaban por una vida mejor.

Así, querida amiga, te diría que ser Tigre no es fácil, pero si naciera de nuevo y debiera elegir, sin duda adoptaría la vestidura de este animal tan temerario.

Significado del signo

La tradición china dice que la energía *yin* que simboliza el tigre está representada por un hombre parado con actitud rígida, con los brazos en alto, como vitoreando o saludando a la gente.

Esta actitud o postura es la de los políticos, el pago del honor y finalmente la inspiración del respeto y la reverencia de los líderes. Los chinos se refieren a esta característica en tono alto, pues representa el oscuro poder femenino.

La esencia de los nacidos en el año del tigre es la nobleza; ellos están siempre buscando lo más arriesgado, difícil e inalcanzable, pues el desafío es el motor de su vida. La búsqueda de lo peligroso e ilimitado los convierte en héroes épicos o personajes destacados por su conducta rebelde sin pausa.

El tigre vive a través de la adrenalina que le despierta cada encuentro, pasión, contacto con la vida. Siempre dará y arriesgará el doble de lo que es y puede, jamás se quedará con las ganas de intentar o probar algo. *THE SKY IS THE LIMIT*.

El felino es puro instinto y se desliza por la jungla oliendo, intuyendo, presintiendo la presa que tendrá en sus fauces en poco tiempo, jugando con la maleza y los espíritus traviesos que los visitan en sus cacerías diurnas y nocturnas, de las que sale más inspirado y convencido del triunfo de sus hazañas.

En cualquier sexo es divertido, tiene un agudo sentido del humor, irradia un magnetismo que envuelve al más distraído, contagia su entusiasmo produciendo cambios en la vida. Es cierto que, como el caballo, el dragón y el mono, necesita atención *full time*; es centro del *show* y el mejor de los actores.

Para la tradición china, el tigre es el rey de la tierra y el dragón el del cielo, o sea que representan la energía *yin-yang* en su máxima expresión. El tigre es una bestia feroz, salvaje, capaz de devorar a su adversario sin dudar. Su espíritu combativo es fácil de provocar, pues tiene las garras y los dientes tan afilados que si no los usa, se siente minusválido.

Prefiere salir de cacería durante la noche, aunque a veces en el día encuentra sus manjares favoritos, entre sueño y sueño. Este bello animal destila *sex appeal, glamour* y sensualidad. Es irresistible; apenas se tiene un pantallazo de su esencia, hay que pedir amparo en la ONU.

El tigre es multifacético, tiene varias personalidades, una antes y otra después de actuar. Impredecible, se mueve por instinto; la lógica no es para él pues su intuición siempre lo alerta y salva de las situaciones límite. Le gusta jugar con fuego. Conoce los resortes del inconsciente y actúa a favor de ellos para apresar nuevas víctimas.

Es brillante, inteligente, observador y optimista, capaz de realizar cualquier trabajo, acción o aventura sin medir las consecuencias. Rápido como la luz y lento como una tortuga.

Para él la vida constituye una conquista día a día, con pleno vigor y creatividad en cada acto o decisión. Orgulloso y confidente, es un gran hablador y un afilado chismoso, pero sabe cuándo parar el verso para ser creíble.

Es la llama encendida, nunca brasa o final de fogón. Siempre listo para el ataque y la conquista, sabe llegar a buen puerto cuando tiene el objetivo claro y preciso. Orgulloso, audaz, enérgico e hipocondríaco, este felino jamás pasa inadvertido. Se lo ama u odia y se fluctúa de un estado al otro estando cerca de él.

Egoísta, dominante, frío, calculador, huraño y llamativo, su habilidad para mantener la calma y observar agudamente tiene un alto precio en el mercado de valores y lo convierte en líder revolucionario.

Cuidado con su gran sonrisa y seducción; no da puntada sin hilo y envuelve en su microclima a quienes lo rodean. Adora tener el control de la situación y parecer distraído ante sus interlocutores.

El tigre es ciclotímico emocionalmente. Oscilará entre escalar el Everest y descender al Gran Agujero Azul de Belice sin anestesia. Puede ser un santo y un pecador. Protector, defiende su territorio con convicción y no le importa el qué dirán.

No tiene límites para defender lo que cree que merece, familia, amor, trabajo, vida política y social. Es un kamikaze y siempre arriesga más de lo que puede dar. Trabajará cuando le plazca, nunca por obligación. Será siempre su propio jefe, no soportará tener que cumplir horarios ni órdenes.

A veces el poder lo exacerba y produce un cambio radical en su personalidad. El arte para el felino es saber dosificarse y llegar al equilibrio. El tigre ama la buena vida: comer bien, buenas fiestas, vestir elegantemente, salir, ver a sus amigos, hacer olas y provocar escándalos.

Está convencido de que el dinero está para ser gastado, él sabrá ganarlo mañana o conseguir patrocinadores que le subvencionen sus inventos. El tigre vive al filo de la navaja y no tiene ganas de ser rutinario. UN VIAJE AL SUPRAMUNDO.

El tao del amor y del sexo

El encuentro con un tigre resulta inolvidable. No hay fórmulas, tácticas ni planes posibles. Es un terremoto anunciado, un huracán en una isla del Caribe sin palmera para refugiarse, un diluvio sin tinglado cercano. El tigre intuye a su presa, la huele, la rodea, y ATACA sin piedad.

Dichosos quienes tuvimos esa suerte en la vida; sobre todo quienes somos más mentales que temperamentales y creemos que el zarpazo necesita *personal trainer*. El tigre de cualquier sexo sabe que es irresistible, y que todo animal que esté a tiro caerá rendido ante su fogosidad, *sex appeal,* gracia, sentido del humor y talento en el TAO DEL AMOR Y DEL SEXO.

Expertos, seres dedicados al amor, ellos conocen la gama del arcoíris para enamorar a un *iceberg*. En general su estado físico es el de un deportista célebre; elástico, sensual, de contextura proporcionada, amante de la naturaleza y de las aventuras arriesgadas, despierta admiración.

El elegido sentirá que es envidiado por amigos y enemigos, pues el tigre despliega sus encantos como si estuviera filmando en un *set*. Les recomiendo que antes de conocerlo ya descarten la expectativa de pretender fidelidad del felino; su espíritu de conquista es superior a cualquier promesa hecha en el registro civil o ceremonia chamánica. El fuego con que envuelve a su presa alcanza y sobra para inmortalizarlo.

El tigre te ama o te ignora. Pretender atraparlo, enjaularlo o engañarlo es contraproducente; su poderosa intuición detectará trampas y se hará humo como Fu Manchú.

El felino necesita que lo admiren, adulen y aplaudan. El ego es el motor de sus originales aventuras y SIEMPRE BUSCARÁ PAREJAS QUE SEAN COMPAÑERAS DE SUS LOCAS FANTASÍAS.

Necesita admirar física o intelectualmente a su elegido; no soporta aburrirse y siempre encontrará desafíos para seguir apasionado. Hay diferentes tipos de tigres: más salvajes, crueles, con tendencias sadomasoquistas, místicos, domésticos, equilibrados y muy desequilibrados.

Para él o ella la intimidad es la clave de la relación. Cuando desnuda a su presa y la recuesta sobre una parva de heno, o en las blancas arenas de una playa adonde llegaron a dialogar con los delfines de noche, o en una cama turca con tules, velas aromatizadas, copal o palo de rosa, el privilegiado tuvo ya orgasmos múltiples y sintió que estaba hipnotizado.

El juego amoroso preliminar del tigre es un arte superior, recurrirá a hacer masajes con aceites o cremas de remotos países, acariciando cada parte del cuerpo como Mickey Rourke a Kim Basinger en *Nueve semanas y media*.

Preparará un manjar o lo pedirá al mejor restaurante tailandés, y aunque no pueda pagarlo inventará trucos para convertirlo en una fiesta. Pondrá buena música, susurrará un rugido con voz de Elis Regina y dejará a su amado saciado de besos y caricias.

Lo que el tigre no sabe es que despierta adicción; siempre le pedirán más tiempo y repetir esas sesiones afrodisíacas. Mientras no se aburra ni se sienta claustrofóbico quedará a disposición de su amante, que como Sherezade tendrá que inventar fantásticas historias de amor para seguir gozando una temporada en el Nirvana.

El Tigre y su Ascendente

TIGRE ASCENDENTE RATA (23.00 a 1.00)
Optimista, independiente, relajado: ama su hogar y disfruta de las cosas simples. Tiene energía para todo lo que empieza.

TIGRE ASCENDENTE BÚFALO (1.00 a 3.00)
Perseverante, protector, realista, encara todo lo que se le presenta con entusiasmo y tenacidad. Un tigre irresistible.

TIGRE ASCENDENTE TIGRE (3.00 a 5.00)
Jugado, imprevisible, aventurero, no conoce los límites, no se compromete con nada y es muy creativo.

TIGRE ASCENDENTE CONEJO (5.00 a 7.00)
Ambicioso, calmo, dueño de un *charme* único, parece indiferente, pero está siempre calculando las ganancias y las pérdidas.

TIGRE ASCENDENTE DRAGÓN (7.00 a 9.00)
Enigmático y altruista, narcisista y orgulloso: muy entretenido para pasar el rato, imposible para convivir.

TIGRE ASCENDENTE SERPIENTE (9.00 a 11.00)
Calculador, se fija metas a las que siempre llega; es seductor y no tiene piedad con sus víctimas. Un depredador.

TIGRE ASCENDENTE CABALLO (11.00 a 13.00)
Generoso, irresponsable, decidido a disfrutar su libertad a cualquier precio. Lucha por las libertades ajenas con el mismo empeño.

TIGRE ASCENDENTE CABRA (13.00 a 15.00)

Ciclotímico, posesivo, idealista, lleno de buenas intenciones que se pierden cuando se cruzan en el camino de su comodidad.

TIGRE ASCENDENTE MONO (15.00 a 17.00)

Astuto, ágil, fuerte: tiene las herramientas para triunfar. Es muy apasionado y sensual, ¡ese es su punto débil!

TIGRE ASCENDENTE GALLO (17.00 a 19.00)

Se debate entre su deseo de hacer bien las cosas y ser reconocido por ello, y la necesidad de desaparecer en la jungla. Es original y vanidoso.

TIGRE ASCENDENTE PERRO (19.00 a 21.00)

Honesto y justiciero, todas las causas son su causa, y las pelea hasta el fin. Es paciente, comunicativo, y sabe transmitir bien sus ideas.

TIGRE ASCENDENTE CHANCHO (21.00 a 23.00)

Servicial, hogareño y sibarita. Abre su hogar y su corazón a quien ama, pero exige lo mismo a cambio. Tiene un carácter explosivo.

El Tigre y su Energía

TIGRE DE MADERA (1914-1974)

Un tigre con una vida interior muy rica; romántico, soñador, de los que creen en "hasta que la muerte nos separe", adicto a las relaciones que lo hagan sufrir. Es más frágil que sus hermanos, pero, por lo mismo, más carismático y seductor. Los que lo tienen cerca nunca se aburren porque es creativo, sociable y bien mandado para la aventura.

Sabe que la vida es un proceso largo y que crecer duele, pero lo disfruta como a todo lo que es nuevo. Le encanta moverse por el mundo y compartirlo con la persona que elige; es un amante apasionado, demostrativo, generoso, un poco sofocante si lo dejan hacer. Pero este tigre se hace más daño a sí mismo que a los demás, dejándose llevar por su corazón y emociones. Para disfrutar de la vida necesita encontrar quien lo entienda y lo quiera.

Personajes famosos

Oscar Wilde, Rafael Amargo, Adolfo Bioy Casares, Leonardo DiCaprio, Carla Peterson, Alberto Castillo, Julio Cortázar, Jorgelina Aruzzi, Thomas Merton, Marguerite Duras, Robbie Williams, Meg White, Joaquín Furriel, Penélope Cruz, Richard Widmark, Dani Umpi, Eleonora Wexler, María Julia Oliván, Ariel Ortega, Germán Paoloski, Emmanuel Horvilleur, Elena Roger.

TIGRE DE FUEGO (1926-1986)

Lúcido y calculador, complicado en el trato, un ganador en los temas profesionales o laborales. No es materialista sino competitivo y con una mente muy clara para los negocios: le gusta ganar. Si pone la energía al servicio de algo noble (en todo tigre late un corazón idealista) será reconocido y admirado por sus logros.

Aunque es apasionado e hiperactivo, busca la calma del hogar y sueña con el nidito propio para disfrutar de la vida familiar. Tiene que encontrar a alguien que le pueda seguir el tren: demostrará que es responsable y cariñoso; aunque resulte un padre un poco ausente, es un padre al fin. Necesita orientación para no malgastar su vida en una carrera por ascender social o económicamente, y dedicarse a las cosas que le dan satisfacción espiritual, paz, y tranquilidad.

Personajes famosos

Marilyn Monroe, Lady Gaga, Dalmiro Sáenz, Mel Brooks, Rafael Nadal, Miles Davis, Michel Foucault, Klaus Kinski, Nazareno Casero, Sai Baba, Martín Piroyansky, Luis Suárez, Alfredo Di Stéfano, Jerry Lewis, Alberto de Mendoza, Fidel Castro.

TIGRE DE TIERRA (1938-1998)

Tiene un andar elegante y calmo, y una mente sagaz y despierta, así como un espíritu apasionado y lujurioso. Está dispuesto a sacrificar su amada libertad en una relación, pero pondrá reglas claras: este tigre no se deja engañar por el "y vivieron felices", y sabe bien que lo bueno no dura para siempre.

Le gusta salir bien parado de todos lados (incluidos los corazones de sus ex) y, si tiene espacio suficiente, demuestra que él también puede hacerse cargo de una familia y que no hay que ser un gatito enrollado frente a la estufa para disfrutar del hogar. A su manera, se hace responsable de su cría. Es un lúcido negociante, así que vale la pena confiarle el manejo de las finanzas.

Personajes famosos

Roberto Carnaghi, Tina Turner, Isadora Duncan, Roberta Flack, Ángela Torres, Paulo Londra, Federico Manuel Peralta Ramos, Rudolf Nuréyev, reina Sofía de España, Alejandro Sessa, Alan Watts, Issey Miyake, Karl Lagerfeld, Ellen Johnson-Sirleaf, Pérez Celis, Leonardo Favio, Héctor Larrea, Jaime Torres, Augusto Mengelle.

TIGRE DE METAL (1950-2010)

Un tigre lleno de contradicciones, pero dispuesto a que estas no le arruinen la vida. Con una autoestima altísima y una autocrítica del mismo tamaño, se mueve por la vida rompiendo corazones, liderando movimientos que abandona sin remordimientos si pierde el interés para buscar rodearse de gente diferente y que lo motive.

Parece frío y calculador, pero tiene muy buenos sentimientos. Si forma una familia va a hacer lo mejor que pueda, sin sacrificar sus ideales ni su libertad, pero estando presente si lo necesitan. Un poco rígido en lo referido al trabajo, no le gusta escuchar consejos de nadie y esto lo lleva a sufrir desventuras económicas, aunque sea trabajador y responsable. Lo fundamental es que se relaje, confíe en quienes lo quieren y se deje querer: ¡la vida comienza cada mañana con un buen café!

Personajes famosos

Carlos Gardel, Oscar Mulet, Ubaldo Matildo Fillol, Stevie Wonder, Quinquela Martín, Groucho Marx, Norberto "Pappo" Napolitano, Dolli Irigoyen, Pelito Galvez, Peter Gabriel, Miguel Ángel Solá, Hugo Arias, Michael Rutherford, Laurie Anderson, Charles de Gaulle, Teté Coustarot.

TIGRE DE AGUA (1902-1962-2022)

El más atractivo de su familia: un felino considerado, creativo y altruista, capaz de dominar sus impulsos y de entregarse por completo a las causas humanitarias. Su mente está siempre funcionando, pero no es calculador, se preocupa por el bienestar de los suyos y es un perfeccionista cuando se trata de la familia: idolatra a su pareja e hijos, y cría a sus vástagos con los más altos estándares morales e intelectuales, además de involucrarlos en temas ecológicos. Nada le es ajeno a este tigre humanista.

Sus enemigos son sus virtudes: el perfeccionismo y la autocrítica le dan muchos dolores de cabeza y lo llevan a alejarse para vivir sus fracasos en soledad; su encanto lo hace foco de más de un amor no correspondido, que lo perseguirá por el mundo sin escuchar razones. Es una gran pareja para alguien que tenga nervios bien templados.

Personajes famosos

Alfredo Casero, Caruso Lombardi, Jodie Foster, Andrea Bonelli, Bahiano, Fernando Bonfante, Tom Cruise, Divina Gloria, Ian Astbury, Ricardo Dorio, Sandra Ballesteros, Leonardo Bechini, Carola Reyna, Juanse Gutiérrez, Simón Bolívar, Ana Tarántola, Silvina Chediek, Ivo Cutzarida, Juan Namuncurá.

Adolfo Bioy Casares

Tigre de Madera

Contame un cuento chino
Julio Cortázar • Tigre de Madera • Escritor

Posar el tigre tiene algo de total encuentro, de alineación frente a un absoluto; el equilibrio depende de tan poco y lo pagamos a un precio tan alto, que los breves instantes que siguen al posado y que deciden de su perfección nos arrebatan como de nosotros mismos, arrasan con la tigredad y la humanidad en un solo movimiento inmóvil que es vértigo, pausa y arribo.

Historias de cronopios y de famas

Dalmiro Sáenz • Tigre de Fuego • Escritor

La combinación de movimientos generó la destreza y tal vez la astucia. La astucia lo hizo cazador. Ahí nació el artista. Cada animal que el hombre cazaba era una puesta en escena distinta. Cazar era relacionar distancias, olores, vientos, audacias, prudencias, velocidades y quietudes. Cazar era una obra de arte que jamás se repetía. Por siglos y siglos el hombre fue artista y no pensador.

José Argüelles • Tigre de Tierra • Profeta

La razón por la que quieres tener tu propio tiempo es porque existe mucho tiempo de otras personas frente a ti. Tú necesitas estar solo con tu alma. Eso es lo que realmente significa cuando reclamas por un tiempo propio. Este es un punto interesante. El estar solo con tu alma debería ser lo más valioso de tu vida. Tú naces solo con tu alma. Y cuando mueres, es tu alma la que parte contigo. Hasta entonces debes luchar o lograr crear tu propio tiempo.

Extracto de *Parando el tiempo y entrando en la segunda creación*

Diego Ramiro Guelar • Tigre de Metal • Abogado y diplomático

Mi "descripción técnica" la dejo en manos de Ludovica, yo me voy a limitar a hacer algunas reflexiones sobre mi persona desde mis propias vivencias.

Mis primeros cincuenta años coincidieron con el desarrollo de la Tercera Guerra Mundial o "Guerra Fría" entre Estados Unidos y la URSS. Llevé a la práctica mis sueños de "cambiar el mundo" en la década de los 70 y viví la derrota de la mano de la más cruel de las dictaduras latinoamericanas. Sobreviví al 80 % de mis amigos y compañeros de esos años, y por eso me quedó el designio de dar testimonio de esos sueños y los errores cometidos. En la década de los 80 me tocó vivir el regreso a la democracia y tuve el honor de ser diputado nacional. En la década de los 90 y las dos primeras décadas del siglo XXI fui embajador en EEUU, Brasil, la Unión Europea y China.

Hoy me toca volver al llano, la actividad privada y la vivencia de una sensación de "caída libre" que, pese a toda la incertidumbre y el miedo, me sigue motivando desde la perseverancia, la convicción y un espíritu idealista y romántico –siempre enamorado de la vida, que matizo con un sentido del humor un tanto ácido pero esperanzador– que seguramente está bien arraigado desde mi genética y mi instinto de conservación.

Aspiro a seguir viviendo hasta el último respiro con la misma intensidad de mis primeras seis décadas. Seguro que la combinación de Piscis y Tigre de Metal con ascendente Dragón está muy vinculada a este largo e intenso camino.

Pablo César • Tigre de Agua • Director de cine, guionista, visionario

¡Oh, Justino!

Así me decía el abuelo *Firulete* en una voz interior, llamándome por mi segundo nombre cuando yo buscaba un equilibrio justo, justísimo, en lo más fino y con tino ante las eventuales pruebas de la vida en las que tenía que elegir y pensar también en los demás. En la tierna niñez muchas veces fui criticado por los adultos mayores al querer ser juez de la verdad por sentirme capaz de contactar con los sentimientos ajenos.

El elemento agua dio en mi existencia la tecla exacta para investigar y comprender acerca de los orígenes de la vida y las diversas hipótesis sobre la llegada del "lenguaje" al planeta, como en el relato del pueblo Dogón (de Malí) que describe que "antes la Tierra no tenía lenguaje y el Nommo (dios de agua) descendió portando fibras extraídas de plantas ya creadas en otras regiones celestes. Presentaba así al mundo terrestre el primer acto de ordenación universal y el signo helicoidal que se proyecta sobre un plano en forma de línea quebrada serpenteante. Las fibras caían en espiral, recordando las espirales de ocho vueltas del sol que bombean humedad. El Nommo cuando habla emite un vaho tibio portador del verbo. Y este vaho sonoro, como el agua, se mueve en una línea helicoidal. Así la palabra húmeda se enroscaba en las trenzas húmedas; la revelación espiritual penetraba en la enseñanza. Y así vestida la Tierra tenía un lenguaje, el primero de este mundo, el más rudimentario de todos los tiempos". Esta enseñanza ancestral de la mencionada etnia del oeste africano es la perfecta descripción de lo que Occidente descubrió mucho tiempo después como el ADN, la doble hélice que contiene un texto que navega en el agua.

Avanzando entre los serpenteantes caminos de una sierra cordobesa reflexiono sobre todo esto, mi temprana relación con el agua, la natación, así como tantas décadas dedicado al cine y el sello que el África ha dejado en mis películas.

Sorpresivamente, en este andar me topo con una de las plantas asociadas al Tigre, que es la flor Cineraria: nativa del sur de África y también de las Islas Canarias, allí donde la ruta del esclavo nos trajo el conocimiento y la riqueza cultural de los pueblos del África que educaron a nuestros ancestros, aunque los hayamos negado durante siglos.

Allí donde dediqué y sigo dedicando con pasión la aventura y los desafíos plasmados en el celuloide.

Tabla de compatibilidad

	karma	salud holística	amor pos COVID	trueque	nuevos vínculos
Rata	muy bien	excelente	bien	muy bien	bien
Búfalo	mal	regular	bien	bien	regular
Tigre	bien	bien	muy bien	regular	regular
Conejo	bien	regular	muy bien	bien	bien
Dragón	mal	regular	mal	regular	mal
Serpiente	regular	regular	bien	regular	mal
Caballo	muy bien	muy bien	excelente	muy bien	muy bien
Cabra	mal	regular	regular	regular	regular
Mono	bien	bien	bien	bien	regular
Gallo	regular	mal	regular	muy bien	muy bien
Perro	regular	regular	bien	regular	regular
Chancho	regular	bien	bien	regular	mal

 mal regular bien muy bien excelente

conejo

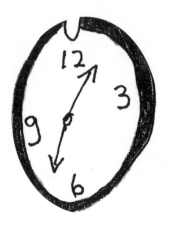

El tiempo nos enseña que no
hay tiempo para los necios,
nos pone contra el ring
apreciando lo esencial
sin el Principito,
con desapego y coraje
para renacer o ser abono
de cuises y liebres
en sus madrigueras.

L. S. D.

Ficha técnica

Nombre chino del conejo
TU

Número de orden
CUARTO

Horas regidas por el conejo
05.00 A 07.00

Dirección de su signo
AL ESTE DIRECTAMENTE

Estación y mes principal
PRIMAVERA-MARZO

Corresponde al signo occidental
PISCIS

Energía fija
MADERA

Tronco
NEGATIVO

Eres CONEJO si naciste

14/02/1915 - 02/02/1916
CONEJO DE MADERA

02/02/1927 - 22/01/1928
CONEJO DE FUEGO

19/02/1939 - 07/02/1940
CONEJO DE TIERRA

06/02/1951 - 26/01/1952
CONEJO DE METAL

25/01/1963 - 12/02/1964
CONEJO DE AGUA

11/02/1975 - 30/01/1976
CONEJO DE MADERA

29/01/1987 - 16/02/1988
CONEJO DE FUEGO

16/02/1999 - 04/02/2000
CONEJO DE TIERRA

03/02/2011 - 22/01/2012
CONEJO DE METAL

Carta abierta a los Conejos

Reconozco que no soy una mujer a quien le atrae el juego.

La vida me tuvo desde chica ocupada en tantas curiosidades humanas, artísticas, laborales, de pasajera sin boleto de retorno en la juventud, amores platónicos y extraterrestres, que solo en los veraneos lograba sentarme a jugar a las damas, al Scrabble, a la generala, al Estanciero[3], al truco y a la canasta.

En mi familia siempre hubo un tiempo para el ocio creativo y el juego.

A pesar de haber dado mis primeros pasos en el ajedrez, juego que apasionaba a mi papá chancho, y el bridge, no llegué nunca a practicarlos.

Solo "la canasta", el juego inventado en el año 1939 (conejo de tierra) por dos uruguayos –SEGUNDO SANTOS, abogado, y ALBERTO SERRATO, arquitecto– en el Jockey Club de Montevideo, que se expandió por Latinoamérica y el mundo con gran rapidez y convocatoria.

Después, JOSEFINA ARTAYETA DE VIEL lo introdujo en New York en un viaje, y de allí pasó a Gran Bretaña y Europa.

Desde 1949 hasta 1951 (conejo de metal) en el Manhattan Regency de NY se redactaron las LEYES FINALES DE LA CANASTA con expertos en juegos de Sudamérica.

Como he tenido la suerte de ser adoptada por los uruguayos hace años luz y conocer y ser casi familia de CARLOS PERCIAVALLE, CHINA ZORRILLA y su zoo, vi y aprendí durante años a jugar canasta junto a mi mamá, que era adicta a este terapéutico y fascinante juego. Se emplean cartas de póker y tiene reglas que son estrictas; aunque con el tiempo surgieron derivados que dividen las aguas del Río de la Plata.

Enseñé a mis sobrinos a jugar a la canasta, y mi ahijado se convirtió en un as, digno nieto de MARILÚ, que dejaba cualquier programa para sentarse a mezclar las cartas, y pucho de por medio olvidarse de las asperezas de la vida para ganar o ganar.

Es una familia a la que le cuesta perder y felicitar al adversario.

---

3 El Estanciero es un juego de mesa tradicional en Argentina.

Hace más de una década que compartimos con Catman este juego de a dos; le enseñé y aprendió rápidamente, y adora jugar conmigo, a pesar de que le suplico que juguemos de a cuatro.

La mayoría de las veces le gano, y aunque intente disimular su ira, aflora en el momento menos pensado.

Por eso gradúo las dosis de canasta, sobre todo en Feng Shui en los largos inviernos, cuando después de nuestras actividades disfrutamos la mesa de juego, con fieltro renovado, mirando hacia la montaña o el lago, según sea el día.

Ayer, cuando supe que la canasta nació bajo el signo del conejo, entendí todo.

Este signo es el que equilibra el trabajo con el placer; lo arduo y áspero de la vida con momentos en los que nos evadimos de la realidad, que sin duda en tiempo de pandemia es una pesadilla.

El conejo es como el gato, que se pone arriba de nuestra panza y nos ronronea cuando nos sentimos mal, tristes, melancólicos.

Es un panel solar, lunar, que nos templa el alma.

Siempre dispuesto a darnos una caricia, una invitación frívola: ir al *shopping* a comprar lindo y barato con ESTEBAN, que sabe que detesto probarme ropa y calcula las medidas, que han variado mucho desde nuestra época de *Todos somos stars*. Nos divierte pasear por las góndolas del primer mundo.

Compartir con conejos un viaje, un grupo de trabajo (si es artístico, mejor), una dura experiencia que no podemos contarnos a nosotros mismos es terapéutico. Saben alivianar karma ajeno (no sé si el propio) con su *charme*, simpatía, carisma, *sex appeal, glamour*.

Son refinados aunque tengan un origen humilde, saben ubicarse en el sillón o almohadón del living sin hacer ruido, con arrumacos o un ronroneo que ecualiza los temblores exteriores.

Mi amistad con ellos (varones, mujeres, trans) siempre me dio experiencias positivas.

Saben jugar a todo; desde la rayuela hasta la ruleta rusa.

Tienen tendencia a probar y experimentar sexualmente todo lo que se les cruce por los tejados, y a veces son víctimas de sus propios inventos.

No les pidamos horarios, que sean correctos en lo que la mayoría de la gente pretende, que no hablen mal de "casi todo el mundo", que no sean frívolos o no nos dejen plantados en alguna cita. Su originalidad y estilo superan cualquier malestar; saben recomponer situaciones ásperas y son amigos incondicionales.

Cuando nadie está al lado para sostener los duelos, las separaciones, los garrones de estafas reales o morales, ellos nos consuelan.

A esta altura de los katunes; ANDY y ESTEBAN sobrevuelan este mediodía gris y lluvioso en Feng Shui.

Ambos están en Miami, lugar ideal para el conejo de distintos pelajes, disfrutando de la vida o vacunándose.

Este mundo cambió muy velozmente; estas almas sensibles apenas pueden con su exquisita forma de sentir y vivir.

Prefieren refugiarse en su madriguera, junto a sus *pets* o hijas de la luna, viendo Netflix (son grandes asesores), tejiendo, escribiendo, recordando sus andanzas por Broadway o escenarios porteños, cuando el mundo era *La vie en rose*.

Me llega la canción que me dedicó CHARLY en New York, *GATO DE METAL*.

Vos te querías comprar un perro, pero soy un gato.

L. S. D.

Significado del signo

El polémico conejo para los chinos, gato para los vietnamitas y liebre para los japoneses, es el mismo signo con diferentes nombres en el Lejano Oriente. De múltiple significado, tiene el don de seguir despertando curiosidad y polémica entre los mortales.

Lo cierto es que este animal jamás pasa inadvertido. SU COMPLEJA PERSONALIDAD provoca pasiones en los demás y altera el sistema nervioso, cardíaco e inmunológico.

Aprecio el viaje interior que tuvieron en los últimos años. Sé que heridos, maltrechos, intimidados en sus debilidades soportaron el huracán de sacar luz de sus defectos y bajezas.

No hay mejor remedio que un poco de indiferencia para el conejo, que sabe cómo llegar al corazón y dejar huellas profundas en el alma. Oscila entre el filo de la navaja y los almohadones mullidos del living con absoluta agilidad, destreza y sensualidad, desorientando con su conducta a quienes lo rodean.

La combinación de calidez, diplomacia y rapidez mental atrae como un faro, y provoca una inmediata familiaridad. Tiene el don de la armonía, el equilibrio y el sentido estético. Sabe dónde y cómo actuar, es un mago que intuye el momento exacto para entrar en acción, y crea en el otro una telaraña de lazos sutiles y profundos.

Este misterioso animal tiene la capacidad de almacenar experiencias, personas, situaciones y lugares, y de hacer *zapping* de una situación a otra con absoluta naturalidad, borrando la fecha en que juró amor eterno en pos de una nueva quimera.

El gato, si lo llamamos así, marca su territorio con su olor, mirada y energía… ¡y cuidado con invadirlo! pues detesta que se inmiscuyan en su intimidad.

El conejo es considerado el signo más profundo e inteligente en pensamiento y acción. El folklore chino dice que tiene tres salidas de emergencia en la vida, y por eso cae siempre bien parado. Salvaje por naturaleza, rápido y eficaz, difícil de domesticar (salvo que aparezca alguien que logre despertar su admiración y fascinación), estará alerta para no entregar el secreto de su eterna juventud y del elixir de la inmortalidad. Hay que saber crear un clima de confianza a su alrededor, pues su desconfianza es atávica y le costará confiar y entregarse en forma espontánea.

Tiene mucha suerte en la vida. Si nace en un ámbito modesto o marginal, logrará deslizarse por las cornisas y tejados que lo lleven a la noche en que conocerá al mecenas de su vida o al productor de cine, teatro o porno *show* que lo catapultará a la fama. Su buena estrella unida al encanto, sensualidad, *glamour* y sentido del humor lo convierten en un ser muy preciado en el mercado de valores.

Es *sexy* y vistoso, pero también un romántico perdido, creador de historias de amor unipersonales dignas de Enrique Pinti. Signo de grandes narradores, cuentistas y actores, pues son muy impresionables y exagerados para transmitir sus vivencias.

Al conejo lo encontramos más en las buenas rachas de la vida que en las malas. Por eso hay que saber dosificarlo, para que no sea tan dura la despedida. Puede incursionar con éxito en la actividad para la que tenga voluntad y energía, pero fundamentalmente en la que lo divierta.

Para él o ella vivir es una danza que jamás se detiene, sabe sacarles el jugo a las personas que conoce dando lo mejor de sí. Forma su familia cósmica a través de sus viajes, amigos, amantes y socios; desconoce a su familia sanguínea, a cuyos miembros considera a veces intrusos o extraños, y con quienes mantiene un trato distante y diplomático.

Los mecanismos emocionales del gato no pudieron ser decodificados ni por Freud ni por Jung, pues no están en los tratados de psicología, son expertos manipuladores, oscilan entre el sadomasoquismo y las perversiones clásicas y modernas.

La mujer coneja es una experta en el arte de enamorar, sabe qué puntos tocar en el hombre para dejarlo perdidamente enamorado y huir hacia otra víctima sin inmutarse.

PLACER, PLACER Y MÁS PLACER ES EL LEMA DE ESTE SIGNO.

Detesta los malos ratos, climas de tensión y agresión; su buen gusto y tacto ahuyentan las situaciones violentas y polémicas. Su tono de voz, modales e ideas son siempre moderadores y estabilizadores.

El conejo-gato invierte en sí mismo lo que gana. Adora pasar horas en un *spa*, *gyms*, peluquerías. Su pasión por la ropa lo hará invertir fortunas en prestigiosos diseñadores, además de completar su afinidad por el arte, la música y las letras.

ESTE EJEMPLAR ES UNA CAJA DE PANDORA QUE ESPERA A QUIEN SE LE ANIME.

El tao del amor y del sexo

Creo que este animal merecería un tratado especial, pero llevar a cabo semejante empresa implicaría dedicarle toda una vida. Es sin dudas el signo que más pasiones despierta a través de su vida, algunas correspondidas, otras unilaterales, pueden ser sadomasoquistas, narcisistas, onanistas. En fin, hay tela para cortar con este signo, del cual la tradición china dice que tenía pactos con brujas.

Gran paradoja: vive las veinticuatro horas del día dedicado al amor, que es causa y efecto *boomerang* en su vida.

El conejo, el signo de mayor armonía y belleza del zoo chino, destila en cada acto de su vida una sensualidad que provoca suicidios en masa. Un trabajador del amor; su obsesión por seducir es tan evidente que no deja pasar oportunidad, minuto, hora del día y de la noche sin desplegar sus encantos y su *charme*.

Resulta tan elucubrador en sus manejos y manipulaciones afectivas que a su lado cualquier signo es la Pequeña Lulú.

Tiene suerte en el amor; su originalidad, buen gusto y refinamiento deslumbran y logran que se desvivan por atenderlo, colmarlo de todo tipo de placeres terrenales y celestiales que el conejo sabe apreciar y despreciar simultáneamente.

Conoce el punto G del amor en los demás, pero en él es difícil detectarlo. Necesita misterio, grandes dosis de fantasía, imaginación y *promesas sobre el bidet*. Él maneja las situaciones; el tironeo lo estimula; tiene el "no" siempre a mano por las dudas, hasta que el otro logre hipnotizarlo y sucumba al Kamasutra.

Este signo es tan amplio en sus gustos y tendencias, que sus nativos oscilan entre el Marqués de Sade, Henry Miller y Anaïs Nin. Ponen en práctica todos los recursos que la naturaleza pródiga les ha donado y siempre sacan de la galera un conejo más para que lo veamos DOUBLE FANTASY.

Su verdadera vocación es la de Don Juan y Mesalina, por eso su mejor estado afectivo es el harén, donde puede hacer *zapping* según el antojo del momento.

El conejo está "enamorado del amor", es un estado anímico pasajero, una noche, una tarde frente a la chimenea o en un *spa*, a lo sumo un día entero, hasta allí llega su capacidad de entrega. Un tanto egoísta, estará a su lado demostrando gran afecto e interés mientras usted lo alimenta, le da placeres al alcance de su mano, televisión, música en estéreo, satisface sus instintos primarios y sus necesidades. Un día se borra y vaya una a saber qué tejado de zinc caliente va a visitar.

Puede volver a la semana, a los seis meses o a los veinte años, con la misma mirada de ternura y deseos de caricias, y si es bueno en lo que hace usted volverá a caer, pues el hechizo de su mirada singular mueve montañas. Dependerá del kármico currículum de la especie que se dé cuenta –ojalá más temprano que tarde– de que este es su *modus operandi* y jamás cambiará.

Si usted busca noches o tardes aisladas de amor pasajero, este es el animal ideal, no tendrá proyectos ni futuro que no sean más que el AQUÍ Y AHORA. Se retocará el *rouge*, controlará los preservativos, pues los conejos embarazan con la mirada, y a otra cosa mariposa, *by the way*, el desayuno o la cena no están incluidos.

Consejo: lleve siempre muñecas inflables, aditamentos, algún fetiche cuando esté un poco perezoso o desganado para tomar la iniciativa. Y ni se le ocurra proponerle un triángulo o *swingers* con su mejor amiga, pues ¡aceptará encantado! A menos que usted quiera experimentar más allá del arcoíris.

El Conejo y su Ascendente

CONEJO ASCENDENTE RATA (23.00 a 1.00)
Ganador y hábil para evitar los obstáculos, astuto para llegar al objetivo. Pasional e irascible, tiende a explotar.

CONEJO ASCENDENTE BÚFALO (1.00 a 3.00)
Responsable, enfocado, trabajador, nunca pierde el objetivo ni la elegancia. Un mar calmo antes del tsunami.

CONEJO ASCENDENTE TIGRE (3.00 a 5.00)
Independiente, seductor, pone las situaciones a su favor. Un conejo comprometido pero fóbico a la convivencia.

CONEJO ASCENDENTE CONEJO (5.00 a 7.00)
Suertudo, irresistible, egocéntrico: siempre cae parado, pero no pisa a nadie. Busca su bienestar sin perjudicar a los demás.

CONEJO ASCENDENTE DRAGÓN (7.00 a 9.00)
Audaz, ambicioso, hábil para los negocios. Muy atractivo, manipula gente y situaciones si considera que el fin justifica los medios.

CONEJO ASCENDENTE SERPIENTE (9.00 a 11.00)

Astuto, misterioso, fascinante. Le gusta mantener un perfil bajo para poder manejar los hilos a su antojo.

CONEJO ASCENDENTE CABALLO (11.00 a 13.00)

Impulsivo, variable, con historias de amor y pasiones imposibles. No se puede contar con él para nada que no le importe.

CONEJO ASCENDENTE CABRA (13.00 a 15.00)

Afectivo, sensible, cariñoso. No confía en su capacidad de proveer. No sabe luchar por sus ideas.

CONEJO ASCENDENTE MONO (15.00 a 17.00)

Leído, hábil para manipular gente: consigue lo que quiere con encanto y buena cabeza. Un líder con pocos escrúpulos.

CONEJO ASCENDENTE GALLO (17.00 a 19.00)

Protector y responsable, alguien con quien contar. Su autocrítica es enorme y le impide disfrutar la vida como merece.

CONEJO ASCENDENTE PERRO (19.00 a 21.00)

Servicial, con buen ojo para los negocios y sin apego a las rutinas. Humanitario y generoso. Tiende a ver el vaso medio vacío.

CONEJO ASCENDENTE CHANCHO (21.00 a 23.00)

Romántico, generoso, buen amigo. En su eterna búsqueda de la comprensión por lo que hace, cae en la melancolía.

El Conejo y su Energía

CONEJO DE MADERA (1915-1975)

Original, generoso, encantador: tiene el *charme* de su raza sublimado por la madera. Es un espíritu solidario que dedicará más tiempo y esfuerzo a salvar el planeta que a cualquier otra cosa. No tiene segundas intenciones. Todo irá bien si no espera lo mismo del resto del zoo; hay poca gente con su nivel de desprendimiento, y termina lleno de enojo con los que no pueden seguirle el ritmo. Las frustraciones lo desmoralizan y necesita que lo levanten y lo reafirmen. Aunque aporte poco a las arcas del hogar, ocupado con tsunamis y otras catástrofes naturales, vivirá relaciones ricas y llenas de afecto.

Personajes famosos

Federico Amador, Enrique Iglesias, Orson Welles, Frank Sinatra, Edith Piaf, Juan Minujín, Michael Bublé, David Beckham, Mariano Cohn, Luciano Castro, Ingrid Bergman, Billie Holiday, Eugenia Tobal, Anthony Quinn, Abel Santa Cruz, Jack White, Angelina Jolie, Paola Barrientos, Dolores Barreiro, Leticia Brédice, Hernán Crespo, David Rockefeller.

CONEJO DE FUEGO (1927-1987)

Lleno de temperamento, con una personalidad muy marcada. Tiene dotes de líder, suerte y energía. En la familia le gusta participar en la educación de sus hijos, y evita las discusiones con su pareja: es el lado más dócil que tiene. Respeta sus opiniones, quiere hacer feliz a quien esté con él, y se adapta a lo que sea. Pero es desconfiado y celoso, y con esa paranoia tira los méritos por la borda. En general sensato y realista, logra reconocimiento profesional, y sus opiniones son respetadas. Si logra transcender esas inseguridades, puede disfrutar de una existencia plena y feliz.

Personajes famosos

Harry Belafonte, Raúl Alfonsín, Choly Berreteaga, Mirtha Legrand, Tato Bores, Leo Messi, Gabriel García Márquez, Gilbert Becaud Jimena Barón, Peter Falk, Francisca Valenzuela, Gina Lollobrigida, Ángel Di María, Raúl Matera, Emilia Attias, Osvaldo Bayer.

CONEJO DE TIERRA (1939-1999)

Encantador, dueño de un humor irresistible y una sonrisa enigmática, guarda para sí la parte más dura y fría de su personalidad. Manipulador y cerebral aunque parezca lo opuesto, lo principal es su bienestar. Le importa rodearse de lujo y comodidad y le gusta compartirlos con los suyos. Es buen amigo, seductor y le encanta su familia. Si encuentra a la pareja adecuada, alguien que le pueda seguir el tren y posea una autoestima alta (este conejo no está para escuchar lamentos), va a ser un compañero afectuoso y fiel. Adora la figuración social, la gente linda y las buenas fiestas; es un invitado muy codiciado por su humor constante, *charme* y elegancia.

Personajes famosos

Albert Einstein, Paul Klee, Andrés Percivale, Francis Ford Coppola, Karol Sevilla, reina Victoria, Peter Fonda, George Hamilton, Stalin.

CONEJO DE METAL (1951-2011)

Este es un conejo con habilidad para los negocios, bien considerado por sus socios o jefes, capaz de sobrevivir unos cuantos tsunamis. Le gusta vivir bien, rodearse de objetos de arte, tener la alacena bien surtida con cosas ricas y caras, y la bodega nutrida. Es familiero y se encarga de tener cerca a los suyos. Se compromete con los que quiere, pero una corriente interna de rigidez y ego le provoca fricciones con los que se animan a criticarlo. Tiene muchos amigos que lo quieren y le son leales porque disfrutan de su compañía y saben que es un buen amigo. Un conejo de hierro para los que no sintonicen su onda; un corazón de oro para los que elija.

Personajes famosos

Ana Belén, Sting, Arturo Pérez-Reverte, Pedro Almodóvar, Christian Lacroix, Thelma Biral, Isabel Preysler, Charly García, Rita Segato, Anjelica Huston, Carlos Barrios, Confucio, Hugo Porta, Gustavo Santaolalla, Valeria Lynch, Michael Keaton, Rosa Gloria Chagoyán, Romeo Gigli, Jaco Pastorius, Juan Leyrado, León Gieco.

CONEJO DE AGUA (1903-1963)

El más querible de toda la camada, parece demasiado tierno para sobrevivir sin protección. Pero tiene esa habilidad especial para salir indemne de cualquier situación riesgosa, si es que no olfateó el peligro y escapó antes. Muy buen amigo, siempre pone el hombro y nunca lo pide, acepta todo de la gente que quiere; pero le mata el amor que traten de sacarle ventaja. A veces se quieren aprovechar de él porque es algo inseguro y muy agradecido con los que lo aceptan. En ocasiones sigue atrapado en estas relaciones porque no está seguro de tener un lugar mejor adónde ir. Tranquilo, calmo, prolijo en la economía doméstica, no le gusta mucho alejarse de su espacio y prefiere invertir en su casa antes que viajar y conocer el mundo.

Personajes famosos

Whitney Houston, Niní Marshall, Sergio Goycochea, Jarvis Cocker, Fabián Gianola, Fernando Peña, Brad Pitt, George Michael, Germán Palacios, Johnny Depp, Quentin Tarantino, Fernando Samalea, Rosario Flores, Xuxa, Norma Antunez, Hilda Lizarazu, Ramiro Agulla, Fatboy Slim, Sheila Cremaschi, Gabriela Epumer, Gustavo Elía, Costi Vigil, Fito Páez.

Club de Pescadores
Conejo de Agua

Contame un cuento chino
Cecilia Curbelo • Conejo de Madera • Escritora best seller • Uruguay

Creo que el rasgo que más me define es el de ser perseverante. Soy una persona que, si algo la motiva, si verdaderamente siente pasión, nada la detiene. Ningún golpe la deja *knock out* en el *ring* de la vida. Me pasó cuando estuve diez años intentando que alguna editorial publicase mis historias. No lo logré, así que pedí un préstamo, ayuda a un amigo diseñador, y saqué mi primer libro que salí a vender puerta a puerta, o sobre una manta en una feria de frutas y verduras de mi barrio. Vendí todos los libros que había impreso. Con lo que obtuve, devolví el préstamo y reinvertí en un segundo libro, luego en un tercero, que llamó la atención de algunos productores teatrales y comencé a escribir guiones. Estrenamos varias obras de teatro, y eso atrajo asimismo el interés de una productora para que guionase un par de programas televisivos. En ese entonces trabajaba como portera de un jardín de infantes, pero nunca dejé de insistir. Después de quedar seleccionada entre trescientas personas a través de un llamado laboral, entré a trabajar en una revista. Además, seguía escribiendo obras de teatro, guiones, relatos, novelas, y continuaba enviándolas a las editoriales. Un día una se interesó por mi manuscrito, y el resto es historia.

Hoy tengo más de dos decenas de libros publicados que se venden en veinte países, incluso Francia, donde algunos de ellos se han traducido al francés. Pero jamás olvido cómo empecé, porque aún sigo comenzando cada día: aprendo del manejo de redes, me reinvento en lo laboral mediante el *copywriting*, investigo los impactos de las redes sociales que han cambiado radicalmente el paradigma en la comunicación a todo nivel, doy talleres *online*, edito novelas, diseño placas para clientes a quienes guío en redes sociales, y por supuesto, sigo escribiendo.

Eso sí, me acostumbré demasiado a mis tiempos y a mis propias reglas, lo que genera que me cueste seguir las pautas de otros. Tanto es así que ni siquiera soy capaz de hacer una receta al pie de la letra: tengo que agregarle algún ingrediente o modificarle algo.

Vivo soñando, pero también vivo creando. No soy de las que se contentan con imaginar. A mí me gusta que aquello con lo que sueño sea una realidad. Y para eso hay que intentarlo una, dos, mil veces. Porque por más que nos guste imaginar, si no metemos las manos en la masa, no vamos a poder cocinar. Y yo quiero ver el plato terminado, allí, sobre la mesa.

Tabla de compatibilidad

	karma	salud holística	amor pos COVID	trueque	nuevos vínculos
Rata	excelente	regular	mal	regular	muy bien
Búfalo	regular	regular	regular	bien	bien
Tigre	bien	bien	bien	bien	bien
Conejo	bien	bien	regular	regular	regular
Dragón	excelente	regular	bien	regular	regular
Serpiente	regular	regular	mal	regular	regular
Caballo	bien	bien	bien	regular	muy bien
Cabra	regular	regular	regular	bien	muy bien
Mono	excelente	muy bien	muy bien	muy bien	muy bien
Gallo	regular	bien	bien	bien	excelente
Perro	muy bien	regular	muy bien	regular	regular
Chancho	muy bien	bien	muy bien	regular	bien

 mal regular bien  muy bien excelente

dragón

Nos miramos sin vernos,
en aquel tiempo te encandilabas
siendo la luna iluminada por el sol
sin presentir que en el universo
    como en la tierra,
lo único permanente es el cambio.
Ya no hay sol que te ilumine
    como antaño;
aprendiste que eso es lo único
    que no se cotiza
en el misterio de la galaxia.

L. S. D.

Carta abierta a los Dragones

CRISTOPHER NACIÓ EL 9 DE SEPTIEMBRE DE 2000.

Es el hijo de LINDA y de FERNANDO, mi amigo chancho de fuego que siempre quiso ser padre, y el regalo le llegó, como a los chinos, en el año del dragón de metal.

Fui testigo del acontecimiento desde la concepción, pues Fer creyó que después del medio siglo le era imposible engendrar un hijo, debido a la negativa de varias parejas que ya tenían hijos, a los que se ocupó de amar y criar con su cariño y cuidados.

LINDA era una mujer más joven, serpiente de madera, inglesa, que viajaba por Latinoamérica en busca de experiencias y practicando medicina alternativa.

Un día, en la Cruz del Sur, a través de un amigo en común, se cruzaron y surgió una pasión que fue breve pero contundente: engendraron al dragón de metal, una gran proeza para revitalizar el nuevo milenio.

No estaba en el plan de ambos la convivencia, menos aún el matrimonio; pero se sentían felices y decidieron traerlo al planeta de los simios.

Los que lo queremos a él estábamos felices.

¡¡AL FIN, FER SERÍA PAPÁ!!

Decidieron, después de una etapa de choques culturales claves en el destino de una pareja, irse a Inglaterra, donde nació el príncipe dorado.

Birmingham era la ciudad de LINDA, allí tenía familia, y a pesar de que Fer, no hablaba inglés, decidió estudiar el idioma y dar la reválida de medicina.

Parece que la ciudad industrial donde el sol no asoma ni por acto fallido, fue un mal arranque en Gran Bretaña.

El niño nació sano, rozagante, bello como sus padres.

Vinieron de visita a Córdoba, antes de que mi madre muriera, y nos quedamos hechizados con la criatura que a los dos años bailaba, reía y tenía las virtudes que los chinos elogian del dragón varón: belleza, inteligencia, espíritu y fortaleza.

Los padres eran dos extraños. Discusiones, gritos, peleas: no resultaba agradable compartir momentos juntos.

Resultaba un mal cóctel: whisky escocés con mate.

Era fácil suponer que se separarían, pero muy triste pensar que CRISTOPHER quedaría con su joven madre en Inglaterra, y que FERNANDO volvería con la frente marchita.

AYYY, el amor y sus desencuentros, y los hijos que nacen y crecen como yuyos salvajes y se arraigan donde pueden.

El espíritu aventurero de LINDA, después de enterrar a su madre y despedir a sus hermanos, dio un giro hacia ESPAÑA.

Con *motorhome* emprendió un viaje con su hijo y se radicaron en Marbella.

Eran dos gitanos.

Por suerte, al poco tiempo alquiló un hotel y recibió huéspedes.

Y CRISTOPHER pasaba horas solo, intentando estudiar, partido en dos; su padre en Buenos Aires, con visitas cada año y medio, como para no desconectarse y tener identidad y consejos que se diluían como pompas de jabón cuando un avión les marcaba que "el tiempo es veloz, la vida esencial".

Siempre compartí con Fer las agridulces noticias del otro lado del Atlántico: su mala relación con LINDA por distintas visiones de la crianza del hijo, su mal humor para girar euros en un país en el que el peso es papel higiénico, su tristeza tapada con vicios ocultos, y ese misterio de la vida de no saber por qué Dios le mandó un hijo cuando ya no lo esperaba.

Hace tres años anunció que el dragón volaría desde España, dejando atrás una adolescencia conflictiva de hijo con escuela de vida en la calle, y que vendría a vivir con él al Rosado, su casa en el *far west* bonaerense.

Su vocación estaba definida: quería estudiar economía y dedicarse *full time*, pues la exigencia de la Universidad Di Tella lo atraía por el nivel académico que tiene.

Fernando comenzó con serios síntomas en su salud: artritis reumatoidea, caídas, internaciones con indicios de ACV; los amigos nos preocupamos mucho.

Llegó el dragón con las escamas brillando de alegría o, al menos, de intentar "otra vida" en la Argentina, junto a su padre, y establecer o consolidar vínculos de sus frugales viajes entre la niñez y la traumática edad que está atravesando.

Su belleza, inteligencia, *charme,* simpatía eran suficientes para caer bien a cualquier mortal.

Pasó una temporada en Lavalle, mi oficina, albergue de amigos, jóvenes estudiantes, mendigos.

Fue breve la estadía, su alocada juventud estaba plagada de situaciones que fuimos revelando en un cuarto oscuro con su padre y gente en común.

CRISTOPHER es dragón y sabe que nada es para siempre, que tendrá muchas vidas en esta vida y renacerá y renacerá como el ave fénix.

Su aterrizaje no fue ni es fácil.

Su padre entró en el gran otoño de la vida. Su salud desmejora día a día: internaciones, sobresaltos, diagnósticos confusos en medio de la pandemia.

Y el dragón toma autos, remises, un ovni para internarlo con FLORENCIA, la gallita angelical que los sostiene a ambos en cada desvelo, disgusto, descubrimiento de situaciones límite.

Con Cat los hemos visitado varias veces en Parque Leloir, mi terruño natal.

De afuera se ve todo mejor. El desierto afectivo donde está el hijo, el precipicio donde está el padre. El abismo entre ambos.

Deseo que CRIS pueda cumplir algún sueño: no sé si el de ser un gran economista, un actor de cine o Al Capone.

Su hermetismo es infranqueable, salvo por una buena charla a fondo, en que se abre como un pimpollo que está a punto de no florecer por la tempestad de la vida.

Sus adicciones pueden transmutar en meditación, tiro al arco, zen o esgrima.

Es un ser autosustentable y tiene que expirar la culpa, no sentir que es una carga para su padre ni para sus amigos.

Puede elegir una o más novias por su sensibilidad, despliegue de artilugios eróticos y su chamuyo.

Antes de que despunte la primavera cumplirá veintiún años, que tiempo atrás significaba la mayoría de edad, pero él la alcanzó al nacer en esta reencarnación.

Deseo y pido al cometa Halley, que hoy pasara por acá con una lluvia de estrellas, que puedan iluminar su vida.

L. S. D.

Significado del signo

El dragón simboliza la energía *yang*, y la creencia oriental dice que representa una mujer embarazada durante el período, marcando así una división del tiempo. La mujer no puede concebir en esta época, pero será capaz de hacerlo muy pronto, como ocurre con cualquier estación del año que potencialmente trae nacimiento de cosechas, lactancia y frutos.

El carácter del dragón está asociado con el tiempo, las sorpresas, los eventos auspiciosos, la actividad, vitalidad y prosperidad. En esencia, los seres que nacen en este año son imprevisibles. Fuertes, brillantes y misteriosos, nunca saben qué harán después, excepto algo magnífico que deje a la humanidad atónita. Ellos despiertan admiración por donde van y están bendecidos por la buena suerte, aunque su inestabilidad puede convertirlos en seres infelices e impedirles avanzar en su vocación.

El dragón, a diferencia de los otros animales del zoo chino, es una bestia mitológica. En Occidente está considerado un enviado del mal, un monstruo maléfico, pero en Oriente es admirado, respetado, y simboliza la protección celestial comandando el viento, la niebla, la lluvia, y las corrientes eólicas (feng), por cierto muy veneradas. Además, su energía protectora hace crecer la siembra en el campo; los campesinos, que viven temerosos de las inclemencias del tiempo, encomiendan al dragón la protección de sus faenas, y dicen conocer los antojos del rey celestial. Este es capaz de producir transformaciones asumiendo cualquier forma, disfrazándose o evaporándose en el aire.

Quien nace en el año del dragón es caprichoso y extravagante, lleno de ideas y energía. Un huracán, imán, sol de otra galaxia que da luz y sombra al mismo tiempo, y deja un halo mágico.

No se recomienda dejarse enceguecer con su luz pues por ser quimérico puede provocar disturbios en el espacio sideral. Su ego es directamente proporcional a su talento y mediocridad. Sabe conquistar territorios, personas, imponer sus ideas, llegar primero adonde se lo proponga, pero por su gran intensidad le cuesta graduarse, y a veces, como Atila, aniquila lo que inventa.

Representa a los emperadores chinos, cuyo honor, misterio,

benevolencia y poder para guiar al país y protegerlo de los malos espíritus está simbolizado en el arte con las cinco garras del dragón imperial. En cualquier sexo son ambiciosos y valientes, siempre planeando utopías con su gran talento y creatividad.

La vitalidad que desprende es contagiosa; su explosiva risa y su chispeante mirada, que cambia el curso de la historia, estimulan la imaginación y jamás pasan inadvertidas, para suerte de él, que consigue en un segundo lo que a otros les lleva la vida. PERO CUIDADO CON ESTE FACILISMO: A VECES EL DRAGÓN ES VÍCTIMA DE SU PROPIO INVENTO Y SE AUTODESTRUYE. Debe trabajar su parte espiritual y metafísica para no quedar atrapado en vicios ocultos.

Cuando el dragón está con viento a favor es divertido, ácido, abierto, generoso y amistoso. Inspira respeto, y aliento para los desvalidos. La mujer es atractiva y *sexy*, despierta pasiones devastadoras, y el hombre lleva un harén a cuestas. Es cierto que son intensos, piden atención *full time* y generalmente piensan solo en ellos. Raras excepciones producen dragones humanos.

Es muy sensible a los cambios en su entorno más íntimo, necesita CONTROLAR todo el universo y lo que ocurre en la Tierra; si no lo logra se deprime y desestabiliza emocionalmente. En lo sentimental, inseguro y tímido a pesar de su máscara de protección hacia el zoo cósmico.

Es ciclotímico y hay que saber llevarlo para no morir en el intento. Pero al final, cuando nadie lo espera sale a bailar con el arcoíris. Su mayor debilidad es querer demostrar su fortaleza y su omnipotencia; puede volverse sofocante.

El dragón adora la naturaleza, la expansión, y detesta sentirse atrapado y claustrofóbico. Buscará fuentes de energía y vida para renacer, surcará los pliegues de la Vía Láctea para encontrar secretos que enamoren, y consolidará un imperio. Es ostentoso; tendrá una vida lujosa y confortable y, si es humilde, soñará con alcanzarla.

Sibarita, adora las buenas comidas y bebidas, e invitar a sus amigos a los restaurantes más exóticos. Adora viajar en primera clase e ir a los hoteles cinco estrellas, y despertar controversias.

Tiene una salud envidiable, a veces sufre estrés por la adrenalina que genera su vértigo por vivir, el gusto por las drogas, incluidos el tabaco y el alcohol, la depresión y el desorden afectivo bipolar. Necesita equilibrio y armonía. Afortunado con el dinero, sabe generarlo y dilapidarlo con la misma facilidad.

Cuando en 1988 fui a China a celebrar el año del dragón, comprobé la importancia fundamental de este signo para el pueblo chino.

El tao del amor y del sexo

Tengo las chimeneas de la casa al rojo vivo; ardiendo como llamaradas de dragón mientras hace el amor. El rey del cielo no conoce la moderación; cuando despabila sus escamas de las temporadas invernales reaparece como John Lennon, David Lebón, Mario Pergolini y Shakira para dar la vuelta olímpica.

Seductor innato, el amor representa una excusa para desplegar sus dotes histriónicas, artísticas, deportivas, culinarias y ejecutivas. Es un prestidigitador de deslumbrante belleza, con *sex appeal* y *glamour*; con solo guiñar un ojo enciende la Vía Láctea. El dragón está siempre listo para arremeter cuando alguien despierta su interés o curiosidad.

Tiene el don de aparecer y desaparecer simultáneamente produciendo espejismos visuales y sonoros. Su verborragia puede actuar a favor o en contra. Apabulla con escenas teatrales desmesuradas; en cualquier sexo exagera sus sentimientos.

El dragón sabe que desplegando su arsenal imaginativo logrará dar en el blanco. Entonces preparará el entorno seleccionando la mejor obra poética, elegirá velas traídas de la India, junto a incienso, sándalo y mirra. Buscará música en vivo, descorchará un vino cosecha del siglo pasado, traerá delicias agridulces para la amada y la sacará a bailar *cheek to cheek*.

El rey del firmamento no dudará de la eficacia de sus planes. Sentirá que tiene un poder hipnótico sobre su pareja (aunque aún no lo sea). El sexo es parte de la novela en cuestión, por eso lo más importante es tener buen estado físico, hacer excelentes *performances* para contar a los amigos o enganchar a quien publique la hazaña, aunque sea en el diario del pueblo.

Todos los sexos necesitan adulación, estímulos y una gran conexión con el poder. El dragón admira a gente famosa, exitosa, y siempre estará cerca de quienes lo protejan y le permitan los quince minutos de fama de los que habló Andy Warhol, un dragón pura sangre.

Su amor encandila, embruja y provoca infartos en cadena. Es una corriente electromagnética que produce un gran alboroto en las hormonas, un brusco cambio en el aire y en la presión arterial. Su capacidad de morir y renacer como el ave fénix en cada relación es mitológica; puede inmolarse, sacrificarse y evaporarse si se siente incómodo o ATRAPADO SIN SALIDA.

La mujer necesita sentirse reina, emperatriz, primera dama a toda hora; jamás baja la guardia y buscará dominar a su pareja. Es exótica, original en su manera de sentir y pensar, lo que provocará una legión de admiradores que se disputarán su corazón. Es PODEROSA AFRODITA, una mezcla de mujer fatal y niña inocente. Su belleza no necesita mucha producción; es fuerte, valiente, atrevida, sensual y divertida. Puede cansar a su pareja con reclamos, escenas de celos e inseguridades.

Tiene el sí flojo para desnudarse pues forma parte de su exhibicionismo innato, pero hacer el amor… Ella sabe que cuando alguien toca el punto G es para que dure una temporada o al menos dos. Tierna, salvaje, sutil e inteligente se convertirá en todas las divas más deseadas AL MISMO TIEMPO. Es una elegida; cada relación aumentará su cotización en la Bolsa de Walt Street.

El Dragón y su Ascendente

DRAGÓN ASCENDENTE RATA (23.00 a 1.00)

Es sensible, pero se esconde tras una fachada de dureza. Hábil para los negocios, cauteloso, astuto, buen trabajador.

DRAGÓN ASCENDENTE BÚFALO (1.00 a 3.00)

Paciente, humanitario, trabajador. Una personalidad de alto vuelo. Defiende las causas justas con energía y pasión; es un dragón imparable.

DRAGÓN ASCENDENTE TIGRE (3.00 a 5.00)
Impulsivo y emocional, busca controlar su energía y pasión para lograr sus fines. Es original y explosivo.

DRAGÓN ASCENDENTE CONEJO (5.00 a 7.00)
Atractivo, brillante, hipersociable. Audaz bajo control, tiene la habilidad para poner las cosas siempre de su lado.

DRAGÓN ASCENDENTE DRAGÓN (7.00 a 9.00)
Irresistible, quimérico: su cabeza está siempre en la estratósfera y le asusta tener que moverse en la tierra. Autodestructivo.

DRAGÓN ASCENDENTE SERPIENTE (9.00 a 11.00)
Apasionado, calculador, paciente: una combinación para el éxito. Su vida sentimental es un culebrón.

DRAGÓN ASCENDENTE CABALLO (11.00 a 13.00)
Dinámico, audaz, extravertido, optimista: un ganador, al que su ambición y sus pasiones lo ciegan (y lo hacen caer).

DRAGÓN ASCENDENTE CABRA (13.00 a 15.00)
Sentimental, protector de los que ama, imaginativo y sensible. Vive en su mundo y bajar a la realidad le genera mucha ansiedad.

DRAGÓN ASCENDENTE MONO (15.00 a 17.00)
Magnético y manipulador: vive para sí mismo y sus deseos. Tiene virtudes para mucho más que eso y debería usarlas.

DRAGÓN ASCENDENTE GALLO (17.00 a 19.00)
Entusiasta, optimista, seguro de sí mismo, trabajador incansable. Tan vital que puede resultar agobiante para su entorno.

DRAGÓN ASCENDENTE PERRO (19.00 a 21.00)
Prudente, reflexivo, leal. Los que lo conocen valoran sus consejos. La sensatez lo salva de volverse un autoritario.

DRAGÓN ASCENDENTE CHANCHO (21.00 a 23.00)
Humanista, sensible, humilde, inseguro. Buen amigo y cálido. Demasiado crédulo para sobrevivir sin guardaespaldas.

El Dragón y su Energía

DRAGÓN DE MADERA (1904-1964)

Desinhibido y honesto, con gran creatividad, energía, y muy atractivo. No solo como pareja sino en todos los ámbitos, es popular en el trabajo y entre sus amigos. Gracias a sus habilidades, no le cuesta progresar si se lo propone. Competitivo, responsable y astuto; la vida familiar no le resulta muy atractiva, pero en lo económico es un buen proveedor para los suyos. Una vez que se comprometió, es de los que dicen: "Si estás en el baile, bailá".

Sus problemas están en su cabeza y su ánimo: es ciclotímico y cae en pozos depresivos; para salir necesita ayuda, tiempo y espacio. SI PUEDE CALMAR SUS EMOCIONES, SERÁ UN TRIUNFADOR NATO.

Personajes famosos

Eleonora Cassano, Gustavo Bermúdez, Sandra Bullock, Kevin Johansen, Pablo Neruda, Osvaldo Pugliese, Sergio Lapegüe, Felicitas Córdoba, Ricardo Balbín, Matt Dillon, Tita Merello, Palo Pandolfo, Jorge Drexler, Humberto Tortonese, Salvador Dalí, Raúl Urtizberea, Nietzsche, Mario Pergolini.

DRAGÓN DE FUEGO (1916-1976)

Carismático, aventurero, narcisista, es un dragón a la enésima potencia. Va por la vida consumiendo lo que se le cruce, con su autoestima siempre alta y la sensación de que en todo momento tiene razón: lo que se propone lo consigue.

Seductor, con condiciones de líder, deja víctimas a su paso, PERO COMO PAREJA ES PROBLEMÁTICO. Hace falta macropaciencia, tolerancia, muchas ganas de escucharlo sin emitir opinión. Le encanta discutir y ganar, y siempre tiene el argumento adecuado para hacer callar al otro. Por su magnetismo zafa de situaciones desagradables. No es para cualquiera; su brillo atrae como la llama a las mariposas, pero muchos terminan quemándose.

Personajes famosos

Dante Spinetta, Shakira, Françoise Mitterrand, Anita Álvarez Toledo, Glenn Ford, Luciano Cáceres, Sigmund Freud, María Paz Ferreyra (Miss Bolivia), Paloma Herrera, Dámaso Pérez Prado, Roberto Galán, Damián Szifron, Kirk Douglas, Paz Vega, Florencia de la V, Carola del Bianco.

DRAGÓN DE TIERRA (1928-1988)

Talentoso, desafiante y razonable; a diferencia de sus hermanos, tiene los pies sobre la tierra y ahí se queda. Con un enorme ego, está dispuesto a ceder si alguien querido se lo pide, y a hacer sacrificios por su familia. Necesita que le demuestren amor y lealtad, y él responderá con lo mismo. Brillará en cualquier lugar.

Cuando se siente querido, no escatima esfuerzos para hacer lo mejor por sus amigos, prole, pareja: en su corazón hay lugar para todos, siempre que no traten de engañarlo. Odia que lo dejen solo. Si se siente traicionado, además de reaccionar con energía puede enfermarse por la pena. Hay que saber llevarlo y disfrutar su compañía.

Personajes famosos

Emma Stone, Chino Darín, Martin Luther King, Julio Le Parc, Roger Moore, Adam West, Rihanna, Sarita Montiel, Eddie Fisher, Shirley Temple, Carlos Fuentes, Alan Pakula.

DRAGÓN DE METAL (1940-2000)

Un líder nato. Este dragón nació para cacique y lo sabe: está consciente de su valor, y muy orgulloso, pero no lo ventila. Le importa llevar sus ideas a la práctica, que se reconozcan sus triunfos y que sus errores pasen inadvertidos. Es noble, busca afecto verdadero y lealtad, y sufre cuando lo traicionan. Su ideal de felicidad incluye la familia, amigos, y compartir tiempo con ellos. Es un padre responsable y proveedor. Tal vez sus hijos no tengan liberad para opinar, pero gozarán de comodidades, la mejor educación y un padre dedicado. Si aprende a soltarse un poco y a ser más espontáneo, vivirá las relaciones plenas y largas que desea.

Personajes famosos

Brian De Palma, Maite Lanata, Al Pacino, Ringo Starr, Andy Warhol, John Lennon, Joan Báez, Tom Jones, Jesucristo, Amelita Baltar, Raquel Welch, Pelé, Herbie Hancock, Frank Zappa, Antonio Skármeta, Oscar Araiz, Bruce Lee, Carlos Bilardo, David Carradine, Nacha Guevara, Bernardo Bertolucci.

DRAGÓN DE AGUA (1952-2012)

No solo es intenso, orador convincente, y brillante en el trabajo: puede aceptar alguna crítica sin incendiar al otro. Solo por esto ya merece atención. Altruista y humanitario, le interesan los problemas sociales y trabajar para aportar soluciones. Es sibarita y monógamo. Su pareja tendrá que sobrevivir a sus caprichos por un tiempo; cuando esté seguro de que será "para siempre", el dragón dejará ver su interior cálido y protector. Formará un hogar donde la cría tenga lo necesario. Acepta moverse por el mundo si es para seguir a sus seres queridos: para él, el hogar son las personas. Un amigo divertido y bien dispuesto; hay que tenerle paciencia, pero vale la pena. En resumen: más humo que llamas.

Personajes famosos

Lalo Mir, Guillermo Vilas, Jimmy Connors, Hugo Soto, David Byrne, Jim Jarmusch, Robin Williams, Jean Paul Gaultier, Nito Mestre, Stewart Copeland, Raúl Perrone, Norberto Alonso, Soledad Silveyra, Susú Pecoraro.

Alberto Crescenti

Dragón de Agua

Contame un cuento chino

Fernando Odino • Dragón de Fuego • Makeup artist, chef

Los griegos antiguos dividían las artes en superiores y menores. Delineadas por los sentidos, las artes superiores eran aquellas en las que no hacía falta tener contacto físico con las obras, y se podían gozar y sentir de lejos, ya sea con la vista o el oído: la pintura, la música, la danza, la escultura, la arquitectura y el teatro, que incluía la poesía y la escritura. En las llamadas artes menores –la gastronomía, la perfumería y la artesanía– había que tomar contacto con el objeto a través de los sentidos de gusto, olfato y tacto.

Si bien disfruto de todas, en estas últimas desarrollo mi creatividad, juego con texturas, colores, perfumes y sabores en todas sus formas, con el atrevimiento de fusionar culturas y lenguajes milenarios y contemporáneos, para embellecer simplemente un momento, aquí y ahora, ya que mi arte es efímero.

La pandemia no solo ha generado pérdidas humanas en todo el mundo, dolorosas e irremplazables, sino que también ha generado cambios en todo, y entre los más relevantes se ha multiplicado el uso de internet y las redes, que solo tienen un alcance auditivo y visual. Me pregunto si es porque el COVID atraviesa y ataca de forma directa nuestros sentidos de gusto, olfato y hábitos de tacto. Ojalá pronto dejemos las pantallas un rato y volvamos a acercarnos, porque claramente nuestros encuentros no son artes menores.

Tabla de compatibilidad

	karma	salud holística	amor pos COVID	trueque	nuevos vínculos
Rata	regular	regular	regular	muy bien	muy bien
Búfalo	regular	muy bien	regular	muy bien	regular
Tigre	mal	regular	regular	muy bien	muy bien
Conejo	bien	bien	bien	muy bien	excelente
Dragón	regular	mal	regular	regular	regular
Serpiente	mal	regular	bien	regular	muy bien
Caballo	bien	bien	bien	muy bien	muy bien
Cabra	regular	regular	regular	regular	muy bien
Mono	muy bien	bien	regular	muy bien	regular
Gallo	regular	bien	bien	muy bien	excelente
Perro	regular	regular	regular	regular	regular
Chancho	regular	muy bien	regular	regular	regular

 mal   regular 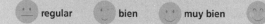 bien   muy bien   excelente

serpiente

Ficha técnica

Nombre chino de la serpiente
SHE
Número de orden
SEXTO
Horas regidas por la serpiente
09.00 A 11.00
Dirección de su signo
SUD-SUDESTE
Estación y mes principal
PRIMAVERA-MAYO
Corresponde al signo occidental
TAURO
Energía fija
FUEGO
Tronco
NEGATIVO

Tu jardín, SANDRA,
es una tregua a lo inabarcable
    de lo humano
reloj de arena dentro del oasis
iracundo tiempo sin descuento.
El arce, sutil sombra,
    cadencia bahiana
invita a bailar al cedro azul,
    custodio del banco
donde vuelan las ideas,
    espejismos y sueños
de la noche al alba.
Pasto sin espinas, para mi equilibrio
    emocional recuperado.
Pileta interior, espejo de luna
    creciente soltando amarras.

L. S. D.

Eres SERPIENTE si naciste

23/01/1917 - 10/02/1918
SERPIENTE DE FUEGO
10/02/1929 - 29/01/1930
SERPIENTE DE TIERRA
27/01/1941 - 14/02/1942
SERPIENTE DE METAL
14/02/1953 - 02/02/1954
SERPIENTE DE AGUA
02/02/1965 - 20/01/1966
SERPIENTE DE MADERA
18/02/1977 - 06/02/1978
SERPIENTE DE FUEGO
06/02/1989 - 26/01/1990
SERPIENTE DE TIERRA
24/01/2001 - 11/02/2002
SERPIENTE DE METAL
10/02/2013 - 30/01/2014
SERPIENTE DE AGUA

Carta abierta a las Serpientes

NOMAI.

NOTRE MAISON en francés, y en castellano NUESTRA CASA.

Tenía cuatro años cuando llegué por primera vez a la casa donde Muna, mi abuela, y Pierre, su segundo marido francés, habían decidido vivir los últimos años de su vida.

La construcción original era de 1953, serpiente de agua, y el anexo que construyó Muna, arriba, con dos cuartos y un baño, fue posterior.

La abuela materna sin duda guió mi destino con su obra de arte para que eligiera este lugar para vivir desde mis dos katunes.

Su insaciable búsqueda de nuevos horizontes, su espíritu colonizador y sociable la pusieron a prueba en este rincón del *far west* serrano.

Había cumplido su etapa de creadora de la casa MARILÚ BRAGANCE, que eligieron tres generaciones de mujeres con la famosa muñeca MARILÚ, que se llamaba así por mi mamá, la primogénita.

Fue estanciera en Río Tercero, y se fundió por inexperiencia y mala administración de sus bienes.

Y no se entregó.

Los últimos veinte años vivió en Las Rabonas; fue la creadora del dispensario local y ayudó a la gente rural.

NOMAI, bajo su reinado, fue la casa más mágica y envolvente que alguien haya conocido.

Había sido construida por una arquitecta danesa que desembarcó en estas lejanas tierras de Sudamérica, y que con las dos casas vecinas logró dar una fisonomía especial a la zona.

Hecha en adobe, con puertas y ventanas de madera que tenían la proporción áurea para abarcar la belleza del jardín más exquisito, pleno de margaritas, dalias, conejitos, rosas y claveles que provocaban una hipnosis que detenía el tiempo.

Piso encerado de baldosas rojas, alfombras francesas o típicas de la zona daban calidez a los ambientes, y un amplio corredor comunicaba cada cuarto en *suite*; el más amplio daba a la galería, donde pasamos horas, días, meses de grandes confidencias, confesiones a la luz de la luna o con el cielo salpicado de estrellas;

almuerzos templados, incansables tés con *scons*, mermelada casera hecha por MUNA durante la siesta, en sus inmensas cacerolas de cobre.

NOMAI tenía vida diurna y nocturna.

La hiperactividad de una granja modelo, donde convivían gallinas, pavos, gansos, patos, caballos, vacas, conejos, y chanchos. Evitaban cualquier salida al mundo exterior para comprar algo.

Era un lugar autosuficiente; rodeado de aguaribays, pinos, cedros, eucaliptos y un bosque de olivos que le daban misterio a quien caminara en las sombras del atardecer por esos pliegues misteriosos que tiene la fisonomía del terreno.

NOMAI poseía el encanto y el *charme* de una serpiente zigzagueante de las que aparecían sorpresivamente en el tanque australiano donde se almacenaba el agua para riego, o en la pileta donde pasamos tardes inolvidables con amigos, novios, amores prohibidos y sueños que en mi caso se cumplieron.

Mi familia visitaba NOMAI en verano, en el éxtasis de los frutales, nogales, granadas, higos, frutillas y frambuesas que teñían nuestras manos con un pigmento dulzón e inolvidable.

En invierno, las chimeneas del living y del cuarto de atrás ardían día y noche, y a pesar de que las temperaturas llegaban a bajo cero, nunca nos enfermábamos.

NOMAI era sanadora, curativa, una gran madre que nos abrazaba sin temer al futuro.

La cocina era un espacio donde las cacerolas y sartenes ocupaban las cuatro hornallas, siempre con ELVIRA y antes ELINA, cocinando las recetas que Muna les enseñó: francesas, criollas, italianas o lo que surgiera en el menú cinco estrellas de cada día.

A la mañana temprano el té inglés llegaba en tazas de porcelana, o el café, para los más dormilones, con canastas llenas de tostadas, tortas, medialunas, bizcochos, todos caseros y recién cocinados en el horno de barro.

Nos contábamos los sueños, las pesadillas, que nos hacían la mañana más larga y apetecible.

Las risas, los gritos que a veces lanzaba la gallita Muna, y la campanita clásica de la mesa sonaban con ímpetu.

Ser niña o adolescente es algo que mantengo en mi madurez;

me gustan las mesas con gente que ponga chimichurri a la sobremesa.

NOMAI tenía un olor especial.

Puedo traerlo en esta cálida tarde otoñal mientras alimento mi estufa rusa con quebracho colorado.

Mezcla de mirra, copal, incienso y lavanda.

Y a esas comidas que dejaban sensación de hogar. Un hogar que Muna nos brindó con su corazón abierto y generoso, y que como el murmullo del arroyo nos repetía que NOMAI quedara para TODA LA FAMILIA.

En esos tiempos venían muchas visitas, se disfrutaban los inolvidables copetines en la galería, los almuerzos pantagruélicos en los que, después de la despedida, se competía entre amigos para ver quién era el mejor anfitrión.

NOMAI tiene el techo de tejas francesas, que con el tiempo y los huracanes fueron muriendo delante de cada hijo, nieto, bisnieto, como las hojas de los árboles que se pierden en otoño y quedan en el piso como abono.

Volver a recorrer NOMAI, desde Feng Shui, es un homenaje de gratitud a quien me brindó los mejores momentos de mi vida: los arcoíris después de las tormentas de verano al atardecer, cuando salía a buscar el tesoro prometido, la templanza para aceptar que nuestra casa amada de Parque Leloir se quemó en nuestra prematura adolescencia, y fue el monasterio para prepararme en la vida para futuras batallas.

NOMAI fortaleció mi raíz, el tallo torcido por los traumas y las experiencias desgarradoras de la vida.

NOMAI representa las flores de los espinillos en primavera –que elijo más que el mejor perfume francés–, y los frutos de mis libros; simboliza encuentros con amigos, con Catman, con mis lindos vecinos, con los maizales que me dieron una producción de abundancia inédita, con los atardeceres sobre el Lago de La Viña y los amaneceres detrás de la sierra preparando el primer mate. Y conexión con quienes me visitan con ubicuidad en la 3D, y con los que nunca llegarán.

Nací con el don de la gratitud; miro hacia atrás y siento que NOMAI fue mi escuela de vida.

Hoy sé que hice todo lo que Muna hubiera querido por ella. Y suelto al Gran Espíritu su destino.

L. S. D.

Significado del signo

En Oriente la serpiente simboliza un feto fuera del útero, y cuando el niño está maduro para nacer se desliza por la vida como un actor que se desdobla en dos, pleno de energía. La esencia de las personas que nacen en el año de la serpiente es la sutil fuerza, la energía acumulada, que despliegan deslizándose por los laberintos del espacio interior.

La serpiente es paciente, agresivamente pasiva, calculadora, conservadora, sutil, siempre lista cuando tiene que accionar. Es un sabio reptil que simboliza la fertilidad en el folklore chino, una criatura que tiene grandes reservas de energía *yin* para darle a la tierra de donde proviene.

La mitología china está llena de historias asociadas con las deidades femeninas que seducen a los jóvenes escolares y procrean chicos superdotados que se convierten en líderes en la corte imperial. Estas serpientes semidiosas son heroínas, aficionadas a la literatura y las artes marciales, o sabias curadoras que brindan las medicinas al Emperador de Jade en el palacio imperial, protegiendo a la gente de enfermedades, plagas y desastres.

La serpiente parece quieta y calma, pero está siempre alerta, intuyendo con su sexto sentido los peligros y desafíos que cruzan por su camino. Su fuerza interior radica en que tiene la certeza, el impulso vital para atacar cuando se siente amenazada.

Una persona intelectual, receptiva, *yin,* que planifica sus tácticas y movimientos como una computadora; calcula las jugadas como en un partido de ajedrez y no da puntada sin hilo.

Parece fría y distante, pero eso solo forma parte del control de su porte de acero inoxidable; esencialmente es cálida y afectuosa con quienes traspasan su escamosa y brillante piel. El ofidio es realmente encantador, seductor e irresistible cuando se lo propone con su sonrisa de teclado de piano.

La serpiente es una trabajadora obsesiva, jamás demuestra cansancio ni su esfuerzo. Adora evolucionar en su camino y a veces EL FIN JUSTIFICA LOS MEDIOS. Tiene claro cuáles son sus objetivos, no se distrae en el camino, apunta certera la flecha y consigue convencer al más descreído de sus ideas. Es un signo original, de *avant-garde*; experimentará en carne propia los mayores desafíos y buscará aliados para dominar.

Tiene grandes virtudes que pueden revertirse si no trabaja su parte fanática, su omnipotencia, el control sobre los demás, su enfermizo sentido de acumulación, sus celos y envidia. Se le recomienda que busque caminos de autoayuda, que se relacione con otra gente y no se quede elucubrando su veneno a solas. Entre los ofidios es muy común encontrar gente paranoica, esquizofrénica, llena de temores y fobias.

La dualidad rige a este signo: por fuera es quieta, silenciosa, hasta pasiva en apariencia, pero por dentro bulle un fuego abrasador, vibrante y creativo, interesado en crecer. La adrenalina que producen los asuntos peligrosos, negocios millonarios, contratos exorbitantes, amores de ciencia ficción y pasiones desmedidas la convierte en una persona muy especial, cuya vida tendrá contrastes. Es tan astuta y manipuladora que nadie podrá perjudicarla sin que lo intuya. Le gusta ser la primera en lo que emprende; nació para ser jefa, empresaria, dueña de su propio invento y no tolerará estar subordinada. Profunda pensadora, sabia consejera, estará siempre alentando el desarrollo del arte, la ciencia, la filosofía y el erotismo. La serpiente oculta sus emociones y ambiciones preservando su privacidad; pero le encanta saber acerca de sus seres queridos y cercanos.

Tiene un ego arrollador; puede estar horas hablando de sí misma sin importarle lo que suceda a su alrededor. Fuente de inspiración y sabiduría, la serpiente es un manantial de conocimiento, destreza y belleza. Simpática, sensual y atrevida, dice la tradición que las mujeres más ambiciosas, bellas y sutiles pertenecen a este signo.

Le encanta endulzar con su voz a quienes se le acerquen: produce un efecto hipnótico en su víctima. Sabe enroscar buenos candidatos, sobre todo políticos en ascenso o rumbo al más allá.

A la serpiente la altera el movimiento continuo. PREFIERE QUEDARSE QUIETA, VIGILANDO SU MADRIGUERA sin llamar la atención… hasta que lo decida con día, hora y lugar.

Hogareña, una excelente ama de casa, administradora y anfitriona, le gusta decorar su hogar con objetos exóticos y tiene especial interés por las antigüedades y piezas de valor. Es la gran generadora del TRUEQUE como forma de vida. Detesta recurrir al efectivo y siempre está esperando conocer a alguien para proponerle negocios clandestinos o peligrosos. No todas las serpientes son así; muchas pecan de honestidad excelsa, aunque en el fondo de su retina buscarán su propio beneficio.

La serpiente se destaca más en lo intelectual que en lo manual o práctico, pero es sentimental y a veces su salud se deteriora si no encuentra estabilidad emocional. Tiene estados anímicos desconcertantes; oscila entre amor y odio, frío y calor con la gente que la rodea, y a veces resulta injusta y despiadada cuando le siguen el tren. Gran confidente, amiga, compañera, soporte moral, su forma de dar amor es inolvidable.

Creativa y artística en lo que emprenda, adora los espectáculos y la cultura, especialmente el teatro, el *music hall*, el cine y los entretenimientos. Gran animadora de fiestas inolvidables, visita exposiciones, museos y muestras con gran placer.

La serpiente adora dormir más de lo necesario; entresueña, imagina un mundo ideal entre sábanas de raso, enroscada al amante de turno; carga CHI durmiendo e invernando. Debe cuidarse de caer en excesos, droga, alcohol, sexo promiscuo, y el juego, que la llevará a la gran rueda de la fortuna y a la miseria absoluta. Es tan cerebral que si se enferma sabrá las causas que provocaron su mal. Debe cuidar su hígado, sus riñones e intestinos. Si hace yoga, meditación, y camina, estará siempre alineada y balanceada. Tendrá éxito en cualquier oficio y profesión que desarrolle por vocación en su vida.

Es constante, lúcida y audaz. Amasará una fortuna y la amarrocará o despilfarrará, según sean sus instintos consumistas. Tendrá facilidad para los negocios, las finanzas, el diseño, la educación, los bienes raíces, la tecnología, las relaciones públicas, la justicia. Su lema: OJO POR OJO, DIENTE POR DIENTE. ¡Salud!

El tao del amor y del sexo

Expertos y expertas en el TAO DEL AMOR Y DEL SEXO. ¡Diez felicitado, máster y medalla! Es un don que traen al nacer y lo desarrollan hasta la plenitud, ejercitando el arte del kundalini.

El ofidio enrosca a su presa con un fluido magnético que sale de su piel, ojos y lengua. Desparrama su creatividad incentivando la imaginación y sabe que sus medios son inagotables. Es tan sensual que el elegido/a tendrá que pedir un recurso de amparo ante Afrodita para sobrevivir a esta etapa de amor cinco estrellas.

Su voz suave y melódica, sus manos que acarician cada centímetro de piel con voluptuosidad y concentración, su mítica lengua que recorre órganos interiores y exteriores sacan al afortunado de la tierra y lo llevan a recorrer nuevas constelaciones.

Quienes decidan experimentar con esta especie animal, no digan que no les avisé, y lleven antídoto. ¡PELIGRO! Solo para cabezas alteradas, avanzadas y refinadas. Si es virgen, vaya a la escuela primero, pues puede terminar envenenada, sofocada o deglutida. Por otro lado, si tiene bastante experiencia de alcoba, incluidos un *personal trainer* y una buena rutina con ejercicios cardiovasculares, puede que esté lista para este plato exquisito y exótico.

La serpiente (en todas sus variedades) es una maestra refinada. De nada le servirá a usted intentar desnudarla: el órgano sexual lo tiene en la cabeza, que enciende sus sentidos. Las neuronas cargadas de electricidad hacen fluir la energía atómica a todos sus sentidos, que despiertan en olas gigantescas, y cuando llegan al clímax el ofidio da rienda suelta a sus pasiones, siempre salpicadas por sus bajos instintos, la sal y la páprika de la vida. Todo es aceptado, probado, experimentado; las rutinas, los clichés quedan desechados. La serpiente logrará que se sienta fluyendo hacia otras galaxias, vidas pasadas, submundos y ultramundos. Viajará desde Egipto hacia Katmandú, pasando un tiempo entre las tribus maoríes y en el Renacimiento.

Esto no será por mucho tiempo, pues es una amante insaciable y mientras esté enroscada física y mentalmente no se podrá desprender. Después de hacer el amor con ella, la piel quedará radiante, traslúcida. Gurú del sexo, exigente, dura, posesiva, ama con una extraña pasión y se renueva si es correspondida.

La belleza clásica o estándar no le resulta la más atractiva; no hace falta ser un conejito de *Playboy* sino alguien singular, distinguido y lleno de sensualidad; exige inteligencia, imaginación, creatividad, sentido del humor, en lo posible ácido o negro; si la hace reír, lo adorará.

El baño deberá tener los placeres del mundo oriental; jacuzzi, aceites exóticos, perfumes caros, sahumerios. Y luego dátiles y sushi junto a champán al alcance de la mano. Libros de arte erótico y poesía, excelente música y una tarjeta sin límites nunca están de más.

FELIZ ENROSQUE CON EL OFIDIO.

La Serpiente y su Ascendente

SERPIENTE ASCENDENTE RATA (23.00 a 1.00)
Atractiva, personal, movediza: ama a los que ama, y los demás, ¡que se cuiden! Tiene un humor explosivo e ingenioso.

SERPIENTE ASCENDENTE BÚFALO (1.00 a 3.00)
Decidida, trabajadora, con objetivos claros. Es protectora de los suyos y exigente con los que quiere. Difícil y celosa.

SERPIENTE ASCENDENTE TIGRE (3.00 a 5.00)
Contradictoria, se mueve entre la reflexión y el afán de aventuras. Romántica, entusiasta, no le hace asco a nada.

SERPIENTE ASCENDENTE CONEJO (5.00 a 7.00)
Encantadora, implacable, muy hábil para los negocios. Sabe convencer hablando y consigue lo que quiere sin esfuerzo.

SERPIENTE ASCENDENTE DRAGÓN (7.00 a 9.00)
Egocéntrica y arribista, con habilidad para llevar a la práctica sus proyectos. No tiene medida para sus acciones.

SERPIENTE ASCENDENTE SERPIENTE (9.00 a 11.00)
Trabajadora incansable, irresistible, inteligente: construye su futuro y lo cuida con uñas y dientes.

SERPIENTE ASCENDENTE CABALLO (11.00 a 13.00)
Seductora, entusiasta, optimista, se juega hasta el fin por lo que cree, aunque el mundo le diga que está equivocada.

SERPIENTE ASCENDENTE CABRA (13.00 a 15.00)
Creativa, busca el modo de lograr lo que quiere: es un poco egoísta y caprichosa. Siempre cae bien parada.

SERPIENTE ASCENDENTE MONO (15.00 a 17.00)
Intelectual, sin escrúpulos, con un humor irresistible. Es lúcida para manejar todas las situaciones. Una triunfadora.

SERPIENTE ASCENDENTE GALLO (17.00 a 19.00)
Hábil para organizar, trabajadora, imagina lo que quiere y lo consigue. Necesita aprobación para mantenerse estable.

SERPIENTE ASCENDENTE PERRO (19.00 a 21.00)
Es capaz de grandes sacrificios, y vive obsesionada por sus errores pasados. Le cuesta ser feliz y aceptar el afecto que le dan.

SERPIENTE ASCENDENTE CHANCHO (21.00 a 23.00)
Comprensiva, trabajadora, tenaz. Tiene la autoestima baja y necesita aprobación constante. Sus pasiones son su mayor enemigo.

La Serpiente y su Energía

SERPIENTE DE MADERA (1905-1965)
Encantadora y contradictoria: tiene virtudes suficientes como para seducir con la primera mirada pero tantas vueltas y exigencias que termina alejando hasta a los más enamorados. Es creativa e ingeniosa, intuitiva y amante de la vida; disfrutará de igual

modo un viaje a un país exótico y quedarse en casa tomando té y ordenando placares. No se aburre nunca, y encuentra imprescindible esta condición en quienes estén a su lado.

Tiene un concepto arraigado de responsabilidad parental y busca formar una familia, pero antes de hacerlo va a rechazar unas cuantas parejas por considerar que no están a la altura de sus estándares. Si pone su ingenio, claridad mental y tenacidad al servicio de sus ideales puede dejar una huella en el mundo. Pero, así como es tenaz, también ama el *dolce far niente*. Para prosperar necesita la guía de alguien: vale la pena intentarlo.

Personajes famosos

Pilar Sordo, Raúl Soldi, Gabriela Arias Uriburu, Catherine Fulop, Ben Stiller, Antonio Berni, Greta Garbo, Christian Dior, Courtney Love, Björk, Willy Crook, Daniel Barone, Gillespi, Sergio Pángaro, Javier Zuker, Fabián Casas, Mariana Arias, Inés Estévez, Fabián Mazzei, Henry Fonda, Moby, Charlie Sheen.

SERPIENTE DE FUEGO (1917-1977)

Como está predestinada al éxito y lo sabe desde siempre, tendrá solo eso en su cabeza. Un ser muy apasionado y sensual, pero el camino al estrellato es lo que realmente la mueve, y si tiene que sacrificar el amor, no lo dudará. Una serpiente trabajadora, sin ningún prurito para arremangarse y hacer cualquier tarea si cree que está en el camino correcto: para ella lo importante es llegar. Honesta y leal, cree que cada ser humano tiene en sí la oportunidad de triunfar, y debe intentarlo sin recurrir a "el fin justifica los medios". Posiblemente este camino sea solitario si no es paciente con quienes la quieren; detenerse en la marcha para relajarse y disfrutar puede empujarla hacia adelante con más fuerza.

Una enemiga temible porque tiene objetivos claros y miedo a perder lo que ya ha obtenido. Necesitará una pareja que la aliente y le muestre opciones distintas, buscando su lado más humano.

Personajes famosos

Luciana Geuna, Kanye West, John F. Kennedy, Emanuel Ginóbili, Natalia Oreiro, Zsa Zsa Gabor, Julieta Cardinali,

Carolina "Pampita" Ardohaín, Florencia Arietto, Anita Tijoux, Dean Martin, Luciana Aymar, Esteban Lamothe, Iván de Pineda, Gonzalo Valenzuela, Dizzy Gillespie, Julieta Díaz, Fiona Apple, Lucrecia Blanco, Alika, Esther Cañadas, Romina Gaetani.

SERPIENTE DE TIERRA (1929-1989)

La única serpiente que cultiva con gusto el bajo perfil. Aunque es ambiciosa, tiene paciencia y está dispuesta a lograr el éxito sin sacrificar otras cosas: ama la vida de hogar y resulta un miembro imprescindible en su familia. Creativa con las finanzas, provee a los suyos de comodidades e incluso encuentra la manera de ahorrar.

Los amigos y parientes recurren a ella por consuelo y consejo porque tiene la cualidad de mantener orden y claridad mental aun en los momentos de más caos. Es romántica, algo reservada y antigua en lo que concierne al amor; quienes llegan a conocerla bien quedan prendados para siempre. Todos admiran en ella su tenacidad y capacidad de trabajo, y la forma en que soluciona los conflictos que se presentan. Como es un padre devoto y una amante generosa, está destinada a tener una vida emocional muy plena.

Personajes famosos

Emilio "Miliki" Aragón, Milan Kundera, Irene Papas, Gandhi, Taylor Swift, Chet Baker, Justina Bustos, Jacqueline Onassis, Sofía Viola, princesa Grace de Mónaco, Imre Kertész, Alejandro Jodorowsky, Roberto Gómez Bolaños "Chespirito", Militta Bora, rey Hasán de Marruecos.

SERPIENTE DE METAL (1941-2001)

La más calculadora y ambiciosa; si es necesario, se juega entera para lograr sus fines. Va enfilada como una flecha hacia su objetivo y hay muy pocas cosas que pueden detenerla o hacerle cambiar el rumbo: la número uno, su salud. Como es hipocondríaca, hasta una leve posibilidad de enfermarse la hace bajar del tren y relajarse un poco.

Sumamente celosa de los que quiere, le gusta compartir con ellos sus logros; por esto también es muy popular entre sus amigos. Su entorno debería responder a su generosidad ayudándola a cuidarse más. Si se siente amenazada en sus logros, se convierte en una enemiga poderosa, astuta, que se enrosca lentamente en su víctima hasta que la asfixia. Si tomara los problemas con menos intensidad y más humor, la vida le resultaría más fácil y feliz y, lo más importante, no sufriría tantos altibajos de salud.

Personajes famosos

Paul Anka, Carole King, Antonio Gasalla, Martha Pelloni, Tina Serrano, Rodolfo Fogwill, Ricardo Piglia, Roberto Carlos, Julio Bárbaro, Bob Dylan, Plácido Domingo, Sonia Breccia, Dostoievski, Tom Fogerty, Franklin Roosevelt, Charlie Watts, Carlos Perciavalle, Pablo Picasso, papa Juan XXIII, Palito Ortega, Chick Corea, Lito Cruz.

SERPIENTE DE AGUA (1953-2013)

Artística, entusiasta y equilibrada: el agua le da calma y un plus de sensibilidad. Esta serpiente es una excelente amiga, aplicada en su trabajo y un pilar en su familia. Asciende en cualquier organización porque sus méritos la hacen notar rápidamente, sin que sus compañeros desconfíen de ella. Su punto débil es la tendencia a la obsesión-compulsión, que se expresa en distintas formas: adicciones de las que no puede zafar (pucho, comida, mate y otras yerbas), preocupación de corte hipocondríaco por la salud propia (y también la ajena). En una terapia de apoyo, meditación y yoga podría encontrar ayuda para liberarse.

Muy querida por sus amigos por ser leal y discreta. Ama los viajes y el movimiento: si se queda mucho tiempo en algún lado se debe más a razones sentimentales que a un deseo propio; es capaz de sacrificarse y asentarse por alguien que quiera, pero su espíritu seguirá vagando hasta que tenga la oportunidad de volver a empacar y partir.

Personajes famosos

Leonor Benedetto, Daniel Santoro, Ricardo Bochini, Ana Botella, Isabelle Huppert, John Malkovich, Thomas Jefferson, Raúl Taibo, Osvaldo Sánchez Salgado, Francisco de Narváez, Luca Prodan, Graciela Alfano, Mao Tse-Tung.

Martha
Argerich
Serpiente de Metal

Contame un cuento chino
Luis Rosales • Serpiente de Madera • Periodista y político

Ser Serpiente es ser quien soy

Siempre que me preguntan a qué me dedico, contesto que soy un político, aunque en la actualidad se trate de una actividad muy depreciada. Y lo hago a pesar de haber usado muchos sombreros a lo largo de mi vida: consultor, estratega, profesor, periodista… En general todos ellos me caben bastante bien, impulsados por una fuerte presencia de la palabra hablada en la búsqueda constante de mucha precisión en la comunicación, pero en el fondo alimentando aquella vocación primaria. Ella estuvo siempre presente y creciente desde muy niño, allá lejos y hace tiempo cuando en el parque de la casa veraniega bicentenaria de mis abuelos cordobeses, allá en las Sierras del Totoral, solía armar con mis autitos Matchbox cumbres imaginarias entre el Premier Soviético y el Presidente de los EEUU. Política y Relaciones Internacionales, una esquina en la que siempre me sentí a gusto.

Tengo mucho sentido del humor, a veces me dicen que me tome las cosas un poco más en serio. Con algo de astucia e ironía que puede también interpretarse negativamente como sarcasmo, le encuentro la veta graciosa a cualquier situación. Pero cuidado, si me siento realmente amenazado, puedo volverme muy agresivo y filoso, eso sí, en lo retórico y con la espada que nos brinda el lenguaje… algo que no creo que cambie aun cuando en los últimos tiempos he empezado a entrenar en artes marciales.

Los años generalmente vienen con mayores dosis de sabiduría, lo cual, sumado a una buena memoria bastante infalible, ha reforzado en mí una habilidad natural para la anticipación.

Dicen que soy algo vanidoso, aunque yo creo que soy generoso (frase que seguramente servirá para alimentar aquellos dichos); una combinación de ambas características puede ser posible. Me gusta mucho compartir lo que tengo y lo que aprendí. Lo haría con ganas toda mi vida.

En el amor soy celoso y bastante posesivo, aunque fallo mucho en lo que desde hace algún tiempo se conoce como inteligencia emocional. Tal vez por haber nacido en otra época y por haberme tocado en suerte lo que me tocó es que me acostumbré a mantener mi intimidad con mucha discreción, lo que a algunos les lleva a pensar en armarios y closets. Nada más alejado. Me enorgullezco de haber decidido no mentir, en tiempos mucho más complicados, aún cuando eso implicara a veces postergaciones de planes y carreras. Costó, pero acá estamos.

En los diferentes órdenes, y como a toda Serpiente, me gusta correr algunos riesgos y disfruto de los mundos subterráneos, aunque por educación y tradición, luego de un tiempo trato de sacar la cabeza a la superficie.

Ser el animal que condena la Biblia y glorifican los chinos no es nada fácil, pero sin dudas es grandioso y me hace feliz. Porque es ser quien soy.

Tabla de compatibilidad

	karma	salud holística	amor pos COVID	trueque	nuevos vínculos
Rata	regular	mal	regular	bien	regular
Búfalo	regular	regular	mal	muy bien	regular
Tigre	bien	mal	regular	regular	mal
Conejo	bien	bien	regular	mal	regular
Dragón	bien	regular	bien	regular	regular
Serpiente	regular	regular	regular	bien	excelente
Caballo	regular	regular	regular	bien	regular
Cabra	bien	regular	regular	bien	regular
Mono	bien	regular	bien	regular	regular
Gallo	bien	bien	regular	regular	bien
Perro	bien	bien	bien	regular	bien
Chancho	bien	bien	regular	excelente	excelente

 mal regular bien muy bien excelente

caballo

Amé tanto a los caballos
y así quedé…
llena de fuego, y una herradura
    de amuleto
que uso como cencerro.
Esquilmé mi piel sobre sus ancas
incendiando sexo entre sus patas,
impregné sudor galopando al infinito,
saltando al vacío, sin freno ni estribos.
Rasqueteé sus sentidos, amplificando
    los míos,
cepillé sus crines, desenmarañando
    abrojos,
les di más de una penca de alfalfa por día,
y un corral para atenuar sus horas
    aturdidas.
Les puse bozal y barbada cuando
    era necesario,
y los dejé relinchar a la luna
cuando lloraban por nada,
casi no usé montura, preferí
    recado liviano
para no dejarles marcas.
Me tiraron al piso sin aviso,
y por un tiempo largo no pude levantarme
se arrepintieron como potrillos,
entonces, preferí visitarlos en la calesita
y sacarme la sortija, de vez en cuando.
Dejaron en mí un remolino extraño,
imposible reemplazarlos
    con experimentos raros.
Aprendimos juntos a vivir separados
haciéndonos el amor como marcianos.

L. S. D.

Ficha técnica

Nombre chino del caballo
MA

Número de orden
SÉPTIMO

Horas regidas por el caballo
11.00 A 13.00

Dirección de su signo
DIRECTAMENTE AL SUR

Estación y mes principal
VERANO-JUNIO

Corresponde al signo occidental
GÉMINIS

Energía fija
FUEGO

Tronco
POSITIVO

Eres CABALLO si naciste

11/02/1918 - 31/01/1919
CABALLO DE TIERRA

30/01/1930 - 16/02/1931
CABALLO DE METAL

15/02/1942 - 04/02/1943
CABALLO DE AGUA

03/02/1954 - 23/01/1955
CABALLO DE MADERA

21/01/1966 - 08/02/1967
CABALLO DE FUEGO

07/02/1978 - 27/01/1979
CABALLO DE TIERRA

27/01/1990 - 14/02/1991
CABALLO DE METAL

12/02/2002 - 31/01/2003
CABALLO DE AGUA

31/01/2014 - 18/02/2015
CABALLO DE MADERA

Carta abierta a los caballos

Ayer FEDERICO, mi jardinero, me sorprendió en el silencio de la media mañana con "Las Rabonas está de luto, murió un nene de siete años, hijo de un amigo compañero de escuela".

–AYYYYY –le dije–. ¡Qué dolor! ¿Cómo fue?

–El nene tenía atado al caballo con una soga; el caballo se espantó, le dio una patada en la cabeza y lo mató.

SIN CONSUELO.

Después, a la tarde, hice mis cavilaciones.

Asocié que el niño tenía siete años, era caballo de madera, y lo mató un caballo.

¡¡Cuánto aprendizaje!!

El caballo, sea varón, mujer o trans, es el signo más egocéntrico del zodíaco chino.

Sabe que tiene condiciones innatas para destacarse: belleza, agilidad, carisma, *sex appeal*.

Es un manantial de energía, a veces con sobredosis de usina de Yacyretá-Apipé, que en general actúa como un *boomerang*, y lo transmuta de corcel de acero a caballo de calesita.

Mi ascendente *border* entre serpiente y caballo marcó mi vida con los equinos.

Dos hermanas: VERÓNICA, hipocampo, y MARGARITA, yegua de madera, son parte de mi escaso zoo de ADN.

Y varios amores, pasiones con o sin sexo y *rock and roll* lubricaron mi juventud a todo galope.

La atracción siempre fue simultánea.

No pasé inadvertida, ni ellos en mi multifacética personalidad.

He citado a los que dejaron fuertes raspaduras, heridas, aprendizaje, viajes inolvidables, eternas terapias mutuas, salidas por el barrio o en capitales del mundo, relinchos y gritos de mona aulladora para decirnos vómitos atorados en la tiroides y en los estados alterados, que aprendí a calmar con taichí, meditación dinámica, yoga y caminatas hasta quedar exhausta.

Nunca tuve, sacando a JOSÉ SANZ, mi chamán chino serrano, relaciones que no fueran pasionales con los caballos y yeguas que se cruzaron en mi TAO.

Y el tiempo, solo el sabio Chronos, logra ubicarlos en el establo que corresponde, con jinetes o sin ellos, para que los domen de abajo para sentir que no pudieron administrar el exceso de energía que tuvieron desde niños.

Al convivir con ellos también aprendí que la tan preciada libertad o independencia que mucho proclaman no es tal.

Prefieren no dar ninguna información de sus trotes o cabalgatas con algún compañero, amante, pareja de turno, que estar solos por un largo tiempo.

Lo comprobé con HOBY, que confesó después de la eterna pandemia que hubiera preferido tener "un palenque donde rascarse"; esa nueva soledad lo inspiró a buscar, aunque sea por redes, amores imposibles.

El caballo necesita que lo mantengan entretenido con desafíos, frivolidad, asuntos familiares, chismes o con algún programa de TV que lo divierta.

La soledad no es su aliada; muy pocos equinos tienen vida interior, se ocupan del prójimo o ayudan en comedores, villas, centros de asistencia o iglesias.

"EL OTRO" TIENE QUE SER ALGUIEN CON QUIEN PUEDAN COMPARTIR ALGO ÍNTIMO, ESPECIAL, ERÓTICO Y, EN ALGUNAS EXCEPCIONES, APRENDER.

Mi relación con los caballos comenzó en Parque Leloir, a través de mi papá, que los amaba más que a nosotras.

Nos enseñó a cepillarlos, rasquetearlos, acariciarlos, darles una penca de alfalfa, un balde de avena, un terroncito de azúcar, y a dejar que nos olieran.

Tuve a PIPIRÍ PORÁ, que junto al pasuco de papá y a MONA GUAZÚ, de Magui, salía por los solitarios caminos de tierra, impregnados de aromos y glicinas, mientras hacíamos un tímido galope o un incómodo trote, a causa del cual el trasero quedaba con moretones.

En Traslasierra tuve una yegua blanca árabe que se desbocó y me dejó enredada entre el estribo y el antiguo camino de tierra que une Las Rabonas con las calles.

Podría haber muerto como ALAN ayer, con algún movimiento arisco de este animal, que tiene el don de resucitarnos en nuestras profundas tristezas o llevarnos en un viaje al más allá, como PEGASO.

L. S. D.

Significado del signo

El caballo representa la mano del mortero, la transgresión y el golpear certeramente. También simboliza la intersección de los caminos, una roca bloqueando un sendero, la mitad de una secuencia; el punto medio de algo que ocurre en el destino. El año del caballo está en el medio de los doce signos y en esos años han ocurrido acontecimientos históricos notables: el final de la Primera Guerra Mundial (1918), la Gran Depresión (1930) y la Revolución Cultural en China (1966).

Su esencia los hace decididos, líderes capaces de defender a los otros en tiempos de crisis, jugándose la vida.

Fundamentalmente artistas, seres amigables, inteligentes, hermosos. En la mitología china, junto al dragón, simbolizan el espíritu, la vitalidad, el poder y la buena suerte. Son amados y venerados en la tradición china; los emperadores les erigían templos y los usaban como procreadores pues los consideraban benéficos para la familia imperial. Fuente de inspiración de los artistas, se encuentran representaciones en piedra y metal que corresponden a la dinastía Tang (618-905 a. C.). Cuando el juego del polo fue inventado, los emperadores premiaban con un caballo blanco a los estudiantes con notas muy altas.

En cualquier sexo es muy enérgico, profundo, y rápido en su acción. Su nerviosismo, sangre caliente y fibra lo convierten en un rebelde, arriesgado y audaz corcel que está siempre alerta. Es jugador nato; fuerte e inteligente, ambicioso, correrá la carrera que más le divierta y atraiga a través de la vida.

Sabe ganar y detesta perder; siempre estará a la cabeza de lo que intente: negocios, romances, deportes o *rock* cinco estrellas. El caballo es un gran comunicador, sabe transmitir y captar lo que flota en el aire, y con la velocidad del rayo decodifica los mensajes más diversos, llegando al corazón popular. Por eso las profesiones u oficios que realiza están en general relacionados con el trabajo en equipo, con *feed back* y constante apoyo de quienes participan en sus fantásticas y vanguardistas ideas.

Sociable y honorable, le encanta estar en los sitios de moda, los estrenos teatrales, actos políticos. El caballo late el día a día, lo cotidiano, y lo que le pasa a él, que siempre es el centro de atención de los lugares que visita.

Enérgico, vibrante, radiante, emana un *sex appeal* irresistible. Es el signo con más *rating* en las conquistas, pues tiene el sí fácil y siempre está dispuesto a revolcarse en el establo o en las arenas movedizas del *stud*.

Cuando entra en confianza es un pequeño milagro, se entrega sin dudar y confía plenamente en esa persona, que deberá tenerle una paciencia china para escuchar sus caprichos y antojos. El caballo es capaz, tiene salud para enfrentar grandes cambios de rumbo en su vida y necesita que lo fustiguen con una ramita, fusta o rebenque, según la categoría del pedigrí.

Necesita tener un club de fanes perenne para que le digan lo genial, divino y *sexy* que es, pero si logra trabajar su parte ególatra llegará lejos en la vida. No hay nadie más fascinante que un matungo sabio. Siempre está ocupado, activo, generando proyectos o utopías. Hábil, a veces más manual que intelectual, logra encontrar labores terapéuticas que lo ayudan a mantenerse siempre joven, atlético y muy atractivo.

Resulta muy importante para él tener estabilidad emocional y afectiva. El entorno es clave en su vida: necesita amigos, parientes, conocidos que lo alienten con su bandera. Su talón de Aquiles: es muy nervioso, detesta saber que tiene límites para actuar y, más aún, jefes que le den órdenes. Sus modos dependen de las caricias y terrones de azúcar recibidos; no soporta que lo excluyan de lo que sea, y estará siempre dispuesto a pelear y a combatir para ganar el primer puesto.

Cuando está inspirado es el más divertido, atractivo e interesante de los mortales. Busca siempre lo más complicado: amores imposibles o triangulares, negocios riesgosos, gasta su CHI (energía) que podría capitalizar si no fuera tan disperso. Tiene habilidad para ganar y gastar dinero de igual manera. En realidad es un idealista, un soñador que prefiere vivir libremente antes que entregar su vida al dios dinero. Generoso, desprendido, lo compartirá con sus amigos y seres amados.

Al caballo hay que dejarlo libre para que entre y salga del establo cuando se le antoje. La calle es su gran maestra, y buscará relacionarse con gente de todo nivel. Cualquier oficio o profesión que lo lleve a dedicar a los demás horas de concentración y lo distraiga de su *trip* será positivo para el equino.

Al recordarlos, una vez más les agradezco lo que aportaron a mi vida, y les cuento que son y han sido como la yegua madrina, y no me han dejado perder en mis andanzas por la jungla.

El tao del amor y del sexo

Este signo nace, vive y muere dedicado al TAO DEL AMOR Y DEL SEXO. Son los mejores maestros y discípulos en la materia. Que logren un equilibrio entre su vida afectiva, sexual y anímica dependerá de su evolución espiritual, personal y social.

El potro y la yegua son instinto puro, para ellos el amor y el sexo son lo mismo cuando sienten bullir debajo de sus crines la sangre caliente y se lanzan al galope desenfrenado a atropellar, embestir, tomar y desnudar a su objeto de deseo.

Su alta sexualidad le impide pensar, discernir, elegir si el elegido es capaz de responder a sus demostraciones, demandas y exigencias; lo que más necesita el corcel es quedar satisfecho, y les aseguro que hay que tener un *training* digno de trofeos de salto a caballo, polo y pato con alto hándicap.

El ego del equino es directamente proporcional a la energía que usa para sus conquistas amorosas. Para él o ella no hay imposibles: saben que con su *sex appeal, glamour*, destreza, humor e imaginación tendrán a la presa en menos de cinco minutos.

El caballo es muy contradictorio en cuestiones del corazón. Parece fuerte, seguro, decidido, audaz, atrevido, insolente; pero cuando la respuesta llega de inmediato, cambia de actitud y se torna asustadizo, nervioso, inseguro y muy ansioso, espantando al amado con coces y relinchos que a veces resultan mortales.

Como es idealista y en el fondo de su ser buscará eternamente a su alma gemela; se aburre de lo fácil, rápido y ligero. Por su apetito sexual insaciable no dejará pasar ninguna oportunidad y se involucrará en situaciones en las que muchas veces quedará ATRAPADO SIN SALIDA.

Ardiente, apasionado, transgresor a la hora de hacer el amor, dará todo de sí y no guardará nada para después. Es transparente, sincero y leal. Tiene sentido de posesión con su pareja y eso le juega malas pasadas, pues por sus celos no soporta por mucho tiempo situaciones que no pueda controlar o dominar. Necesitará entrega total del otro para con su vida; adaptación a sus horarios, costumbres y antojos. No nació para esperar a nadie ni adaptarse a la vida ajena, y menos compartir amistades. Este signo debería trabajar mucho su parte emocional y afectiva para tener equilibrio y armonía.

Su espontaneidad le juega a favor y en contra a la hora del amor. Por un lado deberá encender la llama, poner a su elegido al rojo vivo y producir orgasmos múltiples a control remoto, es un experto en la utilización de los sentidos. El caballo es adicto al amor y crea una gran dependencia. Sabe que su presencia es imprescindible para quien logra tener afinidad erótica y día a día teje una red invisible de situaciones que lo convierten en el centro de la existencia.

Exuberante con sus proezas amorosas y orgulloso de su virilidad, estará siempre listo para entregarla o, en el caso de la yegua, su inagotable feminidad. El dejar satisfecha a su pareja es algo que realmente practica. Contradictorio como amante, deja todo su ardor para el momento de hacer el amor. En el ANTES Y DESPUÉS es más bien tacaño y frío en cuanto a demostraciones de ternura. A los tres segundos y medio exactos después de haber soltado su último suspiro orgásmico se levanta a prender un cigarrillo o, según la antigüedad del ejemplar, se entrega a dormir y a roncar hasta la próxima *performance*. El amante permanece envuelto en recuerdos de placeres y despojos del revoltijo que quedó en el establo. PERO A NO DESESPERAR, así como se fue al galope, volverá, pues su energía sexual es inagotable.

El equino estará convencido de que encontrará a su pareja en la misma posición que la dejó en la cama o en el establo, sin sospechar que usted tiene vida propia, vocación, horarios y una lista *stand by* de candidatos que están esperando que el caballo desista para poder ingresar en su corazón.

La yegüita aspira a encontrar al príncipe azul aunque sea en el último minuto de su fogosa existencia. Se enamorará joven y partirá del hogar para formar el propio, dejar descendencia y, con suerte, seguir la cabalgata con el mismo animal. Si no, será la mesalina rompecorazones que no bajará la guardia hasta sentir que ha saciado sus bajos instintos.

Hombre, mujer, tercer o cuarto sexo, el caballo está en el podio vip de los mejores amantes del zoo chino.

El Caballo y su Ascendente

CABALLO ASCENDENTE RATA (23.00 a 1.00)
Seductor y temperamental, no escucha otra voz que no sea la suya. Siempre apuesta a ganador.

CABALLO ASCENDENTE BÚFALO (1.00 a 3.00)
Tenaz, luchador, no se amilana ante las dificultades, y nunca abandona la búsqueda de la felicidad.

CABALLO ASCENDENTE TIGRE (3.00 a 5.00)
Infatigable, aventurero, dotado de las virtudes que hacen a un líder. No le gusta que le den sugerencias.

CABALLO ASCENDENTE CONEJO (5.00 a 7.00)
Un ganador: lúcido, sociable, independiente, original en sus opiniones. Logrará sus objetivos sin ayuda.

CABALLO ASCENDENTE DRAGÓN (7.00 a 9.00)
Sus ideas son buenas, su manera de llevarlas a la práctica, no. Sus buenos sentimientos se pierden en su necedad.

CABALLO ASCENDENTE SERPIENTE (9.00 a 11.00)
Astuto en los negocios. Para confiar, debe atender a sus instintos. Sus amores no siempre tienen el desenlace que desea.

CABALLO ASCENDENTE CABALLO (11.00 a 13.00)
Seductor, inmanejable, orgulloso. Va por la vida sin hacer planes ni reflexionar sobre su futuro.

CABALLO ASCENDENTE CABRA (13.00 a 15.00)
Romántico, ama la vida y el amor. Le atraen el arte y los artistas. También es sensual y sibarita.

CABALLO ASCENDENTE MONO (15.00 a 17.00)
Ambicioso, capaz, divertido. Tiene todo para triunfar, incluso en el amor. Su éxito puede volverlo caprichoso.

CABALLO ASCENDENTE GALLO (17.00 a 19.00)
Estable, trabajador, emprendedor, leal, un poco vanidoso. Muy valioso cuando logra controlar su necesidad de dar órdenes.

CABALLO ASCENDENTE PERRO (19.00 a 21.00)
Justiciero, honesto, trabajador, humanista. Ama a la gente y es muy protector de los suyos. No ambiciona cosas para sí.

CABALLO ASCENDENTE CHANCHO (21.00 a 23.00)
Desinhibido, sensual y sociable, disfruta la vida y se hace responsable de sus actos. Sus comentarios pueden ser muy duros.

El Caballo y su Energía

CABALLO DE MADERA (1954-2014)
Un ser encantador, que seduce con palabras y esa energía única, a la vez obstinada y relajada. Es romántico, apasionado, deseoso de formar un hogar y establecerse. Una vez que lo haga será un excelente conductor de la familia y estará dispuesto a todos los sacrificios; a cambio pedirá nada más que comprensión, y no ser juzgado en sus actos. Él también será comprensivo: a diferencia de sus hermanitos, este caballo es capaz de escuchar opiniones ajenas, aceptarlas y a veces hasta asimilarlas a su vida.

Por su personalidad tan vertiginosa, distinta al resto del zoo, el caballo desconfía de los halagos, que le resultan vacíos y siempre sospechosos. Lo que busca en sus seres queridos es paciencia con su vitalidad y modo, y apoyo cuando se resbala y cae, pues es tozudo, odia perder y que otros lo vean caer.

Personajes famosos

John Travolta, Annie Lennox, Kim Basinger, Kevin Costner, Luisa Kuliok, Pat Metheny, Bob Geldof, Mario Testino, Mickey Rourke, Carlos Alberto Berlingeri, Georgina Barbarossa.

CABALLO DE FUEGO (1906-1966)

Las virtudes de este caballo pueden transformarse en sus defectos si no se rodea del ambiente adecuado. Es un líder por naturaleza, tiene carisma, ideas originales, energía para llevarlas a la práctica, y el don de la palabra justa en el momento adecuado. Pero ser consciente de esto puede volverlo narcisista y dominante, e incapaz de escuchar los consejos de la gente que lo aprecia. Si logra medirse en sus impulsos y aprender a abrir los oídos y la cabeza, bajando un poco la velocidad, puede llegar muy lejos. Su sentido del humor también lo ayuda: sabe en qué momento se pasó de la raya, y puede reírse de sí mismo. Una pareja difícil, pero lo compensa con mucha pasión y compañerismo. Es ingenuo en sus afectos, y por eso necesita confiar en quien esté a su lado.

Personajes famosos

Rembrandt, Carla Bruni, Salma Hayek, Macarena Argüelles, Marina Borensztein, Cindy Crawford, Julián Casablancas, Lucrecia Martel, Claudio Paul Caniggia, Thomas Edison, Sinead O'Connor, César Francis, Hoby De Fino, Fernando Trocca, Marta Sánchez, Fabián Quintiero, Gabriela Guimarey, Fernando Ranuschio, Julián Weich, Mónica Mosquera, Adam Sandler.

CABALLO DE TIERRA (1918-1978)

Con más lucidez que sus congéneres, un cable a tierra y oído atento a lo que dicen los demás, tiene todo para triunfar. Si de niño o joven logra su meta de correr aventuras, en la adultez será capaz de establecerse, formar un hogar sólido, lleno de víveres, comprensión y romance. Se entrega por completo cuando se enamora, y es un excelente padre, pero necesita un entorno amoroso durante el crecimiento y toda la edad adulta. A pesar de su mente clara, le falta el impulso para poner a funcionar las ideas, y cuenta con su entorno para estimularlo. Le gusta que lo visiten, y sabe agasajar a sus huéspedes. Tiene un sentido del humor bastante propio, pero apreciado por los que lo conocen. Muy comprometido con todo su entorno, logrará sus metas profesionales y laborales si se deja guiar por sus instintos.

Personajes famosos

Gael García Bernal, Nelson Mandela, Benjamín Vicuña, la Mala Rodríguez, Rita Hayworth, Catarina Spinetta, Mía Maestro, Mariano Martínez, Lisandro Aristimuño, Liv Tyler, Santiago del Moro, Dolores Fonzi, Lionel Scaloni, Juan Román Riquelme.

CABALLO DE METAL (1930-1990)

Incasable, en su vida necesita variedad, y eso seguramente lo lleve hacia la soledad durante la adultez. Es indomable, y rara vez piensa en las necesidades de los demás. Su talento e intuición lo hacen muy atractivo, pero a menudo demasiado caprichoso. Tiene condiciones de líder, y encontrará seguidores, pero cuando estos entiendan que no le importa quién quede en el camino, lo abandonarán. Resulta difícil para los demás comprender el ansia de cambio que lo devora; si tiene que quedarse quieto, posiblemente su vitalidad y fuerza se tornen en abulia y melancolía. Si logra dominar su sed de aventuras y establecerse en una relación, sus virtudes florecerán.

Personajes famosos

Sean Connery, Frédéric Chopin, Clint Eastwood, Ray Charles, Steve McQueen, Alfredo Alcón, Peter Lanzani, Carmen Sevilla, Neil Armstrong, Borís Yeltsin, Robert Duvall, Franco Macri.

CABALLO DE AGUA (1942-2002)

Como él mismo valora la libertad y la independencia, será un gran defensor de las causas humanitarias, y tratará de que todo el universo disfrute de estos dones. Es generoso con su tiempo y energía, pero este idealismo puede ser solo una pose para seducir al mundo, porque ama competir. Aunque es dinámico e inquieto, puede asentarse si encuentra a la persona correcta, y será capaz de formar un hogar donde criar sus potrillos del modo que desea. Como pareja puede resultar algo intolerante, pero es, en cambio, un excelente padre. Va a cuidar a los suyos hasta el límite de sus fuerzas, para protegerlos de cualquier daño. Tiene sueños que parecen imposibles, pero con la ayuda adecuada es capaz de transformar el más humilde corral en el Nirvana. Su pasión resulta contagiosa y arrolladora, y vale la pena dejarse arrastrar por esta marejada.

Personajes famosos

Felipe González, Barbra Streisand, Paul McCartney, Harrison Ford, Nick Nolte, Carlos Reutemann, Jimi Hendrix, Beatriz Sarlo, Janis Joplin, Martin Scorsese, Andy Summers, Linda Evans, Fermín Moreno, Haby Bonomo, Lou Reed, Caetano Veloso, Hugo O. Gatti.

Café
Tortoni
Caballo de Tierra

Contame un cuento chino

Sonia Del Papa Ferraro • Caballo de Fuego •
Abogada, poeta y escultora

Mujer que sueñas caballos para ver morir la tarde.
Azules y dorados, relámpagos en el aire
que han venido por la playa dejando impronta en la arena.
Traen sangre de galope.
Sueñas que viene el crepúsculo. Estalla la noche y recorren el viento.
Sus cuerpos levantan estelas de luna con crines de plata.
Mujer que los sueña volando al Sur,

desafía el horizonte en el fuego del ocaso.
¡¡Anda mujer, galopa!!
Sonia Del Papa Ferraro, de *El mar que llevo adentro*, Baobab, 2007.

Me gustan mucho los caballos, desde potrillita, incluso antes de saber que era caballo de fuego en el zodíaco chino. Será por eso que siempre me sentí identificada con sus formas, sus melenas al viento y con esa fuerza al verlos en tropel, libres en la naturaleza.

Corría la década de los 80 y éramos seis hermanos con poca diferencia de edad, con amigos, novias y novios, bajo la supervisión estricta de una madre coneja maravillosa y exigente y un padre tigre que imponía respeto. Nos divertíamos leyendo cada año las aventuras del zoológico del libro de Ludovica. Si nos identificábamos, reíamos con un "¡Es tal cual!".

Hasta 2015, fui la única caballo de toda la familia, desde que nació Josefina, la décima sobrina, somos dos. Está a la vista que es de las mías: una potranquita divertida, cariñosa y payasa. También me encontró el amor de un gallo de fuego que llegó para domarme. Vino con otro zoológico enorme de hijos, pero sigo siendo la única yegüita.

Puedo parecer aburrida, soy rutinaria. Pero eso ordena mi trabajo y las cosas cotidianas. Soy multifacética, exigente conmigo misma en todo lo que hago, amo la justicia, el arte en todas sus formas, la palabra, la poesía, el baile, las plantas, la cocina... Todo lo quiero hacer y lo disfruto. Mi madre nos enseñó desde chicos a hacer de todo, pero jugando. Soy mansa y rebelde como los caballos, pero no me gusta que me lleven de las riendas. Una vez leí que "al caballo, como al hombre, lo doma el tiempo"; yo agrego: "el tiempo y el amor". Conocer el amor verdadero me transformó, me dio rienda suelta y me abrió las puertas de la libertad. Me dio fe, alegría. Saberme bien amada me permite creer, crecer, crear y soñar hacia el futuro. Así somos los caballos.

Siempre los imaginé, con sus crines apresuradas en las playas geselinas o repechando los cerros por los valles de Tafí; a esa hora mágica en que son absolutamente libres y saben con certeza hacia dónde galopan.

Tabla de compatibilidad

	karma	salud holística	amor pos COVID	trueque	nuevos vínculos
Rata	regular	regular	regular	regular	bien
Búfalo	muy bien	muy bien	muy bien	muy bien	muy bien
Tigre	muy bien	muy bien	excelente	muy bien	excelente
Conejo	regular	regular	bien	bien	regular
Dragón	excelente	muy bien	excelente	bien	excelente
Serpiente	regular	regular	regular	mal	regular
Caballo	bien	regular	regular	regular	bien
Cabra	regular	regular	regular	regular	regular
Mono	muy bien	bien	muy bien	muy bien	muy bien
Gallo	regular	mal	regular	regular	regular
Perro	muy bien	bien	bien	regular	bien
Chancho	excelente	bien	muy bien	bien	excelente

 mal regular bien muy bien excelente

cabra

Nuevo mundo para tu sensibilidad
   soñadora.
Espíritu libre con gustos refinados.
Tu preciada alma vale más
   que tu cuerpo.
No te entregues a los mercenarios
   digitales.
Seguí a la cabra madrina antes
   del anochecer.

L. S. D.

Ficha técnica

Nombre chino de la cabra
XANG

Número de orden
OCTAVO

Horas regidas por la cabra
13.00 A 15.00

Dirección de su signo
SUD-SUDOESTE

Estación y mes principal
VERANO-JULIO

Corresponde al signo occidental
CÁNCER

Energia fija
FUEGO

Tronco
NEGATIVO

Eres CABRA
si naciste

01/02/1919 - 19/02/1920
CABRA DE TIERRA

17/02/1931 - 05/02/1932
CABRA DE METAL

05/02/1943 - 24/01/1944
CABRA DE AGUA

24/01/1955 - 11/02/1956
CABRA DE MADERA

09/02/1967 - 29/01/1968
CABRA DE FUEGO

28/01/1979 - 15/02/1980
CABRA DE TIERRA

15/02/1991 - 03/02/1992
CABRA DE METAL

01/02/2003 - 21/01/2004
CABRA DE AGUA

19/02/2015 - 07/02/2016
CABRA DE MADERA

Carta abierta a las Cabras

Vivo en la montaña y comparto mi vida con rebaños de cabras y ovejas, además de caballos y mulas que le dan un toque pintoresco al paisaje.

Como esas postales sepias que había en los negocios de MINA CLAVERO, que me gustaba mandar con estampilla y sin sobre a parientes y amigos. Imágenes detenidas en el tiempo.

Cuando compré el campo, hace un katún, incluía un lote de vacas, gallinas y corderos.

Realmente, aunque me agrada degustar una vez por año "un chivo expiatorio", siento que sacrificarlos es un acto que trasciende "ser o no carnívoro"; no adhiero a los fanatismos veganos, vegetarianos y macrobióticos.

La raza humana contiene en su ADN más de cien mil años de nutrición con animales, según las regiones, climas, y sobre todo de sobrevivencia en la etapa de recolectores y cazadores.

Aun así, cada vez que le preguntaba al encargado por algún cordero me decía: "Se lo comió el puma". OMOMOM.

Pumas humanos que lo venden al mejor postor.

La cabra es un animal tierno, elegante, travieso y ciclotímico.

Verla en la cima de una roca precámbrica es un cuadro hiperrealista de DALÍ. He detenido mis caminatas a pie y en *sulky* para acercarme y observarlas de cerca.

Inolvidable la producción del año de la cabra en lo del GALLEGO, en LOS HORNILLOS, con sus caprichos y berreos fuera y dentro del corral.

Su tersa piel, mirada asustadiza y pícara remueven sensaciones humanas. En cualquier sexo o género, su presencia es impactante.

La cabra se distingue por su gracia, elasticidad, modales, talento artístico y sensibilidad.

Nació para cuidar, proteger, ayudar al prójimo. Su espíritu samaritano es conmovedor. Me aparece OLGUITA, la cabra que cuidó a mi mamá los últimos meses antes de su partida, con su manantial de paciencia, ternura, imaginación y creatividad.

Por eso es que despierta ganas de invitarla a compartir viajes, estadías, abrirle tu casa, pues no le puede faltar el I-SHO-KU-JU: techo, vestimenta y comida.

En cualquier género, la mayoría resulta adorable en la convivencia; pero dependerá de su situación social y económica si se instala definitivamente en tu vida y no la podés desalojar ni con la ARMADA BRANCALEONE.

Cuando tiene vocación marcada desde la infancia y es estimulada por mecenas, amigos o su familia descollará en cada etapa de su vida. JULIO BOCCA, MAXIMILIANO GUERRA en la danza; MIGUEL ÁNGEL y JUAN CARLOS MARCHESSI en la pintura y la escultura, JULIA ROBERTS y ROBERT DE NIRO en el arte escénico, y se multiplican los ejemplos de grandes estrellas en el universo.

La cabra es exagerada, apasionada, caprichosa, y a veces mitómana. Tiene en su imaginación a su mejor aliada para tejer fábulas familiares, crear enfrentamientos inexistentes y tomar partido con modales obscenos.

Su necesidad de seguridad económica –y la de su zoo– puede producirle estados alterados. Y si carece de apoyo terapéutico o afectivo, corre el riesgo de convertirse en una persona desquiciada.

Es bueno que acepte consejos, deje de lado rencores y venganzas, y pueda lograr inteligencia emocional.

Un signo ciclotímico: a veces se deprime y pierde lo que ha logrado en su vida o en un partido de póker.

Le encanta el juego; es deportista y confía en algún santo o virgencita cuando juega al loto o compra un billete para Reyes.

En general tiene golpes de suerte: mecenas, amigos que la invitan a reuniones o viajes en los que conoce a un equivalente a BILL GATES, SOROS, o algún rufián que le propone matrimonio y algo más.

Su vida oscilará entre sus decisiones mentales y pasionales.

Podrá ser parte de un equipo, dar ideas geniales y cooperar para que la empresa crezca y se destaque.

Su entusiasmo contagiará a sus compañeros y jefes, y será considerada una buena asesora y amiga que se hará querer y extrañar si se va repentinamente.

La cabra es una buena confesora, se puede contar con ella para hablar de temas íntimos, difíciles, hacer terapia o constelar, como lo hice con MIGUEL SCHIAVO.

Sabe contener, aconsejar, guiar a quienes padecen enfermedades más espirituales que físicas y deambulan en las tinieblas.

Su mejor patrimonio es la experiencia.

Vive con intensidad cada situación en la que se involucra y pone el corazón; intuye y presiente pues tiene poderes de clarividencia que se cumplen casi siempre, y en muchas ocasiones llegan a ser grandes maestros como KRISHNAMURTI y OSHO.

No es buena idea que se involucre en política.

No tiene firmeza en decisiones claves ni rápidas. Detesta ser centro de disputas y prefiere mimetizarse en el rebaño.

Su lugar es en la comunidad de los hombres, donde puede ser ejemplo con su experiencia y sabiduría.

Sabe graduar el *yin* y el *yang*; es una usina de energía solar, lunar y eólica. Tiene ideas revolucionarias y pacíficas.

Conoce el alma del rebaño.

El éxito y el fracaso en su vida dependerán de su capacidad de resiliencia, la aceptación de su realidad, cambios y transformaciones sin culpar a nadie de sus elecciones.

Espero a ESTANISLAO, una cabrita mágica que conozco hace años luz y que, a pesar de la pandemia, me dijo: "Quiero verte, estoy en CAPILLA DEL MONTE, pero necesito darte un abrazo".

Vení, amigo.

Acá te espero.

L. S. D.

Significado del signo

La cabra representa el "no todavía", el tiempo de la espera, el momento antes de que algo pase, y también nuevas posibilidades y comienzos. La esencia de los nacidos durante este año es captar las oportunidades que se les presentan y la conveniencia frente a determinadas circunstancias.

La cabra posee el radar para captar determinados momentos, adaptarse, esquivar las piedras que hay en el camino y seguir andando con su gracia natural. El ejemplo al respecto proviene de los conceptos de Confucio cuando en el gran templo del duque Lu preguntó a sus discípulos: "¿Cómo saben que este hombre conoce las reglas de la conveniencia?".

Tres rayos juntos en el sol simbolizan el inicio del nuevo año, y esos rayos representan un auspicioso espacio de calidez, paz, consistencia y prosperidad. El año de la cabra es considerado propicio, fértil y benéfico para todo el mundo.

La moderación, el refinamiento y el buen gusto son las características más notables de este signo. Detesta los extremos, buscará moderar y equilibrar cualquier situación de agresión o violencia que aparezca en su entorno.

Cuando no se siente segura se retrae o acongoja, pero esencialmente es positiva y constructiva y aplica su inteligencia para preservarse del mal. La cabra es contradictoria, a veces su prédica no coincide con lo que practica, está pendiente de los movimientos ajenos, busca pelear por cualquier cosa y carga con una mochila pesada a través de su vida. Si logra apartarse del origen de los problemas, o si los soluciona, se convierte en un ser creativo, sabio y crítico. Es buena escuchando las dificultades ajenas.

Tiene carácter gentil, paciente, esotérico, activo, medido y generoso. Se la conoce por su espíritu intrépido y persistente para llegar al sentido vital de las cosas y su manera siempre sutil y profunda. Amigable, tiene el sentido del deber y necesita cubrir sus prioridades.

Su intuición la lleva a detectar el meollo del corazón de las personas. Su dulzura, buena predisposición, sentido estético y belleza le abren puertas blindadas. Hipersensible, emotiva y apasionada, sufre cuando tiene peleas con socios, jefes y gente amada; el estrés puede descompensarla con rapidez. Es el signo con más facilidad para somatizar. Hipocondríaca en general, sufre trastornos digestivos, pulmonares e intestinales.

La cabra es un signo dependiente; a través de su vida buscará estar con gente más fuerte y poderosa que la estimule y la lleve por caminos clorofílicos para descubrir laberintos y cornisas desde donde pueda balar tranquilamente. Siempre está esperando el buen momento para actuar. Jamás se arriesgará si siente que no pisa tierra segura, prefiere posponer algo antes que precipitarse.

Perfeccionista e hipercrítica, estará buscando nuevas maneras de expresión a través del arte, la danza, la música y la literatura. La cabra es una artista pura, necesitará gran estímulo y protección para su desarrollo anímico, espiritual y material. Algunas tienen la suerte de encontrar mecenas que las mantengan.

Es fundamental que salga de la sobreprotección familiar, pues de lo contrario corre el riesgo de quedar atrapada en el corral y le costará mucho enfrentar la vida. Este sensible animal sufre por las injusticias en el mundo: hambre, miseria, dolor y enfermedad. Su espíritu altruista logrará conectarse con los más desvalidos para desarrollar su humanidad y sentido común.

La cabra tiene fama de ser muy interesada, trepadora, oportunista y ambiciosa. Creo que hay una variedad que sale del rebaño y acarrea mala fama al resto. Excelente *gourmet*, refinada, coleccionista de arte, sibarita, es una criatura deliciosa que aporta gracia y belleza a la vida con su andar, decir y admirar.

El signo más *yin* del zoo, por eso es tan sensible a los estímulos. Buena cocinera, ama de casa y jardinera, su habilidad manual es notable: transforma la materia, puede tejer en telar como los mayas, armar una escenografía para un programa de televisión o hacer una instalación eléctrica en poco tiempo.

Necesita dormir más horas que el resto de la gente, no tener exigencias matinales y no cumplir horarios. Detesta la rutina y las obligaciones; buscará desarrollar trabajos que le permitan ser dueña de su tiempo. Tiene tendencia al consumo de alcohol y drogas, pues su naturaleza es adictiva. Amor y apoyo de los seres más cercanos la alejarán de los vicios ocultos.

Le encantan los deportes, las actividades al aire libre, como caminar, nadar, cabalgar, jugar al golf, al polo, o buscar tesoros en ruinas de civilizaciones milenarias. Con el dinero es extremista: cuando lo tiene lo gasta y le cuesta ahorrar, pues se tienta con invertir en bellezas para el hogar, vestuario o elementos para su trabajo personal. Pero lo que más la excita es usar la tarjeta *golden* de su marido o padre, y dejarlo en la ruina, o asaltar alguna cartera en el cine y sacar provecho de su contenido.

Su destreza social, talento y *glamour* la convierten en un ser adorable capaz de desarrollar cualquier carrera u oficio. Un signo con muchos artistas, es ideal para relaciones públicas; puede ser médica, dentista, joyera, modista, ingeniera, científica, decoradora, arquitecta, maestra y sabia, como Osho.

CAPÍTULO APARTE: LOS BERRINCHES DE LA CABRA SON PARA ALQUILAR BALCONES O DEGOLLARLA. Es muy caprichosa, tiene estados de ataque y contraataque y se pone furiosa si con sus artimañas no consigue lo que se propone.

Es un placer para saborear en calma y en cámara lenta.

El tao del amor y del sexo

Si hay un signo que nació para amar y ser amado es la cabrita. Susceptible, hipersensible, frágil, a través de la vida necesita encontrar afecto en cada relación sentimental o amistosa, pues su equilibrio emocional depende únicamente de la gente con la que se relaciona. Es querible apenas se la conoce; su dulzura, suavidad y modales despiertan ganas de protegerla, cuidarla, mimarla y prepararle un corral donde pueda desarrollar su capacidad artística y creativa.

La cabra de cualquier género vive enamorada. Es el signo más PLATÓNICO: puede pasar la vida amando a alguien sin que se entere, pues su timidez, discreción y sentido común no permiten que exteriorice sus sentimientos. Una experta en despertar sentimientos de culpa: sabe llegar al fondo del alma, contar historias melodramáticas, mezclar las mejores novelas clásicas con los *hits* de la televisión y convencer a su pareja de su sufrimiento.

La cabra es una artista nata, posee suficientes recursos para convertirse en la heroína de una gran historia de amor. Dependiente emocionalmente, buscará personas fuertes, dominantes y de buena posición económica para relacionarse. Necesita admirar antes de dar el sí a algún pretendiente, y se hará desear.

Desde niñas inventan situaciones amorosas con personas que las inspiran. Pueden imaginar que se casan con el actor o la actriz de moda, con la estrella de *rock*, con el deportista que rompe el corazón a la multitud. La cabra fabula situaciones en las que logrará ser centro de atención, pues su compenetración es total.

Ambiciosa, su sentido estético la inclinará a buscar personas bellas, elegantes y muy atractivas. Necesitará que la cortejen, le hagan regalos carísimos, la inviten a viajar por el mundo con *golden card* ilimitada y le repitan que es única e irremplazable. Ella pondrá un toque de discreción, *glamour* y refinamiento en cada situación, persona o problema que aparezca. Alegrará con su gracia, humor y originalidad los malos ratos y la depresión.

Para conquistarla habrá que tener paciencia, riqueza espiritual y material; aunque tiene fama de interesada, no se puede generalizar, pues su esencia es artística, y mientras esté estimulada para crear puede pasar situaciones adversas con alegría. La cabra es romántica, por eso se enamorará de quienes atraviesen su suave piel de cordero, la sepan arrullar, mimar, captar, contener y hechizar. Dedicará su tiempo y energía a su ser amado.

La verdadera realización de la cabra es a través de la pareja, y si logra llegar al altar, su felicidad será absoluta. En la intimidad necesitará un clima escenográfico antes de desnudarse. Buena luz, velas aromatizadas, fragancias exóticas traídas del Lejano Oriente, el más añejo vino importado, champán *extra brut* francés o algún licor afrodisíaco que despierten sus sentidos.

El momento previo es clave para la sensual cabra, que desplegará sus artes amatorias bailando, cantando o creando una balada erótica que saque de la tierra a su *partenaire*. En medio del juego erótico consultará el I CHING, el tarot, las runas o la bola de cristal.

El macho cabrío reiniciará el acto sexual tantas veces como las que sea estimulado, bailando un *blues;* la dama caprina será muy exigente en el lecho, pues tendrá un estado físico envidiable y sentirá que su belleza se expande en las maratones amatorias. Algunas cabras son fetichistas, onanistas, con tendencias sadomasoquistas y exhibicionistas.

Este signo tendrá cambios en la sexualidad a través de la vida. Su realización será a través del amor y sus múltiples variantes. Cuando sea madura recordará con perspectiva cada experiencia sentimental, y riendo transmitirá a sus nietos y amores sus aventuras más locas.

La Cabra y su Ascendente

CABRA ASCENDENTE RATA (23.00 a 1.00)
Resistente y astuta, no se deja vencer por una calamidad, ni espera que las cosas lleguen. Es intuitiva y generosa.

CABRA ASCENDENTE BÚFALO (1.00 a 3.00)

Muy confiada en sus aptitudes, ambiciona formar una familia de la cual ocuparse. Sumamente serena y lúcida.

CABRA ASCENDENTE TIGRE (3.00 a 5.00)

Una incasable luchadora por aquello en lo que cree. Es sensata, graciosa, segura de sí misma. Siempre encuentra dónde guarecerse.

CABRA ASCENDENTE CONEJO (5.00 a 7.00)

Odia las obligaciones y los excesos. Una muy buena amiga. Necesita sacudirse la haraganería y mostrar sus virtudes.

CABRA ASCENDENTE DRAGÓN (7.00 a 9.00)

Voluntariosa, humanista, luchadora; tiene sueños y va tras ellos, segura de alcanzarlos. Es un ser original y atractivo.

CABRA ASCENDENTE SERPIENTE (9.00 a 11.00)

Tiene metas y aptitudes para alcanzarlas. Muy astuta y hábil, siempre se las ingenia para conseguir ayuda. Sensible al halago.

CABRA ASCENDENTE CABALLO (11.00 a 13.00)

Apasionada, independiente, talentosa: despierta amores locos. No ambiciona bienes materiales, disfruta con lo mínimo.

CABRA ASCENDENTE CABRA (13.00 a 15.00)

Creativa pero insegura, tiene perfil bajo y es original. Se guía por su intuición, y busca a quien la ame y la proteja.

CABRA ASCENDENTE MONO (15.00 a 17.00)

Esta cabra sabe su valor. Sibarita, logra rodearse de lo que le gusta, y no le preocupa que otros paguen sus cuentas.

CABRA ASCENDENTE GALLO (17.00 a 19.00)

Llena de proyectos, pero los empieza y, si no tiene a alguien que la empuje, los deja por la mitad. Necesita afecto y aprobación.

CABRA ASCENDENTE PERRO (19.00 a 21.00)

Confiable, reservada, cariñosa, es una ecologista de los sentimientos: va por la vida tratando de no herir a nadie. Lúcida y profunda.

CABRA ASCENDENTE CHANCHO (21.00 a 23.00)

Inquieta, generosa, servicial, humilde. Será feliz con poco si está rodeada de sus seres queridos. Tiene su mundo de fantasía.

La Cabra y su Energía

CABRA DE MADERA (1955-2015)

Una cabra con un interior menos apacible y fácil de leer en el exterior. Sociable, amable en el trato, con cierta timidez, esconde una gran imaginación y emociones intensas que tiene que domar constantemente para lucir mansa. Trabajadora incansable, necesita tener actividad aun en los días libres. Un hogar estable, con una pareja que le dé seguridad, la ayudará a desarrollar la otra parte de su personalidad: es cariñosa, generosa, dispuesta a sacrificarse por los suyos. Como todas las cabras, se siente mejor si está en la naturaleza. Si no puede disponer de un jardín, tener alguna maceta donde plantar le permitirá descargar su ansiedad. Más bien solitaria, prefiere los grupos reducidos, en los que se anima a relajarse y mostrar su inteligencia y sensibilidad.

Personajes famosos

Nelson Castro, Guillermo Francella, Nina Hagen, Isabelle Adjani, Alfredo Leuco, Marcela Sáenz, Bruce Willis, Elvis Costello, Marcelo Bielsa, Johnny Rotten, Boy Olmi, Miguel Botafogo, Zucchero, Steve Jobs, Mel Gibson, Miguel Zavaleta, Jorge Valdano, Krishnamurti, Mercedes Morán, Aníbal Pachano.

CABRA DE FUEGO (1907-1967)

Competitiva e intensa, parece menos cabra que sus hermanas. Creativa, afectuosa y tranquila, pero menos dócil para escuchar consejos o recibir órdenes. Aunque le gusta trabajar, es ordenada y pocas cosas le resultan difíciles en su carrera, su naturaleza impulsiva le trae problemas y debe controlar ese punto. No le gusta dar explicaciones y puede terminar en un callejón sin salida por su tozudez para guardar silencio. Seductora y decidida. Invierte mucho tiempo y energía en el amor: es una parte muy importante de su vida. Necesita una pareja que la ayude a relajarse, a evitar las discusiones, y se ocupe de la economía del hogar. Si tiene humor para compartir, mejor. Temperamental y sensible, se necesita mucho tacto para disfrutar su compañía.

Personajes famosos

Maximiliano Guerra, Julio Bocca, Carlos Casella, Frida Kahlo, Atahualpa Yupanqui, Katharine Hepburn, Julia Roberts, Boris Becker, Nicole Kidman, Araceli González, Pepe Monje, Andrés Giménez, Karina Rabolini, Milo Lockett.

CABRA DE TIERRA (1919-1979)

Centrada, segura de sus valores, solitaria, menos arisca en el trato, su exterior es refinado y calmo. No le importa trabajar mucho si otro se ocupa del dinero. Es desorganizada para las tareas domésticas pero ama las rutinas porque le dan una estructura que su espíritu vagabundo necesita. Sus amigos y seres queridos se ocupan de las cosas prácticas, y la cabra retribuye con su calor y talento; puede crear un hogar acogedor con lo que otros desechan. Ecologista aunque no le interese serlo, está más despierta de lo que parece. Será capaz de luchar por su supervivencia y la de otros si es preciso. Mientras, prefiere que alguien la proteja y la cuide.

Personajes famosos

Ian Smith, Malcolm Forbes, Eva Gabor, Dino De Laurentiis, Brenda Martin, Jack Palance, Diego Luna, Nicolás Cabré, David Bisbal, Adán Jodorowsky, Andrea Pirlo, Evangeline Lilly, Diego Forlán, Eva Perón.

CABRA DE METAL (1931-1991)

La más arribista y ambiciosa de la manada; sueña con un hogar dotado de todas las comodidades y lujos, y si tiene que trabajar duro para conseguirlo, lo hace. Es romántica y apasionada: la seducen los pequeños gestos y los agradece con amor y lealtad. Como padre es proveedor, pero no muy estable. Con expectativas difíciles de alcanzar, la cabra madre da muchos dolores de cabeza a la cría, que termina por desoírla. Como es ciclotímica, estos choques le bajan el ánimo y atacan su salud. Celosa de sus amores, protege a su familia con energía y cierta paranoia. Pero tiene buen corazón y un humor único, por lo que su entorno acepta sus caprichos. Si pudiera liberarse de las aprensiones y disfrutar el momento, sería mucho más feliz.

Personajes famosos

Mónica Vitti, Annie Girardot, Angie Dickinson, Ettore Scola, James Dean, Gastón Soffritti, Lali Espósito, Brenda Asnicar, Candela Vetrano, Osho, Rita Moreno.

CABRA DE AGUA (1943-2003)

Una cabra carismática, más serena y alegre que las hermanas. Dueña de una gran disciplina y mucha capacidad de trabajo, podría estar destinada a progresar, pero evita las responsabilidades y prefiere quedarse a la sombra de alguien que se ocupe, sin sentir que le roban el mérito. Ama su hogar y a sus hijos, y está dispuesta a todo para protegerlos. Guarda en su interior una parte de sí misma que no muestra. Debe estar rodeada de gente que le dé afecto y apoyo y que no le pida nada: ella da todo lo que puede; si se le exige demasiado, se retrae a su mundo y se vuelve melancólica. Es una gran compañía; solo hay que dejarla pastar a su ritmo.

Personajes famosos

Hermes Binner, Rubén Rada, Charo López, Catherine Deneuve, Jim Morrison, José Luis Rodríguez, Jimmy Page, Arnaldo André, Lech Walesa, Ernesto Pesce, Keith Richards, Marilina Ross, Muhammad Alí, Mick Jagger, Joan Manuel Serrat, Adolfo Pérez Esquivel, Víctor Sueiro.

Jardín Japonés
Cabra de Fuego

Contame un cuento chino

Laura Montoya • Cabra de Fuego •
Cocreadora del "Código Innato"

Retorno solar de una Cabra

Nacer en un valle de leche, de abundancia, con mis vivos y mis muertos.

Todo mi clan acompaña el retorno de esta cabra, porque todos hemos sido y somos los mismos.

Somos todos los que nos confortan sobre el valle que arde, somos la luna y el ensueño de aquellos que esperan el retorno.

Soy cabra después de ser escorpión, toro y león, soy los doce prismas del dodecaedro, los doce aspectos del zodíaco, las doce tribus de Israel, los doce dioses del Olimpo y los doce apóstoles.

Esperé encarnar en cabra para mirarme en los cerros que pastorearon mis ancestros, vivo el sueño consciente y profundo del gemido de la cabra solitaria, disfrutando la plenitud de aquellos que aman sin tiempo.

Quedada la cabra en silencio hace vibrar a las piedras con su danza, volviéndose ese animal que encarna el vagido profundo que desanuda el cordón de los duelos con y sin nombre expreso, que brotaron de la sangre de sus viejos y de la fuerza del recorrido de sus pezuñas en tantos cerros.

Soy la miel de los que vienen, y la alegría de sus memorias en las que revivo el valle que cubrió de fervor el jadeo de su llegada.

Y con el compás que marca el calendario lunar, espero el solsticio de invierno, que traerá consigo el retorno de nueva cabra.

Tabla de compatibilidad

	karma	salud holística	amor pos COVID	trueque	nuevos vínculos
Rata	regular	bien	regular	regular	bien
Búfalo	regular	bien	regular	bien	bien
Tigre	mal	mal	regular	muy bien	mal
Conejo	regular	regular	mal	bien	mal
Dragón	mal	bien	mal	regular	regular
Serpiente	mal	regular	regular	bien	bien
Caballo	bien	regular	muy bien	regular	muy bien
Cabra	mal	regular	regular	mal	mal
Mono	muy bien	excelente	regular	bien	bien
Gallo	mal	bien	regular	mal	regular
Perro	regular	regular	regular	mal	regular
Chancho	bien	bien	bien	bien	muy bien

 mal 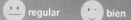 regular bien muy bien  excelente

mono

Soy de tauro,
a veces demasiado,
Cáncer casi Leo ascendente
y mono para que no sea tan pesado.
Creo en los signos que me signan
en las fases de la luna,
y en que el átomo tiene alma.
Busco hasta el final
con machete en la vida
y tengo más de un tajo
        sedimentado.
Elegí desde siempre
un camino, y lo convertí en mío;
pocos saben qué hay en el medio,
aunque crean ser parte
        de mi destino.
A veces la vida me cae como soplete
y necesito enterrarme un rato.
Como ahora, por ejemplo
que cierro otro circuito,
y como una tortuga me guardo.

L. S. D.

Carta abierta a los Monos

Dos días antes de mi cumpleaños fuimos con Cat a la veterinaria de ALDO MAURINO, el amigo, en Mina Clavero, para comprar semillas para la huerta.

Creo que ser una mujer de fe y de grandes prevenciones y precauciones viajando y viviendo entre Buenos Aires y Traslasierra afirmó mi sincretismo para adoptar medidas, y solo el CURA BROCHERO sabrá que sigo protegida externamente de los males que acosan a mucha gente en estos tiempos.

Tuve deseos de comprar gas pimienta como defensa personal, por si los astros no me acompañan en estas travesías.

Cuando lo pedí, un hombre que estaba cerca me dijo: "¡¡Por favor, no pruebe conmigo!!".

Nos reímos.

Creí que era un envase más grande, como los que se usan para matar cucarachas o mosquitos, pero tiene el tamaño de un refrescante bucal.

Después de un mediodía pueblerino, en que le regalé dos bombachas de las clásicas de los hombres de campo a Catman, y compré vitaminas de la A a la Z, regalitos para los niños de la zona y provisiones para mi cumpleaños, retornamos a Feng Shui.

Mi curiosidad pudo más.

Apenas abrí la puerta de mi cuarto, decidí probar el gas pimienta, solo la parte de cómo apretar el gatillo para dejar *knock out* al posible atacante.

Y… querido zoo:

El *boomerang* del experimento apuntó directo a mi ojo izquierdo, dejándome estupefacta, ardida, ciega…

¡¡sí!!

Nunca imaginé una reacción así.

El efecto es realmente conmocionante.

Pegué alaridos: "*HELP ME, HELP ME, CAT!!*".

No veía nada, y creí que quedaría ciega por el gran impacto que subía al cerebro como una espiral y me provocaba estados alterados.

Cat me oyó, a pesar de estar afuera, a más de veinte metros, bajando la leña.

–¿Qué te pasó?

–Me tiré el gas pimienta en el ojo y no veo nada.

–Poné la cabeza en agua fría dentro de la bacha y quedate allí.

Raudo, la llenó y me sumergió como a *yellow submarine*.

Querido zoo: fue el sacudón del saturnazo que me advirtió que por desviar mi fe y depositarla en el gas pimienta, estaba traicionándome.

Así somos los monos. Hasta que no nos quemamos en nuestro propio fuego no aprendemos la lección.

Tuve una tarde tirada como un almohadón, acurrucada, con hielo en el ojo, molestias, astillas y una sensación de estupidez que me sacudió.

Cat se reía, lo disfrutaba, me decía: "Lo que te pasó es bien de mono".

Hoy, renovada con el sol que entró en mi día y signo, sé que lo peor para un mono es traicionarse.

Nacimos con certezas, ideas propias que van arando el camino cuando somos niños, adolescentes, jóvenes, y nos vamos moldeando como una escultura de arcilla negra o roja, a medida que atravesamos experiencias.

Somos buenos alumnos de nuestros errores; de apostar a todo o nada a creer que tenemos la varita mágica que puede ser una varilla de milenrama o un látigo para autoflagelarnos.

El mono nace con *bonus track*, sea físico, intelectual, o de malabarista en *el planeta de los simios*.

El vivir cada día es una experiencia de aprendizaje.

Nada es imposible para el simio; al menos lo intenta, no lo descarta de entrada, ni lo evita.

Es amigo de las relaciones que le dejen enseñanzas, admiración, proyectos artísticos o utópicos.

Puede hacer en poco tiempo lo que a otros signos le lleva un día; sabe seducir y conseguir aliados, socios, amigos que lo ayuden a resolver tareas, gestiones, compromisos en los que su habilidad será convocar gente afín a sus deseos.

Es competitivo; detesta quedar afuera de una invitación a

jugar al golf, al polo, al ajedrez, o simplemente de una reunión de amigos, aun en tiempos de Covid.

Su imaginación traspasa la noosfera.

Enamora a la distancia, aun sin conocerlo, por sus libros, dotes artísticas o científicas.

Tiene carisma, *charme* y *sex appeal*.

Es jefe innato de lo que se proponga; tiene conducta y perseverancia hasta conseguir lo que diseñó en su cabeza.

La vida del mono será agitada; la adrenalina para saltar de rama en rama en situaciones límite y su capacidad para obtener el fruto más preciado de la selva y en instantes resolver un problema con solvencia lo convierten en un líder.

Tiene templanza para atravesar el Sahara y materias sin diploma, esas que le mandan como cocos en la cabeza para desviarlo de su camino. Sabe que acortar distancias puede ser beneficioso en momentos y que después deberá pagar karma. Un peaje mucho más caro que el resto del zoo, pues es el más envidiado por su agilidad, destreza, inteligencia emocional y sabiduría.

El éxito es "una bendición disfrazada".

Mantener el equilibrio cuando la vida le hace cursar todas las materias de golpe es una prueba por la que a veces viaja sin escalas al xibalbay o al supramundo.

FERNANDO DE MARÍA, dragón sabio, me dijo: "Aprendé a administrar tu generosidad".

Y aprendí en la madurez que poner límites a la familia, a algunos privilegiados cercanos o amigos me costó muy caro.

Sé que lo que hice, bien o mal, lo hice convencida.

Con fe, esa que desafié el 7 de mayo, cuando el gas pimienta me hizo rebobinar las pequeñas cosas de la vida.

L. S. D.

Significado del signo

El mono ocupa el noveno lugar en el zodíaco chino y representa el corazón del sol o de la galaxia que expande sus rayos de luz al universo, dando vida, calor y sabiduría. En la mitología china se cree que Buda era mono, el signo más humano, con sus defectos y virtudes acentuados.

La astucia, sagacidad, lucidez, el temperamento del simio son tan avasalladores como su adaptación a los cambios. No se detiene, su vida es un constante fluir por las lianas de la jungla buscando frutos maduros, exóticos y sabrosos que crecen en el Edén.

Su naturaleza curiosa, inquieta e impredecible lo convierten en un ser lleno de matices y vibraciones fascinantes; su espíritu sediento de aventuras provocará entusiasmo en la gente, que se acercará buscando ideas innovadoras y de vanguardia.

El mono está relacionado con mitos y leyendas en China; una de ellas, la gran sátira budista VIAJE AL OESTE, cuenta que el rey de los monos, Sun Wukong, desafía a los reyes del cielo, del infierno y del mar, temiendo solo a Buda, que lo envía a la India acompañando al monje Tripataka para traer a China todos los sutras que existían hasta el momento.

Esta historia plena de magia, humor y sabiduría tiene al REY MONO junto al cerdito y al monje como protagonistas. El mono es activo, tramposo, superinteligente, bravo y adorable. Las personas nacidas durante este año son grandes pensadores, estrategas, calculadores y manipuladores. Adoran embaucar a la gente con sus monerías y mezclarla en aventuras de ciencia ficción. El mono trabaja duro al principio para lograr sus objetivos, sacrifica amor, tiempo y familia, siempre riendo y buscando espacio para distraerse y gratificarse, pues es el signo más competitivo del zoo, junto al dragón y la rata.

Su carismática personalidad le trae problemas, celos y envidia con socios y compañeros de trabajo. Es muy común que el mono consiga ocupar puestos altos debido a su maravilloso talento para relacionarse con gente influyente y de poder.

La inconstancia y falta de escrúpulos le juegan malas pasadas: a veces tiene que escapar de sus propias coartadas. Son pocos los ejemplares que consiguen llegar a sus objetivos con honestidad, trabajo y vocación. El éxito atrae al mono, y el mono es adicto al éxito.

Necesita sentirse amado, admirado, aplaudido constantemente.

Su gran originalidad marca la diferencia con el resto de los mortales. Física y mentalmente se destaca por su *look*, manera de hablar, expresarse. ESTÁ SIEMPRE DE BUEN HUMOR, y si se enoja se esconde en la copa más alta de la selva a metabolizar su enfado, que puede convertirse en furia, o a tirar cocos desde los árboles.

El mono tiene un imán imposible de resistir: es un faro, una luz en las tinieblas. Su calidez, hospitalidad, franqueza despabilan a un muerto; anima la fiesta con charlas, canto y baile. No importa su edad, siempre será jovial, travieso y divertido.

Se destaca por sus ideas poco convencionales, su audacia para arriesgarse en territorios desconocidos, su flexibilidad y mutación ante los bruscos cambios de la vida.

Es un surfista, un acróbata, un espadachín siempre listo para defender sus ideales, nada lo desviará del camino cuando tiene una IDEA FIJA. Este desconcertante animal, lleno de energía, nació para ser líder. Su gran memoria e inteligencia teórica y práctica logran una síntesis maravillosa para llegar al corazón popular.

Mago, hechicero, buceador de emociones, jugador compulsivo, le cuesta bajar de la cima. Adrenalina, riesgo, retiro al Aconcagua: oscila entre el *yin* y el *yang*, buscando el equilibrio, que raras veces encuentra.

EL MONO ES INCAPAZ DE RECONOCER SUS ERRORES. DETESTA QUE LO PRESIONEN, LE DESCUBRAN EL JUEGO, LO DESENMASCAREN.

Su cabeza no para ni cuando duerme, es un gran intrigante que consigue seguidores tocando el talón de Aquiles de la gente. El mono es multifacético: histriónico, mordaz, afable, consigue despertar el interés y la curiosidad en diversos ámbitos sociales y culturales.

Desde ya, tiene recursos para caer siempre bien parado, su seducción es irresistible y cuenta con una lista interminable de fanes en el mundo. Debajo de esa amabilidad y diplomacia se esconde un ser inseguro y temeroso, muy desconfiado, precavido y sectario. Necesita sobredosis de amor para entregarse a alguien, y nunca lo hace en forma ciega. Su mente fría y cerebral le permite detectar las emboscadas y los riesgos, y los esquiva.

Es un genio para invertir en negocios y ganar dinero. Su fecunda imaginación le abre portales cosmicotelúricos en los que reinan su creatividad y capacidad de trabajo. Estará rodeado de gente extraña, original y rebelde. Podrá abarcar más de un proyecto y será un excelente organizador y promotor. A veces le cuesta dosificarse por ser intenso, dominante y demandante.

Tiene mucho *sex appeal*. Atractivo sin ser la belleza estándar que pide el mercado, arranca risas y lágrimas simultáneamente: es lo más parecido a un ser humano.

UNA ESPECIE EN EXTINCIÓN.

El tao del amor y del sexo

Dos leños ardiendo abrazados, consumiéndose vorazmente, sacando chispas, derritiéndose en la contextura del otro. Amar hasta las últimas consecuencias, sin medir los riesgos, jugándose hasta el infinito. Intuición, magia, alquimia ininterrumpida.

Romance de semidioses, apuntando a los planetas y constelaciones para anidar entre sus espacios. Susurros, murmullos, caricias en la espalda con una pluma de quetzal, faisán o ala de mariposa. Crepúsculo en Tikal, amanecer en Tulum, luna llena en Las Rabonas, nieve cruzando el puente de Brooklyn.

Pausa, intervalo, paréntesis de alto voltaje en un mundo despoetizado. Artista sin molde, el mono llega a producir cambios en las hormonas apenas se lo toca. Su *timing* para el juego amoroso es su mayor destreza; a fuego lento o incendiando logra crear una corriente magnética irresistible.

Es un volcán dormido hasta que empieza a despertar su lava interior. Como un gigante dormido abre los ojos para acariciar a su amante, lentamente mueve las aletas de la nariz hasta inspirar el aire que lo rodea y embriagarse con el almizcle de su piel, dejando su boca relajada para degustar el manjar del beso imaginado en su prodigioso cerebro.

La sangre le cambia el ritmo del corazón, la piel se hidrata y suaviza las facciones. El viaje no tiene principio ni fin: para el mono es un juego de a dos, en el que está siempre activo, atento, divertido y desprevenido. Su curiosidad innata lo conduce por laberintos, regiones, cavernas inexploradas donde es el mejor huésped de la creación.

Sabe deslizarse con maestría entre las sábanas, sobre alfombras, pisos de estuco o mármol de Carrara para conducir a su pareja por nuevas texturas epidérmicas; no hay tiempo para pensar con sus masajes afrodisíacos que desde la planta de los pies suben por pantorrillas, muslos, caderas, columna, espalda, nuca, y cada rincón adonde sus fantasías lo deporten.

El tiempo es su mejor aliado, pues hacer el amor con el primate es atravesar la ley de gravedad y reconciliarse con el cronos. El esoterismo del mono acompaña el erotismo que crece a medida que pasan los días, meses y años; su estilo siempre innovador que oscila entre la teoría y la práctica crea una dependencia alquímica difícil de olvidar en el ADN.

Seguirle el ritmo, los antojos y horarios es una fórmula muy difícil de descifrar. Vive enamorado, pero no se engañen: este idealista busca sensaciones, emociones y bruscos saltos que lo movilicen de su palmera sin que le importen mucho las consecuencias que produce en el prójimo. Cuando se dé cuenta de que quien está a su lado no es Afrodita o Zeus sino un simple mortal, huirá.

No se colma con un solo ser; este sibarita y erudito es un as del amor: hará llover pétalos de jazmín, preparará velas, champán, ostras. Nada importa más que los dos amantes consumidos en esa idolatría. El elegido/a estará perdido en ese trance.

Cartas de amor, poemas leídos en griego, sueco o árabe, manjares a la luz de las velas, música flamenca o Miles Davis a lo lejos: el ardor de su mirada con pupilas dilatadas lo tendrán sumergido en una nube de vapor. ¡PERO CUIDADO!, si no tiene el corazón de hierro, o por lo menos una buena mutual con amigos cardiólogos, QUE DIOS LO AYUDE.

Inevitablemente un día ocurrirá que el príncipe se acercará a darle un beso y descubrirá, ante su horror, que la diosa tiene mal aliento. El trance se desvanecerá antes de que usted ni siquiera se haya despertado; cuando esté lúcida será demasiado tarde: no quedarán huellas ni rastros de este sueño. Solo de haber estado en un capítulo en *Alicia en el País de las maravillas* o en un cuento de Scherezade de *Las mil y una noches*.

El Mono y su Ascendente

MONO ASCENDENTE RATA (23.00 a 1.00)
Jugado, ávido de triunfos y controlador. Todo le interesa, es seguidor de todas las causas y tiene más amigos y amantes que tiempo para dedicarles.

MONO ASCENDENTE BÚFALO (1.00 a 3.00)
Ambicioso, sólido, posee la tenacidad para trabajar por lo que quiere y conseguirlo. Protector de su entorno.

MONO ASCENDENTE TIGRE (3.00 a 5.00)
Humanista y generoso, siempre que no intenten retenerlo. Sabe esconder su juego, y gana en todo lo que se propone.

MONO ASCENDENTE CONEJO (5.00 a 7.00)
Sibarita y divertido, no le gustan las responsabilidades ni las rutinas. Es mejor pareja que socio comercial.

MONO ASCENDENTE DRAGÓN (7.00 a 9.00)
Irresistible, audaz, inquieto, sordo a los consejos ajenos, y enamoradizo. Sus pasiones son un incendio y no acepta un "no" por respuesta.

MONO ASCENDENTE SERPIENTE (9.00 a 11.00)
Cerebral, ambicioso, seductor. Le atrae el poder, pero no le gusta trabajar: es capaz de conseguir un ejército de gente que lo haga por él.

MONO ASCENDENTE CABALLO (11.00 a 13.00)
Apasionado y egocéntrico, pero con excelente humor: muy pocos se le resisten, y va por la vida disfrutándola a fondo.

MONO ASCENDENTE CABRA (13.00 a 15.00)
Imaginativo, con una vida interior riquísima y energía para concretar sueños y proyectos. Lo acucia la seguridad económica.

MONO ASCENDENTE MONO (15.00 a 17.00)

Estratega, seguro de sí mismo, manipulador, tiene como meta ser el protagonista de todas las historias. Incansable.

MONO ASCENDENTE GALLO (17.00 a 19.00)

Sentimental, lujurioso, orgulloso. Exigente consigo mismo y con los demás, es trabajador y sólido en sus pensamientos.

MONO ASCENDENTE PERRO (19.00 a 21.00)

Curioso, desinteresado, justiciero. Cuando las cosas salen bien, es divertido y atractivo; cuando se trancan, pesimista y quejoso.

MONO ASCENDENTE CHANCHO (21.00 a 23.00)

Divertido, siempre tiene gente alrededor. No es muy apegado al trabajo y puede ser hiriente con los que no quiere. Audaz.

El Mono y su Energía

MONO DE MADERA (1944-2004)

Tiene energía para varias reencarnaciones. Creativo, con gran capacidad de trabajo, facilidad de palabra y mucha confianza en sí mismo: un seductor de masas. Amante apasionado y generoso, quien esté con él se sentirá en el paraíso, pero una vez que esté allí no va a poder salir. Teje una red alrededor de la gente que quiere, y no solo la retiene sino que termina asfixiándola. Los hijos intentarán huir pronto para que la relación no se quiebre. Se siente bien en todos lados, es apreciado en su trabajo y tiene gran capacidad para ordenarse mentalmente y solucionar problemas propios y ajenos. Si supera el deseo de manejar vidas ajenas, será una compañía valorada.

Personajes famosos

Arturo Puig, Danny DeVito, Gabriela Acher, Selva Alemán, Diana Ross, Susana Giménez, Bob Marley, María Martha Serra Lima, Eliseo Subiela, Nora Cárpena, Michael Douglas, Roberto Jacoby, Rod Stewart, Antonio Grimau, David Gilmour, Gianni Morandi, Talina Fernández, Roger Waters, George Lucas, Mario Mactas, Marta Oyhanarte.

MONO DE FUEGO (1956-2016)

Creativo, original y con mucho olfato para los negocios, tiene capacidad para triunfar y ser líder. Es convincente en su oratoria, y logra lo que se propone. Abarca más de lo que puede y le cuesta admitirlo. Esto termina en mucho estrés y las enfermedades que de él derivan; debería aceptarlo, bajar el ritmo y alejarse hasta recomponerse. Por suerte su ingenio lo rescata. Un amante devoto y sensual; un amigo dispuesto a escuchar y dar consejos. Un miembro importante de su familia, respetado. La clave es balancear la actividad con el descanso, recordar que puede delegar y confiar en que las cosas se harán.

Personajes famosos

Ricardo Darín, Andy García, Imanol Arias, Carolina de Mónaco, Michel Houellebecq, Luz O'Farrell, Alejandro Kuropatwa, Geena Davis, Ludovica Squirru Dari, Björn Born, Patricia Von Hermann, Helmut Lang, Osvaldo Laport, Daniel Grinbank, Celeste Carballo, Peteco Carabajal, Julio Chávez, Luis Luque.

MONO DE TIERRA (1908-1968)

Más práctico y terrenal, este mono usa sus muchas dotes para labrarse un porvenir: le asusta la posibilidad de un futuro menos venturoso, y ahorra cuanto puede. Si toma conciencia de que sus amigos y amantes son su capital más importante, seguramente se entregue al presente y empiece a disfrutar la existencia a pleno.

Le encanta la vida de hogar, adonde siempre vuelve; es un padre muy aplicado, que inculcará valores a sus hijos. Sus buenos sentimientos y la fe en la gente lo hacen ideal para trabajar en grupo: tiene pasta de líder, sabe delegar, y siempre cumple con las tareas asignadas. Su autoestima no es baja, pero tiende a ir de un extremo al otro frente al primer percance.

Personajes famosos

Gabriel Batistuta, Alejandro Sanz, Chayanne, Facundo Manes, Adrián Suar, Martín Jacovella, Diego Olivera, rey Felipe de Borbón y Grecia, Henri Cartier-Bresson, Fabián Vena, Santiago Motorizado, Leonardo Abremón, Antonio Birabent, Bette Davis, Libertad Lamarque, Guillermo Andino, Adrián Dárgelos, Fernando Ruiz Díaz, Salvador Allende, Nelson Rockefeller.

MONO DE METAL (1920-1980)

Lúcido, capaz, responsable y tozudo. Posee una amplitud de ideas que le permite ocuparse de varias cosas al mismo tiempo sin enredarse: solo necesitaría a otros para triunfar. No acepta opiniones en contrario, y jamás reconoce sus errores. Socialmente lo adoran: es entretenido, aventurero, brinda su tiempo, escucha a quien lo necesita. Sus parejas pueden sufrir por su constante necesidad de cambio y su dificultad para aceptar otras ideas. Es un buen padre aunque tenga problemas en otras áreas: no mezcla los asuntos y mantiene la mente fría cuando se requiere.

Para él, la educación es básica. Ama la libertad y deja que los otros también la disfruten; aunque parezca que todo le resbala, se juega por los que quiere, aun a costa de su integridad física.

Personajes famosos

Olga Orozco, Federico Fellini, Charlie Parker, Ronaldinho, Gabriel Milito, Valentino Spinetta, Alicia Keys, Erika Halvorsen, Soledad Pastorutti, Kim Kardashian, Justin Timberlake, Lorenzo Anzoátegui, Luis González, Nicole Neumann, Luis Ortega, Mario Benedetti, Luciana Salazar, papa Juan Pablo II.

MONO DE AGUA (1932-1992)

De bajo perfil, moderado en el trato y menos autosuficiente que sus hermanos. Siente necesidad de controlar su entorno, pero también depende de la aprobación ajena para salir adelante. Si no la tiene, se deprime y angustia: su ego es grande y le aterra no alcanzar las expectativas que puedan tener respecto de él.

Más reservado y tolerante, con un sutil sentido del humor, no le gustan las ironías, y acepta que nadie es perfecto. Sus amigos lo valoran. Un mono solidario con los más necesitados. Formará un hogar lleno de amor y cuidados; es un excelente padre, preocupado por la educación de sus hijos. Necesita contención de su pareja: debe confiar más en sí mismo y sus instintos. Por su mente clara, en el trabajo y los negocios le resulta fácil lucirse: siempre sale bien parado y encuentra la manera de sacar alguna ventaja.

Personajes famosos

Joaquín Lavado "Quino", Magdalena Ruiz Guiñazú, Elizabeth Taylor, Johnny Cash, Gato Barbieri, Selena Gómez, Peter O'Toole,

Anthony Perkins, Jean Cacharel, Eugenia Suárez, Felipe Sáenz, Neymar Da Silva Santos Júnior.

Teatro Maipo
Mono de Tierra

Contame un cuento chino
Cristian M. Quintiero • Mono de Tierra • Empresario gastronómico

Quisiera volver atrás el tiempo.

Estoy en un año en el que me di cuenta de muchas cosas.

Una fue la incertidumbre que me llevó a decirme que la soledad y el dolor son algo tremendo.

Por eso hoy, en mis 52 años, esperé encontrar a alguien que le guste como soy y me quiera, pero entendí que ese alguien existe y soy yo.

Ese mismo día entendí que lo que me voy a llevar es lo que vivo, por eso empecé a vivir lo que me quiero llevar. Y no me importa quién fui o soy, lo que me importa es quién decido ser hoy.

Ese hoy es hermoso porque siento que el tiempo te confirma que tomaste una buena decisión, esa decisión es darme cuenta de decirme. "Chau, ¿cómo estás?".

Tabla de compatibilidad

	karma	salud holística	amor pos COVID	trueque	nuevos vínculos
Rata					
Búfalo					
Tigre					
Conejo					
Dragón					
Serpiente					
Caballo					
Cabra					
Mono					
Gallo					
Perro					
Chancho					

 mal regular bien  muy bien excelente

gallo

Soy ruidoso por fuera
porque dentro tengo tanto silencio
que algún día, no muy lejano, les transmitiré
en el primer gallo batarazo que se les cruce
en el camino hacia la puna.

L. S. D.

Ficha técnica

Nombre chino del gallo
JI
Número de orden
DÉCIMO
Horas regidas por el gallo
17.00 A 19.00
Dirección de su signo
DIRECTAMENTE AL OESTE
Estación y mes principal
OTOÑO-SEPTIEMBRE
Corresponde al signo occidental
VIRGO
Energía fija
METAL
Tronco
NEGATIVO

Eres GALLO
si naciste

08/02/1921 - 27/01/1922
GALLO DE METAL
26/01/1933 - 13/02/1934
GALLO DE AGUA
13/02/1945 - 01/02/1946
GALLO DE MADERA
31/01/1957 - 17/02/1958
GALLO DE FUEGO
17/02/1969 - 05/02/1970
GALLO DE TIERRA
05/02/1981 - 24/01/1982
GALLO DE METAL
23/01/1993 - 09/02/1994
GALLO DE AGUA
09/02/2005 - 28/01/2006
GALLO DE MADERA
28/01/2017 - 15/02/2018
GALLO DE FUEGO

Carta abierta a los Gallos

KIKIRIKIKÍ.

COCOCOROCOCÓ.

Escucho antes del alba a los gallos del barrio despertar.

Y anoche aparecía la cara de DIONISIO AIZCORBE, el gallo que visité cuando volví de China y no tenía con quién compartir mi "viaje interno y externo".

Ese E. T., hombre digno de un viaje a las Pléyades, decidió a sus sesenta años dejar "los mandatos de la vida familiar y tal vez laboral" y buscar un lugar en el mundo donde vivir dándole una oportunidad a su capacidad creativa, imaginativa, de poeta, constructor, artista en múltiples facetas, hombre de carne y hueso.

El destino nos unió antes de conocernos.

Leí una nota sobre DIONISIO y su castillo construido por él en Aimogasta, y sentí la necesidad de visitarlo.

Pasaron seis meses hasta que los astros se alinearan para llegar a este ser que considero que venía de otras galaxias.

Estaba atravesando una crisis existencial.

Nadie me contenía ni entendía después del largo viaje a China.

Sentí que DIONISIO era la persona adecuada.

Y, como lo conté en varios anuarios chinos, con la protección que tengo de ángeles que me custodian día y noche, acompañada por el gerente del hotel de La Rioja donde me hospedaba y de una amiga embarazada que causalmente vivía allí, emprendimos la visita a Aimogasta hace treinta y tres años.

Era primavera, y los perfumes, texturas, colores estallaban en una paleta exultante.

Caminos de tierra peligrosos, cornisas, cactus y ese cielo azul cobalto del mediodía que desnuda pecados capitales y mortales.

Eran 250 kilómetros. Mi corazón galopaba con arritmia.

No sabía si lo encontraría, si existiría ese hombre mágico, si nos recibiría.

Por eso, querido zoo: sigan siempre su intuición, esa mágica llave que sabe más que Wikipedia y Amazon.

Mucha magia y sentimientos encontrados invadían mis neuronas.

Y, después del mediodía, llegamos al mítico castillo, donde desde una chimenea humeaba el olor a leña.

Bajé sola y abrí el portón.

"LLEGASTE", me dijo suavemente.

¡¡GULP!!

Mis acompañantes aguardaban instrucciones en el auto.

Les hice una seña, para que bajaran.

Imaginar a una persona y un lugar y encontrarlos fue una de las certezas más fuertes de mi existencia.

Allí nació una relación esotérica.

No tenía idea de quién era, a qué me dedicaba, pero me esperaba.

Me preguntó si era una poetisa yugoslava.

Y, después de pasar una tarde entre rosas, azaleas, jazmines, duraznos y ciruelos en flor, al lado de un arroyo, nos leyó sus teorías del nuevo hombre, del sincretismo que tenía con sus meditaciones y sus antenas al estilo GAUDÍ en su castillo.

Cuando le pregunté sobre su signo chino, me dijo que no creía en la astrología.

Pero pude saber que era un gallo de metal 1921 Cáncer.

Nuestra relación aún perdura.

DIONISIO fue un gran maestro en tiempos en que mi soledad y falta de contención al volver de China no tenía consuelo.

Retorné dos veces más al castillo.

Con la telepatía que tenemos algunas personas, sin cartas ni la tecnología actual, que por suerte él no conoció.

Empecé a admirar al gallo, aunque muchos lectores crean que no los quiero; debo confesar que me caen mejor los varones que las mujeres.

El estilo COCOCOROCOCOCÓ, de marcar cada minuto, hora de lo que pasa es realmente abrumador.

Son una PC última serie; coordinan aun en sueños nuestros planes, vidas, movimientos dentro y fuera del gallinero, y provocan picoteos fuertes entre quienes somos autónomos en todo sentido.

Su organización es admirable para compartir horas extras de trabajo, vida privada, reuniones sociales; van a todos los bautismos, casamientos y funerales a los que la mayoría del zoo nos rateamos.

Quieren manipular nuestro ocio creativo, y no soportan que los contradigan.

Pulcros, maniáticos, obsesivos en cada faceta, son portadores de las últimas noticias de vanguardia en el mundo.

Tienen principios morales y éticos que los hacen inflexibles.

Son generosos con personas y situaciones que solo un alma samaritana como FLORENCIA SÁNCHEZ –enfermera de FERNANDO, mi amigo chancho de Parque Leloir– sabe llevar con integridad inquebrantable. La conocí este verano, el día que empezaba a trabajar en una complicada coyuntura: cuidar a un hombre con deterioro físico, mental y emocional, y acompañar en este proceso a su hijo, que a los veinte años recibía una tonelada de plomo en sus espaldas. Enseguida capté su esencia estricta y solidaria de mujer que trabaja en los hospitales sin recursos básicos para atender a sus pacientes, donde los que están en la trinchera (antes y después del COVID) se inmolan por culpa del cinismo de quienes deberían pagarles más que a los que calientan sillas en la burocracia de un país bananero.

FLORENCIA es gallita de tierra, y comprobé sus multifacéticas capacidades al compartir algunas visitas al Rosado, hogar que ella se encargó de convertir en una casa en la que se cumplen los protocolos de horarios para el paciente y su hijo; además transformó la cocina en un fogón donde cocina verduras y algún guiso, y en simultáneo da la medicación y la rehabilitación.

Nuestro vínculo se fortalece a la distancia, mientras me cuenta el parte diario de las penurias de la salud de mi amigo, y lo complicado de algunos sustos ante los que debe apelar a su instinto materno para buscar soluciones fáciles y efectivas.

El gallo es tan práctico como soñador, tan honesto como estafador.

Dependerá del ascendente, del pelaje, del pedigrí.

Mi gratitud y respeto a ellos, que saben diseñar el día a día con disciplina, esfuerzo y un corazón que late al ritmo de la galaxia.

L. S. D.

Significado del signo

El gallo representa un vacío o un ánfora donde se fermenta el vino. El origen se remonta a los espíritus que hacían madurar el mijo en China. Está asociado con celebraciones, felicidad y gratitud por los sucesos y prosperidad que le adjudican.

La esencia de las personas nacidas bajo este signo es la aplicación, la habilidad para separar las actividades de las metas. Así como los granjeros tienen la costumbre de poner botellas de nuevo vino llenas de imaginación en los festivales, el gallo trabaja con gran determinación y destreza amando su labor, pensando en el porvenir. Mientras progresa en la faena, su espíritu contradictorio se debate entre el *TO BE OR NOT TO BE*: está irritable y ansioso y crea un clima de alboroto en su entorno. Critica y pega unos COCOROCÓS que alteran el equilibrio ecológico del planeta.

Le cuesta disfrutar y gozar cuando ha finalizado su labor; siempre está a la defensiva. El gallo es orgulloso, el primer animal en despertar a los otros para ir a trabajar, y en mandar. Según la tradición en China, el gallo representa las cinco virtudes: sociabilidad, razón para tener la cresta bien peinada; disciplina militar en cada acción de su vida; coraje, pues siempre cuida la retaguardia; generosidad, pues siempre llama para repartir la comida; y confiabilidad, precisión y ritmo en su cacareo.

Se acusa al gallo de no tener sentimientos profundos, pues mientras hace el amor está más preocupado por evitar que lo desplumen o lo despeinen que por hacer feliz a su amante.

Agudo y alerta, es agresivo; trabajará para crear algo consistente y sacrificará lo mejor de su vida pensando en el futuro. Está apegado a la tradición, a la familia y las costumbres. Le fascinan el riesgo, los desafíos, y explorar posibilidades fuera del gallinero.

Temperamental, ciclotímico, iracundo, despótico, cuanto más difíciles sean los obstáculos más lejos llegará en la vida. Tiene una peligrosa tendencia a sentirse superior a los demás, y crea climas hostiles en su entorno. En su manera de gratificarse, el ego le juega malas pasadas.

Al gallo le cuesta desprogramarse: tiene calculado minuto a minuto cada paso que dará, y cuando su plan no se cumple a la perfección se siente *TAO OFF*. Es una buena elección tratar de vivir más WU WEI (no forzar la acción de las cosas) y dejarse sorprender e influenciar por los demás.

Aplicado, prolijo, casi maniático, se permite pocas licencias. En cualquier sexo la lealtad y la franqueza son rasgos de su carácter; dará su vida por defender sus creencias e ideas. Inflexible, a veces la pasa mal pues su discurso no refleja su sentir.

El gallo es un CD lleno de sorpresas para escuchar: soberbio, conservador, poderoso, decisivo e inteligente. Se desplaza por nuevos horizontes cuando le late algo, arriesgando tiempo y dinero en empresas quijotescas. Es arbitrario en sus juicios y decisiones. No da puntada sin hilo, y solo ayuda a aquellos en quienes cree, a pesar de su espíritu samaritano. A través de su vida tiene muchos amigos con los que compartirá viajes, sociedades, estudio, deportes y diversión. Estará abierto a ideas originales, tendrá el bastón de mando y buscará seguidores.

Talentoso orador, convencional, está informado de lo que ocurre en el mundo y se destaca en su especialización. El gallo es serio, estudioso y profundo, arriesgado y audaz para las empresas difíciles. Esta *rara avis* tratará de tener las emociones bajo control, mantener la distancia óptima y no demostrar que es vulnerable. Su imagen es todo para él; igual siempre se le escapará un lagrimón, que secará con su pañuelo de seda natural.

Rápido, versátil pensador, punzante, logra tener enemigos a través de su vida. Debajo de su ostentoso plumaje bulle un corazón tierno y afectuoso siempre listo para atender a sus amigos y casos SOS. El gallo depende de que las cosas salgan como las soñó, a cualquier precio, por eso se desestabilizará si le falla el plan. Es muy leal y cálido con quienes lo acompañaron en sus aventuras y jamás olvidará.

Si experimenta fracasos repetidos suele tornarse un ser vengativo, celoso y envidioso, y cuando está en un ciclo negativo puede convertirse en una persona llena de frustraciones y manías. Es importante el equilibrio emocional, afectivo y espiritual para este ser tan íntegro y omnipotente.

La mujer gallo está siempre a la vanguardia: en el arte, la moda, la música, pero especialmente en las ideas feministas y revolucionarias que cambian el curso de la historia.

Cuando el gallo está como el sol naciente es capaz de construir un castillo, como DIONISIO, en comunión con la naturaleza y las estrellas.

Tiene buena salud, es deportista y le apasionan las terapias alternativas. Su hipernerviosismo, ansiedad y alta sexualidad lo mantienen joven y atlético; dedica varias horas del día a cuidar su cuerpo, pues es el signo más coqueto del zoo chino.

Sufre en los climas demasiados fríos o calurosos; buscará lugares templados desde donde pueda cantar la justa sin sufrir apremios a la salud. El gallo es un experto en generar dinero, trabajo y negocios exitosos. Estará al tanto de las necesidades del mercado y así, con su pico de oro y sus patas, llegará a sus metas. De lo contrario vivirá del trueque, inventará ferias, venderá arte u objetos porno. Siempre volverá con CHI metálico al gallinero y hará regalos fabulosos.

Su buen gusto y refinamiento lo inclinarán por profesiones artísticas: arquitectura, diseños de todo tipo: prensa gráfica, moda, jardines de FENG SHUI, decoración de interiores. Pero también ingeniero, militar, médico, psiquiatra, cineasta, músico, carpintero, geólogo, editor, actor, diplomático: lo que intente hacer lo conseguirá.

AMARLO ES UNA *EXPERIENCIA RELIGIOSA*.

El tao del amor y del sexo

A veces *la vida te da sorpresas, sorpresas te da la vida*.

Este es el signo más impredecible para definir el arte amatorio. Si bien para la mayoría el amor está intrínsecamente vinculado con el compromiso legal, y a la primera conquista le sigue una cita formal con todos los ingredientes para huir o ilusionarse del otro lado, esta *rara avis* sabe mantener la llama encendida durante más tiempo que otros signos.

Su capacidad amatoria es ilimitada; cuenta con recursos originales, artísticos, esotéricos para lograr una dependencia sutil y firme con el elegido del corazón. Desde que siente hervir la sangre debajo de sus plumas hasta que lo despluman o arrincona a su favorito en un *corner* del gallinero, el gallo está muy concentrado en la estrategia a seguir.

Se siente un ganador, la derrota no está en la escala de valores, o sea que a veces sus amores son unilaterales, onanistas o muy platónicos. Tanto el gallo como la gallita son muy ambiciosos a la hora de elegir: se fijan en los mínimos detalles, desde la puntualidad y la pulcritud hasta el currículum de la persona.

El erotismo está relacionado con la proyección social de su pareja; adora ser agasajado en lugares de moda, salir con gente famosa y exitosa, pavoneándose. El gallo tiene un gran ego. A veces sofoca con sus discursos, comparaciones y juicios. Hay que sorprenderlo y bajarle el copete con un beso en su pico de oro, quitarle la agenda y el celular de la vista y acostarlo en una parva de heno en el gallinero. Su respuesta al principio será tímida y lejana, pero según el talento del amante logrará de a poco convertirse en *Poderosa Afrodita* y *Casanova*.

El gallo exigirá, después del primer revolcón, CONTINUIDAD. La demanda será enorme, pues los códigos secretos y las claves de ingreso en su corazón siempre estarán anunciando instrucciones: AMOR POSESIVO. TANTO VALES TANTO TE QUIERO. CONTIGO CAVIAR Y CHAMPÁN. LUNA DE MIEL EN HOTELES CINCO ESTRELLAS.

Tiene gustos caros, y aunque sea de origen humilde siempre comprará el regalo más importante, invitará a comer al lugar de moda y su ropa interior será de hilos de oro. Casi siempre dará el primer paso, en cualquier sexo, pero necesitará afirmar su afecto con demostraciones teatrales para autoconvencerse. Decir que tiene *sex appeal* es quedarse corta para describir este estupendo ejemplar.

Si es varón, no hay mujer que pueda con sus encantos; viril, glorioso, no le podemos sacar los ojos de encima, produce secreciones en las glándulas sexuales en el instante en que lo vemos pasar, la boca se seca, las pupilas se dilatan, todo el cuerpo se estremece como un bandoneón tocado por Piazzolla.

Nos sentimos desvanecer solo de expectativas. Este espécimen viene de fábrica con una garantía de por vida que no lo defraudará; también trae incluidas pilas autorrecargables, nada de pastillas celestes, nunca calambres. Como máximo, tendrá que dejar que se enfríe un ratito; en caso de recalentamiento (esto ocurre por el exceso de alcohol o algún alucinógeno) volverá a funcionar de maravillas y a la brevedad con un apretón de pico pato.

Verbalice todas sus fantasías y el gallito se las hará realidad; sea atrevida, explore lo que se le antoje. Ser pareja de un gallo es una experiencia hiperrealista con un final abierto.

El Gallo y su Ascendente

GALLO ASCENDENTE RATA (23.00 a 1.00)
Relajado y tolerante, sociable y encantador. Tiene el potencial de un cerebro lúcido y un espíritu artístico.

GALLO ASCENDENTE BÚFALO (1.00 a 3.00)
Constante, sacrificado, eficiente, protector de los que ama. No resulta el más divertido, pero es respetado por sus principios.

GALLO ASCENDENTE TIGRE (3.00 a 5.00)
Con buenos sentimientos y sueños de estrellato, va por la vida a su ritmo, y defendiendo su independencia como sea.

GALLO ASCENDENTE CONEJO (5.00 a 7.00)
Seductor, cariñoso con los suyos, amante del *glamour*. Le importan las apariencias y le gusta que se cuiden las formas.

GALLO ASCENDENTE DRAGÓN (7.00 a 9.00)
Generoso, movedizo, ambicioso, polifacético: está en muchas cosas al mismo tiempo. Se exige demasiado y no lo resiste.

GALLO ASCENDENTE SERPIENTE (9.00 a 11.00)
Innovador, dispuesto, le gusta disfrutar y puede parecer frívolo, pero con espíritu profundo. Provoca y vive grandes pasiones.

GALLO ASCENDENTE CABALLO (11.00 a 13.00)
Aventurero, honesto, emprendedor: tiene mucha fe en sí mismo. Seductor, el mundo es su coto de caza.

GALLO ASCENDENTE CABRA (13.00 a 15.00)
Oportunista, imaginativo, liberal, contradictorio. Le preocupa su bienestar y lo consigue con su encanto. Sabe vivir bien.

GALLO ASCENDENTE MONO (15.00 a 17.00)
Sensual y sexual, con una inteligencia aguda e inigualable entusiasmo por vivir la vida. Su humor es letal.

GALLO ASCENDENTE GALLO (17.00 a 19.00)
Eficiente, organizado, vanidoso: sabe que todo lo puede hacer bien, y le gusta ser reconocido por ello. No es para todos.

GALLO ASCENDENTE PERRO (19.00 a 21.00)
Justiciero, altruista, generoso, optimista. Escucha a los demás y da muy buenos consejos. Un amigo valioso.

GALLO ASCENDENTE CHANCHO (21.00 a 23.00)
Servicial, trabajador, reservado, no aspira más que a formar un hogar y ser feliz. Puede resultar muy duro si lo buscan.

El Gallo y su Energía

GALLO DE MADERA (1945-2005)
Eficiente, constante, trabajador y con capacidad de liderazgo en momentos de zozobra; está destinado a ocupar sitios de relevancia si se lo propone. Capaz de zafar de situaciones complicadas, con mucho sentido común y eficaz en el manejo de su energía y del dinero. Muy especial como padre y pareja: dedicado, dispuesto a ayudar y solucionar problemas.

Es más rígido consigo mismo que con los demás. Algo antiguo para las relaciones, un amante apasionado pero poco creativo y escasamente abierto a ideas nuevas. Quien lo sepa llevar se encuentra con alguien de gran valor al que hay cuidar de sí mismo; tiene mucha energía positiva para disfrutar de la vida.

Personajes famosos
Alicia Moreau de Justo, Carmen Maura, Diane Keaton, Franz Beckenbauer, Sergio Renán, Sandro, Eric Clapton, Bette Midler, Pete Townshend, Milo Manara, Debbie Harry, Tanguito, Bryan Ferry, Gal Costa, Ritchie Blackmore, Juan Alberto Mateyko, Julio Iglesias, Piero, Luiz Inácio Lula Da Silva.

GALLO DE FUEGO (1957-2017)

Tiene los oídos abiertos a las sugerencias, y sabe reconocer el talento en otros: es un trabajador eficiente, responsable, apreciado por sus compañeros y valorado por sus superiores. Sabe controlar su temperamento, especialmente cerca de los que quiere. Disfruta del hogar y la familia, y puede dejar los problemas afuera. Es un padre cariñoso que trata de dar a sus hijos herramientas para el futuro. No le importa el lujo, pero sí tener comodidades. La pareja del gallo encontrará un amante honesto y fogoso que solo espera lealtad a cambio: rara vez perdona una traición. Buen amigo, no se presta a chismes, no critica y tiene sentido del humor. Puede volverse taciturno cuando no se siente querido. Si vence esta tendencia, será un ser destinado a una vida feliz.

Personajes famosos

Sandra Mihanovich, Alejandro Lerner, Daniel Day-Lewis, Miguel Bosé, Miguel Botafogo, Daniel Melingo, Andrea Tenuta, Nicolás Repetto, Katja Alemann, Mirko, Juan Luis Guerra, Melanie Griffith, Luis Salinas, Sid Vicious, Daniel Melero, Siouxsie Sioux, Ricardo Mollo, Jorge Valdivieso, Robert Smith, Alfie Martins.

GALLO DE TIERRA (1909-1969)

Pragmático, con moral propia, gran capacidad de trabajo. Se inclina más a satisfacer sus deseos y necesidades que a ayudar al prójimo. Es un buen amigo, con sentimientos profundos, aunque no siempre tiene capacidad de respuesta en las crisis. De muy buen trato, paciente para transmitir sus ideas e interesado por las ajenas. No figuran entre sus prioridades formar un hogar y tener hijos: este gallo abierto a nuevas experiencias picotea en muchos lados, sin asentarse. Si tiene hijos se preocupa por su bienestar y deja la educación al otro progenitor. Sobresale por su instinto frente a los problemas, su capacidad de liderar y su energía para trabajar; espera una retribución proporcional a sus esfuerzos.

Personajes famosos

Laura Novoa, Giuseppe Verdi, Javier Bardem, Marguerite Yourcenar, Karina Mazzocco, Maxi Montenegro, Cate Blanchett, Juan di Natale, Wes Anderson, José Ferrer, Alex Ross, Gwen Stefani, Valeria Bertuccelli, Horacio Cabak, Cecilia Milone, Pablo Echarri.

GALLO DE METAL (1921-1981)

Ambicioso, ordenado en sus ideas y con metas claras, logra éxito en lo que emprende, y por eso también es un pocoególatra. Buen amigo, comprometido con su pareja, padre protector, pero en todo pone distancia emocional. Le parece que no demostrar lo que siente es una defensa para evitar salir lastimado. Se guarda una parte de sí que muestra a los pocos que lo conocen tal cual es, la gente más leal, los que saben que hay oro debajo de sus plumas; a ellos los agasaja y mima. Es un luchador que adora compartir lo que consigue con su esfuerzo, talento y buena suerte. Ordenado hasta la exageración, le vendría bien hacer servicio social y poner esa buena cabeza al servicio de otros.

Personajes famosos

Astor Piazzolla, Deborah Kerr, David Nalbandian, Britney Spears, Roger Federer, Simone Signoret, Esther Williams, Rachel Meghan Markle, Natalia Volosin, Charles Bronson, Natalie Portman, Luciano Pereyra, Dionisio Aizcorbe, Tita Tamames, Jane Russell, Laura Azcurra, Javier Saviola, Fernando Alonso, Andrés D'Alessandro.

GALLO DE AGUA (1933-1993)

Emocional, dueño de una autocrítica que lo tiene a mal traer, y una manía del orden que lo enfrenta con los que conviven con él: si no resultara tan encantador, la pasaría muy mal. Pero como es generoso, artista, justiciero, todos aguantan los caprichos y lo sostienen cuando está en la mala. En esos momentos necesita que le recuerden sus virtudes.

Apasionado y fiel, tiene las herramientas para seducir a quien quiera, pero cuando se enamora no le interesa nadie más. Como padre, es original, siempre presente, y a veces algo posesivo. Un gran trabajador, pero no le interesa sobresalir: su espíritu competitivo está aplacado por su claridad para ver defectos propios y ajenos. Sabe que es una carrera en la que nadie gana. Un ser interesante para conocer y conservar.

Personajes famosos

Montserrat Caballé, Jean-Paul Belmondo, Sacha Distel, Julián Serrano, Roman Polanski, Sol Pérez, Quincy Jones, Toni Negri, Tato Pavlovsky, Alberto Migré, Santo De Fino, Larry King, Joan

Collins, Ariana Grande, María Rosa Gallo, Alberto Olmedo, Costa-Gavras, Juan Flesca, Benito Cerati Amenábar, Yoko Ono.

Escudo de la Ciudad de Córdoba

Gallo de Tierra

Contame un cuento chino
Daniel Melero • Gallo de Fuego • Músico

En 1980 asistí a una presentación de Ludovica Squirru en San Telmo, inimaginable para los criterios de espectáculo de ese entonces y de los actuales.

Como una cándida pitonisa, generaba empatía, risa y enigma.

En un momento me preguntó, lo hizo con gran parte de la audiencia, la fecha de mi nacimiento.

Llegué allí creyendo que era Perro. Me explicó que soy Gallo, y recuperó mi identidad zodiacal.

Cosa que me disgustó pues sentí que era un cocorito; sin embargo, en poco tiempo entendí que poseo también varias virtudes del signo y no solo sus flaquezas.

¿Qué signo no las tiene?

Este Gallo que soy nació casi a medianoche, vivo sorteando alegremente esa cuestión.

Tabla de compatibilidad

	karma	salud holística	amor pos COVID	trueque	nuevos vínculos
Rata	muy bien	muy bien	muy bien	muy bien	regular
Búfalo	muy bien	regular	regular	muy bien	bien
Tigre	mal	regular	bien	regular	regular
Conejo	muy bien	muy bien	muy bien	muy bien	bien
Dragón	regular	excelente	muy bien	muy bien	excelente
Serpiente	mal	bien	bien	bien	regular
Caballo	bien	regular	muy bien	muy bien	bien
Cabra	regular	bien	bien	bien	bien
Mono	regular	muy bien	muy bien	muy bien	regular
Gallo	regular	bien	regular	bien	regular
Perro	regular	regular	regular	bien	bien
Chancho	bien	excelente	regular	muy bien	bien

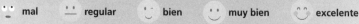 mal regular bien muy bien excelente

perro

Ficha técnica

Nombre chino del perro
GOU

Número de orden
UNDÉCIMO

Horas regidas por el perro
19.00 A 21.00

Dirección de su signo
OESTE-NORDESTE

Estación y mes principal
OTOÑO-OCTUBRE

Corresponde al signo
occidental
LIBRA

Energía fija
METAL

Tronco
POSITIVO

Eres PERRO
si naciste

28/01/1922 - 15/02/1923
PERRO DE AGUA

14/02/1934 - 03/02/1935
PERRO DE MADERA

02/02/1946 - 21/01/1947
PERRO DE FUEGO

18/02/1958 - 07/02/1959
PERRO DE TIERRA

06/02/1970 - 26/01/1971
PERRO DE METAL

25/01/1982 - 12/02/1983
PERRO DE AGUA

10/02/1994 - 30/01/1995
PERRO DE MADERA

29/01/2006 - 17/02/2007
PERRO DE FUEGO

16/02/2018 - 04/02/2019
PERRO DE TIERRA

GIPSY, alma canina,
soñé contigo antes del alba.
Tu sonrisa abierta
silbabas despacito para no despertar
a los pájaros.

L. S. D.

Carta abierta a los perros

Hoy desperté al amanecer y vislumbré el día con presagios agridulces.

Cielo prístino de una semana de éxtasis en Traslasierra.

En la ventana que da al NE, donde está LO SHU, la tortuga que simboliza el origen de la numerología y el I CHING, vi a BIS y a CONSUELO esperándome para que las llene de mimos y alguna sorpresa culinaria.

Somos padres adoptivos con Catman, desde que nuestros amados perros, y gatos para él, y mi reino animal nos catapultaron en duelos que solo "otros amores perros" captan y lamen heridas abiertas hasta que cicatricen entre hierbabuena y peperina.

A través de los katunes, medida maya del tiempo (un katún es veinte años), mi mamá perro de agua me dejó a la intemperie, y hace mes y días partió GIPSY, compañera desde los veintitantos de viajes artísticos, anímicos, familiares y kármicos.

Amiga de la tribu cósmica de *shows*, giras, confesiones inconfesables, soledades atemporales, despedidas de madres que nos marcaron la vida con sus mandatos, deseos, proyecciones de sus amadas hijas dotadas de genes artísticos y solidarios. Simbiosis que nos costó a ambas gran inversión en terapias alternativas que lograron apaciguar esa escultura que nos diseñaron para su "realización", porque generacionalmente no pudieron zafar del yugo matrimonial y de traer hijos al mundo, aun no deseados.

A veces en el cielo que tanto te inspiraba, amiga, veo pasar una nube con forma de sirena, haciéndome un guiño, tus ojos brillantes teñidos de fucsia en el instante en que el sol aterriza en el lago como un ovni, susurrándome un *blues*, un bolero, o una de las tantas letras dedicadas a mi tía BEBA, o a personajes nacidos de tu notable observación canina.

Hoy recuerdo especialmente esa tarde en Casapueblo, cuando el rayo verde nos dio la bendición.

Ser perro o perra es una condición que me lija el alma.

Mis encuentros humanos con el signo siempre me dejan una sensación de déficit hacia la raza.

Dan todo cuando te eligen.

La incondicionalidad y fidelidad son parte de su ADN.

Con humor negro, ácido, se defienden y protegen a los que aman; se equilibran con los consejos más sabios, acertados, que van "al hueso" del interlocutor.

LINO, mi amigo y consejero desde la juventud, es un ejemplo de "genio y figura".

El reencuentro de ambos en la madurez se asentó con la mejor cepa *blend* de la antigua tierra mediterránea.

Su obra de arte plasmada en Villa Luigi, digna de un FENG SHUI de los Medici, es su cucha-templo-útero-refugio de tantas giras, descubrimiento de artistas nacionales e internacionales que con su tercer ojo supo vislumbrar y convocar como dueño espiritual y real del teatro MAIPO.

Su fervor para dejar en foco sus ideas, puestas en escena, su cariño con actores, directores, escenógrafos, utileros, acomodadores permaneció en armonía en cada etapa de su vida.

Los perros sufren más por los demás que por ellos mismos.

Luchan, ladran y a veces muerden en defensa propia, o nos dan un tarascón como preaviso de que la segunda vez puede ser peor.

CHINA ZORRILLA, única, atemporal, mágica y universal, fue una perra de pedigrí.

La relación con los perros comenzó en mi infancia en Parque Leloir. A partir de LASSIE, RINTINTÍN, calcos de los únicos programas que papá nos dejaba ver después de estudiar y hacer la tarea. Les poníamos esos apodos a los nuestros, aunque no se parecieran en nada. Y supe que vivir sin ellos es no explorar la relación incondicional y de compañerismo en la existencia.

En mi vida serrana tuve grandes amores que partieron: CAÍN, LORENZO, CABRAL (los últimos dos envenenados después de la Fundación Espiritual de la Argentina), a los que crié con amor y mamadera. MAGA, guardiana feroz, siempre en segundo puesto, se adaptó a la YOLSIE, mi amada perra que me dejó CRISTIAN como la hija que no tuvimos en nuestra breve pero intensa relación.

Ayer, MARISA me pidió prender una vela para el despegue de MARA, su perra de tantos años luz que compartió la vida y secretos con su cariñosa compañera.

Buda les dio un signo del zodíaco chino; es una bendición saber que descienden de los primitivos lobos, de animales que fueron trasmutando en el tiempo para convertirse en un abanico de razas, múltiples colores de pelaje y capacidades para diferentes tareas, acompañando a los humanos.

Son imprescindibles en el arte de vivir; un manantial de amor, ternura, sacrificio, protección, que valoro cada día más.

Más o menos reos, de barrios humildes o de cuna de oro, el perro será ese amigo y confidente con el cual nos podemos dar el lujo de hablar solos en nuestras profundas tristezas, melancolía, y cambios de humor.

Son una alarma para el que intenta atacarnos material o espiritualmente, ángeles caídos sin paracaídas a la tierra.

L. S. D.

Significado del signo

El perro representa un cuadro de una batalla y se nota la herida del lado izquierdo del animal, pero su imagen es la del combate como deporte. La escena transmite acción de ataque de una forma positiva por el tiempo, la destreza, la plasticidad de la danza bélica. La esencia de los que nacen bajo el signo del perro es la observación con lupa, en forma detallada, de la vida. Está alerta aunque duerma: siempre tendrá el olfato atento, un ojo semiabierto para cuidar a sus seres queridos, amigos y vecinos.

Es el primero en detectar el peligro, en ladrar, y a veces morder si siente algo extraño a su alrededor. Su inquietud crece cuando cae la tarde y la noche lo invita a buscar aventuras callejeras. El perro es famoso en China y en el resto del mundo por su lealtad.

El folklore dice también que el perro que nace en horas de la noche es más agresivo y sufrido que el nacido durante el día. Quien pertenece al signo del perro es una persona inteligente, crédula, sensible, sociable y fuerte. Tiene excelentes instintos e intuiciones y trabaja muy duro para llevar adelante sus obras y emprendimientos.

La mayoría de los canes son bien mandados, educados,

serviciales y graciosos en apariencia, saben entrar en el corazón de la gente por su gran *charme,* humor y *sex appeal.*

El perro vive el día a día con gran entusiasmo; está siempre listo para defender con fervor la justicia, la libertad y los derechos humanos. Su vida es un eterno aprendizaje del cual sale siempre enriquecido y fortificado; se juega "a puro huevo y candela" sin especular ni medir las consecuencias.

El perro no pasa inadvertido. Con su actitud revolucionaria siempre está provocando cambios, desde la vida cotidiana hasta un plan de economía para las minorías.

Es el signo del zoo con perfil más bajo, tímido e inseguro, pero algunos tienen una personalidad difícil de resistir.

Hay que ejercitar la paciencia china, el zen, la meditación y el control mental para no matarlos cuando se ponen NEGATIVOS, faceta perruna que conozco desde mi nacimiento. Como consejo, NO SE EMPERREN EN TRATAR DE CAMBIARLOS, PUES ES PEOR.

Su temple de líder le produce choques y enfrentamientos con colegas, amigos, enemigos y parroquianos. Hay toda clase de perros: falderos, callejeros, de caza, de raza.

El perro es el mejor amigo del hombre y de su especie. Atractivo, magnético, vital, misterioso, despierta pasiones.

La mujer perro es la más fascinante, valiente y arriesgada del zoo; vive el AQUÍ Y AHORA sin que le importe el qué dirán. No tiene una vida regalada ni fácil, pero sabe sacar el jugo a cada encuentro, amor, amistad, y es querida por la mayoría de la gente.

El mejor confidente: sabe captar los problemas ajenos como propios y sus consejos son siempre acertados. Tiene espíritu samaritano, generoso con su tiempo y su cucha, sacrifica muchas veces sus prioridades.

Se distingue del resto del zoo por el sentido del olfato; JAMÁS FALLA. A veces le cuesta obtener éxito inmediato con su labor, esfuerzo, estudio o vocación. Nunca baja la guardia, se entretiene haciendo cosas: sexo, deportes, teatro, política. Necesita estar ocupado, pues si no resulta insoportable.

El perro sufre las traiciones y las decepciones más que otros signos. Tiene sentimientos profundos y memoria muy maquiavélica cuando decide vengarse de alguien.

Su impulsividad le trae serios conflictos en la convivencia. Es arbitrario, despótico, dominante, manipulador y muy terco. Su desbordante CHI le permite ser multifacético y estar lleno de ideas y actividades que logra plasmar en tiempo récord.

Criticar es su deporte favorito, rara vez conoce sus defectos o fallas; detesta ser descubierto en sus falencias. La omnipotencia y el sentido del deber combinados lo convierten en alguien muy inaccesible a la hora de la verdad.

El perro, aunque gane mucho, detesta derrochar. Sabe administrar mejor el dinero ajeno que el propio, y siempre ayuda a los más necesitados. Viajar no es una prioridad para él.

La curiosidad del can lo lleva a conectarse con gente diversa. Adoptará *homeless*, odaliscas y travestis, pues su apertura mental y social es ilimitada; producirá *shocks* en su entorno y familia.

El perro tiene una salud física y mental de hierro; es inquieto, movedizo, está siempre activo y desarrolla a fondo su imaginación con incursiones en *gyms*, clubes y terrenos baldíos.

A veces, por razones afectivas cae en depresiones y vicios que lo destruyen y de los que le cuesta escapar. Su ansiedad es su peor karma; si consigue apaciguarla será un Buda en potencia.

El perro es un gran defensor de su casa y de su seguridad. Excelente previsor para las épocas duras, sabe ganarse la vida con el sudor de su frente y con su talento, en ocasiones tardíamente descubierto. Algunos perros son tacaños; les cuesta dar y disfrutar el dinero. Otros son excesivamente generosos: les sacan hasta las pulgas y se mueren de frío en las gélidas noches de invierno.

Si desarrolla su fecunda imaginación puede tener éxito en la empresa que se proponga. La moda le fascina y siempre estará a la vanguardia, como ejemplo de elegancia y refinamiento. Educador, filósofo, geólogo, abogado, juez y fiscal, el perro ladrará a la luna creciente sus confesiones inconfesables.

El tao del amor y del sexo

Pienso en la gente que pertenece a este signo y me pregunto cómo se sentirá ser perro y transitar el amor desde su particular estilo de amar. El reflejo de las características del animal más fiel, leal y protector del zoo se percibe en ellos. El amor constituye el motor de su inspiración, creatividad e incondicionalidad. Enamorarse es un cambio de vida; sus andanzas son parte de su rutina. Siempre cumplirá el deber y volverá a la cucha con algún hueso para masticar.

Cuando alguien entra en su corazón imprevistamente y ocupa el centro de su vida tendrá que adaptarse al cambio de costumbres, horarios y filosofía sin anestesia. Su naturaleza apasionada, íntegra e intuitiva seducirá al elegido, que tendrá la suerte de experimentar un amor al estilo Lassie o Rintintín.

El perro da y exige lo mismo. Su punto G es su innata fidelidad cuando aparece el amor de su vida. Su capacidad de amar resulta tan intensa que a veces ahoga a su pareja con su gran voltaje amatorio y provocan una situación claustrofóbica.

Estar en pareja, compartir comidas, paseos, problemas, reuniones, filosofía alta y taco aguja es tan importante para su equilibrio emocional, que buscará compañeros que le estimulen el erotismo a través de la imaginación y de la vida cotidiana.

El perro macho saldrá a buscar compañía con su habitual gentileza, amabilidad, recursos múltiples de seducción, y dejará a la cachorra extasiada ante sus habilidades multifacéticas.

La perrita recurrirá a su *sex appeal, charme,* belleza salvaje que siempre erotiza a una lista de candidatos que le harán propuestas decentes e indecentes para llevarla lo antes posible a un lecho improvisado de almohadones orientales o pajonales, pues su instinto sexual no da tiempo para pensar, y cuando se quiere reaccionar, ya es tarde. Esta mujer inspira para el casamiento y tiene la maternidad incorporada. Son pocas las que escapan a las tentaciones que les ofrecen.

En ambos sexos y sus derivados, la sexualidad está ligada al amor y el compromiso que establece con su pareja; por eso los perros nacen para enfrentar con estoicismo las adversidades.

Del can macho no hay que pretender un buen ANTES Y DESPUÉS, pues el apuro en el acto sexual es casi una constante; áspero, enérgico, sin sutilezas, ladra más que murmura. El cachorro mejora cuando se hace adulto con las experiencias callejeras y las relaciones que atesora en su collar ecológico. A veces está tan preocupado por sus tareas mundanas que no se percata de la revolución sexual que ocurrió en la década de los 60, ni de la liberación femenina; es una especie de hombre de Neanderthal.

Si alguna vez se cruzó con el concepto del punto G, pensó que hablaban de hacer un gol de su cuadro de fútbol o de la bomba atómica. Una vez apaciguada su libido y despojado de sus líquidos viriles, se convierte en un cachorro tierno y juguetón, con miradas somnolientas y dulces, largos brazos y patas para abrazar a su amada hasta quedar profundamente dormido.

La perrita lleva con orgullo el eslogan "es una perra en la cama y una dama en la sala". Sabe tocar con sutileza los resortes de la libido en el otro, deja fluir su imaginación y logra un éxtasis imposible de olvidar.

En cualquier sexo tiene un sentido del humor ácido y negro que provoca diversos estados en la pareja: exaltación, furia, ternura, juegos sadomasoquistas y la libertad de expresión más notable que alguien se atreva a explorar.

A su juego lo llamaron: el perro sabe que con caricias, algo de comer y una cucha donde reposar de sus travesías puede demostrar que el amor es un arte que conoce muy profundamente.

El Perro y su Ascendente

PERRO ASCENDENTE RATA (23.00 a 1.00)
Melancólico, inquieto, culposo: le cuesta disfrutar el presente y le teme al futuro. Es generoso y servicial con los amigos.

PERRO ASCENDENTE BÚFALO (1.00 a 3.00)
Desinteresado, emprendedor de mil proyectos que lleva hasta el fin, romántico y cariñoso. Se pone metas y las cumple.

PERRO ASCENDENTE TIGRE (3.00 a 5.00)
Carismático, jugado, altruista. Sus pasiones lo arrastran por el mundo. Vive sus amores y sus luchas con el mismo fuego.

PERRO ASCENDENTE CONEJO (5.00 a 7.00)

Vulnerable, inseguro, afortunado, pero con muchas dudas sobre sus capacidades. Necesita aprobación y afecto.

PERRO ASCENDENTE DRAGÓN (7.00 a 9.00)

Inconformista, egocéntrico, sibarita. Tiene ojo para los negocios, habilidad para las finanzas, y ganas de gastar.

PERRO ASCENDENTE SERPIENTE (9.00 a 11.00)

Trabajador, hábil para conseguir ascensos, lúcido con el dinero. Demasiado exigente con su entorno, puede terminar muy solo.

PERRO ASCENDENTE CABALLO (11.00 a 13.00)

Divertido, magnético, avasallante: su personalidad se desborda sobre los demás, que lo adoran… o desaparecen para no volver.

PERRO ASCENDENTE CABRA (13.00 a 15.00)

Inseguro y cambiante, son su comprensión y humanismo los que lo salvan. Enloquece con su necesidad de seguridad.

PERRO ASCENDENTE MONO (15.00 a 17.00)

Enamoradizo, ciclotímico, caprichoso, intuitivo: se guía por estados de ánimo, sin confiar en la agudeza de su mente.

PERRO ASCENDENTE GALLO (17.00 a 19.00)

Inseguro, inconformista, inquieto: sufre por todo. Solo una pareja con mucha paciencia lo puede rescatar de sí mismo.

PERRO ASCENDENTE PERRO (19.00 a 21.00)

Idealista, de perfil bajo y poca ambición por lo material. Amigo que vale la pena escuchar. Un alma vieja.

PERRO ASCENDENTE CHANCHO (21.00 a 23.00)

Leal, familiero, suertudo en el trabajo, disfruta la vida a pleno. Sabe concretar sus proyectos. Le falta autocrítica.

El Perro y su Energía

PERRO DE MADERA (1934-1994)

Amable y comprensivo, dueño de un encanto que se transluce en su físico. Un romántico: se ve como un héroe batallando por la justicia. En realidad, tiene una personalidad simple, es algo apocado, y rara vez se anima a alejarse de la cucha. Protector de su hogar, padre ordenado que enseña a sus hijos las virtudes del ahorro, pero no los escucha, esquiva las situaciones incómodas o fuera de su esquema mental. Busca una pareja que lo entienda y no le exija demasiado: espera que, a cambio de su buen humor y fidelidad, le deje espacio para tirarse, en soledad, a rascarse y pensar en nada. Le gusta estar en su casa porque se siente protegido.

Personajes famosos

Brigitte Bardot, Elvis Presley, Shirley MacLaine, Charly Squirru, Horacio Accavallo, Enrique Macaya Márquez, Franco Masini, Chunchuna Villafañe, Mónica Cahen D'Anvers, Rocío Jurado, Justin Bieber, Sophia Loren, Federico Luppi.

PERRO DE FUEGO (1946-2006)

Un espíritu apasionado e incansable, dispuesto a llevar las cosas hasta el límite si lo cree necesario. Fiel a sus ideales, va por la vida con la bandera de la justicia. Tiene el don de la oratoria. Su inquietud lo lleva por el mundo. Más allá de las buenas intenciones, su necesidad de luchar por sus ideales será más importante que criar a sus hijos. Ellos tendrán un modelo a seguir del que estarán orgullosos, pero no será un padre accesible. Su pareja ideal es aquella que asuma que las cosas son así, busque una abuela o *supernanny*, y se vaya con el *kit* de primeros auxilios atrás de su perro. La vida será cuidarlo después de cada batalla y disfrutar de la pasión que viene con los triunfos.

Personajes famosos

Camilo Sesto, Gianni Versace, Freddie Mercury, Tomás Abraham, Miguel Abuelo, Pipo Lernoud, Susana Torres Molina, Martin Seppi, Javier Martínez, Oliver Stone, Cher, Bon Scott, Pablo Nazar, Sylvester Stallone, Eduardo Costantini, Susan Sarandon, Jorge Asís, Gerardo Romano, Rolando Hanglin, Moria Casán, Donald Trump.

PERRO DE TIERRA (1958-2018)

Humanitario y bondadoso, sensible a los problemas ajenos, pero también muy susceptible. Aunque no es materialista, le preocupa el porvenir de los suyos y se ocupará de separar algo de lo que tiene para ayudarlos cuando crezcan. Es un padre cariñoso y presente. Como pareja resulta muy atractivo, y su desapego e ingenuidad le agregan encanto. Pero espera que los demás actúen y sientan igual que él y, a no ser que se consiga otro perro de tierra, esto no va a pasar. No soporta los roces ni las discusiones, y prefiere aceptar la posición del otro. Su lado flaco es una incapacidad para sostener sus ideas frente a otros: no poder expresar sus frustraciones le genera estrés y enfermedades. Sus amigos lo aprecian por su lealtad y buen ánimo. Quien tiene un amigo perro conoce su valor.

Personajes famosos

Gipsy Bonafina, Prince, Michelle Pfeiffer, Kate Bush, Madonna, Tim Burton, Michael Jackson, José Luis Clerc, Rigoberta Menchú, Gary Numan, Reina Reech, Eduardo Blanco, Petru Valensky, Silvana Suárez, Ana Obregón, Gustavo Belatti, Marcelo Zlotogwiazda, Pipo Cipolatti.

PERRO DE METAL (1910-1970)

Más calculador y competitivo que sus hermanos, no pierde el tiempo: se traza un objetivo y va hacia él. Con un gran sentido de la organización, ama trabajar y rodearse de gente capaz: disfruta los logros en el plano profesional más que en el afectivo. Es muy querido como amigo, y su humor agudo resulta muy apreciado.

Se enamora en serio y pone mucha energía en sus relaciones (pareja, hijos, padres, amigos); espera la misma intensidad, y eso agota a cualquiera. Compensa su impaciencia de mil maneras, pero es mejor evitar la convivencia, porque tiene un ritmo imposible de seguir.

Personajes famosos

Martín Lousteau, Luis Miguel, Uma Thurman, Jacques Cousteau, Lola Flores, Ernesto Alterio, Matt Damon, Javier Milei, Andre Agassi, Paul Thomas Anderson, Muriel Santa Ana, Maribel Verdú, David Niven, Madre Teresa de Calcuta, Juan

Cruz Bordeu, Martín Churba, Verónica Lozano, Matías Martin, Gabriela Sabatini, Juan Castro, Paola Krum, Sócrates, Andy Chango, Marley, Andy Kusnetzoff, Chiang Ching-Kuo, Gerardo Rozín, Juan Pablo Varsky, Leonardo Sbraglia.

PERRO DE AGUA (1922-1982)

Muy seductor, cosecha fanes a su paso. Es encantador, tranquilo, sabe escuchar, odia las discusiones. Un can muy contradictorio: honesto y reflexivo, pero con un lado frívolo que lo lleva a tomar decisiones imposibles de entender, que ni él puede explicar. Es más bien reservado, aunque no tímido, y detesta las demostraciones de afecto en público. Su entorno tiende a idolatrarlo y escuchar lo que dice. Luchador incansable, se gana el pan con el sudor de su frente, y no le importa compartir sus éxitos; le gustan los halagos, pero no vive para ellos. Como pareja es atento, sensual y comprensivo. Un padre nada ortodoxo: se guía por sus instintos, y deja que cada cachorro siga su camino, sin imponerse.

Personajes famosos

Juana Viale, China Zorrilla, Marcela Kloosterboer, Jack Kerouac, Marilú Dari, Paloma Del Cerro, Vittorio Gassman, Ava Gardner, Víctor Hugo, Alejandro Dumas, Sol Mihanovich, José Saramago, Malena Pichot, Pierre Cardin, Luciana Rubinska, Julieta Pink, Paula Morales.

Lino Patalano
Perro de Fuego

Contame un cuento chino

Maxi Trusso • Perro de Metal • Cantautor

El perro, con este nuevo cambio que trajo la pandemia, pasó a ser importante para la recreación de todos; hoy todos necesitan un perro, aunque sea como excusa para la libertad.

Antes éramos sumisos, ahora somos indispensables, todos deben tener un perro cerca. Pasó de ser algo sencillo y ordinario a algo esencial, y parte de la familia.

Tabla de compatibilidad

	karma	salud holística	amor pos COVID	trueque	nuevos vínculos
Rata	bien	muy bien	regular	regular	regular
Búfalo	muy bien	regular	regular	mal	mal
Tigre	regular	regular	regular	muy bien	regular
Conejo	regular	regular	regular	regular	regular
Dragón	mal	bien	mal	regular	regular
Serpiente	mal	regular	regular	regular	mal
Caballo	excelente	excelente	excelente	muy bien	muy bien
Cabra	muy bien	regular	regular	regular	mal
Mono	muy bien	bien	bien	regular	bien
Gallo	regular	bien	excelente	muy bien	muy bien
Perro	regular	regular	bien	muy bien	muy bien
Chancho	muy bien	muy bien	muy bien	regular	muy bien

mal regular bien muy bien excelente

chancho

Cambió el año, el aire, los deseos.
El amanecer con la luz del día y sus
presagios.
Lo lejano, cercano;
hay que tejer un destino con lo
cotidiano.
Los maestros se retiraron, nuevas
enseñanzas
nos regalan el aire, el fuego, el agua
y los pájaros sin nido,
como la mayoría de la población sin
cara, casa, DNI,
un plato de amor con comida antes
de apagar la TV
soñando con la lotería.

L. S. D.

Ficha técnica

Nombre chino del chancho
ZHU

Número de orden
DUODÉCIMO

Horas regidas por el chancho
21.00 A 23.00

Dirección de su signo
NOR-NORDESTE

Estación y mes principal
OTOÑO-NOVIEMBRE

Corresponde al signo
occidental
ESCORPIO

Energía fija
AGUA

Tronco
POSITIVO

Eres CHANCHO si naciste

16/02/1923 - 04/02/1924
CHANCHO DE AGUA

04/02/1935 - 23/01/1936
CHANCHO DE MADERA

22/01/1947 - 09/02/1948
CHANCHO DE FUEGO

08/02/1959 - 27/01/1960
CHANCHO DE TIERRA

27/01/1971 - 14/02/1972
CHANCHO DE METAL

13/02/1983 - 01/02/1984
CHANCHO DE AGUA

31/01/1995 - 18/02/1996
CHANCHO DE MADERA

18/02/2007 - 06/02/2008
CHANCHO DE FUEGO

05/02/2019 - 24/01/2020
CHANCHO DE TIERRA

Carta abierta a los Chanchos

Anoche, mientras jugábamos a la canasta con Catman, vimos de reojo una noticia que nos dejó pasmados.

No sabemos en qué ciudad del planeta, una manada de seis jabalíes de distintos tamaños apareció en un supermercado y le robó la comida a una señora rubia, a la que le parecía estar viviendo una serie de ciencia ficción.

Si bien es cierto que en épocas de pandemia los animales salvajes o casi extinguidos salieron a pasear por barrios, calles, o en la Quinta Avenida de New York, esta imagen me descolocó.

¿Jabalíes ladrones o hambrientos?

Aparece WOODY ALLEN en el recuerdo, cuando lo visité en Michael's Pub en mi primer viaje a NYC, creyendo que estaba dentro de alguna de sus películas.

Pagué la entrada y me senté a una mesa a escucharlo tocar el clarinete con sus músicos, fascinada.

Después, hice la fila para pedirle un autógrafo y le pregunté si sabía su signo en el horóscopo chino.

Levantó la mirada detrás de sus anteojos de aumento tamaño telescopio Hubble, y me dijo "Wild boar" (jabalí salvaje).

Desde que supe de su existencia no me perdí ninguna de sus películas; y estar en MANHATTAN, al lado del genio, me dio un prana que me duró hasta hoy.

Por supuesto que el escándalo con Mia Farrow y su hija adoptiva, más la de ellos, no cambió mi admiración hacia él.

¿Quién estuvo allí mirando estas escenas?

Las venganzas matrimoniales llegan a situaciones inmanejables, y si sos famoso mundialmente aun más.

Pero WOODY es chancho de madera, una combinación adicta al sexo; a pesar de sus sublimaciones artísticas y literarias, despierta interés en bellas y talentosas mujeres del cine y del arte, razón por la cual el sexo es para él un condimento más de su personalidad.

Cuando una tarde de otoño, sentada en el pasto del Central Park, lo vi caminando a mi lado, casi me infarto.

Pasaba inadvertido, con un sombrerito de lona blanca; y la única que le gritaba era yo: ¡¡WOODY, TE AMO!!

Los chanchos de ambos sexos y trans tienen el talón de Aquiles en su parte genital.

Ni siquiera sé si se enamoran o no; saben que la persona elegida es una posesión de ellos y que debe rendirles lealtad, compañerismo, las delicias de la vida cotidiana, un mate al amanecer, un café a media mañana, un almuerzo, una cena sazonada con especias que despierten su inspiración y creatividad.

Vivir con un chancho, me consta, es un ejercicio de zazen, de paciencia china, celta, hindú y de *mindfulness*; es presenciar cambios bruscos de humor e irritabilidad con una mezcla de picos de euforia o hiperactividad.

Su estado anímico oscila como un péndulo: tienen días y horas que hay que evitar estudiando bien el calendario de los diez mil años para sortear esos momentos de la vida conyugal.

La inteligencia del chancho es pragmática: ver para creer.

Cat aún no admite que en Córdoba he visto ovnis en más de una ocasión. Lo he llamado a mirar el cielo e insiste en que son aviones, o estrellas fugaces, pero jamás naves, que sin duda no está preparado para visualizar todavía.

No hay nada peor para el cerdo que advertir que tratan de convencerlo de algo.

Su imaginación abarca estrategias de vida, soluciones prácticas a problemas tangibles: te auxilia cuando tenés un accidente doméstico, sabe cambiar gomas pinchadas y conecta garrafas en los duros inviernos serranos.

Si está en sintonía romántica puede sacarte a bailar un bolero que pasan en la radio en ese momento, o invitarte con una picada un sábado con un vinito de sorpresa, y hacer una propuesta para un viaje corto. Si lo hace, querido zoo, ¡¡celebren!!

El chancho es familiero, le gusta achancharse los domingos con su prole, hacer un asadito, jugar al *paddle*, tenis o al truco, y escuchar los chismes de la TV. Tiene muchas virtudes: es inteligente, emprendedor, entusiasta si cuenta con contención afectiva.

Sabe aconsejar a su pareja, hijos y amigos si se lo piden; es buen asesor en la política, pero tenemos dos ejemplares porcinos que fueron demasiado lejos en sus condiciones y aptitudes para ser presidentes. ¿Se imaginan quiénes son?

OMOMOM.

El ocio creativo es su mejor condición para escribir, pintar, cocinar, tejer, bordar, o abrir el corral para salir a cazar.

Su vida dependerá de su infancia; si tuvo situaciones traumáticas le costará confiar, tener constancia y aceptar las reglas de juego de la sociedad.

Su rebeldía a veces es positiva y en otros casos, un *boomerang*.

Le gusta planificar más que improvisar, y adaptarse a cambios que lo saquen de su chiquero.

Es cariñoso con quienes le brindan afecto y puede ser agresivo si lo atacan, hasta el punto de provocar situaciones que terminan en juicios o en la cárcel.

Su temperamento debe domesticarse.

El chancho que nació con un ascendente ágil, comunicativo, audaz tendrá más posibilidades de triunfar que el de carácter temeroso y prejuicioso.

Un ser humano que rompe el molde porque nunca imaginó ser el duodécimo en el *casting* de Buda.

L. S. D.

Significado del signo

Para los chinos el chancho representa a un hombre y a una mujer haciendo el amor en el cielo, el fin y el inicio de un nuevo ciclo, pues como es el último animal del zodíaco marca el cambio del tiempo entre el viejo y el nuevo año lunar.

La esencia de los que nacen durante este año es la resignación, aceptar la vida tal cual es, con los cambios cíclicos, sin modificar su naturaleza. El chancho es sabio, un profundo observador y pensador; consciente de su rol en cada situación de la vida, en la que prefiere ser más espectador que actor.

Cálido, generoso, sensual y protector en sus relaciones privadas. A pesar de su cabeza dura, se lo quiere por su ingenuidad y simpleza. Es tímido y reservado en público, pero si se siente cómodo puede sorprender a la gente con una capacidad histriónica desmesurada.

A veces, como mecanismo de defensa, agrede a sus interlocutores y provoca cortocircuitos en el ambiente. Vive alegremente cada etapa de la vida, sin mayores cuestionamientos.

En las familias rurales de China el chancho junto al perro conviven en armonía aportando alimento a la casa. Representa la familia y el hogar; la tradición oriental afirma que si hay un chancho en una casa, ese será un hogar muy afortunado.

Se lo considera uno de los animales domésticos con mayor inteligencia, curiosidad, conocimiento e ideas avanzadas. A veces estas cualidades se desperdician pues es muy inseguro y, al no especular, guarda sus conocimientos e intuiciones debajo de la tierra.

Su optimismo es contagioso, irradia alegría, sentido del humor y entusiasmo. Como contrapartida tiene un sentido del ridículo que lo paraliza en situaciones sociales y laborales. Prefiere estar detrás de bambalinas, aunque sea el cerebro de la acción.

En general, el chancho es pacífico hasta que lo atacan o invaden su territorio. Puede convertirse en un jabalí salvaje capaz de devorar a sus atacantes; se vuelve irracional y muy primitivo. Saber graduarlo constituye un arte superior. Cuando está manso es amoroso, generoso, servicial, capaz de dar su corazón. El mejor amigo del zoo chino. Su amistad será incondicional y para toda la vida.

Es muy refinado: su buen gusto abarca la comida, la decoración de su casa, el buen vestir, ser un gran coleccionista de arte. Su sensibilidad lo insta a ir hasta el final en cada experiencia, muchas veces queda atrapado, víctima de su propio invento.

Paga carísimo sus extralimitaciones sexuales y sus vicios ocultos, pero a medida que crece aprende a no prodigarse tanto. La vida social le divierte y es un excelente anfitrión.

Tiene sentimientos profundos aunque no los exprese en público. Necesita nutrirse intelectual y filosóficamente. Admira a la gente independiente. Se pone melancólico cuando las cosas no le salen bien o si no puede asumir responsabilidades.

Este perfeccionista sufre estrés por su labor, jamás comparte sus pesares y cree que pasar penurias es parte del crecimiento espiritual; atraviesa crisis muy duras en soledad.

El hogar y el bienestar son sus prioridades.

Viajar le gusta, pero siempre está deseando volver a su casa;

es medido con el dinero, aunque a veces se da gustitos de comidas y ropa. En el vestir es imaginativo, artístico, clásico y conservador. Aprecia las salidas al cine, al teatro, a la cancha y a los recitales: lo más parecido a un ser humano.

Un chancho para adoptar sin dudar un instante.

El tao del amor y del sexo

Especialistas doctorados en este arte mayor, solo es cuestión de saber esperar la oportunidad. Nació para amar y ser amado. Dedicará su vida a cultivar el placer, y será presa ideal de los que se acerquen al chiquero, siempre abierto, dispuesto a recibir legiones de amantes con quienes intercambiará experiencias eróticas de alto nivel.

El chancho es el signo más vulnerable al amor; su innata ingenuidad, candidez y predisposición a dejarse llevar por sus instintos lo convierten en un mago del TAO erótico. Su pasión por el sexo a veces coincide con el enamoramiento y en ocasiones se distrae en pantanos y ciénagas sin involucrarse afectivamente.

Este sibarita, sensual y desprejuiciado chanchito entrega su corazón sin medir las consecuencias cuando siente bullir la sangre debajo de su espesa piel. Por eso siente que estará más expuesto a sufrir que otros signos cuando el amor lo envuelva en temporadas tempestuosas e inolvidables.

La prioridad en su vida siempre es el amor, aunque esté disfrazado de camaleón. El chancho buscará parejas que lo estimulen mental y físicamente, pues no solo tiene adicción al sexo sino a la imaginación, la inteligencia y la exótica belleza. Su naturalidad, buena onda y simpleza atraen como un faro a lo lejos.

Todo un maestro en las preliminares del amor, sabe encender la llama, logra despertar curiosidad e interés en su *partenaire* y destila un ADN irresistible que invita a la intimidad. Cuando se enamora, el chancho sin dudar entrega su alma, corazón, cuerpo y posesiones, integrando al otro en una danza apasionada.

Desnudarse es lo de menos; el drama es vestirse otra vez. Le encanta ensayar posturas en el chiquero y siempre estimulará a seguirlo en sus alocadas ideas eróticas. Sabe satisfacer los reclamos, pedidos y súplicas de su pareja. La sexualidad es prioridad. Tiene mucho éxito, pues su natural predisposición a dar y recibir placer cotiza alto en el mercado de valores. El chancho demuestra sus afectos con efusividad, es simpático, cariñoso, querendón y está siempre listo para abrir la puerta para ir a...

Aprecia la sinceridad, claridad y transparencia de su pareja. Necesita apoyo incondicional para consolidar una relación y, si bien es siempre el que más arriesga, a veces duda antes de continuar empantanándose. Su éxito radica en la sutileza que tiene para captar la graduación erógena de LA FLOR DE MI SECRETO.

Es un termómetro, un rayo láser, una cámara Kirlian, un buzo de tesoros debajo del mar, que con perseverancia descubre la ciudad de Alejandría. Su capacidad amatoria es infinita como la Vía Láctea. Recolecta amores cual coleccionista de mariposas, plumas de quetzal, piedras con mica, luciérnagas de ojos verdes.

Sabe que es amado por su bondad, coraje, sinceridad y vulnerabilidad. Puede ser posesivo, celoso, dominante y paranoico. Estos ingredientes resultan excitantes a la hora de hacer el amor.

Su naturaleza romántica combinada con su fogosidad produce infartos en la multitud. Hacer el amor con un puerco es perder el sentido del tiempo y del deber; se entra en otra dimensión.

Ella convertirá el chiquero en una alcoba de *Las mil y una noches*, con fragancias exquisitas, inciensos de sándalo y mirra, copal y palo de rosa; descorchará un vino cosecha setenta y siete, pondrá sábanas de raso negro, música de películas de Almodóvar, Miles Davis y excelentes joyas que sacará de la galera y divertirá a su amado con un *strip tease* digno de Madonna.

Su sentido del humor y sensualidad producirán una explosión en el tallo de Jade del amante, que quedará en el *Libro Guinness de los Récords*. No hay que olvidar que para muchos porcinos el sexo está ligado a la reproducción y en cada encuentro tendrán la posibilidad de gestar una legión de descendientes.

El chancho abarca toda la gama de posibilidades: fantasías, secretos, orgías, parejas *swinger;* enfiestarse y volver a la dualidad son variantes del signo más lujurioso de zoo chino.

Les aconsejo graduar las dosis porcinas.

El Chancho y su Ascendente

CHANCHO ASCENDENTE RATA (23.00 a 1.00)
Prejuicioso y desconfiado, preocupado por sus pertenencias y amigo de los chismes, difícil de llevar.

CHANCHO ASCENDENTE BÚFALO (1.00 a 3.00)
Sólido, constante, estoico, obsesionado por ganarse el pan con el sudor de su frente. Necesita apoyo para su ánimo cambiante.

CHANCHO ASCENDENTE TIGRE (3.00 a 5.00)
Ciclotímico, aventurero, nervioso, sentimental. Deja corazones rotos a su paso. Inconstante, pero de buenos sentimientos.

CHANCHO ASCENDENTE CONEJO (5.00 a 7.00)
Sensual, cómodo, de perfil bajo. Busca que lo mantengan para vivir bajo el cobijo de alguien. Muy querido en su entorno.

CHANCHO ASCENDENTE DRAGÓN (7.00 a 9.00)
Ambicioso, volátil. Tiene grandes proyectos para salvar a la humanidad. Inconstante, pero sus intenciones son buenas.

CHANCHO ASCENDENTE SERPIENTE (9.00 a 11.00)
Ansioso, seductor, ambicioso: quiere todo, lo quiere ya, y espera no perderlo nunca. Agotador.

CHANCHO ASCENDENTE CABALLO (11.00 a 13.00)
Vanidoso, inquieto, inconformista: le cuesta reconocer sus errores. Tiene buen corazón bajo una piel muy dura.

CHANCHO ASCENDENTE CABRA (13.00 a 15.00)
Gracioso, comprensivo, generoso, y lleno de fantasías: su mundo es el de *Las mil y una noches*. Los amigos lo adoran.

CHANCHO ASCENDENTE MONO (15.00 a 17.00)
Reservado, original, humilde, amable. Su punto de vista único lo destaca en lo que emprende. Es astuto y desconfiado.

CHANCHO ASCENDENTE GALLO (17.00 a 19.00)

Tiene pasta de líder, proyectos a granel, y habilidad para concretarlos. Necesita mejorar su autoestima y ocupar menos tiempo en su vida amorosa.

CHANCHO ASCENDENTE PERRO (19.00 a 21.00)

Trabajador, tierno, taciturno: necesita estar rodeado de afecto. Exitoso en su trabajo, tiende a excederse y agotarse.

CHANCHO ASCENDENTE CHANCHO (21.00 a 23.00)

Independiente, humilde, original: el que llega a conocerlo lo ama para siempre. Tiene un interior muy rico y profundo, pero necesita afecto para dejarlo salir.

El Chancho y su Energía

CHANCHO DE MADERA (1935-1995)

Positivo, entusiasta, creativo en su trabajo. Más decidido que el resto de la piara, se relaciona mejor con el mundo, es seguro, y confía en sus instintos. Aunque rutinas y horarios no lo atraen, sus virtudes y capacidad de trabajo lo van a llevar alto en su profesión. Maneja los problemas con calma y diplomacia, y tiene un humor que amaina los ánimos más caldeados.

Le encanta estar con su familia: sabe que es la mejor inversión. Padre devoto, puede parecer rígido en algunas decisiones, pero hace todo movido por el amor. Con su pareja es sensual, lujurioso, descontrolado. Un muy buen amigo, jovial, confiado, extravertido. Su lado flaco es la concentración; necesita motivación constante en todo lo que hace porque se distrae fácilmente y le cuesta mucho poner su cabeza de nuevo en lo que estaba realizando.

Personajes famosos

Eduardo Gudiño Kieffer, Julie Andrews, Dua Lipa, Maurice Ravel, Luciano Pavarotti, Isabel Sarli, Jerry Lee Lewis, Pinky, Woody Allen, Mercedes Sosa, Dalái Lama, Elvira Domínguez, Alain Delon, Bibi Andersson, José Mujica, Antonio Ravazzani, Julio Mahárbiz.

CHANCHO DE FUEGO (1947-2007)

Aventurero, lúcido, intuitivo, hábil para los negocios: cree en sí mismo y se hace valer. Su confianza lo vuelve terco y haría bien en escuchar consejos; es orgulloso y un poco autoritario, dos defectos contra los que tiene que remar para relacionarse con los demás. Es un amigo irreemplazable, que pone el hombro. Resulta magnético por la pasión que despliega en todo lo que hace. Profesionalmente está destinado a triunfar: necesita que confíen en él y lo dejen trabajar sin controlarlo. Es honesto y trabajador y, si ama lo que hace, se compromete.

Cuando se enamora se entrega, y para ser feliz espera lo mismo de su pareja. Eso sí: a su tiempo. No le gusta que lo apuren, y prefiere desaparecer antes que sentir que lo tironean. Un padre cariñoso y sensible, dispuesto a compartir su tiempo con sus hijos y a escuchar lo que tengan que decir.

Personajes famosos

Steven Spielberg, Georgia O'Keeffe, Mijaíl Baryshnikov, Deepak Chopra, José Carreras, Hillary Clinton, Carlos Santana, Le Corbusier, Ronnie Wood, Giorgio Armani, Iggy Pop, Keith Moon, Brian May, Paul Auster, Glenn Close, Steve Howe, Mick Taylor, Jorge Marrale, Oscar Moro.

CHANCHO DE TIERRA (1959-2019)

Un chancho que ama planificar y odia los sobresaltos. Inseguro, prefiere preparar las cosas con anticipación: si algo se sale de control puede entrar en pánico. Es honesto, tranquilo, reservado; tiene buen olfato para los negocios, pero poco interés en competir. Cuando encuentra su veta se zambulle y se transforma en el motor de la causa organizando, trabajando, poniéndose todo al hombro. No es materialista, su lujo es un hogar acogedor, y poder sacar la pata del chiquero de cuando en cuando; ama viajar y perderse en lugares donde nadie lo conoce.

Cariñoso con sus amigos y familia, le cuesta establecerse; una vez que lo hace es un padre preocupado y proveedor que trata de dar a sus hijos la mejor educación, afecto y apoyo. Seductor sin mucho esfuerzo, este chancho le será fiel a quien lo sea con él: odia las traiciones. Es sensual, goza con todos los sentidos.

Personajes famosos

Jorge Luis Borges, Juan José Campanella, Victoria Abril, Humphrey Bogart, Gustavo Cerati, Alfred Hitchcock, Fred Astaire, Semilla Bucciarelli, Pedro Aznar, Indra Devi, Michelle Acosta, Angus Young, Fabiana Cantilo, Nito Artaza, Ramón Díaz, Darío Grandinetti.

CHANCHO DE METAL (1911-1971)

Exitoso en todo lo que emprende, tiene mucha suerte e intuición para olfatear un suceso antes que los demás. No es ambicioso para sí, pero si forma un hogar va a querer darles TODO a sus hijos. Muy responsable y trabajador, sus jefes lo estiman por su honestidad y buen ojo. Es un amigo impagable, su corazón está pendiente de los que quiere. Tiene un lado oscuro que lo puede devorar: mal aconsejado o cansado, puede entrar en relaciones muy destructivas. Su erotismo lo arrastra a situaciones peligrosas, y es ahí donde necesita amigos sensatos que le canten la justa. Le será fiel a su pareja mientras esta le demuestre cariño y lo estimule; si se siente abandonado, no hay papel ni compromiso que lo retenga. Es un padre cariñoso, juguetón, preocupado por el bienestar de sus hijos. Vale mucho, solo hay que vigilar que no pierda el rumbo.

Personajes famosos

Ernesto Sabato, Ricky Martin, Robert Taylor, reina Máxima de Holanda, Diego Sehinkman, Florencia Bonelli, Mario Moreno "Cantinflas", Carolina Peleritti, Martín Ciccioli, Winona Ryder, Diego Torres, Wally Diamante, Claudia Schiffer, Pablo Trapero, Juan Manuel Fangio, Julieta Ortega, Gastón Pauls, Dolores Cahen D'Anvers.

CHANCHO DE AGUA (1923-1983)

Amante de la libertad por sobre todo, este chancho llega a cualquier extremo para conservarla. Más que nada, disfruta de la vida, y encuentra su lugar en un rincón de su hogar o viajando por las antípodas. No es ambicioso, y si bien le preocupa el bienestar de su familia, le importa más transmitirles valores que asegurarles el futuro. Él es su propia guía, y espera que ellos acepten y lo sigan. Socialmente es más bien retraído, prefiere que otros brillen. A él le gusta mirar cómo los demás se divierten sin molestarlo. No es nada esquemático, y está siempre abierto a probar cosas nuevas: su pareja deberá entender que este chancho cree que la fidelidad es un mito, y que hay cosas más importantes en una pareja. Si no lo puede aceptar, mejor abstenerse, porque si se siente presionado o asfixiado, pierde el control y ataca como un jabalí. Solo para mentes y espíritus *open*.

Personajes famosos

Maria Callas, Eduardo Falú, René Favaloro, Carlos Páez Vilaró, príncipe Rainiero de Mónaco, Celeste Cid, Julieta Zylberberg, Agustina Cherri, Marina Fages, Alberto Ajaka, Natalia Lafourcade, Gustavo López, Piru Sáez, Richard Avedon, Darío Barassi, Sabrina Garciarena, Henry Kissinger.

Observatorio Astronómico El Leoncito

Chancho de Agua

Contame un cuento chino
**Pablo Rossi • Chancho de Metal •
Periodista, escritor, comunicador**

Un cerdo de metal suele ser impermeable a los misiles que le tira la vida. Eso leo mientras recupero de las colinas de mi infancia viejos escudos protectores que me libraban de todo mal. Ahora comprendo un poco más al niño impetuoso que caminaba por las calles de Alta Córdoba rumbo a la escuela, pensando que la vida era un gran teatro con invisibles espectadores que aplaudían cada acierto, cada acto de coraje y de nobleza en el deber cumplido. Lector de aventuras épicas, ese pequeño armaba sus batallas contra toda adversidad pertrechado con armas que proveía el abuelo Adolfo: un ejército de libros.

Aquel soñador de sueños grandilocuentes creía que el reparto del destino le había otorgado un papel estelar y debía cumplirlo. Así andaba por la vida, con el desparpajo y las convicciones de quien se sabe portador de una misión secreta o un cometido superior. Adoraba ser el centro de la atención y perfeccionaba el arte de seducir auditorios en actos escolares, peñas juveniles o en cuanta oportunidad tuviera de empuñar un micrófono y atraer miradas.

Trato de verlo hoy, casi a los cincuenta, entre los pliegues del rostro que me devuelve el espejo. Y le sonrío satisfecho a ese cerdito obsesivo y vivaz que, persiguiendo quimeras, me trajo paso a paso hasta aquí. A un hogar-búnker donde nacieron nuestros cuatro retoños, compartido y defendido espalda contra espalda con una compañera de toda la vida (un cuento de amor nacido en plenas sierras de Córdoba con el río eterno que baña y transporta por corrientes bruscas y escasos remansos a un jabalí metálico y a una rata de agua, inseparables).

Protegido por esa fortaleza y desde el impulso de las obsesiones, el jabalí ha logrado incursionar en los escenarios teatrales que imaginó en la infancia. Audiencias, atención, micrófonos, cámaras y luces escenográficas para enhebrar palabras en el aire. Batallas dialécticas con la política y los políticos. Libros escritos para el instante o la posteridad. Así lo veo, así me veo. Es la modesta épica de la existencia de un cerdo inquieto con el devenir, cuyos designios pertenecen al azar o a la divinidad. El que escribe y se describe en sus emociones, recuerdos y placeres. Lo celebro enarbolando una copa de buen vino mientras cocino en fuegos múltiples rodeado de aromas excitantes. Es mi acto preferido. La ceremonia perfecta. El instante para agradecer con otros lo efímero y lo trascendente de la existencia. ¡Salud!

Tabla de compatibilidad

	karma	salud holística	amor pos COVID	trueque	nuevos vínculos
Rata	bien	muy bien	excelente	bien	bien
Búfalo	muy bien	bien	bien	regular	regular
Tigre	mal	regular	regular	regular	mal
Conejo	muy bien	excelente	regular	bien	regular
Dragón	bien	muy bien	excelente	excelente	bien
Serpiente	regular	bien	bien	regular	regular
Caballo	regular	excelente	excelente	muy bien	excelente
Cabra	regular	bien	bien	regular	regular
Mono	bien	excelente	bien	bien	bien
Gallo	regular	bien	regular	bien	regular
Perro	bien	excelente	bien	bien	bien
Chancho	excelente	bien	bien	excelente	bien

 mal  regular bien muy bien  excelente

1. Bradley Cooper / 2. Belén Blanco / 3. Miguel Ángel Solá / 4. Carla Peterson / 5. Joaquín Furriel / 6. Marilyn Monroe / 7. Fran Lebowitz / 8. Leonardo Favio / 9. Carlos Gardel / 10. Miles Davis / 11. Julio Cortázar / 12. Adolfo Bioy Casares / 13. Dalmiro Sáenz / 14. Klaus Kinski / 15. Leonardo

DiCaprio / 16. Lady Gaga / 17. Laurie Anderson / 18. Bahiano / 19. Ricardo Iorio / 20. Alfredo Casero / 21. Thomás Merton / 22. Antonio Laje / 23. Marguerite Durás / 24. Isla del Tigre / 25. Oscar Wilde / 26. Benito Quinquela Martín / 27. Pappo / 28. Museo de arte de Tigre.

Relación de cada signo con sus amores animales

Rata de Metal - *Vivian Grün*
Mi dulce Sweety

Corría el año 2001, llegaba la primavera e intuía que algo bueno iba a pasarme. No me equivoqué, conocí a Sweety.

Un gato birmano cachorrón de ocho meses, ojos celestes, y un pelaje suave que nunca había visto. Fue amor a primera vista.

A sus nueve años tuvo un terrible accidente doméstico. Nos tocó tratarlo en casa, había que darle muchos remedios y hacerle muchas curaciones en varias partes de su cuerpo.

Fue un día extraño; subió a la terraza y se cortó con un extractor de aire, algo terrible, nunca me asusté tanto en mi vida.

Después de llevarlo de urgencia a la veterinaria y de traerlo a casa, nos asombró su garra, y la confianza incondicional que depositó en nosotros.

Lo único que él quería en este mundo era VIVIR.

La veterinaria venía a casa día por medio a hacerle curaciones con yodo y azúcar. Y un día nos dijo: "Esto es una maravilla, ya no necesito venir a curarlo. Ustedes lo hacen tan bien, él es tan receptivo y agradecido con sus curaciones, que yo estoy de más. Vuelvo en un tiempo, para ver su evolución".

Escucharla fue una caricia al alma, pues nos dio más fuerza y optimismo para juntos sacarlo adelante. Y lo logramos.

Fueron seis meses durísimos, cada día mejoraba un poquito más y faltaba menos para que volviera a caminar, y para poder sacarle de a poco sus vendas.

Sweety había logrado curarse y dejarse ayudar.

Él siempre nos transmitió alegría y un enorme agradecimiento. Vivió siete años más, se fue poniendo viejito, y llegó a sus dieciséis años con medicina homeopática; comía verduras hervidas que yo le preparaba con toda dedicación, y así vivió muy feliz y contento esos años.

Hasta que llegó el momento de dormirlo, y despedirlo.

Fue día muy triste, pero nunca había sentido tanto orgullo, por él y por nosotros. Sweety se había convertido en un gran MAESTRO para mí.

Lo recuerdo siempre, sobre todo en momentos difíciles.

Agradecida por haber tenido la enorme dicha de que se cruce en mi camino. De haber vivido dieciséis años con un animalito tan hermoso, tan sabio y un gran luchador.

Después de unos años, descubrí que Sweety fue Dragón de Metal. Una digna historia de amor para una Rata de Metal.

Búfalo de Metal - *Guillermo Alfredo Miranda*
Ona y Uno

Pienso que muchas historias con mi ovejera podrían formar buena parte de un anecdotario común; quise ir entonces un poco más allá, al lugar donde nos llevan estos seres de simple vida concluyendo nada menos que en una historia de amor. De eso se trata.

Desde muy pequeño hasta mis sentidos sesenta he persistido en el intento de aprender, y es ahí donde Ona, incondicional compañera, dicta incesantemente y en respetuoso silencio sus clases en el arte de amar. Sin importar qué y cómo, ella siempre está ahí, atenta al tono de voz y mis gestos, sin importar mi ánimo encontrará el modo de "decir" *acá estoy*, con la inocente tensión de su mirada, indescriptible expresión de infinita lectura y final feliz.

Contrastando la asimetría del vínculo afectivo de quienes la rodean, familia, amigos, seres amados, todos, no he visto nada igual. Como un camino de ida opuesto al querer, Ona expresa su sentido de amor eterno sin pedir revancha; inteligente y sensible, amalgama el ritmo de la familia de la que es parte, y eso, eso es amor.

A mi lado cuando dibujo, a la mesa con familia o amigos, solo se retira cuando "siente" que el día terminó, para ir a paso rápido a cuidar la puerta de casa. Y allí quedará, cuando me voy, a esperar mi regreso.

Siento que como a mí, le gusta la naturaleza y disfruta mucho correr con Mina, su hija de tres años, para regresar de inmediato a acompasar mi rodilla mientras camino.

En poco menos de la mitad de su vida que lleva de madre, pude ver su adaptación desde el empeño en proteger y enseñar destrezas a su cachorra hasta el extremo de liberar la escena para que Mina cargue con el rol principal.

Ona nació el 6 de diciembre de 2014, es un caballo de madera, y llegó a mis brazos en su día 45 de vida. Regalazo de mis sobrinos Alfonso y Felipe, vino a dar impulso a los últimos días de vida de Paca, una labradora negra que también supo dejar su huella.

Tigre de Agua - *Claudia Pandolfo*
Jimi y yo

No tuve muchas mascotas; de pequeña tenía un perro que se llamaba Pillín, al que compartía con mis cuatro hermanos. En la adolescencia papá trajo a casa una dogo, a la que bautizaron Amapola, pero pronto pasó a ser de dominio de mi hermana Carla. Me gustaban los perros, pero mi relación no era de las más cercanas, creo que me intimidaban un poco. Estaban allí, los acariciaba, los paseaba, les daba premios y hasta ahí, no me entregaba del todo. Ya adulta y con tres hijos, llegó a casa, en el mes de julio de 2000, Jimi, un beagle tricolor, un amor. Había nacido en el mes de abril. Su carita parecía esculpida, era hermoso, todo un peluche. Me enamoré al instante y enseguida lo incorporé a mi corazón. Nunca me imaginé hablando con un perro por largos ratos. Me decía a mí misma: "estoy hablando sola", pero de golpe lo miraba y él estaba paradito con la cabeza inclinada. Estoy segura de que me entendía. Era el más chico y mimado de la casa.

Dicen que los perros se parecen a sus dueños y en parte era así. Flaco, medido con su comida, pero cuando podía robaba todo lo que estaba a su alcance. Si lo retabas, caminaba con la cola entre las patas en cámara lenta sin hacer contacto visual hasta tomar algo de distancia, y desaparecía a todo galope. ¡Le encantaba el pollo! No reconocía a nadie si lograba una presa, y quitársela resultaba una empresa imposible.

Era muy cariñoso, pero no le gustaba que le estuvieran encima. Solía elegir con quién quería estar y se acomodaba al lado. A veces posaba su hocico sobre las piernas, eso era todo, pero le fascinaban los masajes en el cuello. Era muy particular, intuía la energía de todos los habitantes de la casa, y cuando presentía la tristeza en alguno de nosotros, nos seguía dándonos mimos y besitos.

Enamoraba a cualquiera, tanto que dos parejas amigas "encargaron" sendos hijos de Jimi. Son una raza ideal para convivir con chicos. Los llenan de alegría.

Jimi me enseñó mucho. Su entrega, gratitud y amor fueron una escuela, y su valentía, ladrando a cualquiera que pudiera representar un peligro, lo consagraron como un excelente guardián. Cuidaba como nadie a mis hijos. Si me enojaba con alguno de ellos, me miraba mal.

Con Ale, mi marido, sabíamos cuál de mis hijos llegaba a casa por el tono del ladrido; tenía uno para cada uno de ellos.

Nos dio mucho amor y fue amado y mimado por todos. Cuando partió, nos dejó una honda tristeza. Mis amigos venían a casa, decían: "¡Cómo se siente que falta Jimi!".

En la mañana del 7 de abril de 2014, nunca voy a olvidar ese día por dos razones: era el cumple de mi hermano Gabriel y estábamos en el living desayunando todos juntos, porque mi amiga Federica comenzaba con un programa en la radio y nos habíamos dispuesto a escucharla. Días antes nos habíamos enterado de que Jimi estaba mal y que su estado era irreversible, pero teníamos la esperanza de que todavía había tiempo. Esa mañana Jimi estaba relajado a mis pies. Recuerdo que en un momento se levantó, me miró y fue camino a la cocina. En la mitad del camino dio vuelta sobre sus pasos y giró, se recostó sobre la pared como tomando aire. Nos miramos y luego bajó su mirada como cuando no quería que lo siguieran. Fue hacia el patio y se desplomó solo a los pies del ficus.

Desde ese día, llegar a casa ya no era lo mismo. Nadie venía a tu encuentro, a festejar tu regreso tan animadamente. El silencio era abrumador. Los paseos a la tardecita se abandonaron por un buen tiempo. Nunca más tuve un perro. Él fue una experiencia hermosa, única e irrepetible.

Esta tigresa estará eternamente agradecida con este dragón de metal por todo el amor que le brindó a mi familia.

Conejo de Metal - *Esteban Villareal*
Como Conejo mi relación con mis dos perros, Serpiente y Cabra

Primero me identifiqué con ser Gato en el horóscopo chino, pero con el pasar de los años el Conejo va más con mi ser. Siendo gato y viviendo en Argentina, siempre conviví con gatos de todas las razas y personalidades y nos entendíamos a la perfección.

En el año 2002 me mudé a Miami y ahí comenzó este amor con los perros, muy distinto al de mis anteriores compañeros gaturros. Con mis perros podía compartir, además, mi vida en el exterior. A mi primer perro lo compré, era un american bulldog blanco y negro; lo bauticé Leuviah. Pero en realidad él me eligió y me compró a mí. Yo tenía en brazos a un labrador y me estaba dirigiendo a la caja, pero él, como buena serpiente, desde su jaula me hipnotizó, y cuando quise darme cuenta, estaba sentado en mi auto a mi lado, camino a casa, mirando por la ventanilla.

Nuestra relación Conejo-Serpiente fue única, salíamos juntos a todos lados como dos amigos, él me cuidaba y además, sabiendo que enroscaba con su belleza a todo ser humano que se le cruzase, seguro de sí mismo caminaba delante de mí y guiaba mi camino. Él decidía hacia dónde ir y cuándo detenernos. Era indiferente con la gente, sabía que todos caerían rendidos a sus pies por su belleza. En el hogar era muy prolijo y silencioso, estaba cerca de mí, dormíamos juntos, pero él a mis pies, nunca pegado a mí. Me enseñó cómo tratar a los perros; fue mi maestro. Todo lo aprendí de él, hasta cómo cuidarlo en sus últimos tres años de vida, cuando no caminaba y se movía sobre un carrito. No quería dejarme, y cuando le dije "Leu, podés volar, gracias por estos maravillosos trece años juntos. Ya nos volveremos a ver", apoyó su cabeza en mi regazo y cerró sus ojos. Fue la única vez que yo dirigí la situación.

Nuestra relación fue un aprendizaje sabio e hipnótico de una serpiente a un conejo seducido por su belleza y encanto.

Luego adopté a Allegro, un labrador mix negro que tenía los días contados en el refugio. Yo esta vez insistí para poder llevármelo, y a pesar de que los trámites no fueron fáciles, finalmente el negrito también partió a casa en mi auto, a mi lado, y no estaba erguido mirando por la ventanilla sino acurrucado en el asiento.

Con la cabrita todo fue totalmente distinto, Allegro es mi bebé, mi hijo, y a pesar de tener cinco años sigue con la inocencia y el carácter de un cachorro. Nuestros paseos son dirigidos por mí, él deja que yo dirija el tránsito, mueve el rabo de alegría desde que abre los ojos, y se acerca amable a todo el que quiera acariciarlo. Cuando llegamos a casa él deja que yo entre y que le diga "¡Vamos, Negro, entrá!". Duerme pegado a mí, necesita el contacto de mi cuerpo, y yo también necesito en esta etapa de mi vida ese amor incondicional y buenazo. Se lleva con todos los perros, no es celoso, me comparte con alegría porque sabe que él tiene mi corazón. Nuestra convivencia es perfecta; él duerme cuando yo duermo y no tiene horarios; todo lo recibe como un regalo. El ser adoptado lo vuelve más agradecido. Y antes de hacer algo, con su mirada me consulta, me pide permiso.

Nuestra relación es de un padre Conejo a su hijo Cabrita. Es mi bebé, y a pesar de que le gusta salir y jugar en el parque, como la cabra que tira al monte, quiere estar en casa, con su papá.

Dragón de Agua - *Ana Isabel Veny Llabres*
Observando a los felinos, esos seres dulces y sensibles

En el horóscopo chino estoy representada por el mítico, introvertido y discreto Dragón de Agua. Mi experiencia con los felinos empieza desde muy pequeña, en mi cuna ya estaban presentes. De allí hasta hoy forman parte de mi vida. Desde mi corazón me conecto con ellos y me responden con gestos muy cariñosos.

En el antiguo Egipto les rendían culto y los adoraban, ellos eran sagrados. Encontramos sus imágenes en muchas de sus pirámides y su diosa era Bastet, cuya protección garantizaba el bienestar para distintos lugares y sus habitantes.

Son una grata compañía, siempre juguetones y simpáticos; están cerca de mí cuando realizo distintas actividades en mi hogar. Si bien existe una gran variedad de razas felinas, nos podemos conectar muy bien con cada una de ellas ya que poseen la misma esencia. Quienes tengan consigo un felino estarán muy protegidos, pues liberan a las personas y los ambientes de energías negativas. Es probable que ellos vean en otras dimensiones; a veces están muy atentos a los espacios vacíos, como si algo les llamara la atención. Se los asocia con el plano espiritual y representan una gran ayuda, ya que armonizan nuestros ambientes.

Tengo una gran variedad de ellos conmigo y su presencia me da seguridad. Cuando una de mis lindas gatitas desea ver su video de pájaros que la entretiene por largo rato, viene hacia mí y toca mi mano en señal de que quiere ver su video y cómodamente disfruta de él. A ella luego se une el resto del grupo, y con gran interés.

Son refinados, silenciosos y gentiles, una verdadera alegría para el alma. Si les brindamos protección y cariño siempre se sentirán agradecidos y permanecerán a nuestro lado. Disfruto mucho estando con mis bellos felinos y seguirán acompañándome en mi trayectoria de vida con su valiosa protección, tiernas miradas y su agradable ronroneo.

Serpiente de Madera - *Gabriela Arias Uriburu*

Llegó Amelie a mi vida el día de mi cumpleaños, en marzo de 2012, yo ya tenía a Pepe, un perro de la calle que había adoptado en 2010. Amelie era una caniche muy delicada, y tenía que unirse a una manada. Al principio le costó mucho adaptarse a nosotros, y en mí afloró miedo por el dolor inmenso vivido con mis hijos. Cuando mi hijo Karim regresó a Jordania después de una visita de quince días a la Argentina en 2010, decidí adoptar a Pepe; no quería más esa soledad y con él comencé a curar la herida del dolor, de la soledad y el silencio. Después llegó Amelie, que pidió de mí más amor. Tuve que afrontar lo que me pasaba hasta que nos hicimos piel a piel, hueso con hueso, como sucede con los animales por su amor y ternura incondicionales.

Al tiempo falleció Pepe y nos quedamos Amelie y yo.

Comenzó una etapa inmensa para las dos. Por ser tan pequeña la metía en un bolsito y viajaba conmigo a todas las presentaciones del libro, a dar los talleres por todo el país.

Viajó conmigo a todos lados, comenzamos a ser pasajeras inseparables. Empezó a formar parte de toda mi evolución, de mi sanación interna. Se convirtió en una perra terapéutica al mismo tiempo que yo me formaba en las Nuevas Constelaciones Familiares. Cuando comencé con las consultas personales y presenciales, Amelie se disponía a trabajar con ellas a la par mía.

Hacíamos absolutamente todo juntas. En noviembre de 2019, cuando cumplía ocho años, comencé intuitivamente a agradecerle todo lo que habíamos vivido. "Amelie, gracias por tu amor, gracias por todo lo que aprendí y curé a tu lado. Gracias por este inmenso amor. Soy afortunada. Gracias".

A veces, entre lágrimas mías y lamidas de ella, nos envolvíamos en ese amor supremo agradeciendo lo afortunadas que éramos. Esto lo fui haciendo cada instante, hasta que un día le dije: "Ya te va quedando menos tiempo a mi lado, me lo enseñaste todo, cuando partas, hacelo en paz". Entonces llevaba mi nariz hacia su piel y la olía… nos impregnábamos de nuestros aromas. Muchas veces lloraba de emoción por ese amor infinito que habíamos logrado juntas.

Llegó la pandemia y en plena cuarentena comenzó a descomponerse. Fuimos a la veterinaria, logró tener unos días de alivio hasta que una noche la sentí quejosa, en la mañana llamé a la veterinaria y la atendieron. Volvimos a casa y ella iba sintiéndose peor hasta que la abrigué con mi suéter y al cabo de unos minutos me miró y me di cuenta de que estaba muriendo. La tomé en mis brazos y lloré con ella… estaba partiendo. La ubiqué recostada en mi corazón, y bañándola en lágrimas viajé con ella guiada por nuestro amor. Falleció en mis brazos. Durante tres horas se detuvo el tiempo. Entré en el cielo estando en la tierra, me abrazó un amor celestial. Nada volvió para mí a ser lo de antes. Su partida me abrió una nueva dimensión del más allá.

Amelie estaba enferma. ¿Tenía que partir? Sí.

¿Yo quería? Hace tiempo me abro al misterio y a lo que nos guía, y me entrego siendo hija de la vida, aceptando todo como es; entonces todo es perfecto. Había cumplido su misión, habíamos logrado el amor supremo. Nos teníamos una a la otra. Logramos ser una. Ahora comienza otra misión: encontrarnos en todas las dimensiones.

¿La muerte existe? No. Venimos a cumplir un plan, una meta, y cuando tenemos que partir retornamos a nuestra casa. Partió en mis brazos llena de amor y agradecimiento por tanto vivido, y nuestro amor supremo se fundió con el universo. Ahora estamos en otras dimensiones del amando. Ella será mi guía y yo estoy abierta de corazón a corazón para seguir nuevos vuelos. Hoy estoy integrando en la tristeza de las caricias humanas y perrunas a las caricias del alma.

El 30 de abril a las 19.08 nuestro amor supremo logrado en la tierra tomó nuevas dimensiones. En las horas siguientes mi corazón se está transformando, el silencio, sus pisadas recorren mis pasos. Esta madrugada me di vuelta y estaba acostada a mi lado en paz. Seguimos andando. Soy mujer que corre con una loba llena de rulos.

Como mujer, madre y humana aprendo a abrirme a los misterios y a dejarme llevar por su viaje alado. Seguimos unidas desde el corazón ahora, donde se reúnen el cielo y la tierra.

Caballo de Madera - *Marisa Corgatelli*
Mara, mi ángel

Soy un caballo de madera. Amo a todos los animales y tengo debilidad por los felinos. Tal vez mi impulsividad equina hizo que desde chica me abalanzara sobre cuanto gato veía para alzarlo o acariciarlo. En total doce gatos han convivido conmigo; ahora tengo tres: Ilsa, Bugatti y Poirot.

Pero hoy no voy a contar historias de gatos. Voy a escribir sobre Mara, mi única perra, mi inolvidable gallita de madera.

En 2005, buscando la forma de salir de una larga relación tóxica, se me ocurrió que un perro podía ser el camino para lograrlo. Acepté mi propio desafío y decidí que tendría una labradora chocolate.

El 10 de mayo, con frío y lluvia, partí a buscarla lejísimos. Viajamos hasta casa en un remise, Mara envuelta en mi campera, y mi cabeza en pensamientos contradictorios: ¿Lograría mi objetivo con felicidad o estaba haciendo una locura?

Mara tenía cuarenta y cinco días y su panza rosada tocaba el piso mientras caminaba husmeando por el comedor. Era del tamaño de mi gato Maxwell, que la miraba incrédulo desde el sillón.

Es imposible contar todo lo que vivimos en estos dieciséis años juntas, apenas voy a decir que nos acompañamos deliciosamente en paseos, largas caminatas, juegos con troncos y pelotas; tuvimos tardes de sillón, abrazos y televisión, noches de sueños profundos o esquivos; una vez mi amiga Silvia nos llevó al mar con su auto; fuimos a ver cómo la nieve caía sobre el parque Lezama y Julio Bocca se despedía en la 9 de Julio. Ella estaba a mi lado mientras trabajaba, y ponía su patita sobre mi pie cuando cocinaba.

Recibía con fiestas a cada persona que llegaba a casa; fue la dulzura misma con mis nietos, dio la bienvenida a cada gatito que traje. Adoraba comer y la boca se le hacía agua con las naranjas. Para Mara verme siempre era felicidad, y yo no podía alejarme mucho tiempo de su lado. Acariciarla era un remanso que me conectaba con su tibieza y su paz. Con los años fue quedando sorda, perdió agilidad, su vista menguó, pero ni un ratito fue menos buena o hermosa. Paciente y cariñosa con niños y adultos, con propios y extraños. Perfecta, amada, soñada. Mi ángel de amor, bondad y alegría.

Borges escribió hace mucho lo que yo siento ahora que ha partido: *Ya no es mágico el mundo.*

Por siempre amada Mara mía, te aseguro, *no habrá ninguna igual, no habrá ninguna.*

Cabra de Tierra - *Estanislao Cantón, la Cabra Alada, macerada en Dragón*

Me contó un pajarito que las aves sin jaulas locas y lindas también pueden ser grandes mascotas y mucho más. ¿Animales de compañía y animales de poder a la vez? Si bien estamos en épocas de transición forzada, siempre evocan el valor de la libertad al poder volar. Por amor a los elementos básicos y, sobre todo, ¡por amor al éter!

Las mascotas han tomado un auge merecido porque las pantallas enredadas potencian el enrosque social desde su tecnología interna, deshumanizada y basada en la invasión de la venta de humo tóxico. Cualquier animalito de Dios nunca se cansará de demostrar y agradecer infinitamente tu compañía, cariño, comida o cama. Tanta sobresaturación de data, para ya no se sabe qué, queda reducida ante la original mirada a los ojos entre dueño y mascota. Y si ellos nos tienen de mascotas encubiertas a nosotros, no es por control piramidal o cuadrado, sí es por amor circular.

Esta cabra cobra y comparte los regalos sin intereses cien por ciento naturales de la voz cantante y orquestante de la vida misma. En armonía con la luz central de nuestro sistema cosmicómico, la ópera prima comienza con gritos, risas, charlas, discusiones, delirios, llantos, alaridos, quejas y todo tipo de sonidos que dan aguda alegría grave y potente al despertar natural de los sentidos. Una perfección armónica y melódica en plena variedad de tonos cuerdos, todos a la vez participando a su máximo volumen esplendoroso.

Hay días en que entran por las puertas para quedarse e investigar el nido humano, y aun tratan de invitarlos entre varios a que sigan su curso por los cielos. Hay días en que en frecuencia de profunda lectura, contemplación o meditación se apoyan en extremidades como ramas de sus aliados vegetales. Y lo más bizarro de la mística: ¡hay días en que acompañan, infiltrados en el auto, a hacer los mandados! Sí, humanoides, leen bien. Y aunque digan que las cabras solo estamos locas, también es real y muy acertado que un chingolo estuvo de copiloto de un chivo por toda la península esteña de tierras charrúas (con baño de mar y ventana abierta incluidos).

Otro punto fuertemente fantástico son sus plumas de perfección estética. Flamencos de pasarelas alephianas, pájaros locos de buena madera, colibríes de augurios sanadores, garzas de precisión flexibilizada o gallinetas tornasoladas salvajes, junto a cualquier tipo de alas que pronostican tsunamis cantando hasta morir con amor, desde el buen vivir.

Besos, abrazos y cantos. Bufalover. Tigracias.

Mono de Tierra - *Leonardo Abremón*
Hablar de mascotas es hablar de familia

Ludovica: dice "Humanos, somos animales, aunque nos cueste creerlo". Siento, como para completar su frase, que también los animales son un poco humanos llenos de defectos y virtudes para intercambiarnos.

Mis mascotas son iguales a mi familia: tienen sus personalidades bien definidas y complementadas, cada cual con su historia y sus sentimientos que los hace únicos e irreemplazables. En mi corazón han dejado huellas el cardenal Cachilo de mi abuela, el canario Caruso de mi madre, la basset Cleopatra de mi hermana. Mi tía abuela tenía a Chiquita y a su último hijo, al que le puse Tobbi, por el que fui un niño partero. La tortuga Manuelita una arpía ligera que mordía los pies. Benji era un yorshire chinchudo, y Laica, un sol. Recuerdo haber tenido un aburrido pececito y un hámster llamado Goricia Titina.

Párrafo aparte merece mi ángel de la guarda, la adorable boxer Duquesa; crecimos juntos en el patio de la casa chorizo de mi inigualable tía Chola. Aun hoy recuerdo sus ojos y sé que algo de ella hay en mi inquieta Niní. Cuenta mi madre que Duquesa dormía a mi lado y avisaba si yo lloraba, éramos dos bebes. Se atravesaba en los escalones que conducían a la terraza para que yo no me cayera, dejaba que la montara a caballito, me llevaba corriendo con mi patineta, cual trineo. Su color caramelo y su mancha blanca en la cara puedo verlos en cuanto boxer pase cerca de mí, y se me hace inevitable aproximarme al animal para sentirla cerquita por un momento.

Mis hijos gatunos Jack & Nicholson llegaron a mi vida un domingo de fines de mayo de 2003, por lo que según mis cálculos nacieron el 3 de abril. Estos dos siameses resultaron cabritas. Su energía era como un *yin yang*; se complementaban perfectamente. Gemelitos tan iguales y tan diferentes: un torpe y un equilibrista, un gordo y un flaco, uno casero y sociable y el otro más andariego y apegado a mí, los dos amorosos y muy celosos. Los reyes de la casa, aunque muchas veces sabíamos salir de paseo. Bellos, fotogénicos y artistas, tan mágicos que siguen aquí conmigo y puedo verlos a pesar de que abandonaron este plano a sus 15 y 16 años. Con Nicko pasamos su última noche paseando en bici, y con Jacko en una salida al teatro.

Cuando fui director del Centro Cultural de la Costa en Vicente López apareció enroscado en alambre un cachorrito mestizo y me pareció que sería lindo integrarlo al equipo convirtiéndolo en la mascota de Cultura, lo llamamos Cepe Biondi. Lamentablemente fue robado. Pienso que este caballerito perruno quiso dejarle su lugar a su hermanita que estaba al cuidado de una vecina. Hice frente a la pérdida y accedí a la adopción de la encantadora perrita de enormes orejas en punta. Para evitar el mismo problema, ella viajaba conmigo en un morral en tren y bicicleta hasta que ya fue imposible continuar porque su tamaño iba en ascenso. Tan inquieta y movediza, la dulce cachorrona fue bautizada con el nombre de dos *stars*: Thelma Niní, como la Stefani y la gran Marshall. Lo del bautismo es literal: ¡mis mascotas han sido bautizadas en la iglesia con bendición del cura y todo! Niní es mi gran compañera, casi mi sombra. Amante de las fotografías, su perfil estático con mirada al horizonte puede ser la envidia del mismísimo Julio Iglesias. Es tan delicada y femenina que sus ojitos brillan cuando aparece algún vestidito glamoroso o una coronita. Fiel a su novio Isidro, muy compinche de Amy y Otilia, dos caniches bien pizpiretas.

Calculo que Niní nació el 19 de noviembre de 2011, año del conejo de Metal. Mi conejita toda algarabía y puro corazón desarrolló su instinto materno con Angelita, su bebé de peluche que conserva a pesar de los años. Una tarde, en una panadería, apareció una cachorra en muy mal estado y Niní no dudó en adoptarla y malcriarla, y me convertí en abuelo. Así llegó Tita Cholita, el 11 de octubre, día del cumple de la Merello.

Esta pequeña debe haber tenido una vida bastante dura pues aun hoy sufre pesadillas. Gracias a Dios y a los generosos veterinarios nada quedó de su mudez y se convirtió en la gran guardiana de la casa. Bella y graciosa como Niní, ama los vestiditos pero es más independiente y se hace amiga de los *homeless*; nada le importa si de libertad se trata. La energía de sus tíos gatunos protege a esta joven perrita de tierra, que debe haber nacido en el tiempo de la partida de Nicko, a mediados de 2018.

A los amigos del zoo les digo: no compren, adopten; si es posible dos, para que se hagan compañía, y que las mascotas los elijan a ustedes.

PD curiosa: Niní es conejo como Niní Marshall, y escorpiana como Thelma. Nuestra amiga Amy es del 9 de mayo, como nuestra amada amiga Ludovica; gracias a su CHI llegaron Jacko y Nicko, tal vez por obra y magia del recuerdo de su fabulosa gata Sofía (tan bella y tan negra con sus ojos dorados), que fue el primer felino con el que interactué en la vida.

Todo puede fallar, pero nada es casual. Besos.

Gallo de Fuego - *Guillermo Cantón*
El Gallo y las mascotas

Desde siempre traté de tener un vínculo "franciscano" con los animales, de igual a igual. No me gustaba el sometimiento ni la explotación que veía en mi infancia en el campo. Quedé fascinado cuando descubrí lo que se conoce como la "doma india" de caballos, en contraposición al uso de la fuerza y la violencia para doblegar un potro. Cuando me vine a vivir nuevamente al campo, en la margen de un río, comencé a compartir este lugar con zorros, cuises, comadrejas, lagartos, cientos de pájaros y bichos diversos. Me sentía un privilegiado y a la vez sentía el deseo de tener más vínculo con esta fauna, dialogar un poco más. Entonces empecé a darles de comer y desarrollar algunas estrategias de acercamiento.

Iba bastante bien, tenía los chingolos en la ventana todas las mañanas esperando las semillas, los zorros pasaban al atardecer por algún hueso, un lagarto overo hibernaba debajo de la pila de leña… ¡hasta que llegaron las mascotas!

Nunca antes había vivido este conflicto entre animales silvestres y domesticados de manera tan explícita. Ahora que un perro me acompaña desaparecieron las visitas de los zorros, y tengo una gatita mimosa que hizo volar a los chingolos de la ventana. A su vez apareció la responsabilidad de alimentarlos y cuidarlos. No me siento del todo cómodo en el lugar de "dueño" de las mascotas, no me gustan los animales de adorno; los animales están ahí por alguna razón, algún motivo del equilibrio ecológico. ¡Pero son maravillosas estas criaturas!

A mi perro, Julio, lo encontré perdido en un camino rural, medio cachorro, seguro lo tiraron por ahí cuando se puso grande y molestaba en la casa. Me encanta que me esté esperando cuando llego a casa y que se quede cuidando cuando me voy; tiene esa cosa servicial y fiel de los perros que nos conmueve. La gata, Yipi, también vino de un rescate callejero y tiene un carácter felino bien marcado, caza lauchas y le encanta dormir al sol.

Se me ocurrió pensar que los animales domésticos son un poco una extensión de uno mismo, algo parecido a lo que Marshall McLuhan decía de los inventos, la rueda como una extensión de nuestros pies, la cámara como una extensión del ojo, por ejemplo. Los perros funcionan como una extensión de la familia, los cachorros que no tuvimos o ya no están; los gatos son más vale una extensión, una materialización de nuestro espíritu. Tengo debilidad por los felinos, tuve otros gatos en otros momentos de mi vida y esta gata me acompañará un buen tiempo. Tenemos una relación muy afectuosa y a la vez independiente. Entra y sale de la casa por sus propios medios, le doy de comer pero también se provee de la fauna circundante. Puedo irme de la casa sin preocuparme por su cuidado. Yo la siento así, como una parte de mi espíritu que anda deambulando por acá y me interpela todo el tiempo. Por eso, creo, los gatos son la mejor compañía para los solitarios y quizá también para los Gallos como yo.

Perro de Tierra - *Silvana Suárez*
De perros y gatos

Soy perra de 1958 y vivo con dos perritos: Sam, de nueve años, y Norman, de cinco. Hace pocos meses se incorporó a nuestro hogar Lovecito, un gatito que me regaló mi vecina Amalia, mezcla de monte Comechingón, río y espinillos. Los perros son como el Jazmín de Susana Giménez, de raza yorkshire. Y pensar que cuando el perrito de Susana se hizo famoso yo decía que parecía un roedor, no un perro; moraleja: "Nunca digas de esta agua no he de beber".

Norman, el más chico de los canes, lleva ese nombre en honor a mi hermana menor, Normy, quien me había prometido ponerle a su perra Saby, ya que mi sobrenombre de niña es Sabina, pero luego quedó Simona, y así estamos. En mi niñez los perros y los gatos no entraban en nuestra casa de la calle Aníbal Montes 550 de barrio Maipú, en ciudad de Córdoba; teníamos bastante terreno que daba a un pulmón de manzana y se movían libremente entre la galería y las casuarinas del patio y los talleres de escultura de mi padre, y de pintura y cerámica de mi madre, que estaban al fondo de la propiedad.

Hacía unos cuarenta años que no tenía gato propio, Lovecito tiene cuatro meses, es muy dulce, bonito y tremendamente ágil, como son los felinos. Se impone sobre los dos perros con su rapidez y uñas, que no duda en utilizar para colgárseles del pelaje; ellos huyen dando un par de gruñidos que no logran afectar la intención del pequeño de la casa.

Gracias a su férrea determinación, nadie doblega a Lovecito, quien no deja de sorprenderme y llenarme de amor con ataques de suavidad. Ya que soy su nueva mamá humana, él suele dormirse en mi cuello y estira una de las patitas delanteras para tocar mi cara suavemente cuando en el ocaso, si el clima lo permite, nos sentamos todos en la galería que da a los montes Nonos a ver cómo el sol se pone. Me divierte luego mirar alguna película, y relajados en el sillón generalmente repetimos a diario ese ritual hasta la hora de dormir, que no suele ser muy tarde pues soy bicho de día.

Ha sido un lindo regalo para nosotros tener este gatito blanco, gris, atigrado por partes, con unos ojos verdes maravillosos y un espíritu curioso y juguetón, sobre todo para los tiempos de pandemia global que corren, en los que nos encontramos enfrentando el segundo año consecutivo en un mar de incertidumbres, apelando a la fortaleza interna y a lo aprendido. Hoy más que nunca la realidad global nos invita a desarrollar nuestra inteligencia emocional y espiritual y considero que una vez que se vuelva a la normalidad habremos cambiado tanto, que va a ser difícil que nos vendan gato por liebre.

Chancho de Tierra - *Claudio Herdener*
Como chancho de tierra, mi relación con mis dos gatos y un perro

En una de las tantas mudanzas en mi vida, recalé en el Barrio Catalinas Sur, entre San Telmo y La Boca. En todos los lugares donde viví estuve solo con ansias de libertad y sin compromiso, menos con mascotas.

Una tarde, quien golpeó la puerta vino no con un pan bajo el brazo sino con un gato siamés de pelaje color crema, ojos azul intenso y mirada desconfiada. Era un regalo para alguien que persistía en su soledad casi como un deporte.

De plano dije: "¿Para mí?". Negación absoluta para la invasión del solitario. Aflojé, y poco convencido lo acepté solo por una semana, que se convirtió en dieciséis años.

Theo, serpiente de metal, silencioso observador, compañero de otras dimensiones, como suelen ser los gatos. Fue padre de seis, y para que no heredara la soledad de quien esto escribe, al poco tiempo un hijo le hizo compañía y le permitió perder todo aburrimiento con el juego del bollo de papel, un rollo de hilo o cualquier cosa que le diera curiosidad y estímulos de *crack* felino.

Alí, cabra de agua, con pocos meses se sumó para formar un trío de auténticos solitarios, y la experiencia se tornó algo más entretenida. Idas y venidas al veterinario, vacunas, alimentos balanceados, la esperanza de una lata de atún cada tanto y la fortuna de abrir mi alma de chancho de tierra para dejar que invadieran mi chiquero con total afecto y compañía.

Viajaban conmigo a Córdoba, experimentaban la posibilidad de vivir en otro lugar fuera del espacio urbano. Nos instalábamos en una serranía y, cuando regresábamos, la total melancolía ya no tenía la soledad de antes. Eran otras épocas, con nuevos cambios.

Transcurrió el tiempo cronológico que nos afecta a todos, mal o bien. Con algunas mañas cada vez más profundas, Theo se fue apagando de a poquito, y Alí pegado a él, sin separarse.

Me hablaban interrumpiendo mis silencios, me esperaban siempre al sentir los pasos por el pasillo y el ruido de las llaves al entrar. Allí estaban. Una noche Theo exhaló su último suspiro a mi lado, ya de madrugada. Alí se quedó sin entender lo que pasaba, lo lamía para que reaccionara, pero se había ido.

Finalmente otra mudanza por la ciudad, Alí y yo nos fuimos solitos a otro barrio, con otras luces y sombras. Con amplios balcones donde la tristeza a pesar de todo nos envolvía en otra soledad.

Pasó un corto tiempo, y cuando estaba en la serranía, en ese ir y venir constante hasta el presente, una tarde me avisaron que Alí había partido. Infinito dolor que se clavó como estaca en el alma. Se repetía la ausencia de mascotas que jamás pidieron nada y me dieron más de lo que esperaba.

Quien al poco tiempo complementó la ausencia fue White, un perro pastor polaco o perro nutria, oriundo del norte de Escocia. Como todo Mono de fuego, apareció en mi vida así como llegan las cosas que uno no espera, cuando el otro te elige y vos no tenés ni idea del porqué. Solo sentís que la espina ya no duele tanto, y aprendés que ellos caminan a tu lado, que siguen vivos, estés donde estés, aun en el lastre que son los recuerdos.

Este ágil y hermoso perro con esa algarabía de cachorro apareció simplemente cuando tomaba unos mates bajo la parra, se instaló en mi cuerpo y alma un tiempo demasiado corto para tapar el agujero de los gatos siameses.

Un día, del mismo modo que vino, no supe nada más de él. Y quiero creer que hoy, juntos los tres, juegan en el cielo, esperándome.

El Eneagrama: un poderoso camino para la iluminación personal

por Julián Randle

Las cosas no son como las vemos, las vemos como somos.

El Eneagrama es una antigua sabiduría que sintetiza en un misterioso y antiguo mandala lo central y esencial del ser humano y su personalidad.

Se cree que tiene su origen en la antigua sabiduría sufí, la rama contemplativa del Islam. Pero podría ser anterior y venir desde milenios antes de Cristo de los montes Himalayas y Oriente. Lo cierto es que esta sabiduría fue capturada por la Iglesia Católica y custodiada especialmente por los jesuitas. También difundida ampliamente por George Gurdieff, un sabio filósofo armenio de principios del siglo XX que supo integrar la sabiduría de Oriente con la de Occidente.

Hoy el Eneagrama se pasea por ámbitos psicológicos, filosóficos, psiquiátricos, de neurociencias, académicos, religiosos, espirituales, y en empresas por áreas de recursos humanos y *coaching* motivacional.

Lo que resulta extraordinario de esta sabiduría es su resiliencia a lo largo de los siglos; su capacidad de ser relevante y coherente para múltiples y variadas culturas, filosofías y espiritualidades.

El Eneagrama es transversal por su profunda coherencia, sentido común, evidencia empírica y manifiesta profundidad espiritual. Jamás he leído que alguien dudara sobre su capacidad extraordinaria de explicar y simplificar la compleja trama de la personalidad.

Como es materia para estudio y carrera universitaria completa, no me dejaría Ludovica contártelo todo aquí. Pero déjame transmitirte los siguientes conceptos, que si los comprendes creo que despertarán en ti curiosidad por ampliar y descubrir más.

Dicen que la condición humana se reduce en última instancia a dos palabras: amor y miedo. Si observas tus actos, en algún punto podrás registrar qué grado de amor o miedo existió en ellos.

Esto se debe a que el hombre en su naturaleza social tiene registro de deseo y proximidad con el otro, pero también una certeza de que el otro es un potencial riesgo (el hombre es el lobo del hombre). Y así transcurre nuestra existencia en un juego constante y paradójico de intentar acercarnos, pero también de temer nuestra capacidad mutua de lastimarnos.

Esta amenaza latente nos genera una estructura de miedos que de algún modo rodean y "protegen" en forma de coraza a nuestro ser profundo, que juzgamos muy vulnerable y merecedor de que se lo esconda y tape, no vaya a ser cosa que nos lastimen.

Es entonces, a partir de estos miedos, que se forman las estrategias de personalidad que juzgamos más adecuadas para protegernos y a la vez generar algún tipo de integración social exitosa. A todo este conjunto de comportamientos periféricos a nuestro ser profundo lo denominamos comúnmente como Ego, y es la carta de presentación que ofrecemos al mundo; en esencia, nuestra personalidad.

Este proceso se produce en los años de la infancia (0-7 años) y va formando un tejido neurológico profundo en nuestro cerebro, que una vez programado como tal queda instalado y nos define para el resto de nuestra vida.

Lo que aporta el Eneagrama con gran elegancia es un lenguaje para que podamos observar, comprender e integrar esta estructura de ser profundo, miedos y personalidad manifiesta.

Quiero que retengas entonces tres instancias importantes para la comprensión de ti mismo:

• Tu ser profundo y hermoso. Ese espacio dentro de ti donde todo es luz, aceptación y belleza (no todos podemos vernos así siempre).

• Tus miedos que te "protegen" pero que también te alejan de la posibilidad de amor (los miedos son muy difíciles de ver, como podrás googlear si buscas el mundo de las sombras según Carl Jung).

• Tu personalidad, el modo en que reaccionas socialmente para tapar y calmar aquellos miedos que percibes, mientras simultáneamente buscas amor y una forma de integración con la sociedad.

Así descripto, es probable que lo que digo no te resuene mucho. Y es que no estamos entrenados para bucear en nuestro interior y descubrir los mecanismos y las energías que constituyen nuestro ser y las emociones que desencadenan nuestras conductas.

Por eso el Eneagrama empieza por describirte de afuera hacia adentro. Con un simple test podrás ir aprendiendo cómo es la expresión pública de tu personalidad, cómo son tus deseos y modos de manifestarte en ese famoso "la vida es 10 % lo que me pasa y 90 % cómo reacciono". También podrás identificar y reconocer formatos de conductas en los otros.

Lo que nos cuenta el Eneagrama es que hay nueve estrategias de personalidad bastante arquetípicas y reconocibles en cada uno de nosotros: una es muy dominante y rectora de la manera en que vemos y nos conducimos por la vida.

Todos tenemos las nueve energías, pero cada uno las conjuga de manera singular, y su expresión será el sello personal de cada ser humano. Las nueve energías son:

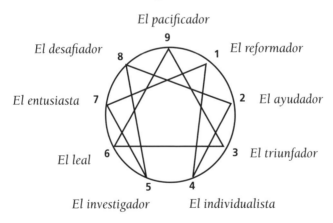

EL ENEAGRAMA CON LOS NOMBRES
DE TIPOS SEGÚN RISO-HUDSON

Cada una de estas energías o tipos describen un arquetipo de persona con características prominentes.

Muy importante: Cada arquetipo puede manifestarse en la luz o en la sombra. Lo que nos enseña el Eneagrama es cuáles son las trampas en las que puede caer cada tipo de personalidad y también cuál es su oportunidad para lograr luz y armonía.

Este conocimiento nos pone en contacto con la capacidad que nuestras energías tienen de expresarse en la luz, y también en la sombra. Hablamos entonces de virtudes y pasiones de la personalidad.

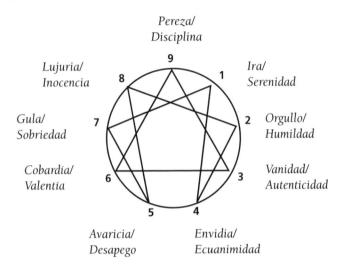

Hay consenso en que el dolor propio a la condición humana se reduce a una desconexión entre el ser profundo y maravilloso que existe en cada uno de nosotros y la manifestación pública de nuestra personalidad gobernada frecuentemente por el miedo.

Adentro de cada ser humano existe belleza inconmensurable (Ser) pero en su manifestación pública (Ego) también está la posibilidad de caer en excesos y expresarnos de manera oscura. El camino de la felicidad será entonces integrar toda nuestra condición humana y actuar de manera coherente y balanceada.

Para ello necesitamos poner palabras a lo que sentimos, intuimos y pensamos. Y es esa la función maravillosa del Eneagrama.

¿Te acuerdas de que antes te propuse explorar tu ser interior, tus miedos y tu personalidad?

Bueno, el Eneagrama te llevará a un camino de autoconocimiento de tu personalidad y el viaje lo harás de afuera hacia adentro. Conocerás las compulsiones y reacciones típicas de tu arquetipo, aprenderás a observar los mecanismos de tu personalidad y cómo a veces esta te gobierna y no eres tan libre como lo creías. Aprenderás sobre las posibilidades de expresión en luz y en sombra que tienes dentro de ti. Y sobre todo, aprenderás lo que denomino las "palabras mágicas" que obran la transformación de tu personalidad y abren puertas a tu dimensión más noble y por ende más cerca de la belleza de tu ser.

Porque el arte de ser humano consiste en comprender que tenemos un tesoro vasto y maravilloso en nuestro interior. Pero para llegar a él primero debemos observar las conductas de nuestra personalidad y nuestras compulsiones, comprender los miedos que nos dominan y aprender a disolverlos con coraje.

Aprender a conducir el destino de nuestro ser reemplazando aquellos miedos y compulsiones que nos encierran por virtudes que nos liberan en una suerte de amorosa alquimia transformadora con rumbo a la armonía.

Cambio yo, cambia el mundo. Marcel Proust

predicciones

PREDICCIONES MUNDIALES 2022 PARA EL AÑO DEL TIGRE DE AGUA BASADAS EN LA INTUICIÓN, EL I CHING Y EL BA ZI

EL MICROBIO ENFERMANTE DESAPARECERÁ POR INEFICAZ.
Benjamín Solari Parravicini

Sentada frente al lago en el Oeste, regido por el tigre, a pleno sol de siesta serrana, preparo la ceremonia para consultar al I CHING sobre el hexagrama que regirá al mundo, planeta Tierra, Gaia, en el año del tigre de agua.

Las antiguas monedas chinas puestas al sol para recibir su energía respondieron en forma contundente.

Hexagrama 63. Después de la Consumación.

Mi presentimiento en sintonía con el rey de la tierra, guiado por seis dragones que ascienden seis escalones hacia el cielo.

AÑO DE COMIENZO.

REINICIAR.

La creatividad se manifestará desde el macrocosmos hasta la vida cotidiana.

Nuestro planeta en extinción expresará su furia, ira, por la violación a los últimos recursos naturales que las potencias del G20 en complicidad con los gobiernos de países corruptos, frágiles en las instituciones democráticas, devastados por la pandemia real y ficticia que se impuso con el miedo, avanzarán para apropiarse ilegalmente de lo que queda.

El tigre sacará garras, colmillos, estrategias de lucha para defender con la comunidad, la sociedad civil, cuerpo a cuerpo, el derecho a la subsistencia de cada familia, de amigos, de gente que, diezmada por el cambio climático, las guerras, las violaciones a los derechos humanos, llegará a lugares –que ya no tendrán límites territoriales– a iniciar una nueva vida.

El I CHING, en el primer hexagrama de líneas *yang*, habla del origen cósmico y de su influencia en la tierra.

El año del búfalo fue la purificación kármica de las pruebas más profundas en nuestros cuerpos físico, mental, espiritual, etérico, sutil, intuitivo, y de reconstrucción de nuevas moléculas y átomos que renacerán con otra conciencia.

Atravesamos una feroz pandemia, que adjudico a una guerra biológica para exterminar a la mitad de la población mundial por los pocos recursos naturales que quedan. Agua no contaminada de ríos, lagos, glaciares y el desprendimiento de icebergs y masas de hielo por el recalentamiento global, petróleo, litio, minería, bosques milenarios son el objetivo de los fraudulentos negocios de gobiernos con amigos dentro y fuera del país.

El mapa geopolítico no será tan fácil de visualizar durante el año del tigre.

Revoluciones endémicas en los países de África, Medio Oriente y este de Europa, y la crisis en Latinoamérica crearán nuevos focos de rebrotes epidemiológicos, enfermedades terminales, y las peores: infanticidios, suicidios, locura, trastornos psicológicos difíciles de contener por la global crisis familiar, económica y social.

Dos generaciones de analfabetos excluidos del sistema serán parte del plan genocida mundial.

El I CHING habla de la creatividad como recurso y motor para la sobrevivencia.

El arte renacerá, surgirán nuevas formas de reinventarse y será a través de los lugares de encuentro de gente que quedó en las *últimas imágenes del naufragio* nadando en ciénagas que despertarán su adormecida imaginación, y de la recuperación de habilidades manuales más que tecnológicas.

El planeta tendrá movimientos de sanación, más generaciones estudiando y trabajando en regiones del planeta devastadas por el cambio climático, por la violación sistemática y la trata de personas.

La experiencia de la muerte de los dos años anteriores, rata y búfalo, transformará la conciencia del inconsciente colectivo.

Nos acercaremos con más naturalidad a la filosofía hindú, china, a la reencarnación, y los líderes de cada lugar ayudarán a despedir a la familia y otros seres queridos con otra mirada sobre la vida y la muerte.

El año del tigre de agua, a pesar de ser el más diplomático y pacífico, será el más guerrero para definir el rumbo de gran parte de la humanidad.

El poder de China y Rusia enfrentará situaciones decisivas en Occidente.

La inmigración china a Latinoamérica crecerá exponencialmente.

Gran parte del aprendizaje será la adaptación de todas las razas y culturas que se mezclarán gestando "el hombre nuevo y la mujer nueva".

Se fortalecerá la genética a nivel mundial; el año del tigre será de reencuentro erótico, sexual, de contacto, después de un largo ostracismo.

Habrá más vida social, artística, creativa.

Se podrán recuperar la alegría, los debates y los viajes por el mundo.

Si bien es cierto que la tendencia será de blindar a determinados países o a la Unión Europea, también se recuperarán la diplomacia y las invitaciones que unirán a jóvenes adelantados en tecnología, ciencia y recursos humanos.

HABRÁ MÁS SISMOS, DESLAVES, TSUNAMIS Y TERREMOTOS.

La prevención de algunos gobiernos ante la emergencia de desastres climáticos es fundamental en tema de presupuestos.

Promediando el año del tigre habrá fervor por el Mundial en Qatar.

Lamentablemente no será pacífico; episodios imprevistos de ciberataques o amenazas podrían empañar el evento.

Es posible que la copa del mundo se la lleve algún equipo europeo, y que el subcampeón sea latinoamericano.

Resetearemos con distancia imágenes de situaciones que pasaron en años anteriores: guerra de Hamás con Israel, la caída del edificio en Miami.

La muerte de inocentes, mujeres, niños, por razones que no se han resuelto en siglos, o la negligencia de quienes son responsables legales y civiles de reparaciones de edificios, casas, museos, iglesias, se acentuará durante el año del tigre, que devorará en sus fauces poblaciones en zonas costeras.

El hombre cambiará su rol *yang* hacia el *yin*, y las mujeres se empoderarán en los próximos cien años.

Decrecerá la natalidad a nivel mundial; la pandemia dejará marcas en el eros que, a pesar de una nueva primavera en los próximos años, enfriará el deseo de formar una familia.

Los humanos buscarán nuevas formas de sobrevivencia, al estilo de la película *Una aventura extraordinaria.*

Tendremos que convivir con el tigre al lado, intuir la forma para que no nos devore en la travesía.

El secreto es llevarnos bien con cualquier tigre durante su reinado.

Estarán empoderados y nos observarán con lupa para decidir sobre nuestras huellas en la tierra.

L. S. D.

El I CHING les aconseja:
63. Chi Chi / Después de la consumación

EL DICTAMEN
Éxito en lo pequeño. Es propicia la perseverancia.
Al principio ventura, al cabo confusiones.

La transición que va del tiempo viejo al tiempo nuevo ya ha sido llevada a cabo. En principio ya todo está en regla y solo en los pormenores puede obtenerse algún éxito. Pero para ello hace falta observar la actitud que corresponde. Todo sigue su marcha como por sí mismo. Esto seduce fácilmente a un relajamiento de la tensión y a dejar su curso a las cosas, sin que uno se preocupe mucho de los diversos aspectos. Tal indiferencia, empero, es raíz de todos los males. De ella surgen necesariamente fenómenos de decadencia. Se enuncia aquí la regla que suele predominar en la historia. Pero esta regla no constituye una ley inexorable. Quien la comprenda será capaz de eludir sus efectos mediante una incesante perseverancia y cautela.

LA IMAGEN
El agua está por encima del fuego:
La imagen del estado Después de la Consumación.
Así el noble reflexiona sobre la desgracia
y por anticipado se arma contra ella.

Cuando el agua, en la marmita, cuelga sobre el fuego, ambos elementos están en mutua relación y debido a este hecho se genera energía. No obstante, la tensión que así se produce impone adoptar precauciones. Si el agua se desborda se extingue el fuego y se pierde su función energética. Cuando el calor es excesivo, el agua se transforma en vapor y se pierde en el aire. Los elementos que en este caso están en relación recíproca y engendran así la energía, por su naturaleza guardan entre sí una recíproca hostilidad. Únicamente una extrema cautela puede evitar el daño. Así también en la vida hay circunstancias en que todas las fuerzas se equilibran y obran de consuno, y por lo tanto todo parecería estar en perfecto orden. Tan solo el sabio reconoce en tales épocas los momentos de peligro y sabe dominarlos mediante precauciones tomadas a tiempo.

PREDICCIÓN GENERAL PARA EL AÑO DEL TIGRE DE AGUA YANG 2022 / 4720

El año del tigre de agua viene con un instructivo para quemar karma. Será un año para resolver conflictos añejos. A los tigres de agua no les gusta dejar nada sin atender, siempre están activos y con prisa, por lo que aparentan ser más jóvenes de lo que son, en especial los que nacieron en 1962. Todos los tigres que nacieron en 1962 nos van a parecer imposiblemente juveniles a pesar de que cumplan 60 años, y es la combinación de las energías agua la que va a inyectar con vitalidad e impulso a quien nazca a partir del 4 de febrero, aunque el año felino comience lunarmente el día 1º de febrero. Este será también un año en el que las personas tendremos que cuidar el cuerpo físico, tanto el propio como el de todos los seres vivos y sintientes, yendo desde lo microscópico hasta lo global. Si tenemos alguna afección física, mental, aguda o crónica, nos veremos obligados a atenderla. Enfermos (animales o humanos), niños, personas con capacidades distintas y ancianos se convertirán en una prioridad, además de seres desplazados por factores políticos, ecológicos y económicos, porque 2022 será uno de los años con más incidentes globales de esta década. La combinación de la energía agua del año y la madera del signo del tigre también nos habla de la relación entre la madre y sus descendientes. La energía agua nutre la tierra y da a luz la madera. La madera toma la energía agua necesaria para poder controlar la tierra y con ello asume potestad sobre el fruto de la tierra y el trabajo. En resumen: este año es el año en que debemos hacernos responsables de los seres vulnerables de manera propia primeramente, y después de forma colectiva, porque estamos en un punto sin retorno.

Lo Shu para el año 2022 del calendario gregoriano o el año 4720 en el calendario chino

Las estrellas voladoras: xuan kong fei xing 玄空飞星, que son los números, nombres e ideogramas en chino que verán en la siguiente tabla, representan los distintos modos en los que las energías del cosmos se comportan al entrar en contacto con nuestro planeta. Estas energías cambian de posición constantemente debido a la rotación y al magnetismo no solo de la tierra, sino de todo nuestro sistema solar. Cada una de ellas ocupa el lugar en el centro del cosmos; su influencia nos empapa a todos con las cualidades de cada una. Cuando las energías de las estrellas se presentan con suavidad, la vida en la tierra es manejable, pero a veces la energía es demasiado fuerte, entra en nuestra vida de manera inoportuna y nos afecta. Este año será un año en que la energía Qi que conocemos como "tierra", es decir, que se comporta como la tierra que pisamos todos los días, habitará en el centro del planeta y su influencia nos marcará el paso.

El siguiente es el cuadro Lo Shu 洛書. Esta herramienta es muy útil para todos los entusiastas del feng shui 风水 auténtico.

Sureste: 巽 Xun ☴ 4 Verde	Sur: 離 Li ☲ 9 Morado	Suroeste: 坤 Kun ☷ 2 Negro Hei Se Er jin 黑色二劲 Sui Pó Rompe Año 歲破
Este: 震 Zhen ☳ 3 Jade Gran Duque一太歲 Tài Suì	Centro: 五黃 Wu Huang 5 Amarillo	Oeste: 兌 Dui ☱ 7 Rojo
Nordeste: 艮 Gen ☶ 8 Blanco	Norte: 坎 Kan ☵ 1 Blanco 3 Asesinos San Sha 三殺	Noroeste: 乾 Gan ☰ 6 Blanco

La energía tierra dominante está marcada en el centro del cuadro en color gris ya que la energía 5 que este año ocupará el centro es muy pesada, esta puede atraer problemas de salud, pérdidas en los negocios y conflictos entre los miembros de la familia. Las energías en blanco tienen combinaciones que no implican condiciones extraordinarias, pero este año en particular, la energía es muy fuerte, por lo tanto hay que poner atención en los resultados de esas combinaciones. Y la energía en negro tiene dos características este año: enfermedad y propensión al tipo de ira que experimentamos cuando sentimos que nos han robado tiempo, espacio y derechos.

Nos vemos obligados a ampliar aquí la información sobre el mes de agosto de esta predicción anual, ya que este año tiene una combinación peligrosa que hay que ver con mucho tiempo de anticipación.

Ese mes representa una tormenta perfecta. El mono es opuesto al tigre, la oposición se incrementa, ya que la energía anual es Tronco 9 de agua *yang* y la energía de ese mes, Tronco 5 de tierra *yang*. Esa combinación se comportará como un deslave. Además, las estrellas ki del mes y el año se duplican en cada zona dando doble 5 Amarillo, doble 2 Negro, doble Gran Duque, etcétera, lo cual aumenta peligrosamente la influencia de cada una de las energías. Es como si estuviéramos encerrados en un cuarto pequeño peleando por el espacio y los recursos con nuestro gemelo malvado. Para salir bien librados de ese mes titánico y, por ende, del tigre 2022, necesitaremos toneladas de paciencia, amor por el prójimo y respeto por la vida, pues los conflictos serán climáticos, políticos, sociales, económicos y todo eso afectará la vida personal, emocional, psicológica y hasta espiritual. Lean varias veces las predicciones para las diferentes zonas geográficas, a continuación, si sienten que las cosas se ponen difíciles, y hagan caso de las advertencias y contramedidas sugeridas.

Ahora bien, por el lado positivo, las energías benéficas también serán duplicadas, por ejemplo el ki 8 Blanco en el Nordeste. El del tigre es un año perfecto para pensar en nuestras vidas colectivas y aprender a cooperar por un bien común.

Más adelante veremos qué hacer para prevenir problemas y tener un año del tigre sin mayores contratiempos.

Contramedidas para aplicar durante el año 2022/4720
La siguiente es la lista de cosas que tenemos que hacer en las zonas negativas, marcadas en gris o en negro en el cuadro de página 262. Estas acciones se llaman "contramedidas".

Nombre en chino	Nombre en español	Descripción	Contramedidas exclusivas para 2022
Tài Suì 太歲	Gran Duque Júpiter	Tránsito de la energía proveniente de Júpiter sobre el signo zodiacal que rige el año. Afecta la integridad de los que agreden el domicilio fijo del signo del año en curso. No hay que plantarse de frente a esta energía.	Colocar plantas vivas antes de comenzar el año y cuidarlas con esmero pero sin cortarlas, podar o agredirlas. Quemar incienso en números pares. Evitar cavar, hacer ruido, desenterrar, trasplantar.
Suì Pò 歲破	Rompe Año	Es el lugar opuesto a la localización del Gran Duque. Afectar esta área produce problemas de salud y de dinero constantes.	No perturbar el área, no cavar, cortar, sacrificar ni agredir o discutir en esa zona. No procrear ni convalecer, ya que este año la energía 2 Negro ocupa también esta zona.
Sān Shā 三殺	Tres Asesinos Tres Muertes	Indica la energía opuesta a la posición del signo del año y sus signos compatibles. No hay que dar la espalda a esta energía.	Colocar tres rocas grandes. El tamaño de las rocas depende del tamaño del lugar. Las piedras para el espacio de una sala, living o recámara tienen que pesar no menos de 5 kilos. La forma no importa, pero es preferible que sean redondas.

Wŭ Huáng 五黄	Cinco Amarillo	Se refiere al tránsito de la energía tierra acumulada. Trae enfermedades y bancarrota.	No perturbar ni cavar en esa zona. No permanecer mucho tiempo ahí. Evitar procrear, dormir o ingerir alimentos en el centro de la casa. Poner un jardín central o un conservatorio de plantas* antes de construir una casa nueva.
Hēi Sè Èr jìn 黑色二劲	Dos Negro	Se refiere al tránsito de la energía tierra decadente. Trae enfermedades agudas, contagiosas y congénitas.	No permanecer mucho tiempo en esa zona. Este año, la contramedida es igual que con el Suì Pó, así que esta área es especialmente peligrosa y vulnerable.

Análisis de cada zona para el año 2022/4720. Tigre de agua *yang* y sugerencias para seguir en la casa.

A continuación veremos específicamente qué pasara en cada zona del planeta y, con ello, lo que podemos hacer también en casa, ya que la energía que viene del cosmos y se topa con la energía de la tierra camina por todo el orbe, desde lo macro hasta lo micro, y viceversa.

Norte: 坎 Kan ☵ 1 Blanco 3 Asesinos San Sha 三殺

En el mundo: La energía que se asentará en el Norte será muy agresiva. Atrae conflictos referentes a dinero, comunicación, poder, política y diferencias evidentes entre grupos contrarios, sobre todo entre grupos conservadores y liberales, jóvenes y viejos, *yin* y *yang*. Hay que tener cuidado en la zona norte de nuestros barrios, ya que podrían darse disputas territoriales y accidentes relacionados con deslaves, inundaciones y lodazales.

En la casa: Hay que mejorar la comunicación de los miembros de la familia, en especial entre padres, abuelos y miembros

---

* Nota: un conservatorio de plantas es parecido a un invernadero, pero está pegado a la casa y la temperatura es más baja que en un invernadero. O sea que en un invernadero las plantas viven en condiciones óptimas para ellas, pero la temperatura es muy elevada, de alrededor de 35 ºC, demasiado para un humano; en un conservatorio, plantas y humanos conviven bien, la temperatura no supera los 25 ºC, es común tener un pequeño living o un comedor adentro del conservatorio.

jóvenes y pertenecientes al colectivo LGTTBIQ. Evitar discutir sobre asuntos íntimos en esa zona. Es mejor llevar esas discusiones a la zona nordeste de la casa.

Sur: 離 Lí ☲ 9 Morado

En el mundo: Zona sin mayores problemas, siempre y cuando no sea afectada por incendios. Si llegase a ocurrir un incendio en el Sur, es posible apagarlo rápidamente, pero más vale no tentar demasiado a la suerte, debido a que el cambio climático hace más impredecible cualquier predicción hecha con el ba zi chino. Hay que reforzar usando el *Libro de las Mutaciones* o *I Qing*.

En la casa: Hay que tener cuidado con el fuego en esta zona. Las personas propensas a sufrir males cardíacos no podrán dormir en el Sur. Es importante consultar a un experto en feng shui para ver si las estrellas voladoras de la casa o el lugar de trabajo no chocan con el 9 Morado.

Este: 震 Zhèn ☳ 3 Jade   Gran Duque-太歲 Tài Suì

En el mundo: El Gran Duque se encuentra transitando en el Este del planeta. Atrae problemas relacionados con la energía madera, es decir la ira, los tendones y el hígado. En temas de geopolítica esto nos habla de guerra y competencia de recursos naturales. Cualquier explosión, terremoto, maremoto y actividad minera en el Este del planeta empeoraría todos estos conflictos armados o provocaría catástrofes de índole natural.

En la casa: Esta combinación atrae suerte y fama. Estar durante corto tiempo en esta zona (no dormir aquí) favorecerá a las personas que buscan ascender en la vida pública, por lo que se recomienda hacer tratos, firmar papeles importantes y realizar entrevistas o videos virales en esa zona, pero hay que mirar hacia el Oeste mientras se hace todo eso.

Oeste: 兌 Duì ☱ 7 Rojo

En el mundo: La suerte de esta zona depende de su geografía. Para los países al Oeste del mundo (continente americano y la parte occidental de Europa) que estén en zonas bajas o planicies, la combinación atrae mejoras en política y justicia por medio de la oratoria, pero en zonas montañosas y en mesetas elevadas hay peligro de temblores, incendios y actividad volcánica peligrosa. El único modo de evitar tragedias ahí es construyendo casas y estructuras antisísmicas.

En la casa: Al igual que en el planeta, todo depende del feng shui de la casa. Si nuestro hogar está en una zona montañosa al Oeste o con la entrada en el Oeste viendo hacia una montaña, hay probabilidad de sufrir robos debido a alguna indiscreción y rumores que afecten la seguridad de la casa; sin embargo, en caso de que el oeste de la casa no tenga puertas, la combinación atrae buena comunicación, fama y fortuna.

Sureste: 巽 Xùn ☴ 4 Verde

En el mundo: Peligro de huracanes y vientos extremos en el sudeste asiático y el Caribe. También hay peligro de un nuevo brote o pandemia de enfermedades respiratorias ahí; si eso no ocurre en humanos, es posible que afecte a otros animales o al metabolismo de las plantas. En el lado positivo, hay probabilidades de alcanzar avances importantes en ciencia y tecnología en esa zona del planeta.

En la casa: Hay que mantener la zona sureste de la casa bien despejada y limpia. Si la entrada de la casa ve hacia esa dirección o si hay una persona enferma en casa durmiendo ahí, será mejor cambiarla de recámara. Es una buena zona para estudiar y trabajar porque propicia éxito y concentración.

Suroeste: 坤 Kan ☷ 2 Negro He-Se Er jìn 黑色二劲 Suì Pò Rompe Año 歲破

En el mundo: La combinación del doble 2 Negro propicia enfermedades crónicas serias combinadas con conflictos de poder desde la zona suroeste del océano Pacífico hasta Oceanía, pasando por todas las islas de esa zona. Hay que tener mucho cuidado al viajar a esas áreas.

En la casa: Si la entrada de la casa, el comedor o la cocina está en esa zona, la combinación provocará conflictos emocionales dolorosos entre familiares o amigos que estén ayudando y personas afectadas por múltiples enfermedades o vejez. De ser posible, hay que delegar la atención de pacientes a cuidadores y personal de enfermería profesionales.

Nordeste: 艮 Gen ☶ 8 Blanco

En el mundo: Esta es la mejor zona en todo el planeta. Los mejores avances económicos, políticos y sociales ocurrirán desde el nordeste de Europa hasta China, Japón y Corea. La influencia positiva elevará la calidad de vida y propiciará los campos de la ciencia, los bienes raíces, agricultura y rescate de zonas arqueológicas.

En la casa: La zona nordeste de la casa será la más propicia. En ella podremos pasar la mayor parte del tiempo. Si la persona que más aporta económicamente al hogar duerme en esa zona, todos los habitantes de esa casa tendrán más oportunidades y buena fortuna.

Noroeste: 乾 Gan ☰ 6 Blanco

En el mundo: La combinación doble 6 Blanco deja vulnerables a los líderes políticos y sociales de esta zona del planeta, eso propicia disputas entre esta zona y un Nordeste cada día más próspero. La pérdida de liderazgo en Europa occidental será muy evidente.

En la casa: Esta combinación representa a la cabeza y la inteligencia. En casas de más de veinticinco años hay peligro de problemas mentales o accidentes en esa zona, más si ahí se encuentran recámaras o baños, o la puerta de entrada. En casas más nuevas ese problema no será relevante.

Centro: 五黄 Wu Huang 5 Amarillo

En el mundo: La zona central del planeta, es decir bajo tierra, es y siempre será la zona más peligrosa, eso incluye construcciones bajo tierra; mientras más abajo, más delicado. Como la energía del 5 Amarillo se duplica, los peligros son mayores. El aumento en actividades mineras en el mundo afectará el doble el futuro de todo el planeta y a los trabajadores de ese sector económico. Cuidado.

En la casa: Nunca es bueno dormir o pasar mucho tiempo en sótanos, cuevas, túneles, pero este año es particularmente peligroso. Puede provocar problemas abdominales graves, desde una infección leve hasta abortos involuntarios. No hay que pasar más de quince minutos en sótanos, menos aún cavar o extender esos sótanos, túneles, etcétera.

Instrucciones para utilizar la tabla del Ki de las nueve estrellas.

Alrededor de los años 2697 a. C. y 2597 a. C., el Emperador Amarillo Huang Di 黄帝 descubrió que la influencia de la energía universal afectaba de manera energética las condiciones de vida de sus súbditos; entre todas las formas de adivinación estadística inventadas por él, se encuentra el Qi Men Dun Jia 奇門遁甲. Milenios después, en 1924, el maestro japonés Shinjiro Sonoda simplificó la técnica en la forma del Ki de las nueve estrellas Kuseikigaku 九星気学. Esta forma de explicar el lo shu, el xuan kong fei xing, el ming gua y el feng shui en la vida personal nos ha acompañado en todas las publicaciones de este libro, ya que podemos identificar el tono general del año y tomar previsiones a futuro.

Ki de las nueve estrellas para 2022/4720

Sureste Mansión de madera 4 BUENA SUERTE Y VIAJES DE PLACER	Sur Mansión de fuego 9 ALEGRÍA Y FORTUNA FELICIDAD	Suroeste Mansión de tierra 2 PROBLEMAS MALA SUERTE AMOR CON DISGUSTOS
Este Mansión de madera 3 SALUD ALEGRÍA HONORES	Centro Mansión de tierra 5 CAMBIO DE EMPLEO O DOMICILIO FALTA DE DINERO ACCIDENTES, ROBOS	Oeste Mansión de metal 7 DINERO BUENA SUERTE EN TODO AMOR
Nordeste Mansión de tierra 8 DESGRACIAS ENFERMEDADES MUERTE	Norte Mansión de agua 1 MELANCOLÍA TRANQUILIDAD SERENIDAD	Noroeste Mansión de metal 6 FORTUNA BUENOS NEGOCIOS MEJORA LA SITUACIÓN

Notarán que hay unas casillas de color gris. Esto significa que las personas nacidas con los ki 8, 5 y 2 se encontrarán con un año difícil, si no es que hasta peligroso. Las personas nacidas con estos números ki deberán tomar precauciones y sobre todo, deberán evitar viajar hacia esas direcciones, tener cuidado si es que esas direcciones están en zonas vulnerables de sus casas (puertas de salida a la calle, cocina, baño, sótanos, por ejemplo). Las personas con los números ki 4, 9, 3, 7, 1 y 6 están fuera de peligro. Algo muy importante es aclarar que las personas nacidas bajo el ki 5 no pueden usar la posición del número 5 Centro porque esa energía se encuentra bajo tierra. Por lo tanto tienen que usar las otras dos energías tierra que son las estrellas 8 (mujeres 5) y 2 (hombres 5).

Aclaremos: la estrella ki 5 se cambia por el 8 en el caso de identificarse como mujer y el ki 2 es para las personas que se identifican como hombres. Pongamos dos ejemplos: una persona que se identifica como mujer, nacida entre el 5 de febrero de 1981 y el 24 de enero de 1982, al nacer bajo la estrella ki 5, cambiará su posición a la estrella ki 8. Una persona que se identifica como hombre nacido entre el 18 de febrero de 1977 y el 6 de febrero de 1978, cambiará su ki 5 al ki 2.

Tabla de localización del Ki de las nueve estrellas de 1924 a 2044

Localiza tu año de nacimiento en la siguiente tabla.

IMPORTANTE: Es necesario que verifiques tu número ki si naciste antes del 4 de febrero, pues si es así, estás en la cúspide del cambio de ki, y para obtener una predicción exacta debes considerar leer no solo el número ki que te corresponde, sino también el número ki del año anterior para que no queden dudas. Por ejemplo, si naciste el 29 de enero de 1979, tu estrella ki no es nada más 3 (hombre o mujer), sino que la predicción también podría ser 4 (hombre) o 2 (mujer).

Año de nacimiento de 1924 a 1983	Ki (Masc.)	Ki (Fem.)	Año de nacimiento de 1984 a 2043	Ki (Masc.)	Ki (Fem.)
Feb 05,1924— Ene 23, 1925	4	2	Feb 02,1984— Feb 19, 1985	7	8
Ene 24,1925— Feb 12, 1926	3	3	Feb 20,1985— Feb 08, 1986	6	9
Feb 13,1926— Feb 01, 1927	2	4	Feb 09,1986— Ene 28, 1987	2 (5)	1
Feb 02,1927— Ene 22, 1928	1	8 (5)	Ene 29,1987— Feb 16, 1988	4	2
Ene 23,1928— Feb 09, 1929	9	6	Feb 17,1988— Feb 05, 1989	3	3
Feb 10,1929— Ene 29, 1930	8	7	Feb 06,1989— Ene 26, 1990	2	4
Ene 30,1930— Feb 16, 1931	7	8	Ene 27,1990— Feb 14, 1991	1	8 (5)
Feb 17,1931— Feb 05, 1932	6	9	Feb 15,1991— Feb 03, 1992	9	6
Feb 06,1932— Ene 25, 1933	2 (5)	1	Feb 04,1992— Jan 22, 1993	8	7
Ene 26,1933— Feb 13, 1934	4	2	Jan 23,1993— Feb 09, 1994	7	8
Feb 14,1934— Feb 03, 1935	3	3	Feb 10,1994— Jan 30 1995	6	9
Feb 04,1935— Ene 23, 1936	2	4	Jan 31,1995— Feb 18, 1996	2 (5)	1
Ene 24,1936— Feb 10 1937	1	8 (5)	Feb 19,1996— Feb 06, 1997	4	2
Feb 11,1937— Ene 30 1938	9	6	Feb 07,1997— Jan 27, 1998	3	3
Ene 31,1938— Feb 18, 1939	8	7	Jan 28,1998— Feb 15, 1999	2	4
Feb 19,1939— Feb 07, 1940	7	8	Feb 16,1999— Feb 04, 2000	1	8 (5)
Feb 08,1940— Ene 26, 1941	6	9	Feb 05,2000— Jan 23, 2001	9	6
Ene 27,1941— Feb 14, 1942	2 (5)	1	Jan 24,2001— Feb 11, 2002	8	7
Feb 15,1942— Feb 04, 1943	4	2	Feb 12,2002— Jan 31, 2003	7	8
Feb 05,1943— Ene 24, 1944	3	3	Feb 01,2003— Ene 21, 2004	6	9
Ene 25,1944— Feb 12, 1945	2	4	Ene 22,2004— Feb 08, 2005	2 (5)	1
Feb 13,1945— Feb 01, 1946	1	8 (5)	Feb 09,2005— Ene 28, 2006	4	2
Feb 02,1946— Ene 21, 1947	9	6	Ene 29,2006— Feb 17, 2007	3	3
Ene 22,1947— Feb 09, 1948	8	7	Feb 18,2007— Feb 06, 2008	2	4
Feb 10,1948— Ene 28, 1949	7	8	Feb 07,2008— Ene 25, 2009	1	8 (5)
Ene 29,1949— Feb 16, 1950	6	9	Ene 26,2009— Feb 13, 2010	9	6
Feb 17,1950— Feb 05, 1951	2 (5)	1	Feb 14,2010— Feb 02, 2011	8	7
Feb 06,1951— Ene 26, 1952	4	2	Feb 03,2011— Ene 22, 2012	7	8
Ene 27,1952— Feb 13, 1953	3	3	Ene 23,2012— Feb 09, 2013	6	9
Feb 14,1953— Feb 02, 1954	2	4	Feb 10,2013— Ene 30 2014	2 (5)	1

Año de nacimiento de 1924 a 1983	Ki (Masc.)	Ki (Fem.)	Año de nacimiento de 1984 a 2043	Ki (Masc.)	Ki (Fem.)
Feb 03,1954– Ene 23, 1955	1	8 (5)	Ene 31,2014– Feb 18, 2015	4	2
Ene 24,1955– Feb 11, 1956	9	6	Feb 19,2015– Feb 07, 2016	3	3
Feb 12,1956– Ene 30 1957	8	7	Feb 08,2016– Ene 27, 2017	2	4
Ene 31,1957– Feb 17, 1958	7	8	Ene 28,2017– Feb 18, 2018	1	8 (5)
Feb 18,1958– Feb 07, 1959	6	9	Feb 19,2018– Feb 04, 2019	9	6
Feb 08,1959– Ene 27, 1960	2 (5)	1	Feb 05,2019– Ene 24, 2020	8	7
Ene 28,1960– Feb 14, 1961	4	2	Ene 25,2020– Feb. 11, 2021	7	8
Feb 15,1961– Feb 04, 1962	3	3	Feb 12,2021– Ene 31, 2022	6	9
Feb 05,1962– Ene 24, 1963	2	4	Feb 01,2022– Ene 21, 2023	2 (5)	1
Ene 25,1963– Feb 12, 1964	1	8 (5)	Ene 22,2023– Feb 09, 2024	4	2
Feb 13,1964– Feb 01, 1965	9	6	Feb 10,2024– Ene 28, 2025	3	3
Feb 02,1965– Ene 20 1966	8	7	Ene 29,2025– Feb 16, 2026	2	4
Ene 21,1966– Feb 08, 1967	7	8	Feb 17,2026– Feb 05, 2027	1	8 (5)
Feb 09,1967– Ene 29, 1968	6	9	Feb 06,2027– Ene 25, 2028	9	6
Ene 30,1968– Feb 16, 1969	2 (5)	1	Ene 26,2028– Feb 12, 2029	8	7
Feb 17,1969– Feb 05, 1970	4	2	Feb 13,2029– Feb 02, 2030	7	8
Feb 06,1970– Ene 26, 1971	3	3	Feb 03,2030– Ene 22, 2031	6	9
Ene 27,1971– Feb 14, 1972	2	4	Ene 23,2031– Feb 10 2032	2 (5)	1
Feb 15,1972– Feb 02, 1973	1	8 (5)	Feb 11,2032– Ene 30 2033	4	2
Feb 03,1973– Ene 22, 1974	9	6	Ene 31,2033– Feb 18, 2034	3	3
Ene 23,1974– Feb 10 1975	8	7	Feb 19,2034– Feb 07, 2035	2	4
Feb 11,1975– Ene 30 1976	7	8	Feb 08,2035– Ene 27, 2036	1	8 (5)
Ene 31,1976– Feb 17, 1977	6	9	Ene 28,2036– Feb 14, 2037	9	6
Feb 18,1977– Feb 06, 1978	2 (5)	1	Feb 15,2037– Feb 03, 2038	8	7
Feb 07,1978– Ene 27, 1979	4	2	Feb 04,2038– Ene 23, 2039	7	8
Ene 28,1979– Feb 15, 1980	3	3	Ene 24,2039– Feb 11, 2040	6	9
Feb 16,1980– Feb 04, 1981	2	4	Feb 12,2040– Ene 31, 2041	2 (5)	1
Feb 05,1981– Ene 24, 1982	1	8 (5)	Feb 01,2041– Ene 21, 2042	4	2
Ene 25,1982– Feb 12, 1983	9	6	Ene 22,2042– Feb 09, 2043	3	3
Feb 13,1983– Feb 01, 1984	8	7	Feb 10,2043– Ene 29, 2044	2	4

PREDICCIONES GENERALES PARA CADA MES DEL AÑO DEL TIGRE 2022

ENERO • Mes del Búfalo. Tronco celeste 8 de **metal** *yin*, inicia el 5 de enero. **Estrella voladora mensual: 3**

El mes aún forma parte del año del búfalo, lo cual lo hace un mes con doble búfalo. Esto atrae mucha capacidad para concentrarse, resolver problemas complejos, asuntos ajenos, y planificar. En el aspecto destructivo, el doble búfalo atrae tozudez, migrañas, obsesión y poca empatía. Provoca incendios en el Suroeste, se ven excesos en el este del planeta, posiblemente sexuales en el Este. Para el Sureste, sucesos naturales graves relacionados con la fertilidad de la tierra, y atrae enfermedades fatales para las cosechas y seres sintientes en estado de vulnerabilidad.

FEBRERO • Mes del Tigre. Tronco celeste 9 de agua *yang*, inicia el 4 de febrero. **Estrella voladora mensual: 2**

Este mes será helado en el hemisferio norte. En los trópicos y el hemisferio sur se verán vientos fuertes y deslaves. Los días 6 y 18 serán especialmente difíciles. La combinación de agua *yang* con la madera del tigre atrae capacidad para establecer títulos, obtener trabajo, tener ideas y soluciones a problemas complejos. Habrá un punto de inflexión en los movimientos sociales por conflicto entre las fuerzas *yin* y *yang* y todo lo viejo y lo nuevo. El Sureste será el más conflictivo. Norte y Centro: enfermedades y contaminación del agua. Enfermedades pulmonares y cefaleas en el Sur. Inestabilidad familiar, viudez o divorcios en el Suroeste.

MARZO • Mes del Conejo. Tronco celeste 10 de agua *yin*, inicia el 5 de marzo. **Estrella voladora mensual: 1**

La influencia del conejo subirá la energía madera del año tigre y en consecuencia la gente estará iracunda, valiente y con deseo de controlar. La energía agua del año impide en gran medida que se cumplan los afanes de control de la gente influenciada por la energía madera. Esta misma energía madera trae a su vez vientos huracanados en zonas inusuales y es posible que se adelante la temporada de huracanes. El mes representa fertilidad, ya que el conejo atrae energía sexual al tigre; es posible que este mes funcione como un adelanto o ejemplo del desenfreno sexual que veremos en el año del conejo (2023). Las acciones tomadas en este mes repercutirán en el año del conejo.

ABRIL • Mes del Dragón. Tronco celeste 9 de madera *yang*, inicia el 5 de abril. Estrella voladora mensual: 9

Mejora la economía en el Suroeste y en el plano doméstico, pero también hay posibilidad de sufrir pérdidas económicas en los países de Sudamérica en caso de que haya explosiones subterráneas en cualquier otra parte del planeta (Centro). Eso aumentaría también la actividad volcánica en el cinturón de fuego (Oeste), desencadenaría actividad migratoria de animales marinos y contaminación o disturbios en el océano Pacífico, lo cual ya son palabras mayores. En el Noroeste se manifestarán más problemas emocionales y mentales de lo normal. En el Suroeste habrá conflictos generacionales, separaciones emocionales entre mujeres jóvenes y sus padres, y eso tendrá a la gente ocupada analizando las múltiples brechas generacionales que han permeado todas las culturas.

MAYO • Mes de la Serpiente. Tronco celeste de madera *yin*, inicia el 5 de mayo. Estrella voladora mensual: 8

El tronco de madera *yin* del mes eleva la energía iracunda del tigre y provoca problemas relacionados con objetos metálicos, violencia y corrupción, además de asuntos de salud que podrían afectar a personas, animales y objetos relacionados con la energía madera. Hay peligro de eventos naturales destructivos en el Suroeste, posiblemente relacionados con incendios en Oceanía y, sobre todo, Sudamérica. También será un mes relacionado con eventos eléctricos violentos, tanto naturales como domésticos y laborales. Cuidado con los aparatos electrónicos esenciales, hay que hacer respaldos de información y datos. Las redes sociales serán un verdadero desorden y abundarán las noticias falsas, así como pérdidas de datos sensibles.

JUNIO • Mes del Caballo. Tronco celeste 3 de fuego *yang*, inicia el 6 de junio. Estrella voladora mensual: 7

Hay peligro de padecer problemas sanguíneos, circulatorios, incluso en personas que no han tenido síntomas previos. La gente sentirá la necesidad de aumentar y provocar felicidad aunque de modo frívolo y no trascendental. Este mes es una consecuencia directa de lo vivido en el año de la rata 2020, donde hubo agua y miedo, ahora hay fuego y entusiasmo. Sin embargo, también hay incendios, problemas eléctricos graves y accidentes con medios de transporte: aéreos, terrestres y marinos, incluso subterráneos. Hay que hacer todo lo posible por protegernos, exigir acciones de seguridad y respeto para con la naturaleza en zonas suburbanas cercanas a bosques y selvas, y cuidar nuestras propiedades. También serán más que evidentes el calor extremo y las sequías, sobre todo en el hemisferio norte.

JULIO • Mes de la Cabra. Tronco celeste 4 de fuego *yin*, inicia el 7 de julio. Estrella voladora mensual: 6

El mes de la cabra será la calma antes de la tormenta. Es necesario aprovechar ese descanso para poner en orden todo lo que es importante. La cabra trae alegrías, buenas noticias, cariño, amores de todos los tiempos. El hoy y el ahora serán importantes, ya que el crecimiento se expresará más en el mundo real. El mes que viene será complicado, por no decir peligroso, por lo cual la cabra nos regala un mes entero para fortalecernos, mejorar la salud en los cuatro cuerpos (mental, espiritual, físico y causal) y mejorar nuestros lazos familiares, amistosos y comunitarios.

AGOSTO • Mes del Mono. Tronco celeste 5 de tierra *yang*, inicia el 7 de agosto. Estrella voladora mensual: 5

El mono viene cargado de peligros. No solo el mes choca con el año del tigre, sino que el ki 5 Amarillo se repite en el mes y en el año, reforzando todas las energías. Algo muy bueno para el Nordeste (8) que es un ki oportuno, Noroeste (6) y Oeste (7), lo cual sube la economía y la salud en esas zonas, dejando al Sur global y los trópicos como zonas de peligro 9 y 1(Norte),

2 (Suroeste), 3 (Este), 4 (Sureste) y 5 (Centro). En el Centro mismo y el Suroeste peligran salud y estabilidad del suelo. Guerra en Sureste y Este. En la familia y amistades hay conflictos que solo se pueden resolver en la zona nordeste de la casa. Problemas generales: guerra, deforestación, enfermedades graves. Es mejor no hacer cambios profundos, aunque serán inevitables movimientos como terremotos, mudanzas, desplazamientos, migraciones humanas y animales.

SEPTIEMBRE • Mes del Gallo. Tronco celeste 6 de tierra yin, inicia el 8 de septiembre. Estrella voladora mensual: 4

El mes es menos agresivo que el anterior, lo cual nos dará la oportunidad de reconstruir lo esencial y construir desde cero lo que ya sí es realmente importante. Las actividades propicias de este mes son: pedir perdón, orar y decretar. Es importante señalar que algunas zonas seguirán siendo más peligrosas: Norte con incendios, inundaciones, y Suroeste con deslaves. En casa veremos problemas con instalaciones de agua, fuego y electricidad que afectarán aparatos electrodomésticos y personas con problemas cardíacos.

OCTUBRE • Mes del Perro. Tronco celeste 7 de metal *yang*, inicia el 8 de octubre. Estrella voladora mensual: 3

Buen mes para la política, el trabajo comunitario o solidario entre comunidades, colectivos y tribus urbanas. El mes lo podremos aprovechar para comenzar y concretar proyectos que tengan mucho tiempo atorados, resolver dilemas científicos, matemáticos y artísticos complicados que requieran aislamiento para lograr la inspiración. También será un buen momento para iniciar negocios novedosos y regresar lo que ha sido expoliado (títulos, derechos, tierras). La justicia será el tema, eso debido a que la generación nacida en este siglo llegará definitivamente a la mayoría de edad y ya está lista para tomar el liderazgo.

NOVIEMBRE • Mes del Chancho. Tronco celeste de metal *yin*, inicia el 7 de noviembre. Estrella voladora mensual: 2

El mes será calamitoso debido a acciones violentas, ya sean

a propósito o accidentales. El tigre y el chancho elevan juntos la energía madera que, al chocar con el metal *yin* del mes, afecta el hígado y los tendones. La gente (sobre todo los adolescentes y los jóvenes) estará impaciente y se enojará con facilidad, lo que impedirá buenas relaciones en el trabajo. El tema central será el tráfico en zonas urbanas, los mares, y con ello vendrá un conocimiento más profundo sobre la naturaleza y por supuesto, su carácter iracundo.

DICIEMBRE • Mes de la Rata. Tronco celeste 9 de agua *yang*, inicia el 7 de diciembre. Estrella voladora mensual: 1
El mes trae exceso de energía agua, lo cual produce enfermedades infecciosas, cárcel o encierro, peligro durante cirugías innecesarias, accidentes con objetos punzocortantes, y lleva a sufrir daños debido a actividades hechas por miedo. A diferencia del mes del mono, este mes trae dificultades más que nada por el exceso de energía en los troncos celestes. Los problemas más comunes y sus síntomas son ansiedad, miedo, inseguridad. Esto podría complicar mucho las relaciones familiares y amistosas durante las fiestas decembrinas, así que hay que enfocar las predicciones en elevar la tranquilidad y la aceptación (resignación), por lo tanto, la compasión y la empatía. Aún faltan dos meses para que termine el año del tigre, por lo que hace falta ser más prudentes, pero sin caer en el pánico.

PREDICCIONES PREVENTIVAS PARA ARGENTINA BASADAS EN LA INTUICIÓN Y EL I CHING

La noche.
Noche, la noche oscura.
Si tú eres la democracia, coge a la humanidad entera y abrázala.
Ninguna diferencia entre ricos y pobres, entre nobles y plebeyos.
Ninguna diferencia entre lo bello y lo feo, entre el valioso y el estúpido.
Tú eres el pobre y el rico, el bello y el feo, el valioso y el estúpido:
Todo ello es una gran estufa amarga y caótica.
Tú eres la liberación, la libertad, la igualdad, la paz: todo ello es un gran ejército preñado y feliz como un pistilo erguido.
Noche oscura, la noche.
Yo te amo de verdad.
Yo no pienso dejarte.
Yo odio esa claridad que viene de fuera,
porque en ese mundo sin diferencias,
ella quiere imponerlas.
Zhu Ziquing

Finalizando el libro del año del tigre, en pleno invierno serrano, con cuatro grados bajo cero, en un día de sol, seco, siento a la Argentina susurrarme su deseo de saber por qué la desolación, el desamparo, la pandemia y sus sucesivas olas, la indigencia, la pobreza de espíritu reflejada en la indiferencia de quienes mueren de hambre en el zaguán, la tranquera o el baldío cercano son nuestro espejo.

Estamos en la inmensidad de un territorio con fronteras que no se custodian en el Norte, Sur, Este y Oeste para evitar que entre el virus delta o los que llegarán por aire, agua, tierra, o peligros más graves como la trata de personas, el tráfico de armas y las drogas, y nos encontramos a expensas de medidas absurdas que se toman para intentar aquietar el pánico que se adhirió a nuestra piel, células, intestinos, pulmones, brazos, piernas, aparato genital y a nuestro cerebro.

Lo adherente, el fuego, expresa el i CHING en una lectura de inmigrantes que vinieron de Italia en busca de un destino mejor del que dejaron, que era de guerra, pobreza, hambruna.

Y setenta años después descubrieron que tal vez habría sido mejor quedarse en su tierra y comenzar de nuevo.

En Argentina no se comienza; se extingue lo que algunos planearon, aunque creamos que vivimos en democracia.

La dinámica mundial de las potencias, la lucha por saquear los recursos naturales en Latinoamérica, ofrendando como en la conquista española a niños, doncellas, ancianos y gente que se inmoló por adaptarse a la ciclotimia de un país inestable desde su independencia (base de datos de cartas natales) nos encuentra, entre el año del búfalo y el del tigre, en el Neolítico.

Tal vez llegó el gong para que nos demos cuenta de que nos desprendimos del sistema solar, de que la tierra es un planeta en extinción, pues esta guerra bacterológica mundial y globalizada representa el umbral de una nueva humanidad.

Parece demencial creer que somos parte de un experimento.

¿Pero acaso no lo fueron los habitantes de la tierra hace 2000, 3000 o 5000 años en China, Medio Oriente, Egipto?

En democracias débiles, autoritarias, sin espiritualidad, es más fácil inyectar el virus tanático (de la muerte).

Mi Argentina, donde nací y quisiera morir.

¿De quién es ahora el país?

Nos han convertido en andariegos, náufragos, extranjeros en nuestra tierra.

El asombro se ha convertido en inercia, desidia, desesperanza.

Los planes comienzan limando cerebros, incautando la educación, la cultura, la salud holística hasta ver morir a nuestros hermanos.

Argentina está en terapia intensiva, con trastorno de la personalidad, con enfermedades terminales, físicas, psíquicas y espirituales.

Los esfuerzos de las minorías para despertar conciencia son ultrajados, silenciados, difamados, distorsionados por los que en el karma de vivir al Sur reencarnaron para dilapidar la energía creativa, solidaria, altruista, talentosa que tuvimos en épocas de fe y esplendor.

Argentina sin color.

Blanco y negro.

Cada ser humano, ciudadano, poblador indocumentado, habitante rural, de los confines de la Puna, del desierto, de los glaciares hace años que está readaptándose a lo que madre naturaleza le da.

No se puede vivir de planes sociales para perdurar.

En una tierra donde el sacrificio de la gente del campo, de los que madrugan y se acuestan sin tiempo para soñar producen la encarecida proteína que nos mantiene vivos.

Escribo esta visión entre los argentinos varados repentinamente en el exterior, por razones más de venganzas, resentimiento, condena por elegir vacunarse en países donde se puede elegir cómo y cuándo darse la primera y segunda dosis y no morir de angustia con la carencia de todas las que aún no llegaron en "tiempo y forma" a la Argentina.

La inestabilidad social, económica, las embestidas del búfalo con los cambios abruptos en decisiones o DNU del gobierno retraen, abruman, sofocan a un pueblo sin eros, deseos de vivir.

Y en el medio del circo los políticos arremeten con más vandalismo, zozobra y peleas para tenernos de rehenes.

La única posibilidad que nos queda es ser creativos.

Indagar en nuestra caja de Pandora y buscar los recursos visibles e invisibles que aún tenemos, que atesoramos, que sabemos que podemos utilizar para salir a flote, pues el año del tigre será el límite entre un país en extinción y otro que será el que defendamos a "puro ovario, huevo y candela".

No hay un buen pronóstico con lo que atravesamos en esta última década, medio siglo, o antes de reencarnar.

Estamos sumergidos en catástrofes que abarcan al mundo: el cambio climático, la orfandad de dos generaciones a la deriva, la falta de empleo o la explotación a los excluidos del sistema, la salud holísticamente deteriorada, la ignorancia en suspender las clases presenciales, afectando el sistema familiar, los hábitos y las conductas en el entorno, en la constelación familiar, en la relación con amigos, parientes y maestros.

El año del tigre terminará de deglutir lo que ya está en extinción.

El I CHING aconseja creatividad, escuchar los designios del cielo, del rey del cielo acá en la tierra.

Quien tenga ganas de iniciar un nuevo camino, una empresa o sociedad junto a gente con empatía y confianza dará un salto cuántico en el año del tigre.

LA PATAGONIA será el lugar de mayor conflicto: intereses internacionales por extracción de minerales y recursos naturales que deberán enfrentar el empoderamiento del "mensaje mapuche", entreverado y usado para excluir a quienes poblaron esa región hace cien años, inmigrantes y criollos.

Argentina dividida regionalmente: NOA, NEA, Cuyo, Litoral, Córdoba, y un nuevo diseño de la provincia de Buenos Aires contra Capital.

El año del tigre removerá cimientos de pueblos originarios y habrá que defender la CONSTITUCIÓN, para no ser rehén de intereses políticos con fines de control y confinamiento.

LA PANDEMIA en el mundo y en nuestro país dejará graves secuelas en la parte psicológica, emocional, física, familiar y social.

Necesitaremos corazones sin bandera política para sanar este capítulo TRASCENDENTAL.

El país nos espera en cada provincia con tierra, aire puro, gente que trabaje honestamente, arte, cultura, comunicación, fe en que vivir en la naturaleza sanará tanta contaminación, estafas, inseguridad, exclusión y marginalidad.

ESTAMOS CREANDO AL "HOMBRE NUEVO Y LA MUJER NUEVA".

El matriarcado será la esperanza de unión en esta década.

Las mujeres esta vez no serán anónimas; participarán en decisiones que abarcarán el destino del país.

Recién llego de SAN JOSÉ DEL MORRO, pueblo mágico y con gran historia en San Luis. Fue fortín para resistir los ataques de los malones ranqueles, que arrasaban con casas, ganado, víveres, y sobre todo con las mujeres, a las que convertían en cautivas.

Amablemente, fui recibida por su gente para dejar las cenizas de mi padre allí, en el lugar donde fue el deseo en su vida.

Al llegar al cementerio un día soleado, sin viento y con buena energía, veo una tumba con el nombre de TIBURCIA ESCUDERO.

Leí lo que decía el mármol:

A los veinte años fue secuestrada por un malón, diezmada la casa y sus padres muertos, llevada con boleadoras y sogas, días comiendo carne cruda de potro y apenas algo de agua; quedó cautiva allí dos años.

Trató de escapar dos veces: le cortaron las plantas de los pies, la dejaron sin agua y comida, la azotaron y obligaron a hacer trabajos de hombre.

En el tercer intento escapó a caballo, y pasó días y noches en invierno a la intemperie.

Desfalleciente, la encontraron unos campesinos y la llevaron a San Luis, ante el gobernador, que la recibió, escuchó, y finalmente la hizo acompañar con sus soldados hasta su amado SAN JOSÉ DEL MORRO.

Con gran dolor, supo de la muerte de casi toda la familia, menos sus hermanos, que se habían escondido en esa ocasión.

Vivió 104 años.

Sigo conmovida, porque ella representa a tantas mujeres del mundo y de nuestro país que pasaron violaciones, humillaciones, castigos, y femicidios.

Confío en que el año del tigre será un pasaporte para equilibrar el *yin-yang,* y junto al varón buscaremos una unión en el país que nos mantenga más creativos y solidarios.

En nuestra conciencia sabemos quiénes mienten antes de las elecciones, o utilizan el trabajo en lo echado a perder.

A DESPERTAR, ARGENTINOS, EN ESTA NUEVA POSIBILIDAD DE FLORECER.

L. S. D.

El I CHING les aconseja:
1. Ch'ien / Lo Creativo

EL DICTAMEN
Lo creativo obra elevado logro,
propiciado por la perseverancia.

De acuerdo con su sentido primitivo, los atributos aparecen agrupados por pares. Para el que obtiene este oráculo, ello significa que el logro será otorgado desde las profundidades primordiales del acontecer universal, y que todo dependerá de que solo mediante la perseverancia en lo recto busque su propia dicha y la de los demás.

Ya antiguamente fueron objeto de meditación estas cuatro cualidades intrínsecas en razón de sus significaciones específicas. La palabra china que se reproduce por "elevado", significa "cabeza, origen, grande". Por eso en la explicación de Kung Tse se lee: "Grande en verdad es la fuerza original de lo Creativo, todos los seres le deben su comienzo. Y todo el cielo está compenetrado de esta fuerza". Esta primera cualidad traspasa, por otra parte, a las otras tres.

El comienzo de todas las cosas reside todavía, por así decirlo, en el más allá, en forma de ideas que aún deben llegar a realizarse. Pero en lo creativo reside también la fuerza destinada a dar forma a estas imágenes primarias de las ideas. Es lo que queda señalado con la palabra "logro", "éxito". Este proceso se ve representado por medio de una imagen de la naturaleza: "Pasan las nubes y actúa la lluvia y todos los seres individuales penetran como una corriente en las formas que les son propias".

Transferidas al terreno humano, estas cualidades muestran al grande hombre en camino hacia el gran éxito: "Al contemplar con plena claridad las causas y los efectos, él consuma en tiempo justo las seis etapas y asciende en tiempo justo por estos seis peldaños como sobre seis dragones, elevándose al cielo". Los seis peldaños con las seis posiciones individuales del signo, que más adelante se representan bajo la imagen del dragón. Como camino hacia el logro aparecen aquí el reconocimiento y la realización del sentido del universo que, en cuanto ley perenne, y a través de fines y comienzos, origina todos los fenómenos condicionados por el tiempo. De este modo toda etapa alcanzada se convierte a la vez en preparatoria para la siguiente, y así el tiempo ya no constituye un obstáculo, sino el medio para la realización de lo posible.

Luego de haberse expresado el acto de la creación a través de las dos cualidades "elevado" y "logro", se nos señala la obra de la conservación, como un desenvolvimiento que se va elaborando en continua realización, como ligado a las dos expresiones "propiciando", esto es literalmente "creando lo que corresponde a la esencia", y "perseverante", que equivale literalmente a "recto y firme". "El curso de lo creativo modifica y forma a los seres hasta que cada uno alcanza la correcta naturaleza que le está destinada, y luego los mantiene en concordancia con el gran equilibrio. Así es como se muestra propiciante por medio de la perseverancia".

Trasladando lo dicho al terreno humano, podemos comprender cómo el gran hombre, mediante su actividad ordenadora, trae al mundo paz y seguridad: "Al elevar la cabeza sobre la multitud de seres, todas las comarcas juntas entran en calma".

LA IMAGEN
Pleno de fuerza es el movimiento del Cielo.
Así el noble se hace fuerte e infatigable.

La duplicación del signo Ch'ien, cuya imagen es el cielo, indica, puesto que existe un solo cielo, el movimiento del cielo. Un movimiento circular completo del cielo es un día. La duplicación del signo implica que a cada día sigue otro día, lo cual engendra la representación del tiempo y, simultáneamente, puesto que se trata del mismo cielo que se mueve con fuerza infatigable, la representación de la duración, plena de fuerza, en el tiempo y más allá del tiempo, de un movimiento que jamás se detiene ni se paraliza, así como los días se siguen unos a otros a perpetuidad. Esta duración en el tiempo da la imagen de la fuerza tal como le es propicia a lo Creativo.

El sabio extrae de ello el modelo según el cual deberá evolucionar hacia una acción duradera. Ha de hacerse íntegramente fuerte, eliminando a conciencia todo lo degradante, todo lo vulgar. Así adquiere la infatigabilidad que se basa en ciclos completos de actividad.

PREDICCIONES PARA ARGENTINA 2022 DESDE LA ASTROLOGÍA HINDÚ

¡Hari Om sobrevivientes astrales! Espero que estas líneas los encuentren muy bien, llenos de salud y felicidad. Es un enorme gusto para mí poder saludarlos y compartir estas tendencias astrológicas basadas en la Astrología de India con cada uno de ustedes, y aún más cuando puedo hacerlo en este libro de mi queridísima y admirada Ludovica. ¡Una bendición y un regalo de los dioses chinos e hindúes para este astrólogo!

Y aquí estamos, luego de un aprendizaje/tránsito/pandemia que pudo ser tomado de dos maneras: 1) como una excusa para quejarse, o 2) como una excusa para crecer. Cada uno hizo de esta materia prima lo que quiso, y en algunos casos lo que se pudo; lo cierto es que tanto unos como otros cursamos la misma lección kármica, que de ninguna manera es una lección final, sino que tiene carácter preventivo y preparatorio. ¿Preparatorio, Deepak? Sí, preparatorio de los grandes cambios climáticos, energéticos y kármicos que se nos presentarán como especie.

En la presentación del *Horóscopo chino 2020* junto a Ludovica en Rosario (octubre de 2019), hablé de la posición de Saturno en una nakshastra (constelación) llamada UttaraAshada que, por estudios históricos que he realizado, siempre trae consigo guerras y enfrentamientos. Y sigo insistiendo: esta pandemia no fue producto de ningún hijastro de Batman, esta fue una guerra química entre potencias mundiales que eligieron utilizar un virus en lugar de una bomba (algunas investigaciones al día de hoy comienzan a ratificar mi posición astrológica sobre el tema).

De todas maneras, veamos el lado positivo (sin pretender ser negacionistas de la realidad), y acordemos que este aprendizaje nos ayudó a acomodar la escala de prioridades y nos mostró cuán importantes son las pequeñas cosas de la vida, y cuánto tiempo perdemos corriendo detrás de aquellas que no lo son. Un abrazo, un beso, la familia bien cerca, un mate compartido, una reunión con amigos, una charla café de por medio, y miles de pequeñas acciones que hacen a nuestra felicidad, y a las que ahora, luego de este ciclo pandémico, empezamos a valorar.

Eso sí, aquí no hay castigo divino ni mucho menos; simplemente estamos recolectando nuestras propias siembras; por ende, lejos de lamentarnos estamos a tiempo de ponernos a trabajar y sembrar un futuro distinto, si este que vislumbramos no nos cae en gracia. ¡Vamos por ello!

Análisis de las influencias astrales para Argentina 2022: el Ciclo del Dharma

Durante este 2022 Shani (Saturno) estará habitando en la constelación de Danisha, que tiene que ver con la riqueza y el dharma; ¡qué palabrita! Dharma tiene muchos significados, pero en general podríamos resumirlo como "hacer lo correcto en el momento correcto". Podemos afirmar que hay tres tipos de dharmas: 1) nuestra profesión u oficio, 2) ser felices, 3) volvernos uno con nuestro Dios personal. Por esto quien encuentra en su profesión u oficio una razón para levantarse todas las mañanas debido a la pasión que siente por ella alcanza mayores estados de felicidad; y quien mantiene por más tiempo dicho estado de felicidad se acerca más fácilmente a volverse uno con su Dios personal. Cumplir el dharma no es tarea fácil; hay que resistir en la adversidad, como lo hace el acebo ante las fuertes tormentas, para no caer en la tentación del camino fácil. Esa será una de las grandes propuestas de este año: mantener el equilibrio y el justo medio.

Durante este ciclo, y por esta posición astral, debemos animarnos a saltar el charco, a salir de lo cómodo, e ir en busca de aquello que nos provoca mucha felicidad (aun cuando solo podamos, por el momento, hacerlo unas pocas veces a la semana).

Esta constelación tiene que ver con lo social, por lo que Saturno nos pedirá que nos volvamos más atentos al otro, más serviciales y más hermanados que nunca. Los movimientos sociales se volverán más intensos, y las organizaciones para cuidar el medioambiente ganarán más adeptos. Es un gran tránsito para fortalecer vínculos y prestar el hombro y el oído a quien lo necesite. Serán tiempos de reformas sociales que nacerán desde el llano.

La tierra nos necesita como sus guardaespaldas, por lo cual

no duden en comprometerse con algún grupo en el que puedan cooperar para la sanación física y espiritual del planeta; uno de ellos es la Fundación Espiritual de Argentina que Ludovica encabeza cada año. Es un grupo hermoso y un proyecto más que noble ¡no duden y súmense! ¡Será un placer verlos allí!

En cuanto al otro gigante celestial, Gurú (Júpiter), estará habitando una constelación llamada Uttarabhadrapada, y desde allí nos pedirá que viajemos hacia adentro para encontrar a nuestro verdadero Yo. Será un gran ciclo para el estudio de la magia, astrología, rituales, sistemas de sanación natural, consultoría psicológica, para llevar adelante lecturas sagradas de forma diaria, y para buscar en prácticas espirituales como el yoga o el taichí una nueva forma de entender la vida. En este año surgirán, sin duda, líderes espirituales que hablarán de la importancia de la meditación, del cuidado del medioambiente, y de la paz social. No es un año para quedarse esperando que las cosas nos vengan de arriba, ni del gobierno ni de los astros; el cambio dependerá de cada uno de nosotros.

Ya que hago mención del gobierno, desde el año 2017 y hasta 2024 encontró y encontrará resistencia por parte del pueblo; y esto iba a suceder y sucederá, sea quien sea que nos gobierne. La posición adversa de Mercurio como regente del período principal para Argentina no permite que los extremos se unan. ¿Me explico? Mercurio, el hijo de la luna, se encuentra rodeado por planetas adversos en la carta natal de Argentina; es por eso que, desde su incomodidad astral, genera eternas oposiciones, ya sea desde un simple deporte como el fútbol hasta la eterna y antigua grieta política.

Ahora bien, a partir de febrero 2022 ingresaremos en el subperíodo de Shani (Saturno), por lo que el desgaste de este gobierno se seguirá incrementando, golpeando, incluso, la unidad interna de su corriente política. Para muchos no habrá retorno posible al escenario político en futuras elecciones. Los meses entre junio y noviembre deben ser tenidos en cuenta especialmente, ya que pueden originarse conflictos y enfrentamientos de índole político/social.

En cuanto a la economía del país, irá como Saturno, leeeenta y con muchas deudas pendientes por pagar que incidirán en el presupuesto general. Incluso podemos esperar algún tropezón/caída importante durante este ciclo. ¡Pero a no alarmarse! No hay nada que el tiempo no pueda solucionar, y en futuros ciclos astrales habrá luz al final del túnel. Será un año en el que el Poder Judicial tendrá un rol muy importante y decisivo en juicios de gran trascendencia.

El nivel de estrés social será alto en este 2022, por lo cual les pediré que trabajen sobre su paz individual para contrarrestar estas energías un tanto hostiles. Habrá enfrentamientos entre líderes del poder, pero bajo ningún concepto debemos entregar nuestra salud mental y entrar en una batalla que solo a ellos concierne y sirve. El mar, la montaña y el campo los esperan con los brazos abiertos para conectarse con el wifi de la madre tierra y recuperar la libertad y la inocencia perdidas.

Amuletos positivos para usar: tambores, dragones, serpientes (si es colgante, la serpiente siempre debe mirar hacia arriba).

Deidades regentes del año: Shiva y Lakshmi - Planeta regente: Venus (Shukra).

Mantras del año: Om Namah Shivaya.

Gema para el año: Cuarzo blanco - Zirconia.

Color recomendado: Blanco.

Aromas: Lila, jazmín, rosa y sándalo.

Les deseo, de corazón, que esta información les sea de muchísima utilidad.

Om Shanti… Shanti… Shanti (Om Paz… Paz… Paz).

Deepak Ananda
JyotishAcharya (astrólogo hindú)
Profesor de Yoga y Yogaterapia

LOS ASTROS Y SUS INFLUENCIAS EN 2022 PARA LATINOAMÉRICA, ESTADOS UNIDOS DE AMÉRICA Y ESPAÑA

por Ana Isabel Veny Llabres

Siempre podemos reconectarnos con nuestra fuente de luz interior que aún nos espera, y así elevar nuestras frecuencias.

A lo largo del tiempo, en su viaje anual a través del zodíaco, los astros siempre han generado distintos escenarios de vida para la humanidad. Nada queda estático en el universo, todo avanza y se transforma de continuo.

La gran capacidad de adaptación del ser humano siempre le ha permitido superar diferentes situaciones que ha podido atravesar con entereza. En esta ocasión, las influencias cósmicas lentamente irán abriendo un nuevo sendero que se irá iluminando y conducirá a etapas más prometedoras.

Un nuevo arcoíris muy luminoso se verá en el cielo y habrá más esperanza en los corazones. Reconectarnos con la fuente de luz interior que existe en cada uno de nosotros es fundamental para dejar en el pasado diferentes experiencias, fortalecer el espíritu e ir adelante con menos desvelos. Se irán recomponiendo distintos esquemas de vida y la incidencia de los astros en muchos aspectos será más benévola.

Los ciclos recurrentes del destino son inevitables pero enfrentarlos con valor desde nuestras dimensiones interiores está a nuestro alcance.

Si nos enfocamos en ello podemos resurgir como el ave fénix y regenerar muchos paisajes de la vida humana y darles nuevo brillo y color.

Comenzarán a llegar haces de luz desde los planos superiores para envolver al planeta Tierra y elevar sus frecuencias en todos sus niveles.

En este universo tan denso, siempre han alternado los períodos de gran luminosidad con otros de total oscuridad debido a la gran dualidad existente.

Si las vibraciones de nuestro planeta permanecen en un nivel de frecuencia elevado, todo será menos sombrío. Ello depende en gran parte de las emociones y pensamientos del ser humano, por lo que resulta conveniente que siempre sean positivos y estén rodeados de esperanza, ilusión y fe.

Siempre podemos conectarnos unos con otros desde nuestro corazón, y generar una nueva energía que luego irá en distintas direcciones y resultará protectora en muchos aspectos. Utilicemos los mecanismos espirituales de los cuales disponemos para fortalecernos, y expansionemos sobre todo el amor que armoniza y une a las almas.

Tratemos de generar una nueva realidad desde nuestro interior con visiones esperanzadoras que luego gradualmente se irán cristalizando. Comencemos a descubrir ese gran poder que subyace en nosotros y que nos vuelve invencibles frente a distintas circunstancias.

Seguir atentos a los recursos que nos brinda nuestra madre tierra Gaia y preservarlos es parte de nuestra misión. Todos los reinos (mineral, vegetal y animal) están evolucionando, y depende de nosotros que permanezcan en equilibrio.

El planeta Tierra nos necesita para que sus vibraciones logren un buen nivel, despleguemos ya nuestro poder creativo sin renunciar a nuestros sueños, que con el paso del tiempo se irán concretando. De esa forma, podremos acceder a una mejor existencia en este lugar de la galaxia.

Nota: Las predicciones realizadas se basan en la fecha de independencia de los países, que involucran por lo general el año en cuestión a partir de su nueva revolución solar y un tramo del año siguiente, completando así doce meses.

Resumen de las influencias astrales en 2022: Se ingresará en una etapa que demandará esfuerzos en múltiples aspectos para los distintos países, y que gradualmente irá atenuando lo que resulta altamente conflictivo. Los eventos de este ciclo conducirán a nuevas formas de organización que serán útiles para subsanar desequilibrios anteriores y acceder a una mayor tranquilidad.

ARGENTINA

FECHA DE REFERENCIA: 09/07/1816 - SIGNO SOLAR: CÁNCER - Muy protector, tenaz e imaginativo.

ELEMENTO AGUA: Otorga una modalidad muy sensible, poética, y lleva a la introspección.

Los anuncios de sus astros para el nuevo ciclo

Los aspectos astrológicos más relevantes que influyen sobre el primer semestre del año en cuestión estarían dados en primer lugar por la oposición de Plutón, ubicado en el signo de Capricornio, al Sol del país, instalado en Cáncer, y que ya viene de ciclos anteriores. Esta conexión siempre conduce a grandes transformaciones y cambios importantes en los distintos contextos de vida. Se deberán concentrar todos los esfuerzos en sectores específicos de la sociedad que requieran de una mayor atención, a los efectos de evitar diferentes irregularidades. Es de esperar que se tengan que enfrentar desafíos que gradualmente se irán resolviendo. Siempre es un aspecto regenerativo porque si bien pueden existir épocas de gran inestabilidad, la tendencia es generar un nuevo escenario en donde se puedan llevar adelante diferentes aspiraciones. Por otro lado, el buen trígono que el Sol recibe de Neptuno es un gran apoyo para renovar las esperanzas de crecimiento en distintas áreas (comerciales, rurales, informáticas, por ejemplo) y contar con una mejor perspectiva para dar solución a las situaciones que resultan más conflictivas. La oposición entre Saturno, que se resiste muchas veces a los cambios, con Marte, de naturaleza impulsiva, puede ocasionar retrocesos en algunos planes que luego se irán moderando. Este aspecto se asocia a nuevas formas de organización que pueden ser útiles para la sociedad en todo su conjunto, pero se podrán concretar mediante procesos. A su vez, Venus también está en oposición a Saturno, por lo que se deberá prestar mucha atención –sobre todo a las finanzas del país–, para moderar diversos desequilibrios. En el segundo período del año, Marte, en armonía con Mercurio, daría un nuevo impulso a la educación y las actividades industriales para reconfigurar esquemas y funcionar con mayor efectividad. Esta vez Saturno y Venus, en buena sintonía, nos indicarían que de manera gradual se accedería a nuevos recursos que pudiesen mejorar las gráficas relativas a capitales y bienes, con los consiguientes beneficios.

Informaciones diversas

En el área de las comunicaciones pueden darse avances significativos que permitan acceder a una infraestructura más efectiva y que otorgue ventajas. Se irán moderando las dificultades que se han tenido que afrontar en los últimos tiempos, asociadas al área de la salud. En relación con las investigaciones relacionadas con la tecnología, puede abrirse una nueva etapa que conduzca a buenos resultados para distintas áreas de actividad.

En cuanto al clima, se inclinará en este ciclo por abundantes lluvias en ciertas regiones y fuertes vientos que por momentos pueden ser bastante intensos. Prestar atención a la posibilidad de sismos o la actividad de sus volcanes es muy importante a los efectos de tomar las prevenciones necesarias. Los sectores agrícolas pueden quedar sujetos a transformaciones en sus técnicas de cultivo, y de esa forma obtener un buen resultado en cuanto a sus cosechas. El arte en general podrá acceder a una mayor expansión de forma gradual y lucirse en sus distintas ramas de expresión. En el deporte, habrá más interés por perfeccionar técnicas de juego y mejorar entrenamientos, lo que se irá logrando durante el correr del ciclo. En sus diversos campeonatos, las buenas conducciones estarán presentes.

Resumen de las influencias astrales en 2022: El país deberá enfrentar en ciertos momentos períodos algo oscilantes en los que será necesario apelar a conductas más estratégicas que siempre resultarán efectivas. Lentamente se irán regulando las gráficas de mayor importancia.

BOLIVIA

FECHA DE REFERENCIA: 06/08/1825 - SIGNO SOLAR: LEO - Muy entusiasta, valeroso e idealista.

ELEMENTO FUEGO: Siempre conduce a una gran hiperactividad, extraversión y franqueza.

Sus nuevos paisajes anuales

Las configuraciones planetarias y sus influencias en el primer tramo del ciclo estarían promoviendo para el país claros avances en cuanto a su economía y una reafirmación en relación a los principales objetivos que se desean alcanzar. Lo expuesto de todas formas demandará esfuerzos, ya que se irán fortaleciendo las bases en las que se apoyan diferentes proyectos mediante procesos (Saturno, muy preventivo en oposición al Sol). En distintos campos de actividad (sectores de producción, tecnológicos, comercio exterior, entre otros) se tomará un nuevo impulso para reconfigurar escenarios y recuperar posiciones. La buena conexión entre Urano, siempre innovador, y Venus, conectado a las finanzas, promete un tiempo de recuperación en este aspecto, si bien de forma gradual pero accediendo a nuevas seguridades. Asimismo, Marte ubicado en el signo de Virgo permitiría fortalecer las principales estructuras en cuanto a lo industrial. De todas formas, se deberán moderar las acciones apresuradas y diversas inquietudes con el fin de lograr los mejores resultados posibles (el Sol y Urano están disonantes). No disminuirá el interés por avanzar en el plano científico y se podrá acceder a buenos descubrimientos.

En relación con la salud de sus habitantes, se irán encontrando soluciones más efectivas para enfrentar diferentes desafíos ya presentes en el ciclo anterior. En el segundo semestre del año, habrá una nueva dinámica para asumir los asuntos más relevantes de forma original por la conjunción de Marte y Urano, ambos ubicados en Tauro, y así poder concretar distintas aspiraciones. Cabe agregar que siempre será conveniente moderar ritmos para obrar con acierto, ya que dicha conjunción planetaria está en disonancia con Saturno (inclinado a la prudencia y disciplina). Es una etapa de innovaciones en las áreas educativas que lentamente se irán instalando para un mejor funcionamiento. Mercurio, asociado al conocimiento y al aprendizaje, se encuentra ubicado en Virgo, su propio domicilio, lo que favorecería los avances en ese sentido. La buena conexión entre Júpiter, que siempre promete prosperidad, y el Sol leonino del país garantiza adelantos en diversos intercambios comerciales y en inversiones de relevancia.

Aspectos generales

Lo artístico irá accediendo a mejores ubicaciones y generando escenarios muy atractivos. En cuanto al clima, puede presentarse lluvioso, cálido y muy húmedo en algunas zonas, y en otras pueden generarse bajas temperaturas. En relación con sus variados cultivos (quinua, trigo, maíz entre otros) se podrá recurrir a métodos innovadores que generen un mejor resultado. El cuidado de sus recursos naturales solicitará más atención y habrá interés en darle una mayor protección a las áreas más vulnerables. Las tradiciones ancestrales seguirán vigentes y generando esa mística tan especial que las caracteriza. En sismología se podrán mejorar técnicas para anticiparse a distintos eventos. Las actividades deportivas –si bien solicitarán nuevas estrategias de juego y una mayor constancia en cuanto a prácticas– podrán acceder a resultados aceptables.

Resumen de las influencias astrales en 2022: Será un período de continuos cambios y transformaciones para la sociedad que con el transcurrir del tiempo conducirán a una mayor estabilidad. Se contará con nuevos recursos para avanzar con más seguridad.

BRASIL

FECHA DE REFERENCIA: 07/09/1822 - SIGNO SOLAR: VIRGO - Muy analítico, pragmático y elocuente.

ELEMENTO TIERRA: Permite obrar con gran disciplina, constancia y objetividad.

Su panorama anual

Observando las perspectivas con las que cuenta el país de acuerdo con su nuevo mapa de ruta astrológico, encontramos en primer lugar un buen aspecto del planeta Urano, siempre innovador e inquieto, ubicado en Tauro con el Sol en Virgo. Dicha conexión promovería cambios importantes en los diferentes esquemas de vida de su sociedad a efectos de lograr mejores condiciones y dejar atrás etapas muy perturbadoras, en especial relacionadas a riesgos sanitarios. Estarán presentes las aspiraciones a superar distintos embates en los sectores más relevantes y organizar de forma ingeniosa lo concerniente a sus diversas actividades. Continuarán firmes las intenciones de seguir avanzando en las áreas conectadas con la investigación espacial, aeronáutica y todo lo relacionado con las nuevas tecnologías a efectos de modernizarse cada vez más. Las conductas criteriosas siempre serán efectivas ya que Plutón (que se inclina a cambiar estructuras) al estar disonante con Venus solicita precaución en relación con las inversiones. A pesar de ello, no cesarán los esfuerzos por llevar adelante nuevos proyectos a nivel general; Plutón y Marte están muy bien sintonizados. Además, se cuenta con la buena relación que se genera entre Júpiter y Venus, que traerá beneficios y promoverá el progreso de diferentes formas para ir recuperando posiciones. Se observará el futuro con muchas ansias de realizar transformaciones que ofrezcan a sus habitantes una perspectiva más alentadora en relación con nuevas fuentes de trabajo, beneficios sociales de distinta índole y adelantos en cuanto a las canastas básicas.

Prestando atención al último tramo de este período, será necesario reflexionar más en determinados aspectos de la vida colectiva para obrar acertadamente. Siempre resultará beneficioso descartar conductas apresuradas. Se pondrá todo el empeño y la creatividad para ir concretando objetivos aunque se deban sortear obstáculos. Mercurio, el gran planificador, desde su ubicación en Libra, y en buen aspecto con Marte en Géminis promete una reactivación de distintos intereses. Esto se asocia a una mayor actividad en diferentes mercados a nivel nacional e internacional (financieros, industriales, laborales, etcétera). Puede estar presente un fortalecimiento de las bases educativas, mejoras en áreas de vialidad y en relación con las comunicaciones.

Informaciones en diversas áreas

Analizando los eventos del clima, pueden presentarse ocasionalmente fuertes vientos en algunos lugares de su vasto territorio, aunque sus temperaturas continuarán siendo elevadas y agradables. En relación con las zonas de naturaleza, estas demandarán más atención y necesitarán nuevos cuidados para conservar su equilibrio en muchos aspectos. En el sector agrícola, sus cosechas tradicionales (soja, maíz, café, arroz y otras) seguirán ofreciendo buenos resultados y conservarán su gran prestigio.

Puede existir en esta etapa un mayor interés por las investigaciones en ciencias naturales en su gran diversidad de rubros. El deporte conservará su dinámica y continuarán los buenos entrenamientos que conducirán a los resultados aspirados.

Resumen de las influencias astrales en 2022: Durante el año, se podrán lograr adelantos en los sectores de mayor relevancia y así subsanar diferentes estancamientos anteriores. Con el paso del tiempo se irán equilibrando escenarios.

CENTROAMÉRICA

La región centroamericana está compuesta por: Belice, Costa Rica, El Salvador, Guatemala, Honduras, Nicaragua y Panamá. Con sus bellezas naturales y sus historias culturales, dichos países siempre generan un gran interés.

BELICE

Se llevarán adelante muchos objetivos con el propósito de mejorar distintos esquemas de su sociedad y, en sectores de mayor importancia, poder recuperar posiciones. Se irán subsanando distintos altibajos de forma gradual.

Sus exportaciones de servicios y de productos clásicos (maíz, bananas, cítricos y otros) tomarán un nuevo impulso y continuarán siendo importantes para su economía. Se lograrán avances en cuanto a beneficios sociales y en telecomunicaciones, entre otras áreas. El país seguirá destacándose por su clima tropical y atractivas regiones.

COSTA RICA

En relación con su economía, atravesará por distintas etapas que conducirán a mejores gráficas con el correr de los meses. Se pondrá mucho énfasis en optimizar lo relativo al mercado de trabajo, servicios conectados a la salud, al sistema educativo y lo industrial. Las exportaciones en general estarán ubicadas en buenos rangos. Su agricultura con su variada gama de productos (piña, café, caña de azúcar, entre otros) seguirá vigente. Se continuará avanzando en lo tecnológico, y obteniendo beneficios. Sera un año de cambios significativos que conducirán a un mayor equilibrio.

EL SALVADOR

Será un ciclo en el que la atención se centrará fundamentalmente en lograr una recuperación de sus actividades económicas, para acceder así a un mejor resultado. Los sectores de servicios, industriales, turísticos y otros pueden demandar más esfuerzos para volver a ubicarse en buenos niveles y recuperar sus perfiles productivos. Los avances al respecto estarán presentes. Si bien las exportaciones tradicionales pueden estar sujetas a ciertas fluctuaciones, conservarán sus buenas ubicaciones. Habrá un mayor interés por implementar nuevas técnicas que protejan las zonas naturales más vulnerables y sus recursos. Sus áreas sísmicas siempre necesitarán controles.

GUATEMALA

En este período –si bien se deberán enfrentar desafíos– se irán fortaleciendo las distintas bases que sostienen a los sectores que aportan los mayores beneficios en cuanto a inversiones y proyectos macroeconómicos. Se realizarán proyecciones a los efectos de generar una perspectiva más alentadora para sus habitantes en cuanto a empleo en diferentes áreas de actividad, y así poder mejorar su calidad de vida. Las actividades relativas a la agricultura avanzarán y se irán renovando gracias a nuevas técnicas. Lo conectado a las finanzas, exportaciones y sectores industriales tomará un mejor rumbo. Su agradable clima tropical quedará sujeto a variantes de acuerdo con sus distintas regiones.

HONDURAS

En esta nueva fase, los intentos por acceder a una mayor rentabilidad en diversos sectores, generar nuevos puestos de trabajo para regular el desempleo y fortalecer las estructuras en lo industrial, entre otras aspiraciones, conducirán a un buen resultado. Sus variadas exportaciones lograrán una mayor dinámica. En relación con sus servicios sociales, canastas básicas y programas de salud se constatarán adelantos. Su producción agrícola (frijoles, maíz, etcétera) se ubicará en buenos niveles. En comunicaciones, tecnología y rubros turísticos se avanzará bien.

De forma progresiva se podrán concretar los principales objetivos.

NICARAGUA

A efectos de lograr una reactivación de la economía del país, las distintas proyecciones irán adelante y se podrá regular en sectores clave, lo que genera fluctuaciones. Las exportaciones conectadas a la agricultura y sus principales productos (azúcar de caña, café, maní, entre otros) así como en demás rubros, tomarán un nuevo impulso, al igual que las inversiones en lo industrial. Lentamente se podrá reducir el desempleo, lo que beneficiará a los grupos más vulnerables de su población. Lo relacionado con el turismo quedará sujeto a procesos que irán abriendo un nuevo sendero. Se hará hincapié en el cuidado de sus recursos naturales y en observar las variantes en cuanto al clima con el fin de tomar prevenciones.

PANAMÁ

Durante este período, las perspectivas de poder lograr un mayor crecimiento en diferentes aspectos, con el paso de los meses, son más alentadoras. Acceder a una nueva expansión en lo económico y mejorar infraestructuras ya no estará tan distante. Habrá avances significativos en relación con diferentes servicios sociales y sobre todo en aquellos que protegen la salud de sus habitantes. En cuanto al comercio internacional, los distintos intercambios continuarán aportando beneficios. Su producción agrícola (granos, frutas tropicales, hortalizas, por ejemplo) se conservará en niveles aceptables. Con su buen clima y zonas de recreación, lo asociado con el turismo se irá reactivando.

Generalidades: Monitorear las zonas en donde habitan sus volcanes siempre resultará efectivo para estar alerta a diferentes sucesos. Su clima tropical, húmedo y lluvioso continuará diversificado de acuerdo con cada país. En deportes, se podrán recuperar los perfiles competitivos y será posible contar con gráficas que de forma progresiva accederán a niveles satisfactorios.

Resumen de las influencias astrales en 2022: Las distintas colectividades centroamericanas se podrán restablecer de diferentes embates y recuperarán el equilibrio en cuanto a su productividad y otros aspectos, a medida que transcurra el año.

COLOMBIA

FECHA DE REFERENCIA: 20/07/1810 - SIGNO SOLAR: CÁNCER - Muy imaginativo, protector y comprensivo.

ELEMENTO AGUA: Conduce a la introversión, al desarrollo de las facultades psíquicas y otorga talentos para las actividades artísticas.

Pronósticos para su nueva etapa

En el primer semestre del año, cabe destacar la buena conexión entre los planetas Urano (creativo, innovador y liberador) y Mercurio (siempre organizado, comunicativo y estratégico) que permitiría acceder a nuevas proyecciones para el país con la finalidad de recomponer muchos esquemas de vital importancia. Habrá originalidad y mucha practicidad a la hora de establecer pautas que colaboren con la restauración de determinados sectores que siempre han estado presentes en la producción de recursos. Lentamente se irá regulando el desempleo y se podrán mejorar las infraestructuras, lo cual incidirá positivamente en el crecimiento económico a mediano plazo. En cuanto a las exportaciones que son una buena fuente de ingresos, se mantendrán firmes en sus diferentes rubros y con tendencia a incrementarse. En relación con las áreas del aprendizaje y sus distintas modalidades (presenciales y virtuales), se irán modificando sistemas que se adapten a nuevas realidades y cuyos resultados pueden ser satisfactorios. En algunos tramos del ciclo, lo relativo al sector de finanzas y sus distintas actividades puede solicitar más atención y conductas preventivas (conjunción de Marte con Venus). En el segundo semestre del año, se observa el contacto que establecen el Sol y Mercurio en conjunción, y estarán presentes los talentos organizativos para llevar adelante distintas aspiraciones. Habrá mucho interés por avanzar en asuntos relativos a las comunicaciones, el comercio en general, las operaciones en diferentes mercados y temas de vialidad, entre otras temáticas. Esto se ve reforzado por el buen aspecto de Júpiter con Mercurio, que ayudaría a expansionar dichos objetivos. De todas formas, siempre será conveniente moderar las acciones precipitadas y obrar con mesura para obtener los resultados a los que se aspira. Dentro del contexto sanitario, se irá resolviendo de forma gradual lo que resulta desafiante. Sus canastas básicas se ubicarán en mejores niveles para que sus habitantes puedan acceder a diversos productos con el fin de cubrir sus necesidades en cuanto a su alimentación.

Comentarios generales

Los proyectos relativos a las energías renovables (eólica, solar, hidráulica y otras) continuarán apoyándose en bases firmes y brindarán un buen resultado. En esta época alternarán las lluvias y sequías en diversas regiones y con temperaturas sujetas a muchas variantes. La vigilancia en cuanto a sus volcanes siempre resultará efectiva. Lo relacionado con la agricultura tendrá un nuevo auge y se podrá lograr una mayor productividad. Sus distintos productos (mango, plátano, café entre muchos otros) continuarán vigentes y cubriendo distintas demandas. Dentro de los diferentes rubros del deporte, los entrenamientos y nuevas proyecciones conducirán gradualmente a mejorar posiciones.

Resumen de las influencias astrales en 2022: A lo largo del período se irán superando desfasajes en las áreas de mayor interés y que generan importantes divisas para el país. Sus pobladores accederán mediante procesos a nuevas oportunidades para mejorar condiciones y progresar.

CHILE

FECHA DE REFERENCIA: 18/09/1810 - SIGNO SOLAR: VIRGO - Muy intelectual, detallista y reservado.

ELEMENTO TIERRA: Inclina a la discreción, perseverancia y realismo. Permite obrar con practicidad y mucha sensatez.

Análisis de sus perspectivas anuales

Muchas de las planificaciones que se realicen con la finalidad de lograr avances en relación con la economía y sectores educativos, y mejorar las gráficas en cuanto a exportaciones, a medida que transcurran los meses podrán concretarse. Se cuenta en gran parte del año con el buen trígono entre Júpiter (crecimiento) y Mercurio (proyecciones), lo cual indica que se mantendrá la constancia para ir alcanzando los objetivos más importantes y de esa forma resolver irregularidades. El aspecto restrictivo entre Saturno (seguridades) y Venus (finanzas) siempre es una señal de alerta, por lo que las inversiones y los acuerdos en diferentes áreas deberán ser muy bien analizados a fin de evitar retrocesos. Marte (actividades intensas) en buen aspecto con Saturno (concreciones) nos indica que se contará con una mejor organización y se irán reordenando asuntos conectados a las fuentes de trabajo, distintos servicios esenciales y tecnología, entre otros rubros.

Llegando a finales del año, su población irá accediendo a una mejor calidad de vida. Se podrá ejercer un mayor control sobre riesgos de índole sanitaria, y en ese sentido lograr adelantos. Entre Urano (inventiva) y el Sol (aspiraciones) se genera un vínculo más estrecho y armonioso que conduciría a un mayor progreso. Las soluciones para mejorar diversos esquemas dentro de su sociedad ya no estarían tan distantes. Si bien la oposición entre Júpiter (demasiado expansivo) y Mercurio (planes) advierte sobre moderar acciones, igualmente se avanzará. Se contará con los medios adecuados para poder reconfigurar escenarios de manera efectiva, ellos permitirán regular el desempleo, dar lugar a remodelaciones en muchas áreas e impulsar lo conectado con su producción.

Informaciones variadas

Se podrán implementar nuevas técnicas para cuidar el medioambiente de diferentes agentes externos que puedan alterar su equilibrio. La preservación de las aguas y de otros recursos de importancia vital no dejará de ser contemplada. Sus distintas colectividades indígenas y su mística volverán a estar vigentes con todo su encanto y sus atractivas celebraciones ancestrales. Siempre serán necesarios los controles a sus volcanes, para prevenir diferentes desenlaces. Su agricultura accederá a resultados aceptables gracias a sus buenos cultivos de frutas, verduras y granos. No habrá demasiadas variantes en el clima. El sector deportivo se irá reafirmando durante el ciclo y se ubicará en mejores posiciones por su buen desempeño.

Resumen de las influencias astrales en 2022: La estabilidad en diversos aspectos, a la cual aspiran sus habitantes, se irá presentando en diferentes etapas y con ritmos moderados pero de forma segura y generando un mayor bienestar.

ECUADOR

FECHA DE REFERENCIA: 10/08/1830 - SIGNO SOLAR: LEO - Muy protector, magnánimo y líder.

ELEMENTO FUEGO: Otorga una gran vitalidad, autoconfianza y talentos ejecutivos. Siempre impulsa a la acción y concede una gran creatividad.

Las influencias de sus astros en su ciclo anual

Durante varios meses a lo largo del año, se observa la buena influencia del aspecto que se genera entre Urano (innovaciones) y Marte (acción). Ello indica que no cesará la búsqueda de soluciones para resolver diferentes conflictividades relativas al desempleo y a los recursos básicos necesarios para aquellos sectores de la población expuestos a mayores oscilaciones en dicho sentido. Diferentes acuerdos en relación con las finanzas e inversiones se irán cristalizando con el paso del tiempo y resultarán altamente eficaces para dar solución a muchos de los actuales desafíos de la sociedad ecuatoriana. Los planes de desarrollo enfocados en distintas áreas se irán desplegando con efectividad y contarán con respaldo estelar. De todas formas, siempre será beneficioso analizar a fondo las posibilidades que se presenten en ese aspecto para funcionar con las garantías necesarias. El Sol (objetivos) y Saturno (seguridades) se encuentran inarmónicos. En el sector de exportaciones, sus gráficas podrán acceder a mejores niveles, aunque de forma paulatina. Júpiter y Mercurio asociados al crecimiento y al comercio están en oposición. Ecuador continuará participando de distintos mercados con sus clásicos productos como el banano, cacao, café, entre otros, y afianzando sus posiciones. Hacia los últimos meses de este ciclo, pueden alternar momentos en los cuales los proyectos de mayor importancia –tendientes a mejorar aspectos en las áreas de la salud, industriales, económicas, educativas, sociales, etcétera– queden sometidos a un tiempo de espera, y otros se impulsen con gran ímpetu (Marte disonante con Saturno). A pesar de lo expuesto, los avances en dicho sentido estarán presentes. Júpiter, asociado a la expansión y a la prosperidad, se encuentra muy amigable con el Sol representativo de diversas aspiraciones.

Comentarios diversos

Con su clima siempre tropical y sus atractivas regiones, no cesará el empeño por reciclar las actividades relativas a los sectores turísticos que son una importante fuente de ingresos. El arte y la mística con sus diferentes manifestaciones marcará presencia y con gran creatividad. Para la protección y conservación de sus valiosos recursos naturales, los métodos que se utilicen serán muy efectivos. Las investigaciones y avances en las áreas satelitales tomarán un nuevo impulso. En el deporte, será un año de cambios en cuanto a sus diferentes tácticas, que resultarán eficaces. En las distintas competencias habrá figuras que se lucirán en el campo de juego por su originalidad y destreza.

Resumen de las influencias astrales en 2022: A lo largo del año se podrán encontrar los senderos que conduzcan al equilibrio en muchos aspectos, y de esa forma acceder a una mejor calidad de vida. En las áreas de mayor relevancia se restablecerá el orden.

ESPAÑA

FECHA DE REFERENCIA: 11/12/1474 - SIGNO SOLAR: SAGITARIO - Siempre dinámico, jovial e idealista.

ELEMENTO FUEGO: Confiere un entusiasmo desbordante, espontaneidad y franqueza. Conduce a la extraversión y a modalidades muy aventureras.

Análisis de su nueva revolución solar

Las perspectivas económicas para sus habitantes se conectan con períodos en los cuales se irán regulando los grandes desfasajes en muchos de sus escenarios, con lentitud y dependiendo de diferentes circunstancias. La superación de distintas problemáticas asociadas con el área de la salud se podrá lograr a medida que se despliegue el año; habrá avances al respecto que brindarán una nueva seguridad. La buena conexión que se genera entre Júpiter (desarrollo) con el Sol y Mercurio (aspiraciones asociadas a los acuerdos comerciales) conduciría a mejores planificaciones para recuperar posiciones en diferentes mercados e impulsar de esa forma los sectores de exportación. Diversos servicios y áreas industriales accederán a nuevos recursos para impulsarse de manera más efectiva. Las importaciones aún estarían en niveles intermedios. Se contará con los medios adecuados para realizar una reestructuración a nivel general y acceder a mejores contextos de vida en lo social así como en otros sectores. Reconfigurar esquemas en lo educativo estará más viable y se irá avanzando aunque de forma gradual. Para poder lograr una mayor solvencia económica será necesario un constante esfuerzo y no declinar en cuanto a las distintas proyecciones ya establecidas. En relación con las inversiones que se realicen con el fin de lograr adelantos en diferentes rubros, la desarmonía existente entre Júpiter y Marte siempre sugiere analizar condiciones. La creación de nuevas fuentes de empleo tendrá que adaptarse a procesos, pero se producirán avances. El consumo interno irá recuperando sus niveles habituales de forma progresiva. De todas maneras por el buen aspecto entre Plutón y Marte, los proyectos continuarán vigentes y se observará el futuro con esperanza.

Informaciones en distintas áreas

La recuperación de los buenos ritmos que siempre han tenido las actividades turísticas no se descarta, y sus gráficas en este período podrán lograr mejores niveles. Aumentará el interés por impulsar las áreas dedicadas a las investigaciones en medicina y biología, lo que aportará beneficios. En ciencias como astronomía y astrofísica, se accederá a nuevos conocimientos y los proyectos contarán con un mayor respaldo. El arte y sus distintas actividades se irán desplegando de forma original y recuperando posiciones. Los esfuerzos por mejorar la producción agrícola y proteger el medioambiente conducirán a un mejor resultado. Las actividades deportivas con sus entrenamientos y distintas técnicas accederán a buenos resultados.

Resumen de las influencias astrales en 2022: Las restricciones en muchos sentidos se reducirán aunque para ello tal vez sea necesario adaptarse a diferentes procesos que pueden demandar mucho empeño. La sociedad española quedará cada vez más distante de situaciones apremiantes, sobre todo al terminar este ciclo.

ESTADOS UNIDOS DE AMÉRICA

FECHA DE REFERENCIA: 04/07/1776 - SIGNO SOLAR: CÁNCER - Posee una gran sensibilidad, es perseverante y reflexivo.

ELEMENTO AGUA: Genera un gran interés por el misticismo, el arte y los sucesos históricos. Induce a la solidaridad y a una gran emotividad.

Las perspectivas que brindan sus astros para los próximos tiempos

En el primer semestre del año, se podrán concretar diversos objetivos, tal vez con lentitud, pero luego no habrá retrocesos. La buena sintonía que logran Saturno (metódico y reflexivo) y Mercurio (propósitos) es una señal positiva que respalda las acciones tendientes a mejorar distintos escenarios de su sociedad. Las aspiraciones de poder lograr una recuperación efectiva de la economía irán adelante mediante procesos que reafirmarán estructuras y aportarán una mayor seguridad. Salir de recesiones y acceder a una buena producción en sectores de mayor relevancia no estará tan distante. Será conveniente, de todas formas, tomar en cuenta el aspecto astrológico que se genera entre Saturno (de ritmos lentos) y la conjunción conformada por Venus (finanzas) y Marte (impulso) que siempre sugiere obrar con cautela, sobre todo en lo que respecta a inversiones. Observando el segundo semestre del nuevo ciclo, las conexiones planetarias se presentan más dinámicas y prometedoras (Saturno y Marte en buen aspecto), aunque obrar con moderación siempre resultará beneficioso (Júpiter y el Sol discordantes). Regular lo conectado con el desempleo demandará una constante atención pero se podrán generar nuevos puestos de trabajo. Los programas relacionados con las áreas de la salud tomarán impulso y beneficiarán sobre todo a quienes se encuentran en situaciones de mayor riesgo. Las investigaciones en medicina avanzarán a un buen ritmo y resultarán efectivas. Las etapas conflictivas en ese sentido irán quedando atrás y se contará con recursos para restablecer el orden. Los sistemas educativos quedarán sujetos a buenas innovaciones que durante este ciclo ofrecerán adelantos, y se contará con una organización que conducirá a resultados más satisfactorios. En cuanto a las exportaciones en sus diferentes categorías se podrá acceder a mejores niveles.

Informaciones generales

Las ciencias naturales (astronomía, geología, por ejemplo) y sus diferentes estudios volverán a impulsarse y con resultados alentadores en cada uno de sus rubros. En las distintas ramas del arte (cinematografía, pintura, obras teatrales, entre otras) estará presente la creatividad para renovar escenarios con gran talento. Será muy conveniente observar lo relacionado con las zonas volcánicas y movimientos telúricos, en especial en el segundo semestre del año. La agricultura y sus diferentes siembras (trigo, arroz, avena, etcétera) continuarán firmes en sus distintos mercados y se accederá a buenas técnicas de cultivo. En las diversas áreas del deporte, los entrenamientos solicitarán esfuerzos y constancia pero se lograrán buenos puntajes.

Resumen de las influencias astrales en 2022: Se irán reordenando distintos sectores dentro del contexto social del país que progresivamente conducirán a un mayor equilibrio y seguridad para sus habitantes. Se cuenta con mejores perspectivas.

MÉXICO

FECHA DE REFERENCIA: 16/09/1810 - SIGNO SOLAR: VIRGO - Es muy organizado, intelectual y concentrado.

ELEMENTO TIERRA: Se manifiesta a través de modalidades reflexivas, serenas y voluntariosas. Conduce a la introversión y a obrar con mucha lógica.

Nuevos pronósticos para sus escenarios anuales

Al iniciar el año, habrá un gran empeño por lograr un mayor progreso en muchas direcciones y generar una nueva productividad que resuelva diferentes contrariedades en sectores de relevancia. En esta oportunidad Júpiter, muy deseoso de generar una nueva expansión, estará amigable con Mercurio, de naturaleza práctica, y ansioso en todo momento por renovar esquemas. De todos modos, se deberá tener en cuenta la disonancia existente entre el soñador y utópico Neptuno ubicado Piscis, su propio domicilio, y el Sol virginiano del país representativo de distintas planificaciones. Por lo tanto, siempre que los proyectos y aspiraciones se adapten a los recursos existentes y a las posibilidades con las que se cuenta, podrán cristalizarse sin demandar tanto esfuerzo, y de esa forma los resultados serán satisfactorios. Durante el ciclo, los asuntos de mayor prioridad a resolver estarían respaldados por nuevas proyecciones. Regular las tasas de desempleo, dar un nuevo impulso al comercio exterior, que incide de manera directa en el crecimiento económico, y mejorar diferentes servicios esenciales para sus habitantes se podrá lograr a lo largo del año de forma moderada, y se obtendrán beneficios. Lo expuesto está respaldado por el aspecto armonioso entre Marte, que siempre genera una buena dinámica, con Saturno, de naturaleza reflexiva y disciplinada, lo que daría acceso a nuevas seguridades en muchos aspectos. Las canastas básicas, los sistemas educativos, y sobre todo lo conectado con las áreas de la salud exigirán atención, pero contarán con recursos para resolver sus altibajos.

Informaciones de interés

Sus regiones de valiosos contenidos históricos con su atractiva mística volverán a reafirmar las bases de los sectores turísticos. Se implementarán nuevos mecanismos que resultarán eficaces para obtener un mejor resultado en cuanto a sus principales cultivos de granos, frutas y verduras. Para una mayor protección de su fauna y su flora, pueden surgir nuevos proyectos que serán de gran efectividad. Los volcanes mexicanos siempre requieren de atención, al igual que en épocas pasadas, y en este ciclo no estará de más realizar monitoreos en las zonas más vulnerables. A la hora de demostrar talentos en las actividades deportivas, existirá una buena preparación para ir escalonando posiciones.

Resumen de las influencias astrales en 2022: Las posibilidades con las que cuenta su sociedad para poder resolver desequilibrios en muchos aspectos son más prometedoras, y a medida que se despliegue esta etapa se accederá a buenos resultados.

PARAGUAY

FECHA DE REFERENCIA: 14/05/1811 - SIGNO SOLAR: TAURO - Es muy criterioso, práctico y conservador.

ELEMENTO TIERRA: Induce a la constancia en la persecución de distintas metas, a obrar con mucha sensatez y un gran autocontrol.

Predicciones para su nuevo ciclo solar

No cesarán los esfuerzos durante el año para lograr una mayor prosperidad en relación con la economía del país y una mejor calidad de vida para todos sus habitantes. En muchos aspectos será necesario reconfigurar esquemas para un buen funcionamiento, sobre todo para las actividades que sostienen la macroeconomía. Júpiter, posicionado en el signo de Aries, en buen aspecto con Mercurio, ubicado en su propio domicilio, Géminis, permitirá avanzar en relación con nuevas planificaciones. De todas formas, un aspecto astrológico que hace falta tener en cuenta es la conjunción entre Marte y Neptuno, que siempre advierte sobre funcionar con gran realismo en la consecución de diversos objetivos. Sus exportaciones irán accediendo a una mejor dinámica. Las iniciativas conectadas a rubros industriales, de la construcción, servicios de asistencia social, y relativas a promover nuevas fuentes de trabajo a medida que pasen los meses darán un buen resultado. Los sectores expuestos a retrocesos importantes contarán con más protección para recuperar posiciones, aunque de forma gradual. Para la economía familiar las perspectivas son más auspiciosas y se irán solucionando diferentes irregularidades. Se podrán implementar mejores controles y sistemas para acceder a beneficios en el área de la salud y desligarse de inseguridades. Se fortalecerán las bases que sostienen sus sistemas académicos, y con mucha creatividad. Las buenas inversiones a efectos de generar un mayor desarrollo estarán más accesibles.

Pronósticos diversos

En energías renovables, como la hidroelectricidad, el país continuará modernizándose y obtendrá beneficios. Para proteger sus diferentes ecosistemas y conservar un buen equilibrio en sus zonas naturales, se contará con una buena metodología. En relación con su clima, se mantendrá con sus habituales humedades, lluvias y temperaturas cálidas alternando en ciertas épocas con descensos importantes de estas. Su producción de granos en sus distintas variedades, aceites, frutas exóticas tendrán la opción de mejorar sus gráficas. El arte, la música y las tradiciones resurgirán con perfiles renovados y atractivos. En el deporte, obrando con constancia y sosteniendo esfuerzos, se accederá a las posiciones aspiradas.

Resumen de las influencias astrales en 2022: Será a medida que se sucedan los meses, y sobre todo en el segundo tramo del período, que se irán cristalizando diferentes objetivos. La sociedad paraguaya podrá sortear muchos desafíos y contará con mejores recursos.

PERÚ

FECHA DE REFERENCIA: 28/07/1821 - SIGNO SOLAR: LEO - Paternalista, muy independiente y de gran creatividad.

ELEMENTO FUEGO: Siempre otorga un gran dinamismo, convicción y mucho talento para ejercer liderazgos de distintas formas.

Sus nuevas perspectivas anuales

Los procesos de reestructuración en las diferentes ramas de la economía peruana estarán presentes y avanzarán a medida que se despliegue el año. Durante muchos meses en este ciclo, el Sol (aspiraciones) estará en conjunción con Mercurio (ingenioso y práctico), ello nos da indicios de que se irán escalonando posiciones pero será en distintas etapas por la oposición que existe entre Saturno (resistente a los cambios) y el Sol. Las exportaciones en las áreas agrícolas tendrán la oportunidad de seguir avanzando y recuperar sus buenas gráficas. Sus productos tradicionales en cuanto a granos (café, quinua, maíz, entre otros) así como frutas y verduras conservarán sus buenos destinos. También en relación con la industria pesquera existirán adelantos, al igual que en otros rubros que siempre han sostenido la dinámica en ese sentido.

Las demandas desde el exterior se irán incrementando y favorecerán a diversos sectores que participan activamente de dichas actividades. Los problemas asociados a la falta de empleo continuarán latentes y sus habitantes tendrán acceso a nuevas ubicaciones laborales con el transcurrir del tiempo. Lo que se implemente en el área de la salud para ir revirtiendo situaciones críticas al respecto tendrá efectos más aceptables. Ningún esfuerzo será en vano ya que en los últimos meses del año los resultados serán alentadores y se podrán llevar adelante nuevos proyectos. Así lo indica el excelente trígono entre Júpiter (progreso) ubicado en Aries y el Sol (programaciones) ubicado en Leo. Los replanteos e innovaciones en educación conducirán a un mejor panorama con el devenir de los meses.

Consideraciones generales

En relación con su clima, las lluvias y la humedad pueden ser más intensas y alternarán con épocas de mayor sequedad y viento. Se continuará avanzando en investigaciones geofísicas, lo que facilitaría, por ejemplo, el monitoreo en cuanto a sus diferentes volcanes.

Para la protección de su medioambiente se accederá a nuevos métodos que resultarán efectivos. Su turismo místico conectado con la sabiduría ancestral volverá a estar vigente. Es probable que las técnicas y estrategias deportivas queden sujetas a transformaciones que luego permitirán un mejor desempeño en diferentes campeonatos.

Resumen de las influencias astrales en 2022: Se iniciará este ciclo con muchas esperanzas de poder revertir lo que hasta ahora fue generando incertidumbres en diferentes aspectos. Al final de este período habrá más expansión y estabilidad.

URUGUAY

FECHA DE REFERENCIA: 25/08/1825 - SIGNO SOLAR: VIRGO - Muy metódico, práctico, crítico y minucioso.

ELEMENTO TIERRA: Induce a la reflexión, a obrar con mucha precisión, perspicacia y una gran firmeza.

Observando a sus astros en su nueva revolución solar

Al desplegarse este ciclo, las inversiones que siempre conducen a un crecimiento económico para el país y permiten crear nuevos puestos de trabajo se irán asomando lentamente. Las canastas básicas de alimentos para los hogares accederán a cambios que resultarán muy efectivos. Los servicios sociales, tan necesarios para determinados sectores de la población que se encuentran en situaciones de mayor inestabilidad, podrán renovar sus esquemas con un resultado aceptable. Las diferentes prestaciones en ese sentido darán lugar a nuevas seguridades. El buen aspecto entre Marte (impulso) y Plutón (energías regenerativas) es una señal inequívoca de que no cesarán los esfuerzos por llevar adelante los proyectos que generen nuevos beneficios y una mayor solidez en múltiples aspectos. Las exportaciones, al igual que las importaciones, podrán acceder a una nueva dinámica.

En las áreas académicas, las innovaciones tendientes a mejorar sistemas para funcionar con efectividad conducirán a un buen resultado. El consumo interno tendrá una mayor expansión y se podrán superar diferentes retrocesos. La discordancia existente entre Mercurio (el gran organizador) ubicado en Virgo, y Neptuno (utopías) posicionado en Piscis, ambos en su domicilio, siempre aconseja ajustarse a la realidad para así lograr diferentes cometidos. En los últimos meses del año se observarán muchos adelantos en las áreas tecnológicas. Se resolverán gradualmente distintos desafíos conectados a la salud de todos los habitantes, y en ciencias los avances serán más notorios. La buena conexión entre Marte y Júpiter permitirá impulsar muchas iniciativas con gran certeza.

Informaciones sobre diversos ámbitos

Los estudios y las investigaciones en sismología tomarán más relevancia. Los monitoreos en ese sentido siempre aportarán informaciones de gran utilidad para estar alerta a toda actividad sísmica en diferentes zonas. En relación con el clima, puede ser un año en el que las sequías estén presentes, y sobre todo en el sector de la agricultura se deberán tomar algunas prevenciones. De todas formas, en los rubros más productivos se accederá a buenas cosechas. Pueden surgir nuevos proyectos asociados a las energías renovables (eólica, solar, por ejemplo), que resultarán muy efectivos. En distintas áreas del deporte, los talentos estarán presentes para mejorar puntajes y gráficas. Habrá innovaciones en cuanto a técnicas que luego aportarán beneficios.

Resumen de las influencias astrales en 2022: Será un ciclo en el que se contará con diferentes recursos para subsanar irregularidades en aquellos sectores de la sociedad expuestos a retrocesos importantes. Esta vez habrá más esperanza y un nuevo optimismo en relación con diversos objetivos.

VENEZUELA

FECHA DE REFERENCIA: 19/04/1810 - SIGNO SOLAR: ARIES - Muy hiperactivo, audaz, curioso y emprendedor.

ELEMENTO FUEGO: Genera modalidades extravertidas e induce a obrar con independencia y efusividad.

Análisis de sus nuevos aspectos planetarios

Se transitará por esta etapa con el afán de revertir situaciones en las distintas áreas que son representativas de las bases en las que se apoyan las seguridades de la nación.

Dichas aspiraciones quedarán integradas a procesos que con el paso del tiempo puedan mejorar los contextos que están expuestos a irregularidades. El Sol (objetivos) venezolano en un buen aspecto con Saturno (estabilidad) indica que toda innovación que se realice no será en vano ya que luego conducirá a mejores escenarios y beneficios para quienes habitan en este territorio. No obstante, se deberá enfrentar el aspecto controvertido entre Plutón (renovaciones) y el Sol, que implica tener que apelar de forma permanente a la constancia, tenacidad y creatividad para sortear distintos escollos, y de esa forma poder implementar nuevos métodos de funcionamiento en muchos aspectos. En cuanto a sus exportaciones agrícolas de café, frutos tropicales, caña de azúcar, etcétera, sosteniendo esfuerzos se obtendrán mejores resultados. Será importante el cuidado de sus suelos y renovar diferentes infraestructuras para realizar su producción y tener acceso a nuevos mercados. En cuanto a inversiones, puede ser un ciclo más alentador.

Los servicios básicos y en particular los conectados al área médica continuarán solicitando atención, al igual que el mercado de trabajo. El buen contacto que logran Júpiter y Plutón resulta esperanzador en el sentido de poder superar desafíos y restricciones en el plano económico. La conjunción de Mercurio con Urano incidirá bien para acceder a nuevas tecnologías en el campo de las comunicaciones.

Comentarios generales

La protección del medioambiente puede demandar esfuerzos extras y más atención en determinadas épocas, al igual que las variantes climáticas. En los ámbitos artísticos habrá mucha creatividad y se desplegará el talento de diversas formas. Las tradiciones asociadas a sus culturas ancestrales y sus celebraciones tendrán una mayor relevancia. Sus artesanías continuarán siendo originales y marcarán presencia. Las prácticas deportivas en diferentes sectores adoptarán modalidades más efectivas, lo que conducirá a nuevos lucimientos y mejores categorías.

Resumen de las influencias astrales en 2022: Será un año que solicitará de manera continua mucha constancia para encauzar lo que genera altibajos en diferentes sectores de la sociedad venezolana. Finalizando esta etapa, se constatarán avances.

PREDICCIONES PREVENTIVAS PARA LA RATA BASADAS EN LA INTUICIÓN, EL I CHING Y EL BA ZI

Amanecí recordando a mi única y amada gata SOFÍA, que hoy cumpliría dos katunes y un tun. Era mono de metal, y fue la única gata que me eligió para convivir hace años luz.

Compartí el inicio del día con VIVI, rata de metal, ambas mateando muy lúcidas y despiertas el domingo, porteño para ella y serrano para quien los guiará rumbo al año del tigre de agua.

La rata es el signo con mayor resiliencia del zoo chino.

Su año fue de desintegración molecular, psíquica, física y laboral; el año del búfalo la encontró aún en el laberinto como un hámster, con más herramientas para atravesar la pandemia, aceptando las reservas que tiene en la madriguera y tocando tambores tibetanos. Su salud sufrió algunos embates y quedaron secuelas de un tiempo en que su psiquis, imaginación y creatividad hibernaron en busca de una salida al mundo exterior, y si es posible a la constelación de Orión.

Su capacidad de adaptación, de búsqueda en todos los lugares de sustentabilidad con lo que atesoró y lo que puede reciclar con su habilidad manual e intelectual fueron la base del equilibrio emocional que su amigo, el búfalo, le brindó.

"El tiempo es arte y el arte es tiempo". La rata pone a favor el envión de sus reservas bien administradas, del afecto familiar y de su pareja, de los amigos que aún viven y la alientan para seguir con sus sueños y concretarlos en el año del audaz tigre de agua.

Ambos signos se respetan y tienen diferencias que los atraen.

La imaginación creativa del roedor combina con la audacia del tigre valiente, revolucionario, que nadie detiene cuando siente el llamado en la selva para alentar a los que apuestan a su capacidad de liderazgo.

En el año del búfalo la rata hizo el balance de sus bienes, ahorros, inversiones, y el tigre cambiará el GPS de su rutina para proponerle un cambio total de vida. Es tanto el tiempo del miedo, del encierro, del ahogo y de la frustración de planes, que no dudará en hacer una valija o mochila y partir a nuevos parajes.

Serán socios: pondrán un bar, kiosco, negocio, construirán cabañas o cultivarán la tierra con éxito.

Conjugarán las postergaciones de ambos y junto al zoo podrán vivir lejos de la ciudad o de lugares de riesgo, contaminación ambiental y peligro sanitario. Comenzarán un nuevo ciclo: la rata estará más liviana de equipaje; saldará cuentas pendientes, construirá otra madriguera con permacultura y estará siempre alerta a los rugidos, la intuición, los deseos del tigre, para acompañarlo en sus pequeñas y grandes hazañas.

Pondrán a favor años de reclusión, crianza de hijos propios o ajenos, y serán amantes, amigos incondicionales, hermanos reencontrados en una cita postergada que los unirá en el futuro incierto.

Un viaje sin boleto de retorno atravesando el mar o recorriendo la Ruta 40 desde el Sur hacia el Norte; nuevos lugares que soñaron juntos viendo documentales, Netflix, o compartiendo con amigos otros destinos dentro del país o en el exterior serán un estímulo para soltar amarras.

El tigre apreciará tener la organización de recursos económicos, de trueque o de negocios insólitos del roedor que con entusiasmo compensará el liderazgo del felino con ricas comidas, masajes, noches de música y *danza con los lobos*.

La rata, que trabajó arduamente y participó en política en los años de pandemia, necesitará un *spa* en las ISLAS MALDIVAS.

Su adicción al trabajo transmutará en una estabilidad afectiva, emocional, hogareña al estilo *road movie,* y con *motorhome*.

La etapa de tiempos inciertos, hostiles, sin alimentos en los graneros llegará a su fin.

Tendrá el patrocinador con mayor influencia en el zoo chino y podrá sentir que los cambios inesperados, las sorpresas, los amores de viaje o flechazos resucitarán su corazón estratificado que latirá con pasión en sintonía con el ritmo del año más revolucionario en décadas.

L. S. D.

El I CHING les aconseja:
16. Yü / El Entusiasmo

EL DICTAMEN
El Entusiasmo. Es propicio
designar ayudantes y hacer marchar ejércitos.

El tiempo del Entusiasmo se funda en la presencia de un hombre importante que se halla en empatía con el alma del pueblo y actúa en concordancia con ella. Por tal motivo se le brinda una obediencia voluntaria y general. Con el fin de despertar el entusiasmo es necesario, por lo tanto, que en sus disposiciones se atenga a la índole de los conducidos. En esta regla del movimiento que sigue la línea de menor resistencia se funda la inviolabilidad de las leyes naturales. Estas no constituyen algo externo a las cosas, sino la armonía del movimiento inmanente en las cosas. Por esta causa los cuerpos celestes no se desvían de sus órbitas y todo el acontecer natural tiene lugar con firme regularidad. De un modo parecido se presentan las cosas en la sociedad humana. También en su seno podrán imponerse únicamente aquellas leyes que se hallan arraigadas en el sentir del pueblo, pues las leyes que contradicen ese sentir solo suscitan el resentimiento.

El Entusiasmo hace asimismo posible que se designen ayudantes para la ejecución de las tareas, sin que sea necesario prevenir reacciones secretas. Por otra parte, el Entusiasmo es capaz de unificar los movimientos de masas, como en caso de guerra, al punto que obtengan la victoria.

LA IMAGEN
El trueno surge estruendoso de la tierra:
la imagen del Entusiasmo.
Así los antiguos reyes hacían música
para honrar los méritos,
y la ofrendaban con magnificencia al Dios supremo,
invitando a sus antepasados a presenciarlo.

Cuando, al comenzar el verano, el trueno, la fuerza eléctrica, vuelve a surgir rugiendo de la tierra y la primera tormenta refresca la naturaleza, se disuelve una prolongada tensión. Se instalan el alivio y la alegría. De un modo parecido, la música posee el poder de disolver las tensiones del corazón surgidas de la vehemencia de oscuros sentimientos. El entusiasmo del corazón se manifiesta espontáneamente en la voz del canto, en la danza y el movimiento rítmico del cuerpo. Desde antiguo el efecto entusiasmador del sonido invisible, que conmueve y une los corazones de los hombres, se percibía como un enigma. Los soberanos aprovechaban esta propensión natural a la música. La elevaban y ponían orden en ella. La música se tenía por algo serio, sagrado, que debía purificar los sentimientos de los hombres. Debía cantar loas a las virtudes de los héroes y tender así el puente hacia el mundo invisible. […] Al enlazarse así, en solemnes momentos de entusiasmo religioso, el pasado propio con la divinidad, se celebraba la alianza entre la divinidad y la humanidad. El soberano, que en sus antepasados veneraba a la divinidad, se constituía con ello en Hijo del Cielo, en el cual se tocaban místicamente el mundo celestial y el mundo terrenal. Tales pensamientos constituyen la última y más alta síntesis de la cultura china. El propio maestro Confucio decía, refiriéndose al gran sacrificio durante el cual se cumplían estos ritos: "Quien comprendiera por completo este sacrificio, podría gobernar el mundo como si girara en su propia mano".

EL TRÁNSITO DE LA RATA DURANTE EL AÑO DEL TIGRE

PREDICCIÓN GENERAL

La energía fija de la rata es agua *yang*, esto le da capacidad de adaptación a nuestro roedor. Este año del tigre contiene dos energías que dividirán el año. Durante la primera mitad, la rata incrementará sus cualidades básicas: resiliencia y velocidad, para terminar lo que comience. La segunda mitad del año la energía se va a detener un poco porque la influencia del signo del tigre, cuya energía es madera, provocará que la rata vaya ralentizando su actividad. La primera mitad significa cambios, mudanzas, proyectos y gestiones nuevas. La segunda podría traer mal de amores, problemas en cuanto a su movilidad social, cosa que estará en condiciones de manejar bien si confía en sí misma.

Enero

La energía creada durante el mes búfalo trae mucha energía agua, la cual será buena para las ratas de 1972, pero a las de 1960 las tendrá agotadas. Todo este mes le dará mucho qué pensar en el plano familiar y en su vida emocional. Esa tensión podría provocar problemas gástricos, que podrá afrontar mejor si se propone trabajar en equipo, delegar tareas y hablar seriamente con sus familiares o amigos con quienes conviva, ya que no podrá hacerlo todo ella sola. Tendrá los instintos muy agudizados, por lo que será capaz de encontrar toda clase conexiones en asuntos que no parecen relacionados entre sí.

Febrero

El mes tigre siempre atrae mal de amores, por lo tanto incrementa la sensación de soledad, de que "no encaja" en ningún lado. Las tensiones que esto provoca traen como resultado que la gente menos empática termine rechazándola. La rata es muy sensible, por lo que amigos y familiares que sí la conocen deberán estar atentos y crear espacios donde fluyan la creatividad y la alegría. El tigre es capaz de ayudar un poco a controlar la ansiedad debido a la energía madera, por lo que si obtiene ayuda de terceros podrá moverse mejor y realizar tareas sencillas pero esenciales, aunque termine agotada.

Marzo

El mes del conejo combinado con el año del tigre y la energía agua del año invita a la rata a iniciar compromisos importantes. Las de 1996 serán las más propensas a hacer definitivos esos compromisos, pero a corto plazo provocarán cambios imposibles de revertir o que les traerán problemas. Es esencial que piense mil veces antes de decidirse y que, además, cuente con personas con la mente más clara. Este año será mejor que permanezca lo más libre posible para evitar rupturas amorosas o laborales que le dolerán mucho no solo ahora, sino hasta 2023.

Abril

El mes del dragón sube con fuerza la energía agua que alimenta lo mejor de la rata, se concentrará bien y será proactiva, creativa e ingeniosa, pero también ese exceso podría provocar tensiones entre ella y colegas y familiares. El agua es una energía que provoca ansiedad si no se canaliza correctamente, por lo tanto pedimos a las ratitas que por favor busquen el modo de enfocar toda esa energía en lo que realmente está bajo su control. Lo que no puedan solucionar inmediatamente deberán someterlo a lapsos de tiempo congruentes: ocho horas de trabajo, ocho horas de sueño, ocho horas de recreo.

Mayo

Durante el mes de la serpiente la rata deberá multiplicar las precauciones. No será atinado comenzar proyectos ambiciosos, prestar dinero, contratar personal ni mucho menos entregarse a actividades riesgosas que puedan afectar su cuerpo físico, ya que en estos tiempos hasta salir a la calle parece un deporte extremo. A la rata más le vale no especular, pues la energía de la serpiente no será leve, y menos junto a la energía del tigre anual. Es mejor que cultive su espíritu, aunque esto acarreará también niveles de introspección que podrían ser dolorosos.

Junio

El caballo que rige el mes representa un choque de fuerzas que tendrá a la rata como blanco principal. Estará muy vulnerable, sensible y agotada mentalmente. Las combinaciones del mes traen cambios de vida fuertes o incluso definitivos: soledad, aislamiento, choques, accidentes y tendencia a involucrarse en conflictos, sobre todo por su necesidad de ayudar a otros. Se le suplica prudencia, y si esta falla, podrá contar con los amigos dragón y mono, que le ayudarán a enfocar mejor sus afanes, a pensar mil veces antes de hablar y a llevar un poco el peso que carga.

Julio

El mes de la cabra, si bien no será compatible, le traerá a la rata la oportunidad para cambiar de estrategia y reagrupar a quienes pueden ser de ayuda. La energía de tierra y madera que acompaña a la cabra la detiene con suavidad, del mismo modo en que un bosque protege a los ríos, pero eso no quiere decir que el mes no tendrá su carga de retos, sobre todo a la hora de tratar de solucionar lo que ocurrió el mes anterior. Necesitará aprender a meditar y descansar cuando su cuerpo lo pida, porque este último será su mayor obstáculo en caso de enfermar.

Agosto

El mes del mono elevará la energía agua en días los 7, 19 y 31, tiempo en que el ambiente será complicado, pero podrá salirse con la suya si planifica e ignora las consecuencias que sus actos podrían acarrearle en el amor: "En la guerra como en el amor, todo vale". Habrá algunas complicaciones en el lugar donde vive, por lo tanto es posible que en su comunidad, lugar de trabajo, escuela y la familia soliciten su ayuda en situaciones difíciles. Cuidado con excederse en empatía, ya que el sufrimiento ajeno podría quitarle el sueño o involucrarla de más en redes sociales.

Septiembre

Los meses anteriores no han sido fáciles con el tema amoroso y la capacidad para desenvolverse en sociedad, pues la rata ha perdido la estabilidad que tanto añora. Este mes le ayudará a desbloquear un poco todo esto e incluso podría por fin conocer gente nueva y excitante, estrenar un romance, comprometerse o casarse, pero la ventana de tregua solo ocurre en este mes. Es posible que reciba buenas noticias de toda índole a lo largo de este mes del gallo y eso cooperará para levantarle el ánimo y ver con más optimismo los cambios a los que ha sido arrastrada.

Octubre

Hasta ahora los asuntos amorosos y emocionales han afectado más a los hombres rata que a las mujeres, pero este mes trae retos a toda la báscula energética que va del *yin* al *yang*. El mes del perro atrae más cambios bruscos y con potencial para volverse permanentes. Habrá un exceso de energías tierra y fuego que no será fácil manejar a menos que aprenda a estar algo aislada, confiar solo en sus más allegados, dejarse llevar por actividades placenteras. Se le recomienda ir al *spa*, nadar en aguas termales, o por lo menos que le den un buen masaje semanal.

Noviembre
Durante el mes del chancho, la rata deberá tener el doble de cuidado con los rumores, ya que podrían llevarla a involucrarse con personas capaces de absorber su energía, incluso sin estar conscientes de ello. Si llega a sentir que el día no le rinde o que se agota fácilmente, es posible que eso también la lleve a sentirse pesimista e incluso cínica. Procure estar cerca de cualquier fuente de agua o hielo, o nadar, patinar, esquiar y hasta permanecer unos minutos en una tina relajante; eso le ayudará a poner en orden la cabeza y demostrar que es una gran estratega.

Diciembre
La energía del mes de la rata detendrá un poco la influencia de la energía del tigre, y gracias a ello la rata podrá aumentar la velocidad y salir del marasmo. Este mes le ofrece una gran oportunidad para ponerse al corriente en todo lo relacionado con su vida amorosa y social; además la llevará a trabajar con más energía y con una capacidad de concentración renovada, pero es recomendable que no tome demasiadas responsabilidades, que aprenda a delegar su carga de trabajo. Solo así podrá pasar una temporada de fiestas decembrinas más relajada junto a sus grandes amores.

PREDICCIONES PARA LA RATA Y SU ENERGÍA

RATA DE MADERA (1924-1984)
Después del prolífico año del búfalo, sentirá ganas de tomarse un tiempo de reflexión, de balance de sus prioridades, y alivianar así su mochila kármica.

Sentirá deseos de salir de viaje, ser más nómada que sedentaria y trabajar *freelance.*

Pondrá a favor el entusiasmo por su vocación; el tigre la estimulará artísticamente, conocerá maestros, directores de cine, de teatro, o gente del arte que le ofrecerá un trabajo que le despertará la pasión por estudiar y aprender.

Su patrimonio humano vale oro.

Será convocada por ONG, fundaciones y movimientos humanistas para participar con su capacidad organizativa con el fin de integrar cambios sistémicos en la comunidad de los hombres.

Emprenderá un cambio que podría echar a perder años de trabajo. El tigre le pondrá pruebas de riesgo: deberá evaluar y asesorarse legalmente antes de apostar al vacío.

Un amor irrumpirá fugazmente en su vida; sepa distinguir esta señal para continuar con su camino y no perder estabilidad emocional.

AÑO DE VÉRTIGO Y NUEVAS EMOCIONES.

RATA DE FUEGO (1936-1996)

Después de un año de cambios en su vertiginosa vida, con una familia a su cargo y responsabilidades, podrá encontrar una oportunidad para viajar por trabajo, estudio, o conseguir una beca que la mantenga entusiasmada y con posibilidades en el futuro.

Todo pasará repentinamente y deberá adaptarse a los cambios con la astucia que la caracteriza.

Las responsabilidades familiares estarán en segundo plano.

El arte, el deporte, la posibilidad de integrar el plantel del Mundial 2022 la convertirán en un profesional muy solicitado.

Conseguirá salir de un trabajo o lugar que la contuvo emocional y económicamente durante años para visualizar *el futuro del éxtasi*s.

RATA DE TIERRA (1948-2008)

Luego de años de encierro en la madriguera logrará recuperar la salud emocional y sentir que la alegría y la serenidad retornan a su vida.

Los imprevistos cambios a los que tuvo que adaptarse en años de pandemia alteraron la vida personal, afectiva y familiar.

Podrá elegir entre atravesar un año como nómada o como sedentario, con algunas escapadas a la naturaleza que la ayudarán a mejorar su estabilidad emocional.

Habrá sorpresas gratas, y algunas con sabor amargo.

Tendrá un reencuentro con colegas, amigos, socios y clientes que le propondrán un viaje creativo y renovarán con ideas la tecnología y el trabajo *home office*.

Su trayectoria profesional dará un vuelco, integrando nuevas corrientes culturales, científicas y sanitarias.

Podrá participar en seminarios, congresos, ONG, y el tigre le dará el pasaporte para ser ascendida en su carrera o profesión.

En la familia habrá reencuentros, alegrías, y podrá sanar la constelación familiar.

RATA DE METAL (1960-2020)

La rata llegará al año del tigre oxidada de tanto desgaste emocional por años de encierro y pandemia. Un mundo se derrumbó y otro está naciendo para consolidarse en los próximos años.

Por eso es recomendable que mantenga el equilibrio emocional, la salud holística y sus universos paralelos en los que logrará recuperar la magia, el placer, los sabores de la cocina y del TAO DEL AMOR Y DEL SEXO.

Ha planeado durante años radicarse en la naturaleza: mar, montaña, lago o en un bosque de arrayanes.

Podrá convencer al tigre de que la acompañe para oler el lugar y lenta o velozmente instalarse allí y comenzar una nueva vida.

Su vocación renacerá, encontrará socios, amigos y gente de la comunidad que le abrirá las puertas para comenzar un nuevo ciclo en el que desplegará sus dones artísticos, artesanales, culinarios, y refundará su vida junto al tigre.

Año de cambios repentinos, con golpes de azar y nuevos paradigmas.

Es esencial que equilibre la medicina tradicional con la ayurvédica. Haga yoga, meditación dinámica y tambores tibetanos.

El tigre compartirá su audacia.

RATA DE AGUA (1912-1972)

Después de un año de estabilidad afectiva, emocional, y lleno de sorpresas gratas en el panorama profesional, sentirá deseos de libertad, libertad, libertad.

Su espíritu innovador y curioso buscará patrocinadores, mecenas para nuevos proyectos artísticos y laborales sin boleto de retorno.

Tendrá que equilibrar la vida familiar con sus escapadas PARA INSPIRARSE NUEVAMENTE Y LOGRAR SUMAR NUEVOS OFICIOS A SU VIDA.

El tigre será una trampa peligrosa; la hará apostar a todo o nada. Es recomendable que conserve su patrimonio y ahorros y no los despilfarre en utopías.

Busque apoyo terapéutico, haga constelaciones familiares y acepte con humildad las propuestas innovadoras que le ofrecerán a corto plazo.

EL ENTUSIASMO crecerá y tendrá que equilibrar momentos de ciclotimia para no perder el rumbo.

L. S. D.

El hombre que vende los ratones ha vuelto a pasar.
Tralalí, tralalá, va sonando la suona.
En las espaldas lleva su escenario.
Contemplo
a lo lejos la sombra de un hombre perdido,
da su última caminata
mientras gime en la avenida.
Hoy es un día como otro.
Incluso el ruido de las hojas no descansa.
A lo lejos, más a lo lejos
solo escucho el tralalí, tralalá de la suona.
Estoy soñando.
La música monótona parece que se detiene
a descansar en el acorde solitario.
Parece que las chispas se duermen
y las llamas perecen.
LI GUANGTIAN

PREDICCIONES PREVENTIVAS PARA EL BÚFALO BASADAS EN LA INTUICIÓN, EL I CHING Y EL BA ZI

Reconozco que el año del búfalo no le regaló nada extra al signo. Su inflexible forma de ser, actuar y reflexionar lo dejó pensativo, con ganas de modificar alguna de sus reglas de vida, empezando por la disciplina propia, que imparte al resto del zoo.

La pandemia lo reencontró con sus asignaturas pendientes. Y son bastantes.

Su esfuerzo, constancia, método de trabajo con socios, superiores y gente que le rinde obediencia de vida comenzó a tener temblores, sismos, deslaves y derrumbes.

NO SE PUEDE CONTROLAR A NADIE PARA SIEMPRE.

En la familia hubo que enfrentar estados alterados de la pareja, los hijos, y ocuparse más de los padres y hermanos.

Noticias del extranjero, de parientes lejanos con temas graves de salud y dinero motivaron cambios sistémicos.

Una grata sorpresa laboral, ascenso, beca o reconocimiento en su profesión le dio energía para los embates y las flechas envenenadas que recibió durante su reinado.

Por eso, el año del tigre será para el búfalo un año en el que reformulará su vida y decidirá ser "el andariego", según le aconseja el I CHING. Como es responsable y tiene el don de la organización, dejará en orden sucesiones, herencias, cuentas, por si el tigre lo convence de tomarse un año sabático y practicar "la liviandad del ser".

Reconocerá errores con el zoo; su carácter, despotismo, falta de atención en momentos en los que se reclamaba su presencia, dinero, ayuda espiritual serán sus mochilas para saldar karma con la constelación familiar, con empleados y, si es docente, con el discipulado.

Tocar fondo para el búfalo es hacer un balance existencial.

Viajar será su prioridad.

Buscará a los amigos del pasado a través de redes y nuevos

sistemas de comunicación, y podrá confiar en otras formas de sustentabilidad a corto y mediano plazo.

Su corazón volverá a latir al compás de un tambor africano.

Podrá comenzar una relación holística con alguien de otro país, o surgirá un trabajo, estudios compartidos, y tal vez se asiente armando un nuevo hogar, aunque después lo alquile o venda.

El tigre despertará la pasión; podrá embarcarse en proyectos en los que no será el líder ni el responsable ante la AFIP.

Amigos lo invitarán a pasar una temporada en diferentes partes del mundo, podrá resetear su disco rígido y aceptar que es mejor dejarse llevar por el WU WEI (no forzar la acción de las cosas) y entregarse a las sorpresas que le deparará el felino.

Estará más sociable, abierto a nuevas tendencias, modas, formas de relacionarse a través de intercambios: trueque, asesoramiento, consultoras de informática o consejos para sanar las relaciones familiares.

El búfalo materialista notará una merma en su economía; tal vez pueda vender inmuebles ociosos, y tener una renta para gratificarse durante el año del felino.

Lentamente retornarán las reuniones sociales, los juegos deportivos; será un fan del Mundial 2022 y comenzará con yoga, meditación dinámica, tenis, *paddle* o largas caminatas en las que meditará acerca de su porvenir.

El tiempo será con reloj de arena; su aceptación para pensar en usted sin horarios fijos ni formalidades atávicas cambiará su fisonomía y lo convertirá en un búfalo más etéreo.

Su familia, amigos y pareja estarán felices de verlo liberado de años de hiperresponsabilidad.

L. S. D.

El I CHING les aconseja:
56. Lü / El Andariego

EL DICTAMEN
El Andariego. Éxito por lo pequeño.
Al andariego la perseverancia le trae ventura.

Como viajero y extranjero uno no debe mostrarse brusco ni pretender subir demasiado alto. No dispone uno de un gran círculo de relaciones; no hay, pues, motivo de jactarse. Es necesario ser precavido y reservado; de este modo uno se protegerá del mal. Si uno se muestra atento con los demás, conquistará éxitos. El andariego no tiene morada fija, la carretera es su hogar. De ahí que ha de preocuparse por conservar interiormente su rectitud y firmeza, y cuidar de detenerse únicamente en lugares adecuados manteniendo trato tan solo con gente buena. Entonces tendrá ventura y podrá seguir viaje sin ser molestado.

LA IMAGEN
Sobre la montaña hay fuego: la imagen del andariego.
Así el noble aplica con claridad y cautela las penalidades
y no arrastra pendencias.

Cuando el pasto sobre la montaña se quema, da un claro resplandor. Pero el fuego no permanece allí, sino que continúa su andanza en busca de un nuevo alimento. Es un fenómeno muy fugaz. Lo mismo ha de suceder con los castigos y los pleitos. Es necesario que se trate de fenómenos muy fugaces y que estos no se arrastren a otros lugares. Las prisiones han de ser algo que solo acoge a la gente en forma pasajera, como si fuesen huéspedes. No deben convertirse en morada de los hombres.

EL TRÁNSITO DEL BÚFALO DURANTE EL AÑO DEL TIGRE

PREDICCIÓN GENERAL

Los búfalos prefieren una vida sencilla en la que primen la paz, el orden y pequeñas satisfacciones, pero cuando el tigre llega a la vida del búfalo, todo puede pasar. La combinación de energías que ocurre entre ambos signos es similar al efecto que producen los grandes árboles tropicales que se abren paso con sus raíces entre las rocas e incluso por entre construcciones milenarias, como los templos de India y las pirámides mayas. El búfalo podría esperar de todo: un matrimonio a prueba de cataclismos, y si no se casa, aventuras de amores y desamores turbulentos, dignos de una novela negra, accidentes, fraudes, tropezones y MUCHO trabajo a marchas forzadas. ¡Todo al cien por ciento!

Enero

Comienza el año con el tránsito del año propio, pero esta vez con el signo propio también rigiendo el mes. Esta combinación se incrementa si nació entre la 1 y las 3 de la madrugada o durante enero. La energía se convertirá en un motor que le ayudará a concentrarse al máximo, independientemente de las dificultades inherentes a transitar por el signo propio. Las mujeres búfalo podrían encontrar obstáculos debido a la falta de reconocimiento por parte de personas en puestos superiores, y envidia de sus colegas, pero si ignora todo eso podrá pasarla mejor.

Febrero

A partir del 4 de febrero nuestro búfalo querido se sentirá mucho más optimista, pero será un poco difícil mantener ese impulso si no echa mano de ayuda externa, sobre todo porque seguirá cansado. No importa si es de parte de amigos, colegas o alguna aplicación digital; si no se organiza con cooperación de algo o alguien, este mes se le podría afectar su salud. Será mejor que se tome unas vacaciones. Es importante que también aprenda el desapego, que viene con toda la seguridad que da el saber que sus seres amados son capaces de tener una vida sin contratiempos.

Marzo

Este mes el Qi escaseará en todos los sentidos, y afectará su autoestima, las ganas de poner atención en cualquier proyecto importante, y desgraciadamente todo lo que tenga que ver con su autocuidado podría pasar a segundo plano. La combinación de energía madera que representan juntos el tigre del año y el conejo del mes hacen un efecto de encierro energético, por lo que el búfalo pasará un rato en el corral. Lo mejor es tomar unas vacaciones o hacer reparaciones en casa, con cuidado de no afectar la zona nordeste y de no gastar demasiado en cosas superfluas.

Abril

Debido a las limitaciones de los dos meses anteriores, es posible que el búfalo desconfíe de todo y de todos. Deberá comprender que esa desconfianza no es más que una manera de tratar de controlar lo que no puede ni necesita ser controlado. La fuerza de voluntad y su capacidad de concentración tampoco serán su fuerte y podría sufrir algunas pérdidas molestas. Es importante que no se meta en juegos de azar ni en inversiones o negocios, por más seguros que parezcan. Necesitará ayuda para resolver lo que quedó en suspenso antes; no acepte en nuevos retos.

Mayo

La serpiente que rige el mes le ayudará a deshacerse de las ataduras de los meses anteriores y subirá su capacidad de concentración e introspección. Tendrá mucho trabajo, pero también la oportunidad de poner en orden sus pensamientos, ya que habrá algo de melancolía que le permitirá reflexionar sobre lo que necesita en el futuro y lo que tendrá que dejar atrás para no cargar tanto peso emocional. Los búfalos de 1961 estarán propensos a sufrir un poco de depresión, y los de 2021 mostrarán mucho de la sensibilidad que los acompañará toda su vida.

Junio

Los búfalos más jóvenes, sobre todo los de 1997, sentirán que el mundo les debe algo y actuarán con una impulsividad impropia de este signo. Ocurre que el efecto del tigre combinado con el del mes del caballo subirá un tipo de energía que revolucionará su mente y su capacidad para comprender mejor a la gente que los rodea. Los demás búfalos estarán más nerviosos, no sabrán cómo calmar los pensamientos obsesivos. Será importante que busquen ayuda para relajarse, ya sea por medio de terapia, ejercicios de relajación o deportes de alto o mediano impacto. Eso mejorará sus relaciones y su corazón.

Julio

La energía de la cabra ayudará a bajar la intensidad de sus actos por efecto de las energías tierra y madera. Esto podría atraer problemas estomacales en búfalos vulnerables a problemas gástricos adquiridos o congénitos, sin importar en qué año hayan nacido. Si llegase a enfermar, la energía del mes caprino lo obligará a permanecer en cama y dejar de hacer tantas cosas a la vez. Los que logren pasar los síntomas sin caer en cama, necesitan autorregularse por medio de disciplina y constancia. Puede buscar ayuda si necesita completar asuntos urgentes.

Agosto

El mes aumenta su vulnerabilidad ante rumores a los que deberá ignorar ya que serán infundados y corresponderán sobre todo a la inestabilidad que provoca la combinación de energías del mes del mono con el año del tigre. Esa misma inestabilidad podría provocar que el búfalo intente recompensarse por problemas amorosos que podrían llegar a un punto doloroso durante estos días. Necesitará ayuda de gente estable que vibre con su misma sintonía. Recibirá buenas noticias si pone atención, aprende a relajarse y realiza actividades más espirituales.

Septiembre

Si no se tomó unas vacaciones cuando se le sugirió, algunos meses antes, este mes lo lamentará, ya que la energía no lo dejará descansar y aunque esté agotado tendrá que trabajar a marchas forzadas y con pagos injustos o con retornos económicos muy inferiores. Podría incluso correr el peligro de contraer deudas fuertes debido a problemas de salud mal atendidos en los momentos en los que aún contaba con tiempo y dinero para prevenir. Su mayor acierto durante este mes resultará ser muy disciplinado con los gastos, y prudente cuando tome decisiones que tengan que ver con su familia inmediata.

Octubre

Este mes será más tranquilo, no porque no haya problemas para resolver, sino porque el búfalo estará comenzando a acostumbrarse al ritmo que se ha autoimpuesto. Aumentará su capacidad de introspección, por lo tanto tendrá la oportunidad de saber en qué está fallando y qué es lo que está haciendo bien.

Hay que aprovechar ese impulso benefactor para entonarse con la naturaleza y bajar esa aceleración que podría afectarlo aún más en el futuro. También puede mejorar su estado de ánimo practicando el WU WEI de los taoístas: si lo que está haciendo le cuesta demasiado, no lo está haciendo bien.

Noviembre
El búfalo sigue andando a marchas forzadas. Ya es hora de parar. El mes del chancho le ofrece toda la energía necesaria para comenzar de nuevo y hacerse de una disciplina de bienestar y salud para el resto de su vida. Por supuesto, no será sencillo llegar al punto en que deje atrás todo el sacrificio que hace por su familia y amigos para enfocarse en sí mismo. Este mes es para delegar responsabilidades en los seres que le preocupan y que deberían estar haciendo sus propias cosas. Aprender a soltar, a dejar ir y a poner límites deberá ser prioridad este mes.

Diciembre
El mes de la rata tendrá una sensación energética similar a la del mes anterior, pero con una ventaja: la rata es un signo que le ayuda a ser más tenaz. Si bien con este signo siempre parece que no logra sus objetivos al cien por ciento, por lo menos la combinación de energías aletarga la fuerza controladora que el signo del tigre impone sobre el búfalo, y es probable que pase unas fiestas decembrinas menos atareadas que en otros tiempos. Además, es posible que obtenga ayuda por parte de propios y extraños, además de que poco a poco lo que le parecía indispensable ahora le parecerá superfluo.

PREDICCIONES PARA EL BÚFALO Y SU ENERGÍA

BÚFALO DE MADERA (1925-1985)
Feliz, el búfalo saldrá de viaje sin boleto de retorno cuando comience el año del tigre.
Aprendió las arduas responsabilidades familiares: despidió a

seres queridos, ayudó a los más débiles y excluidos, hizo las tareas más aburridas y burocráticas para dejar *net* el karma.

Su visión es a largo plazo, buscando nuevas praderas para pastar. Liviano de equipaje podrá recuperar la capacidad de asombro, sin horarios que lo obliguen a cumplir una rutina que lo agobió durante mucho tiempo.

Estará abierto a nuevos amigos, a reformular la pareja y a plantear su cosmovisión solo o acompañado.

La experiencia en su oficio o profesión tendrá más rédito en otros países, donde lo recibirán con cariño y con una beca o posibilidad de residencia para continuar con sus estudios.

Su salud quedó deteriorada por el estrés durante el invierno; deberá reforzar vitaminas, proteínas, hacer deporte o EL TAO DEL AMOR Y DEL SEXO.

El tigre revolucionará su metódica vida con nuevos estímulos que lo transformarán desde el *look* al ADN.

BÚFALO DE FUEGO (1937-1997)

La merma será porque la salud durante su año sufrió en todos los planos: físico, psíquico y emocional.

Sentirá ganas de hacer una limpieza profunda de su casa, estudio, y de recuerdos que lo atan al pasado y anclan su porvenir.

El tigre le aportará entusiasmo a su vida, pareja, amigos y fundanautas.

Podrá salir a pastorear cerca o muy lejos; habrá oportunidades de viajes y de cambios imprevisibles en su agenda. La familia lo apoyará en sus decisiones; amigos de antaño le ofrecerán pasar una temporada de descanso en sus lugares en el mundo.

Aparecerán mecenas, propuestas de trabajo en su vocación y reconocimiento por la ayuda social y material en la pandemia.

Es necesario que recurra a pedir ayuda terapéutica si siente estados de soledad o *panic attack*; su equilibrio emocional estará frágil promediando el año.

El tigre será un salto cuántico en su quietud; si se anima a salir de la rutina podrá renovar su cosmovisión y sentirse libre en las decisiones que lo esperan.

BÚFALO DE TIERRA (1949-2009)

El año del tigre será un *bonus track* para el búfalo, que padeció su año en cada frente: con la salud, la familia, el trabajo, los planes de viajes o mudanzas.

Fue un tiempo de cita consigo mismo y evaluación en su memoria celular. El tiempo requiere que deje atrás lo superfluo y se dedique a lo esencial.

Tendrá oportunidad de cambiar de lugar, visitar a un pariente lejano y pasar una temporada más creativa, con planes de estudio, trabajo y *rock and roll*.

Su imaginación volará lejos: decisiones legales que lo mantienen atado y sin posibilidad de cambios lo pondrán en jaque.

Su salud sufrirá altibajos físicos y emocionales; es recomendable que pueda controlarse con especialistas.

La pareja le planteará nuevos cambios en la convivencia: cama afuera o país cercano.

Reformulará sus prioridades: aunque sea en *sulky*, moto o auto se alejará de su hábitat para sembrar la pacha y vivir rodeado de gatos, perros, vacas, caballos y gallinas.

El retorno a la esencia y a una nueva de sustentabilidad.

Podrá relacionarse con gente de diferentes culturas y trabajar en ONG por la recuperación pospandemia, la crisis humanitaria y el cambio climático.

Año de renovación celular y de nuevos paradigmas.

BÚFALO DE METAL (1901-1961-2021)

La experiencia del tránsito de su doble año (por año propio y energía) tuvo dobles consecuencias.

El nuevo tiempo lo embarcará en viajes largos a visitar amigos, ser nómada, cambiar hábitos y costumbres.

Sabrá equilibrar la razón y la pasión, que lo avasallará cuando menos lo espere.

Tomará decisiones con sus bienes. Tal vez el desapego lo ayude a encontrar un nuevo lugar para vivir en la naturaleza, más afín a su etapa y rodeado de su familia.

El cambio comenzará durante el año felino; las decisiones serán rápidas y eficaces.

Tendrá golpes de suerte en el azar, un mensajero o conocido le hará alguna propuesta que podría desviarlo de su rutina.

El amor reaparecerá para compartir con madurez una convivencia añorada.

Su vocación de maestría encontrará eco dentro de viajes inesperados y con convocatoria a sus enseñanzas.

Saldrá del retiro de la pandemia en busca de nuevas empresas y praderas psicodélicas.

BÚFALO DE AGUA (1913-1973)

Después de atravesar su año estoicamente dejando en orden el caos de la pandemia, podrá visualizar nuevos horizontes para transitar con paso firme y decidido los desafíos que tendrá en el año del tigre.

Sentirá que añora amigos, terruño, y retornará con un espíritu de gratitud a reformular su vida. Cerrará heridas de amor, de distanciamiento, con socios, exjefes y familia.

Su capacidad de trabajo será reconocida en cada lugar adonde lo llamen. Preferirá pasar allí cortas temporadas y sacar beneficio en su especialidad.

El año del tigre lo sacudirá afectivamente como un sismo.

Se enamorará, buscará establecerse junto a su pareja en algún rincón del mundo donde no haya contaminación ambiental y defiendan la ecología. Su aporte didáctico y práctico será muy valioso en la comunidad de los hombres.

Las secuelas pospandemia modificarán su cosmovisión y su etapa altruista. La llegada de hijos propios o adoptivos será parte de su nueva vida.

Año de renovación en células, espíritu y proyectos creativos.

L. S. D.

Ferozmente fruncido,
desafío fríamente
a mil dedos apuntando;
con la cabeza inclinada,
como un buey dispuesto,
sirvo a los niños.
Lu Hsun (1881-1936)

PREDICCIONES PREVENTIVAS PARA EL TIGRE BASADAS EN LA INTUICIÓN, EL I CHING Y EL BA ZI

Los reyes de la tierra para los chinos inauguran el 1-2-2022 su reinado, que se prolongará hasta el 22-1-2023, cuando el conejo se hará cargo de las decisiones, travesuras y cambios del felino.

Después de haber atravesado pruebas en el inframundo durante el año del búfalo, y de haber recursado materias en el ADN, la salud, el ocio creativo, el trabajo informal, las changas, además de las pruebas y decisiones familiares: separaciones, divorcios, juicios, estafas con piqueteros galácticos y embestidas inesperadas de opositores, aun con heridas abiertas y magullones, intentará transitar una nueva etapa entre el tiempo viejo y el nuevo.

Del caos a una temporada para rever aciertos y errores.

Es casi imposible que un tigre reconozca algo, pida perdón, aunque haya un tendal de muertos por sus ideas revolucionarias.

Es líder desde que nace hasta su último aliento.

El mundo cambió para siempre, y en los diferentes sexos serán los encargados de dar el salto cuántico para guiar a la humanidad con sus ideas revolucionarias en la comunidad de los hombres.

A pesar de ser padres y madres sui géneris, podrán desprenderse de su prole e iniciar una nueva vida en soledad o conviviendo en un kibutz, áshram o un monasterio, haciendo un balance de su vida.

No es un año para embarcarse en grandes proyectos ni en empresas sin garantías, ni en safaris.

Un año de introspección, de remover la tierra para arar, sembrar nuevos vínculos hasta con sus *íntimos enemigos*.

Su corazón le pedirá una tregua.

Año sabático y *reposo del guerrero*. Disfrutará rebobinando el pasado, los hitos y las hazañas, sus viajes al estilo Marco Polo, y verá que su vida es una película de James Bond, o *The Crown*.

Entablará relaciones con personas espirituales, iniciará viajes iniciáticos, escribirá autobiografías como *De profundis*, de OSCAR WILDE, y recibirá honores y becas para ONG.

La revolución lo espera, antes, durante o después de un año en el que cambiará la piel renovando su pelaje y brillo.

Su cosmovisión se ampliará; dejará de lado prejuicios ideológicos y se convertirá en un sannyasin.

Podrá concretar un largo proyecto con reconocimiento y transmitirá sus experiencias al discipulado.

El año del tigre para ustedes, SIN DUDA, puede ser el mejor o el peor de su vida.

Meditación dinámica, yoga, taichí y EL TAO DEL AMOR Y DEL SEXO.

L. S. D.

El I CHING **les aconseja:**
63. Chi Chi / Después de la Consumación

EL DICTAMEN
Éxito en lo pequeño. Es propicia la perseverancia.
Al principio ventura, al cabo confusiones.

La transición que va del tiempo viejo al tiempo nuevo ya ha sido llevada a cabo. En principio ya todo está en regla y solo en los pormenores puede obtenerse algún éxito. Pero para ello hace falta observar la actitud que corresponde. Todo sigue su marcha como por sí mismo. Esto seduce fácilmente a un relajamiento de la tensión y a dejar su curso a las cosas, sin que uno se preocupe mucho de los diversos aspectos. Tal indiferencia, empero, es raíz de todos los males. De ella surgen necesariamente fenómenos de decadencia. Se enuncia aquí la regla que suele predominar en la historia. Pero esta regla no constituye una ley inexorable. Quien la comprenda será capaz de eludir sus efectos mediante una incesante perseverancia y cautela.

LA IMAGEN
El agua está por encima del fuego:
La imagen del estado Después de la Consumación.
Así el noble reflexiona sobre la desgracia
y por anticipado se arma contra ella.

Cuando el agua, en la marmita, cuelga sobre el fuego, ambos elementos están en mutua relación y debido a este hecho se genera energía. No obstante, la tensión que así se produce impone adoptar precauciones. Si el agua se desborda se extingue el fuego y se pierde su función energética. Cuando el calor es excesivo, el agua se transforma en vapor y se pierde en el aire. Los elementos que en este caso están en relación recíproca y engendran así la energía, por su naturaleza guardan entre sí una recíproca hostilidad. Únicamente una extrema cautela puede evitar el daño. Así también en la vida hay circunstancias en que todas las fuerzas se equilibran y obran de consuno, y por lo tanto todo parecería estar en perfecto orden. Tan solo el sabio reconoce en tales épocas los momentos de peligro y sabe dominarlos mediante precauciones tomadas a tiempo.

EL TRÁNSITO DEL TIGRE DURANTE SU PROPIO AÑO

PREDICCIÓN GENERAL

Los tigres hacen las cosas como si cada movimiento fuera calculado, pero lo que el felino no le ha dicho a nadie es que todo lo que ha logrado ha sido por medio de un porcentaje de valor y otro tanto de suerte. A las personas que lo amamos y queremos ayudarlo nos parece prudente sugerirle mucha mesura durante su año propio o ben ming nian 本命年. Suerte y valor son herramientas importantes, pero el año será intenso y necesitará paciencia y prudencia. La segunda mitad del año lo pondrá a prueba como a Hércules, y muchos tocarán fondo, lo cual parece algo terrible, pero este año le trae la oportunidad de salir de la selva con un pelaje renovado, sabio y más fuerte que nunca. Bienvenido al año propio.

Enero

El mes del búfalo en el aún año del búfalo seguirá con la tónica del año anterior, falta de actividades sociales, mal de amores y cambios. La extraña combinación de amor y distanciamiento todavía está activa, pero se puede aprovechar para analizar a fondo qué necesita realmente y cómo puede conseguir todo eso sin perder de vista su salud física y emocional, además de las múltiples responsabilidades que ha adquirido. Hay grandes oportunidades para obtener una remuneración extra o un trabajo nuevo, lo cual complicará el resto del año y hará el año propio más impredecible, aunque interesante.

Febrero

En cuanto comience el año propio, el día 1º de febrero, los tigres reclamarán la jungla para sí mismos, desgraciadamente eso a veces será por la fuerza y buscarán estrategias para justificar sus actos: no es necesario tanto esfuerzo; calma. Las tigresas de 1962 y 1974 serán las más afectadas por el cambio, incluso más que los tigres masculinos, tanto cis como trans. El enojo será cosa habitual, por lo que se les recomienda especialmente hacer terapias o actividades de meditación que les ayuden a controlar la ira, pues cualquier exabrupto violento que tengan durante este mes afectará todos los meses que siguen.

Marzo

La situación energética del mes del conejo dependerá mucho de la actitud que los tigres tengan acerca de sus expresiones sexuales y el modo en que viven emocionalmente. Ya sea con una pareja estable o tratando de comenzar una relación –permanente o efímera– es posible que problemas ligados a su carácter eviten la estabilidad y ternura que tanto anhela. Cualquier tipo de terapia: meditación, constelaciones o análisis científicos como la terapia cognitivo-conductual podría ayudarle a sobrellevar este mes sin estallar, sobre todo con la gente que lo conoce bien y lo defiende a pesar de todo.

Abril

Poco a poco la energía del año se va a ir ajustando y, conforme pase este mes, nuestro tigre se sentirá mucho más optimista, menos dispuesto a devorarse a cualquier incauto que le dé consejos y logre permanecer cerca de él por más de media hora. Este mes es para ahorrar prana, Qi, tiempo y dinero. La mejor manera que tiene para eso es permanecer más en casa, sin acceso a las tiendas en línea, juegos de video y entretenimientos. Las actividades artísticas se le darán muy bien, así que resulta un buen mes para conectar con su propio genio, crear mundos y espacios que disfrutará más adelante.

Mayo
El mes de la serpiente le demostrará que es necesario tener la cabeza fría y el corazón caliente. Podría sufrir consecuencias si se le va la mano con la autoindulgencia, y por decir su opinión. Para los tigres de 1998 e incluso los de 2010, que están apenas entrando en la pubertad, cualquier exceso podría ser muy embarazoso; se les pide prudencia y autocuidado, porque lo que hagan este mes no podrán borrarlo después. Los demás tigres, en especial los de 1962, ya saben lo que están realizando, pero aun así podrían hacer o decir algo impulsivo, cuyas consecuencias les provocarán algo más que una resaca.

Junio
La combinación entre el caballo y el signo propio atraerá felicidad, facilidad de palabra y opciones de trabajo que resultará conveniente aceptar a pesar de tener muy lleno su calendario de compromisos. Basta con organizarse bien antes de tomar cualquier decisión para que no se le compliquen tiempos y cuentas. Si por alguna razón ve que no puede terminar compromisos adquiridos con antelación, bastará con que haga equipo con otras personas. En particular nativos de los signos chancho, cabra, caballo y perro estarán muy dispuestos a hacer equipo. Los tigres de 2010 podrían encontrar su vocación o interés durante este mes.

Julio
¡Buenas noticias! Este mes la cabra le regalará momentos inolvidables. Lo que sea que ocurra a lo largo de los siguientes días hará que se le olvide por completo cualquier problema que haya sucedido durante los meses anteriores y esa alegría podría durar

lo que resta del año, pero es importante que no deje de cuidarse emocionalmente. Los tigres de 1938 y 1950 estarán con el estómago susceptible, así como los jóvenes de 1998 y 2010. Los tigres de 1962 y 1974 aprovecharán esta tregua para ponerse al corriente con sus emociones; podrán hablar con total libertad de lo que necesitan con amores y amigos por igual.

Agosto

Tal vez sea necesario repasar el mes anterior y recomendar que, además de disfrutar, se aprovechen esos días pacíficos para crear una red de ayuda solidaria que le evite meterse en problemas, porque el mes del mono no tendrá misericordia alguna. El choque entre el mono y el tigre afectará mucho al mundo exterior, no solo a los tigres, pero en el epicentro se encontrarán los felinos. Este mes será tan complicado que todos los tigres de la selva se sentirán sacudidos hasta el fondo del alma. Se les recomienda no salir de su caverna y no tomarse nada demasiado a pecho. ¡Cuidado!

Septiembre

El mes del gallo trae la energía que el tigre necesita para ordenar su vida y sus dones. La energía metal del gallo aporta primero reflexión, inteligencia, paz. Después, gracias a su Qi de metal, el tigre encontrará que su capacidad para organizarse vuelve sin cortapisas. Este es el mes perfecto para poner en orden asuntos con la burocracia, los impuestos, proyectos y asuntos legales. También es un mes en el que, al menos en su mente y espíritu, podrá hacer las paces con amigos y familiares distanciados. Este tiempo de tregua deberá también ser agradecido en voz alta, y así liberará algo de karma.

Octubre

El mes del perro subirá la energía fuego en el ambiente creado por el año tigre, lo cual provocará que a cada felino le vaya distinto, según el año de nacimiento. Los tigres de 1938 y 1998 sentirán estabilidad emocional, pero su sistema digestivo estará muy lento. Los de 1950 y 2010 se sentirán un poquito paranoicos, sobre todo los más jóvenes, ya que aún no saben canalizar sus emociones. Los de 1962 y los recién nacidos estarán muy sensibles, querrán ser protegidos y respetados. Los malhumorados tigres de 1974 se encerrarán para poder trabajar en sus proyectos sin ser molestados.

Noviembre
Este mes es el gran reto de este año; lo que ocurra, positivo o destructivo, definirá mucho de la vida del tigre de aquí en más. Los adolescentes de 2010 conocerán las limitaciones de su carácter. Los jóvenes de 1998 por fin sentirán que la vida adulta se presenta para dejar atrás al eterno adolescente. Los tigres de 1962 llegarán al punto en que toda la vida anterior se revelará ante ellos, concretando así su ben ming nian, lo cual significa que cosechará buena parte de lo sembrado a lo largo de su vida: salud, amor, bienes…, o la ausencia de todo eso.

Diciembre
El mes de la rata lo invitará a guardarse en su cueva a lamer heridas y a agrupar a sus críos o a sus creaciones mentales. La energía agua demostrará que es necesario parar un poco, por lo tanto tiene dos opciones: dar rienda suelta a sus ambiciones y aprender alguna nueva habilidad, o incluso obtener un certificado por medio de clases en línea. Sin embargo, si lo que desea es desconectarse y descansar de verdad, tal vez le convenga dejar de sentirse culpable por no ser productivo todo el tiempo y salir de vacaciones o desaparecer en un lugar aislado y dormir de aquí a que comience el año del conejo.

PREDICCIONES PARA EL TIGRE Y SU ENERGÍA

TIGRE DE MADERA (1914-1974)
Recibirá su año con una fiesta privada o multitudinaria (dependerá de su responsabilidad social), agradecido de las lecciones del año del búfalo.

Sabe que ser cauto y previsor forma parte de su talento para la caza y la pesca en tiempos inciertos. Reconocerá su capacidad de adaptación y creatividad para refundar una nueva idea y trabajará en equipo liderando una nueva empresa.

Su patrimonio es más afectivo que material; los amigos, socios y familiares lo respaldarán cuando sienta que el mundo se detiene o va como un tren bala.

Nuevos tigrecitos asomarán en la familia. Adoptará, o lo convertirán en madre, padre o abuelo por sorpresa.

Su imaginación estará al servicio de cambios prácticos, sociales y humanitarios que lo ayudarán a mantenerse activo y solidario.

TIGRE DE FUEGO (1926-1986)

Comenzará el año con una cura de sueño, una sesión en un *spa* o durmiendo largas siestas por el estrés del año del búfalo.

Los obstáculos legales que llegarán para privarlo de su libertad requerirán que acuda a la justicia.

Hay que poner orden al caos en sus prioridades y cultivar la salud holística: física, mental y emocional.

Los efectos de la pandemia tiñeron de óxido las relaciones familiares y afectivas.

Necesitará amigos, ayudantes, socios para encauzar una nueva etapa de su vida. Buscará terapias alternativas y estará nómada, con recursos básicos y viviendo donde caiga la noche.

Es un año fundacional en su vida.

Retornará a la naturaleza; una propuesta inesperada a través de las redes lo estimulará para comenzar un nuevo oficio, y recuperará el sentido del humor y los dones histriónicos.

Alineación y balanceo de los temas esenciales de la vida.

TIGRE DE TIERRA (1938-1998)

Año de introspección y dedicación a su salud holística: cuerpo, mente y alma, y en relaciones laborales y familiares.

Deberá elegir entre el deber y el placer, entre posibles cambios de país, radicarse en otra región, vender su patrimonio o exiliarse.

Será un año de desafíos en su rutina.

Tendrá que resolver temas legales, divorcios, juicios de

desalojo, nuevas formas de permanecer en el sistema o huir a la selva a reinventarse.

Retornará a un grupo de autoayuda, a amigos del pasado, a exparejas para rebobinar agujeros negros que quedaron sin resolver.

Su espíritu solidario será clave en el liderazgo de la defensa del medioambiente, de la revolución pacífica en busca de nuevas formas de sustentabilidad, de trabajos en ONG y de difusión de obras de ayuda reales en la familia y en la comunidad.

Un flechazo cambiará el rumbo de su vida.

Juntos emprenderán un viaje, un proyecto a largo plazo que le permitirá enraizar en otra región y fortalecer su espíritu y profesión.

La revolución comenzará con un cambio de *look*, de casa, y con la aceptación de que la rebeldía es parte de su personalidad.

TIGRE DE METAL (1950-2010)

Año de decisiones, movimiento, acción en el ámbito de su vida profesional.

Aceptará una beca o propuesta laboral para viajar y comenzar una actividad o estudio sobre filosofía, sociología, astrología, meditación dinámica o ciencias esotéricas.

Conocerá gente de diferentes culturas que aportarán nuevos estímulos en su vida.

Renacerán el arte, EL TAO DEL AMOR Y DEL SEXO, la vida en comunidad, el aporte a nuevos paradigmas del mundo actual.

Quemará naves, regalará libros, cuadros, objetos valiosos, y buscará un espacio rodeado de agua, lago, mar o montañas para construir con permacultura su casa y ámbito laboral.

Retornarán el eros, la risa, los buenos momentos, el ocio creativo y la posibilidad de una revolución al estilo Lennon-Yoko por la paz mundial.

TIGRE DE AGUA (1902-1962-2022)

Bienvenidos a su TAI SUI (año celestial), a los tres katunes, tigres de agua de 1962. Con amigos queridos y fundanautas, esta combinación acompañó mi vida siempre.

El sol débil de un día de lluvia se despide entre nubes. Y el sabio I CHING, con absoluta sincronicidad, les susurra el hexagrama 63: Después de la Consumación.

La vida los ha tratado de la misma forma que ustedes a la vida.

Con aventuras, viajes, grandes pasiones, amores, rebeldía, éxitos y fracasos estrepitosos.

Indudablemente, lo que tienen es una pasión por vivir, que renacerá este año. Ustedes serán los parteros de su nueva vida.

Es cierto que han llegado con heridas abiertas, mutilaciones, rasguños, hazañas con trofeos o con aplausos; peleas de tigres de Bengala por defender a los más vulnerables, a la cría y a los amigos.

Del caos al orden o al menos a un intento de estabilidad emocional.

A recuperar la capacidad de asombro, la curiosidad, los colores del arcoíris antes de que desaparezcan y disfrutarlos escribiendo, bailando, haciendo el amor o recordando sus andanzas en la selva.

Es tiempo de balance: de recordar a los pilares de su vida, a quienes les tuvieron fe cuando nadie los contrataba, o los excluían por ser *rara avis*.

La vida siempre da revancha; si alguien los hirió, los maltrató, los humilló, este año podrán saldar deudas.

Comenzar con la salida de un nuevo sol y flotar como una nube violácea sin juzgar a nadie.

Son esotéricos, buscadores de verdades, justicieros, más diplomáticos que otros tigres.

El comentario del I CHING les dice:

1. Es necesario poder aguardar el momento exacto en el tiempo.

2. Debe procederse del modo adecuado con el fin de conquistar la simpatía de la población y evitar excesos o extralimitaciones.

3. Es necesario que uno sea correcto y esté enteramente libre de intenciones egoístas de cualquier índole.

4. El cambio debe corresponder a una necesidad real. Así

fueron las grandes revoluciones que en el transcurso de la historia consumaron los soberanos Tang y Wu.

Buen tránsito, queridos tigres subfluviales, en su año.

L. S. D.

El rey monta un tigre, recorre las ocho lindes,
la luz de su espada ilumina el verde y el azul del cielo,
mientras Li Xuemei castiga al sol
con los repiques de una campana de cristal.
Las escorias del mundo huyen,
el pasado y el presente se sosiegan.
En cientos de cabezas de dragón
se escancia el vino invitando la Estrella del Alcohol.
Cuerdas de oro resuenan en la noche,
la lluvia, con sus pies ligeros, canta en el lago Dongting
y borracho ordeno a la luna detenerse.
Las blancas nubes, peinadas, arrullan la luz del recinto,
el guarda canta la primera hora.
Los Fénix de Jade de la torre con su suave e intensa voz,
de encarnados adornos, sedas de mar,
claros y limpios aromas tropiezan al bailar con los cisnes.
Brindemos por mil años más.
La cera resbala por el árbol de las velas de los inmortales,
las lágrimas inundan los ojos ebrios de La Cítara Azul.

Li He - *El rey bebe*

PREDICCIONES PREVENTIVAS PARA EL CONEJO BASADAS EN LA INTUICIÓN, EL I CHING Y EL BA ZI

Amanece en Las Rabonas, prendo una vela azul –hoy es Tormenta 10 en el TZOLKIN– y dejo que las ráfagas de las liebres que están en mi jardín me saluden.

Signo de suerte: son afortunados, con siete vidas como los gatos, y siempre dispuestos a cambiar, investigar, emprender nuevas posibilidades para el bienestar propio y de su tribu.

El año del búfalo los protegió más que a otros signos del zoo chino. Encauzaron temas pendientes: sanar la constelación familiar, adoptar nuevos seres excluidos del sistema, hacer arreglos de FENG SHUI en su madriguera, escribir un libro o su diario, que es tan apasionante como los de ANAÏS NIN, viajar para vacunarse en Miami cuando nadie se animaba.

A pesar de la incertidumbre del año, resolvieron grandes temas personales que los transformaron en felinos con uñas para defenderse de los ataques exteriores.

El año del tigre será la cosecha de lo que el conejo sembró, inició, esperó y apostó con su intuición y visión.

Saldrá de la madriguera y será protagonista de nuevas *performances*. El mundo lo extraña, lo reclama, sabe que su carisma, *sex appeal* y talento transmuta cualquier panorama oscuro.

La admiración entre ambos es dinámica; también la competencia y el entusiasmo para iniciar viajes a países lejanos, sociedades humanistas, trabajos para mejorar el medioambiente, participar en ONG, en pymes, compartiendo el coraje y la audacia del tigre con las relaciones públicas del conejo.

LA PLENITUD estará en su apogeo en el reinado del felino.

La mayoría de los conejos se sentirán desbordados de entusiasmo, ideas creativas, planes de trabajo a corto y mediano plazo, ¡y podrán concretarlos!

Es muy importante que sepan evaluar los factores en pro y en contra de cada nueva acción.

La pisada sin dudar ni resbalarse por los tejados de zinc caliente es esencial.

El año del tigre enfrentará al conejo con despedidas familiares, la llegada de nuevos seres a partir de su ADN o de su capacidad de adopción y gran corazón.

Tiene en su poder la magia, la capacidad de transmutar y desaparecer cuando las condiciones son adversas, y de dar un salto cuántico en su carrera.

En el año del tigre su humor ácido, su manipulación para conseguir la presa que más le guste estarán en su apogeo.

Tendrá un rejuvenecimiento celular: sin cirugías y con tratamientos de cosmiatría, practicando deporte, yoga, taichí, chi kung, *gym, fitness*; saldrá en busca de nuevo *look* para su imagen y enamorará con su *charme* a quien se le cruce en la selva o en un safari.

Retornarán el eros, la sensación de placer, placer y placer, tendrá una legión de fanes que lo acosarán día y noche.

Es un año divertido, con cambios imprevistos en su agenda, horarios, y con un nuevo panorama profesional que saldrá a la luz con éxito.

Dentro del nuevo mundo que ya cambió en hábitos y costumbres tendrá una etapa de luz, cámara, acción.

Renacerá espléndido como Cary Grant; sentirá mariposas en la panza, será invitado vip de reuniones y fiestas pantagruélicas y no se perderá ningún evento de entrega de premios, aunque sea en el barrio.

En la familia habrá rebeliones; su independencia no será aprobada por hijos, hermanos, que lo necesitarán con presencia en situaciones límite.

A pesar de la gracia, belleza, sentido estético, dentro del zoo tendrá que afrontar responsabilidades que serán clave en su futuro.

Año de cambios sistémicos, palpables y tangibles en su vida.

L. S. D.

El I CHING les aconseja:
55. Feng / La Plenitud

EL DICTAMEN
La plenitud tiene éxito.
El rey la alcanza.
No estés triste; debes ser como el sol al mediodía.

No cualquier mortal está predestinado a promover una época de máxima grandeza y plenitud. El que pueda lograr semejante cosa ha de ser un soberano nato que gobierna a los hombres, pues su voluntad se orienta hacia lo grande. Una época de tal plenitud es, por lo general, breve. Un sabio bien podría entristecerse tal vez en vista del ocaso que habrá de producirse a continuación. Pero semejante tristeza no le cuadra. Únicamente un hombre interiormente libre de preocupación y aflicción es capaz de hacer surgir una época de plenitud. Él habrá de ser como el sol a mediodía, que alumbra y alegra todo lo que hay bajo el cielo.

LA IMAGEN
Trueno y rayo llegan ambos: la imagen de la plenitud.
Así el noble decide los procesos judiciales
y ejecuta los castigos.

Este signo tiene cierta afinidad con el signo "La Mordedura Tajante", donde igualmente se juntan trueno y rayo, aunque en secuencia inversa. Mientras que allí se fijan las leyes, aquí se ejecutan y se aplican. La claridad en lo interior posibilita un examen exacto de las circunstancias, y la conmoción en lo exterior procura una severa y precisa ejecución de las penas.

EL TRÁNSITO DEL CONEJO DURANTE EL AÑO DEL TIGRE

PREDICCIÓN GENERAL

Pocos signos pueden seguir el paso del tigre; tal vez nadie comprende mejor al felino que el conejo. Este año nuestro conejo estará en su ecosistema. Ambos signos provienen del mismo tipo de Qi: madera. El tigre es madera *yang*, el conejo es madera *yin*, pero uno más resistente que el otro. El tigre es como un roble gigantesco que solo crece en el bosque, el conejo, el arbusto que prospera en el desierto, la selva, el bosque, una maceta dentro de un armario. Es flexible donde el tigre se quiebra; de ahí su fortaleza, pero este año lo llevará por ambientes frívolos y deseos hedonistas que, si no son manejados sabiamente, podrían resultar menos divertidos, así que le sugerimos calma y paciencia.

Enero
El conejo lleva tiempo resintiendo el aislamiento al que ha sido sometido los últimos dos años y ya está listo para salir de nuevo al mundo, pero tendrá que esperar un poco. Enero representa un doble búfalo que lo hará sentir fuera de lugar, además de que lo tendrá ocupado atendiendo problemas que no son suyos. Para sacar adelante los últimos días del año del búfalo, el conejo deberá acceder a formas de pensamiento y ejercicios mucho más abstractos. Se le recomienda hacer ejercicios de bioenergética, terapias no verbales y ejercicios de mediano a alto impacto, de acuerdo con su capacidad física.

Febrero
A partir del 1º de febrero el conejo sentirá cómo todo cambia de golpe. Su teléfono comenzará a sonar más seguido, con mensajes, invitaciones y noticias. Cuidado, muchas de las noticias serán falsas y algunas invitaciones podrían formar parte de "emprendimientos" o "negocios", fraudes o propaganda de sectas que, si lo encuentran vulnerable, podrían dejarlo sin nada. No es un mes para comenzar inversiones serias tampoco, sino para ahorrar dinero y energía, porque lo que viene en el año del tigre será muy intenso y requerirá paz y salud mental.

Marzo
El mes propio viene con todo el Qi madera que le hizo falta en tiempos anteriores, así que estará mucho más acelerado que de costumbre, además de que no tendrá una sola gota de paciencia

para nadie que pretenda controlar su tiempo. El espacio vital será muy importante, por lo que no resultará extraño que sienta la necesidad de redecorar la casa y comprar tecnología que le ayude a controlar su medioambiente. Este impulso deberá ser moderado, sobre todo si quiere demostrar que se encuentra bien emocionalmente cuando lo que en realidad necesita es calmar su frustración cuando nada sale como quiere.

Abril

La relación entre el conejo y el dragón es curiosa porque si bien los signos son compatibles, el conejo puede encontrar algunos problemas relacionados con malentendidos, chismes infundados, errores propios o ajenos que podrían arruinar momentáneamente su reputación. El mes también lo meterá en discusiones absurdas que podrían terminar muy mal si son con la pareja, con amigos o colegas del trabajo. Se le recomienda darse un mes de vacaciones de las redes sociales y aprovechar para enfocar su energía en hacer ejercicios aeróbicos intensos, dentro de sus capacidades, como correr o bailar.

Mayo

Durante los siguientes días la actividad de la energía combinada entre el año del tigre, madera, y el mes de la serpiente, fuego, afectará a los conejos según su año de nacimiento. Los de 1939 y 1999 serán asertivos y se darán cuenta de nuevas fortalezas, pero deberán ser menos superficiales. Los conejos de 1951 y 2011, en cambio, se sentirán vulnerables; no es conveniente que hagan nada importante. Los de 1963, 1975 y 1987 tendrán mucho trabajo, pero al mismo tiempo gozarán de algunas alegrías; solo necesitan cuidar la digestión y su salud, sobre todo la cardíaca y vascular.

Junio

La energía fuego proveniente del mes del caballo impulsará mucho la carrera de cualquier conejo que esté atento a los detalles de su vida social y laboral, aun así necesitará mucha astucia para distinguir entre amigos y rivales. Su punto débil durante estos días será la salud vascular, que puede abarcar muchas dolencias;

por eso, ante el primer dolor o síntoma, es importante que acuda a su médico sin tardanza. Los conejos de 2011 no tendrán mayores complicaciones con respecto a su salud, pero su precocidad podría meterlos en problemas; necesitarán más supervisión.

Julio

Este mes viene con alegrías y creatividad. Los días 9 y 21 se activará la energía madera que le dará entusiasmo, concentración, inteligencia y el valor necesario para obtener buenos resultados en sus actividades, aunque también estará mucho más malhumorado, sin paciencia para tonterías. Podrá contar con dinero proveniente de golpes de suerte o herencias; ese dinero le hará mucha falta durante el año propio, que comenzará el 22 de enero de 2023, así que más le vale ir planeando cualquier contingencia, sobre todo los conejos de 1963, que son los que mayor estabilidad necesitarán más adelante.

Agosto

El mes del mono trae disciplina, orden, compromisos. Aunque tendrá a su favor una vida social intensa, las siguientes semanas pondrán a prueba su astucia. Habrá que balancear su capacidad para responder rápidamente ante las emergencias que se presenten, pues este mes traerá accidentes en sus dedos y coyunturas. Todos los conejos tienen que estar atentos a lo que pisan y a la forma en que se mueven. Podrían tener algunos encuentros desagradables con personas que ostenten cargos de autoridad, como padres y maestros en el caso de los conejos del siglo XXI. Y para los conejos mayores, autoridades más poderosas.

Septiembre

El signo opuesto que gobierna el mes del gallo traerá algunos problemas a todos los conejos. Le costará dejar el trabajo o siquiera asomarse a la calle, ya sea por algún problema relacionado con su salud respiratoria o debido a secuelas de lo ocurrido durante el mes anterior. Deberá tener todo tipo de papelería legal, burocrática y de negocios en perfecto orden. También es importante que no haga caso a consejos recibidos por parte de extraños, incluyendo perfectos desconocidos en internet y "recetas" de dudosa procedencia ya que su salud pulmonar y emocional estará vulnerable.

Octubre

Este mes el perro le trae una tregua que deberá usar sabiamente. Estas semanas serán neutras, las energías del perro y el tigre estarán distraídas y no afectarán la energía básica del conejo, aunque los de 1963 podrían estar un poco perturbados en su salud, los demás conejos podrán pensar con más claridad y tendrán más capacidad de movimiento. Los únicos días complicados son el 18 y el 30, en los cuales los conejos deberán evitar hacer tratos que impliquen procesos legales, laborales y burocráticos, o cualquier actividad que implique material eléctrico e instalaciones de gas.

Noviembre

Este mes, el chancho y el tigre se unirán para formar mucha energía madera; del mismo modo, las energías del conejo y el chancho se unen para producir también energía madera, pero únicamente lo harán durante los días 14 y 26; más adelante esa influencia ocurrirá una vez más, pero durante el 8 de diciembre. Es muy importante que hasta entonces no se deje llevar por comentarios *ad hominem* y provocaciones o revanchas en las redes sociales entre colegas de negocios o trabajo, y para los conejos de 1999 y 2011, no hacer caso de provocadores, ya que ellos solo buscan hacer que se enoje y pierda el control.

Diciembre

El año del tigre se despedirá del conejo con bombos y platillos, trayéndole un mes inolvidable. Conocerá gente muy divertida que podría acompañarlo el resto del año. Será estimulado tanto intelectual como estéticamente, además de que se le abrirán las puertas hacia cualquier actividad que tenga que ver con arte, alegría y placer. Este mes, sin embargo, podría afectar la integridad de los conejos de 2011; es necesario poner candados de seguridad en todo lo que vean por internet, supervisar visitas de amigos mayores, y no se los debe dejar solos bajo el cuidado de personas sin referencias impecables.

PREDICCIONES PARA EL CONEJO Y SU ENERGÍA

CONEJO DE MADERA (1915-1975)

Después de un año con frentes complicados en la familia, el trabajo y la pareja, sentirá que se libera de toneladas de plomo en sus ágiles patas para correr hacia un nuevo destino.

La salud será el tema a tratar holísticamente en el año del tigre.

Necesitará apoyo con terapias alternativas, nuevos amigos que aparecerán por redes, citas, reuniones, en las que podrá entablar una relación amistosa que se transformará en amor.

Viajará con un contrato o con posibilidades de radicarse en otro país, estudiar arte, cine o algún oficio que será redituable a corto plazo.

Estará abierto a compartir en su madriguera, *motorhome* o cabaña una vida con un nuevo amor y ser parte de la tribu fundacional.

Su talento será reconocido; nuevos socios o patrocinadores le facilitarán el despegue a una nueva economía.

Año de recuperación anímica y sorpresas gratas.

CONEJO DE FUEGO (1927-1987)

Después de un año de restricciones, cuidados propios y ajenos con el zoo, podrá imaginar una nueva vida.

Su espíritu curioso, valiente y solidario se expandirá con ayuda de patrocinadores y una propuesta laboral que le cambiará la vida.

Estará solicitado socialmente: su vocación de participar en la "formación del hombre nuevo y la mujer nueva" será parte de su tarea humanista.

Pondrá orden legal en asuntos pendientes y podrá salir por el mundo en busca de nuevas aventuras.

Tendrá que practicar yoga, taichí, chi kung, pues estará emocionalmente desbordado y con ganas de rebelarse en la familia por roles que ya son añejos. Situaciones sentimentales, tropiezos de adicciones sexuales o vicios podrían desviarlo de su TAO (camino).

El año del tigre es una doble prueba para autorregular su energía y posibilidades de equilibrio emocional.

CONEJO DE TIERRA (1939-1999)

A pesar de las pruebas en el inframundo y el supramundo, el conejo saldrá fortalecido en el año del tigre.

Su capacidad de adaptación a nuevos oficios, trabajos, estudios y posibilidades de viajes al exterior ayudará a su autoestima, que estuvo debajo del nivel del mar.

Sentirá que su salud mejora lentamente; además de tratamientos específicos, serán los amigos, los fanes y algún mecenas quienes le despertarán el eros.

El año del tigre es de desafíos en su cotidianidad; saldrá de la rutina, tendrá trabajos golondrina, podrá administrar su tiempo y aprender nuevos oficios.

Pasará más tiempo con maestros, tomará seminarios, compartirá su experiencia en situaciones difíciles y aprenderá a administrar su energía con conciencia.

Aparecerán amigos del pasado, podrá indexar cuentas reales y afectivas y descubrir que aún tiene mucho que agradecer en el año del tigre.

Cuide su prana (energía) de los vampiros que lo acechan.

CONEJO DE METAL (1951-2011)

El año del tigre será el pasaporte para una nueva etapa de su vida.

Podrá cambiar hábitos, costumbres, mudarse a un lugar más cercano a sus amigos, patrocinadores, y descubrir que la vida le sonríe a carcajadas.

Renacerá desde la dermis a la epidermis.

Nuevos proyectos compartidos con amigos atravesarán mares y continentes y podrá recibir premios y honores.

Reactivará su salud holísticamente; estará abierto a nuevas ideas para actualizarse con *glamour* y ser el gato de metal que hechiza a la humanidad.

Tendrá que decidir el rumbo, el lugar donde vivirá en el futuro acompañado por su pareja o su mascota, que lo seguirá incondicionalmente al más allá.

Año de despegue, renovación celular, cambios sistémicos en su estructura familiar y en la comunidad de los hombres.

CONEJO DE AGUA (1903-1963)
Recibirá el año del tigre vestido de gala.

Estará abierto a nuevas experiencias, cambios en las relaciones familiares, de hábitat, país o región adonde podrá viajar para visitar a sus hijos, hermanos o padres.

LA PLENITUD será parte de su agitada existencia; tendrá la posibilidad de elegir nuevos caminos en su profesión, su vocación, oportunidades de becas para especializaciones en su carrera y oficios.

Renacerán la pasión, el sexo y el *rock and roll*.

Viajará a exóticos parajes en el mundo y podrá encontrar un compañero ideal para sus caprichos, deseos y planes a mediano plazo.

Su humor será un manantial para refrescarse; estará inspirado y su carisma brillará como las estrellas en el firmamento.

Año de renovación celular, llegada de nuevos miembros a su familia y posibilidades de renovación desde el ADN hasta el *look*.

MIAUAUUUA.

L. S. D.

¿Cuánto llevará la luna en el cielo azul?,
le pregunto hoy, dejando mi libación.
En vano pretende el hombre alcanzar la luna,
la luna errabunda, en cambio, acompaña al hombre.
Refulgente espejo, sobrevuela palacios;
extinta la niebla, irradia esplendor puro.
Se la ve en la noche emergiendo desde el mar,
se sabe que al alba se sumerge en las nubes.
El conejo hace elixir año tras año.
¿Con quién vivirá la solitaria Chang'e?
El hombre de hoy no ve la luna de antaño.
La luna de hogaño alumbró al hombre de ayer.
El hombre de ayer y el de hoy, aguas que corren,
miraron la luna clara, y así fue siempre.
Yo solo deseo que, cuando cante y beba,
su luz se refleje eternamente en el vaso.

LI BAI

PREDICCIONES PREVENTIVAS PARA EL DRAGÓN BASADAS EN LA INTUICIÓN, EL I CHING Y EL BA ZI

Mediodía serrano a puro sol; aún es otoño y el dragón sobrevuela mi alma.

El año del tigre será la conjunción anunciada por los chinos hace milenios: el reencuentro del rey del cielo bendecido por el rey de la tierra, el tigre blanco, para atravesar un tiempo de armonía, prosperidad, salud holística y magia.

Después de años en el xibalbay (inframundo) o en el purgatorio, el dragón renovará sus escamas oxidadas y las lustrará hasta que tengan un brillo que nos encandilará.

Sabe que la paz y la armonía constituyen la danza que bailará durante este período.

Su capacidad de renacer, de reinventarse, y su admirable resiliencia le darán la oportunidad de ser los reyes del universo.

Por eso es aconsejable estar cerca de ellos: para que nos guíen, nos den energía, prana, vitalidad, nos contagien el buen humor, la risa, la alegría de vivir, el entusiasmo, y nos den señales para seguir en la tierra en armonía con el tigre, quien será el que conduzca con su sabiduría el rumbo del planeta.

El dragón volará alto, hará escala en ORIÓN, LAS PLÉYADES, LA LUNA DE JÚPITER, en el ARCOÍRIS, y aterrizará en la tierra bañado de luces fosforescentes.

La salud, deteriorada por los embates del búfalo, comenzará a recuperarse apenas comience, el 1-2-2022, el nuevo año: desde febrero será otra persona, y se convertirá en ejemplo en la comunidad.

Quedarán atrás duelos, separaciones, momentos en los cuales sus lágrimas rebalsaron el Dique de La Viña en soledad: ahora el dragón será el aliento vital de una humanidad moribunda.

Su *sex appeal* atraerá a jóvenes, nuevos amores que quedarán hechizados con su *glamour* y don escénico.

Cien años de soledad se esfumarán como por arte de magia; recuperará ideas revolucionarias, proyectos utópicos, cambios hormonales que lo convertirán en el elixir de la juventud eterna y será espejo de quienes aún buscan fórmulas alternativas para el rejuvenecimiento.

Viajará y se radicará en un nuevo pueblo, ciudad o en algún recoveco que le ofrezcan el mar, un acantilado, las islas coralinas o los pliegues de las sierras precámbricas para soñar planes junto al tigre, su socio, cómplice y patrocinador.

Embellecidos, fortalecidos, decididos, emprenderán un nuevo ciclo que tendrá su despertar en el año del dragón de madera para configurar nuevamente sus siete cuerpos y salir a volar.

L. S. D.

GABA ROBIN, dragoncita que de corazón aporta ideas, nos dice:

El tigre y el dragón se conocen de otros tiempos, saben de sus secretos, sus intentos y sus éxitos.

En el año del tigre, su compañero místico y misterioso, el dragón, será bajado a tierra para concreciones materiales, manejará sus recursos con otros protocolos y contará ramas y bitcoins entre negocios, compras, ventas e inventos.

El tigre, sólido, otorga a su compañero de cuentos la sabiduría para establecer las bases materiales en estos doce años, y así poder entrar en su año en 2024, con escamas más lujosas, apasionadas, y mejor envión en sus vuelos.

Apostará a trabajos extras, a inversiones digitales y a exposiciones sin fechas. Necesitará ajustar sus legajos, cajas de ahorro, plazos fijos y herencias.

Los dos corrieron por tiempos de fábulas, de cuentos de hadas, de cielos, mares y misterios, los dos son inmortales, pasaron por siglos sin verse pero sintiéndose, la soledad los confunde en el mismo relato de siglos pasados, reyes, sabios y pueblos pasados y pisados por dramas y tragedias que fueron inspiración de páginas de aventuras sin armas de guerra.

En este año el dragón participará de festines propios, se lavará las escamas con espumas de mares inundados de nada. Arrancará una musa que tiene escondida como la esperanza que se quedó atascada en la caja de Pandora y así, desde su cofre visceral, inventará algo que será fuente de recursos, gozos y tardes llenas.

Se abrazará con su propia esencia y resurgirá entre llamas, rayos y centellas, encontrará el cauce perdido de aguas ancestrales, se conectará con la fuente primordial de su origen ya que el tigre lo acerca a lo que más es: dragón de pura esencia; resurgirá en su origen primordial, puede sobrevolar por lo vivido viendo tiempos perdidos, pero eso en vez de opacarlo lo lubrica para recobrar lo no vivido.

El dragón, acostumbrado al barrio de los cielos, a los vientos de céfiro entre nubes de imperios a veces tenues y otros en donde se descarga un enojo que escupe a través de su aliento, se sumergirá en las aguas de este tigre para hidratarse y rejuvenecer sin plasma, botox ni hilos.

La propia historia lo convoca a este festín con el amigo de aventuras de Kipling, de Walt Disney, de aquello que es más de lo que se manifiesta, el conocimiento del tiempo.

El dragón estará revolviendo sus problemas, mambos, tormentos y huellas, entre las pisadas concretas del tigre y esa mirada felina perversa, entre amigo y bestia pop que se olvida de que es parentela.

Preparate, dragón, para moverte entre el mundo de lo terrenal, de las leyes, del comercio y de los sentires, del cuerpo, de aceitar la carrocería y lavar, enjuagar y perfumar los secretos, los recuerdos y la visión de lo alto, ya que te acercarás a la orilla en donde este tigre de agua bautiza la vida de este mundo que cambió, pero en la que aún, como los sonidos de la selva, se oyen los virajes de esta rueda de la vida que cruje, y de la nueva normalidad que nunca fue normal ni bella.

El I CHING les aconseja:
11. T'ai / La Paz

EL DICTAMEN
La paz. Lo pequeño se va, llega lo grande.
¡Ventura! ¡Éxito!

En la naturaleza, este signo alude a una época en la cual, por así decirlo, reina el cielo sobre la tierra. El Cielo se ha colocado por debajo de la Tierra. Así sus fuerzas se unen en íntima armonía. De ello emana paz y bendición para todos los seres.

En el mundo humano se trata de una época de concordia social. Los encumbrados condescienden con los de abajo. Y los de abajo, los inferiores, abrigan sentimientos amistosos para con los elevados, y así llega a su término toda contienda.

En lo interior, en el centro, en el punto decisivo, se halla lo luminoso; lo oscuro está afuera. Así lo luminoso actúa con vigor y lo oscuro se muestra transigente. De este modo ambas partes obtienen lo que les corresponde. Cuando, en la sociedad, los buenos ocupan una posición central y tienen el gobierno en sus manos, también los malos experimentan su influjo y se vuelven mejores. Cuando, dentro del hombre, reina el espíritu que procede del cielo, su influjo abarca también a la sensualidad y esta obtiene así el sitio que le corresponde.

Las líneas individuales ingresan en el signo desde abajo, y arriba vuelven a abandonarlo: de este modo los pequeños, los débiles, los malos están yéndose, y ascienden los grandes, los fuertes, los buenos. Este hecho es fuente de ventura y éxito.

LA IMAGEN
Cielo y Tierra se unen: la imagen de La Paz.
Así reparte y completa el soberano
el curso de cielo y tierra,
fomenta y ordena los dones de cielo y tierra,
con lo cual asiste al pueblo.

Cielo y tierra cultivan su trato y unen sus afectos. Esto da por resultado una época general de florecimiento y prosperidad. Semejante corriente de energía ha de ser regulada por el soberano de los hombres. Este lo lleva a cabo mediante la distribución. Así el tiempo indiferenciado, de acuerdo con la secuencia de sus fenómenos, es subdividido por el hombre en estaciones del año y, en virtud de definiciones humanas, el espacio que todo lo abarca aparece diferenciado por puntos cardinales. De esta manera la naturaleza, con su avasalladora plenitud de fenómenos, se ve limitada y controlada. Por el otro lado, es necesario estimular a la naturaleza en lo que produce. Esto sucede cuando se adapta su producción a la época que le corresponde y al lugar correcto, pues con ello se incrementa el rendimiento natural. Tal actividad de estímulo y sujeción de la naturaleza constituye una labor que redunda en beneficio del hombre.

EL TRÁNSITO DEL DRAGÓN DURANTE EL AÑO DEL TIGRE

PREDICCIÓN GENERAL

En la mitología china hay cuatro animales que simbolizan las cuatro estaciones y los cuatro puntos cardinales, dos de ellos son los más populares: El Dragón de Azur, que representa el Este, y El Tigre Blanco, que representa el Oeste. El significado de ellos evoca el beneficio que se obtiene al abrir el suelo para sembrar y cortar la madera para cosechar: acción y reacción. En algunos casos, se compara la relación de los dos animales míticos para simbolizar el Taijitu (*yin* y *yang*). El dragón encontrará balance durante este año. Pero, para que esto ocurra con calma, también tendrá que balancear acción con descanso y buscar que el equilibrio incluya considerar las emociones de la gente que lo ama.

Enero

Este mes es controlado por el doble búfalo, por lo tanto sigue bajo la influencia de este signo que, como ya lo habrá notado, afecta más a la dragona que al dragón, pero al duplicarse la energía es posible que todos los dragones se sientan más solos que nunca. Eso se solucionaría si en vez de dedicarse únicamente al trabajo y a perseguir quimeras, los dragones buscarán el modo de volver a conectar con amigos y familiares a los que extrañen. Es un mes tranquilo en el que la melancolía le pesa, pero al menos no hay nada por qué estresarse. Podrá moverse con facilidad en cualquier lugar o medio.

Febrero

El mes del tigre en el año del tigre aumentará la capacidad de movimiento del dragón y es posible que sienta la necesidad de comenzar con alguna rutina de ejercicio, algo muy bueno para los dragones de 1964 y 1976, que han dejado el físico a la deriva. Los de 1940 y 2000 podrán despertar su imaginación si procuran dar largas caminatas en la naturaleza o cerca del mar. Los de 1952 y 2012, a pesar de la brecha generacional entre ellos, sentirán una necesidad tremenda por poner en claro sus pensamientos más revolucionarios, y por esa misma razón tendrán un sentido del humor algo difícil.

Marzo

El dragón verá cambios importantes en su vida. La combinación de energía madera se completará entre el signo propio, el tigre que rige el año y el conejo que rige el mes, esto le traerá coraje, valor y la osadía que le hacía falta para enfrentar toda clase de asuntos que no había podido resolver. Es posible que acarree algunas consecuencias también, debido a que no le son sencillos los cambios. Le costará trabajo comunicar sus sentimientos a sus seres amados, que tomarán su silencio como indiferencia. Entonces deberá ser muy claro en todo y podría expresarse mejor escribiendo en vez de hablando.

Abril

El mes del signo propio le trae de nuevo la necesidad de abarcar únicamente su espacio personal para poder trabajar a sus anchas y sin dejar que nadie se acerque más allá de lo necesario. Los dragones de 2000, que seguramente ya se han independizado, tratarán de poner aún más tierra de por medio entre su vida personal y su vocación, pero hay que pedirles que conserven siempre algún modo de comunicación con la familia y viejos amigos. El mes presenta también cambios pequeños, y algo de mala pata cuando se trata de dinero, por lo que deberá tener cuidado con ahorros e inversiones.

Mayo

Este será un mes intenso. Los altibajos podrían reflejarse en la salud digestiva, particularmente en el hígado, por lo que se le recomienda abstenerse de consumir bebidas alcohólicas y alimentos grasosos. Las experiencias que acumule durante este mes le servirán para crecer emocionalmente. Buenas noticias y alegrías pequeñas combinadas con problemas amorosos debido a fallas de comunicación, pequeños problemas que lo mantendrán cansado, cambios de trabajo o vocación. El wu wei de los taoístas será benéfico, es decir que resultará propicio no forzar las acciones, siempre habrá que actuar con suavidad y control.

Junio

El mes del caballo aumentará la fuerza de la energía del año del tigre, por lo que la energía que lo rodeará, las actitudes y actividades de toda la gente será modulada por el fuego y la madera, es decir, la gente se portará con una combinación de entusiasmo e ira. Eso hará que todos los dragones del orbe se sientan abrumados. Es posible que ellos solos busquen aislarse con el objetivo de evitar tanta intensidad en el ambiente. Sin embargo, la soledad no logrará hacer que evite algunas confrontaciones. Deberá ser muy diplomático y no permitir que lo envuelvan en chismes.

Julio

La llegada del mes de la cabra equivale a unas pequeñas vacaciones en medio del caos. Todos los dragones estarán algo cansados, incluso los chicos de 2012. Para recibir mejor la energía que les traerá este mes, se les recomienda a todos los dragones buscar un rincón en casa o incluso en la calle para plantar un árbol o un jardín. El estar en contacto con la energía tierra le ayudará a mejorar mucho su estado de ánimo, recargarse y hacer la paz con el ambiente que lo rodea. Si además invita a amigos, amores o familiares a ser partícipes de ese proyecto, las cosas serán mucho más amables en el futuro.

Agosto

A partir del 7 de agosto, el dragón vivirá momentos importantes: los días 15 y 27 la energía metal se activará y eso lo hará mucho más sensible y propenso a la disciplina, aunque también podría volverlo mucho más testarudo. Este impulso le puede servir si necesita cerrar algún negocio de peso, presentar una tesis o argumentar algo muy importante, ya que la energía metal le ayudará a concentrarse. A los dragones de 2012 esto les ayudará a retomar o comenzar alguna disciplina que los acompañará el resto de la vida, como tocar un instrumento musical o aprender un arte marcial.

Septiembre

Mes tranquilo. El gallo le ayuda a subir la energía tierra, por lo tanto eso lo hace mucho más sensato y conectado con sus pensamientos profundos y abstractos. Podrá concentrarse y resolver problemas, tanto los cotidianos como los que no había podido resolver con anterioridad. El nivel de ansiedad será bajo, entonces podría comenzar una rutina de meditación, taichí o yoga. Los dragones más jóvenes e incluso los de 1976, que aún no están listos para declararse de mediana edad, podrían encontrar el mismo efecto calmante al jugar ciertos juegos de video o al usar herramientas digitales nuevas.

Octubre

El mes del perro será más intenso pues, al formar parte de la tríada energética del tigre, su energía provoca un efecto que se llama "abrir la bodega del agua". Esto produce que el dragón se ponga más nervioso que de costumbre, y según su año de nacimiento será el modo en que reaccionará. Los de 1952 y 2012 resultarán los más afectados ya que sus instintos serán guiados por la ansiedad. Los de 1964 estarán muy antojadizos; los de 1976 y 1988 pasarán de la calma a la hiperactividad rápidamente. Los de 2000 serán los más ecuánimes, pero es posible que la gente los busque para aprovecharse de ellos.

Noviembre

En esta ocasión la combinación de energías no será tan selectiva, todos los dragones sentirán el efecto de este mes sobre su vida. La combinación entre el año del tigre y el mes del chancho será explosiva, hará que todo el mundo esté propenso a la ira, no solo los dragones; además, esta energía controla al dragón creando un sinfín de problemas, sobre todo cambios fuertes durante los días 13, 16, 25, 28 e incluso hasta el 7 de diciembre. También será necesario que evite firmar contratos, comenzar o cerrar negocios durante tiempos muy definidos: de 11 a 13 y de 17 a 19 horas.

Diciembre

La influencia energética del mes anterior terminará el día 7 después de las 23 horas; las siguientes semanas serán casi perfectas. Su capacidad de comunicación mejorará tanto que aquello que pudo haberse interrumpido podrá reactivarse. Específicamente los días 9 y 21 serán excelentes para concretar cualquier proyecto iniciado con anterioridad, y cumplir con toda clase de tareas. Para poner en orden sus pensamientos, le recomendamos que se contacte con la naturaleza, que vaya a nadar. También le puede ayudar buscar la compañía de personas del signo del gallo. El año terminará en paz y armonía.

PREDICCIONES PARA EL DRAGÓN Y SU ENERGÍA

DRAGÓN DE MADERA (1904-1964)

Después de las embestidas del año del búfalo de metal: pérdidas familiares, de amigos, reformulación con la pareja o con quien haya compartido un tiempo de convivencia, el saldo será la experiencia.

Dejó atrás "el oro y el moro"; estuvo ahogado en sus expectativas, imposibles de abarcar para el prójimo, y su ego se pulverizó en gotas de rocío.

El encierro y el aburrimiento de la pandemia bajaron sus

defensas; por eso esperará la llegada de su amigo, socio, patrocinador, el tigre, vestido de gala.

Sabe que nada que no sea obtenido con su talento, *charme* y voluntad dura para siempre.

Renacerá como el ave fénix y desplegará un bagaje de instrumentos que había confinado en su imaginación para que suenen armónicamente.

En su vuelo encontrará amor sano, posible, real; podrá echar raíces en un nuevo lugar y nutrir su cuerpo y alma con bendiciones chamánicas y celestiales.

Viajará por trabajo o con invitaciones vip a nuevos países donde despertará una nueva vocación u oficio.

Un año para confiar en que es el dragón, rey del cielo en conexión con el tigre, a quien este le susurrará sus deseos para ayudar a la humanidad.

DRAGÓN DE FUEGO (1916-1976)

Año de cambios drásticos e inesperados.

Después de adaptarse con humildad a los embates del año del buey, la magia retornará a su vida.

La inspiración crecerá en su oficio o vocación; encontrará aliados, socios para cruzar las grandes aguas en busca de un año de reencuentro con su corazón, vocación e inspiración.

El amor será el motor para comenzar una nueva etapa rodeado de amigos, maestros y gente afín a su esencia.

Logros profesionales le brindarán ganancias para construir su casa con permacultura y sabiduría.

Se convertirá en líder en la comunidad con mensajes de paz y proféticos.

Sepa administrar su tiempo, carisma y ego.

Será reconocido y tendrá una lista de fanes que lo perseguirán por el mundo.

DRAGÓN DE TIERRA (1928-1988)

Después de dos años de pandemia, enterrar amigos, parientes y gente desconocida, despedirá a la parca para recibir a eros.

Renacerá de sus cenizas, estará abierto a nuevos desafíos y

destilará *sex appeal*. Tendrá propuestas decentes e indecentes; contagiará ganas de vivir.

Reducirá su patrimonio a lo esencial; armará una mochila que será su exótica y original compañera de viajes.

El Mundial le traerá trabajo, amor, y la posibilidad de desarrollarse en el Lejano Oriente.

DRAGÓN DE METAL (1940-2000)

Es probable que John Lennon resucite y nos cante *Imagine* a la humanidad.

Volverá a brillar en escenarios, obras de arte, eventos, o a predicar su experiencia por el mundo.

La familia lo adoptará para continuar con una obra inconclusa: casa, concierto, huerta, un plan de ONG o participación en el cambio climático.

Estará de buen humor, con dedicación a sus tareas dentro y fuera del hogar, abierto a nuevas experiencias afectivas que encenderán la pasión nuevamente.

Iniciará una nueva labor creativa: cocina asiática, mexicana, escultura en arcilla, carpintería con madera reciclada, o escribirá sus memorias para no olvidar las muertes y resurrecciones que lo acompañaron en esta existencia.

DRAGÓN DE AGUA (1952-2012)

La conjunción del año, tigre de agua, con dragón de agua será favorable para despertar su vocación y poner en la agenda sus prioridades.

Renacerán los siete cuerpos; habrá tiempo para la revolución de la paz y también para concretar un vínculo que tenía *stand by*.

Estará feliz, radiante, lleno de entusiasmo que contagiará a quienes lo rodeen.

Conseguirá una beca, un carnet para viajar al Mundial 2022 y conocerá otra cultura que lo atrapará.

Estará divertido, imaginativo, con compromiso social y ganas de recuperar años de ostracismo y quietud. Sus amigos son su tribu, la familia elegida; podrá desarrollar técnicas en constelaciones familiares que sanarán parte de sus heridas.

El tigre lo llevará a un año de despegue para celebrar a largo plazo.

Podrá resolver temas legales con éxito.

A volar con fe en los vientos que lo sorprendan.

L. S. D.

Estos pinos que ascienden desde el fondo del valle
han resistido al viento, a la lluvia, a la escarcha.
Y hasta en las altas cimas, los centenarios pinos
guardan la juventud de su color lozano.
No así los otros árboles ni las hierbas hermanas
que el cielo hizo nacer con pareja dulzura,
que juntos prosperaron y juntos se rindieron
a la dura presencia de la nieve y la helada.
¡Oh, esas odiosas naves de cien pies
que surcan el río Ts'ing!
Hacha y sierra derriban por su culpa
lo que resistir supo al hielo de cien años.
En tanto que los árboles, en miles de florestas,
están desnudos de hojas
y amarillean incluso las raíces de las hierbas.
Los pinos, con sus barbas perennes verde-azul,
envían vencedores hasta el sol y la luna
el mensaje sonoro de su voz de dragón.
HWANG TING TSIEN, Dinastía Song, siglo XII
Loa de los pinos

PREDICCIONES PREVENTIVAS PARA LA SERPIENTE BASADAS EN LA INTUICIÓN, EL I CHING Y EL BA ZI

La serpiente no se puede quejar del tránsito y cambio de piel que le brindó su aliado, el búfalo.

Logró recuperar el equilibrio en varios frentes: anímico, familiar, legal, y de cambios que podrán florecer en dos años.

En el año del tigre no será fácil la espera, y es el consejo del I CHING la atención a la alimentación de su cuerpo y alma.

Su vocación, renacida en el final del año del buey, comenzará a visualizar nuevos horizontes para asentarse en otro país, región, ciudad, o mudarse junto a su pareja a un lugar donde convivirá con gente de otras culturas. Necesitará estar alerta, con el tercer ojo abierto, dinámico y flexible.

El mundo cambió para siempre; si tiene facilidad para los idiomas es recomendable que estudie chino, pues las posibilidades de trabajos a largo plazo pueden presentarse inesperadamente.

El planeta estará revuelto, agitado en pie de guerra y revoluciones que la mantendrán con estrés.

Si tiene técnicas de meditación dinámica, yoga, chi kung, y practica algún deporte, podrá ecualizar los sobresaltos del tigre con sus bruscos cambios de decisiones.

Años de inercia, depresión, falta de estímulos la convirtieron en alguien desapasionado. El tigre removerá sus zonas erróneas y la sacará de la cueva para que brille nuevamente en sociedad.

La cautela, el orden, la previsión de ahorrar en alimentos no perecederos, de participar en comedores dando o recibiendo una buena ración de comida fortalecerá su sistema inmunológico, la sacará de su ego, y será aceptada por antiguos adversarios y gente con la que estaba en deuda material y afectiva.

Descubrirá una faceta solidaria enseñando su oficio, arte, o dando ayuda económica a quienes más la necesitan. Su vida dará un vuelco en su manera de expresarse, conducir una pyme, asesorar a niños y jóvenes que han perdido el rumbo y la esperanza.

Tendrá bajo perfil; transmutará sus sentimientos negativos y aceptará el tiempo de la espera con paciencia china.

Su vida estará más activa; tendrá horarios para meditar, organizar la casa, trabajar en *home office* o ayudar en lugares donde azoten el cambio climático, la guerra o la pandemia.

Conocerá gente de diferentes ideas, culturas, y podrá compartir un tiempo de aprendizaje focalizado: cocina, idioma, artes marciales, tecnología, ciencia botánica y antropología.

Renacerá el sentimiento altruista en villas, en zonas sin recursos vitales (agua, gas, medicación) y podrá fundar una nueva ONG, que tendrá miles de seguidores.

La serpiente sabia pondrá a favor su talento, riqueza, cambio de paradigma para ser solidaria, cariñosa, abierta a escuchar sin interferir en el karma ajeno.

Es aconsejable que en el último período del año del búfalo deje en orden sus cuentas, situación legal y jurídica, su amodio (amor-odio) hacia quienes no comulgaron con sus planes y decisiones.

El tigre, que la valora y sabe de su potencial para enroscar nuevas víctimas, podrá alentarla a ser una buena socia para enfrentar tiempos caóticos en sintonía.

LA ESPERA es el pasaporte para recuperar la salud holística, la conexión afectiva y la sustentabilidad para estar más segura en su multifacética etapa de reinventarse y ser aceptada en la comunidad.

L. S. D.

El I CHING les aconseja:
5. Hsü / La Espera (La Alimentación)

EL DICTAMEN
La espera.
Si eres veraz, tendrás luz y éxito.
La perseverancia trae ventura.
Es propicio atravesar las grandes aguas.

La espera no es una esperanza vacua. Alberga la certidumbre interior de alcanzar su meta. Solo tal certidumbre interior confiere la luz, que es lo único que conduce al logro y finalmente a la perseverancia que trae ventura y provee la fuerza necesaria para cruzar las grandes aguas.

Alguien afronta un peligro y debe superarlo. La debilidad y la impaciencia no logran nada. Únicamente quien posee fortaleza domina su destino, pues merced a su seguridad interior es capaz de aguardar. Esta fortaleza se manifiesta a través de una veracidad implacable. Únicamente cuando uno es capaz de mirar las cosas de frente y verlas como son, sin ninguna clase de autoengaño ni ilusión, va desarrollándose a partir de los acontecimientos la claridad que permite reconocer el camino hacia el éxito.

Consecuencia de esta comprensión ha de ser una decidida actuación perseverante; pues solo cuando uno va resueltamente al encuentro de su destino, podrá dominarlo. Podrá entonces atravesar las grandes aguas, vale decir tomar una decisión y triunfar sobre el peligro.

LA IMAGEN

En el cielo se elevan nubes: la imagen de La Espera.

Así come y bebe el noble y permanece sereno y de buen humor.

Cuando las nubes se elevan en el cielo es señal de que va a llover. En tales circunstancias no puede hacerse ninguna otra cosa más que esperar, hasta que se precipite la lluvia. Lo mismo ocurre en la vida, en momentos en que se va preparando el cumplimiento de un designio. Mientras no se cumpla el plazo no hay que preocuparse pretendiendo configurar el porvenir con intervenciones y maquinaciones personales; antes bien es menester concentrar tranquilamente, mediante el acto de comer y beber, las energías necesarias para el cuerpo, y mediante la serenidad y el buen humor, las que requiere el espíritu. El destino se cumple enteramente por sí solo, y para entonces uno se encuentra dispuesto.

EL TRÁNSITO DE LA SERPIENTE DURANTE EL AÑO DEL TIGRE

PREDICCIÓN GENERAL

Los doce signos del zodíaco son metáforas que nos ayudan a comprender cómo es canalizado lo que ocurre en nuestra dimensión. La energía del año del tigre en conjunto con las energías de los signos que gobiernan los meses, los días y las horas cambian, para bien o para mal, nuestro comportamiento. Y la serpiente se dará cuenta en su manera de ver al mundo, aunque puede que le cueste trabajo reconocer con qué cosas se va a quedar y cuáles rasgos de su personalidad valdrá la pena tirar lejos. Tendrá que reestructurar valores, reconocer cuándo es sabia y cuándo egoísta y, sobre todo, deberá amarse a sí misma tanto como ama ganar los debates. Este será un año para soltar atavismos.

Enero

El búfalo todavía rige el año y el mes, así que este mes le trae a la serpiente una oportunidad única para reabastecerse emocional y económicamente para que no la sorprenda lo que vendrá a partir de febrero. Tendrá capacidad de concentración y, si bien eso podría provocar malentendidos entre sus seres amados, sus herramientas emocionales estarán bien aprovechadas. Necesita hacer una disciplina para controlar el estrés, como meditación, *mindfulness*, yoga o taichí, porque después no podrá manejar su estado de ánimo ni comenzar con asuntos nuevos.

Febrero

En cuanto comiencen el año y el mes del tigre, el día primero, la serpiente comenzará a sentirse mucho más segura de sí misma, pero deberá aprender a balancear ese impulso, porque la vida le traerá nuevos retos, algo que será relativamente fácil para las serpientes de 1953 y en menor grado para las pequeñas de 2013, pero las de 1965 perderán la paciencia con mucha facilidad, y eso también les hará perder en los negocios o el trabajo. Las de 1977 estarán relativamente bien, pero deberán ser más diplomáticas, para no perder oportunidades valiosas.

Marzo

El mes del conejo traerá complicaciones a todas las serpientes, pero el efecto dependerá de su año de nacimiento. Las de 1965 y 1977 vivirán malentendidos, mal de amores, problemas con figuras de autoridad; será un mes en el que la impulsividad superará su inteligencia. Necesitan mayor capacidad para aguantar la frustración o, en su defecto, aislamiento temporal. Los ofidios de 1941 y 2001 estarán muy ocupados como para tener una vida social, y los de 1953 y 2013 no tendrán suficiente energía para meterse en problemas, deberán enfocarse más en su salud.

Abril

El mes del dragón viene con contratiempos emocionales que, al combinarse con el año del tigre, dan por resultado problemas para mantener o iniciar relaciones amorosas y laborales. Esto depende del signo de la pareja o de los jefes o socios de la serpiente, pero si estos son tigre o mono, se esperan bombardeos emocionales y económicos fuertes que podrían terminar mal. Deberá evaluar el modo en que reacciona ante la presión y el estrés, porque en un descuido podría incluso sufrir accidentes. Necesitará calmarse, parar, respirar y contar hasta cien.

Mayo

El mes propio tendrá al mundo entero muy entretenido con alguna bobada en los noticieros y las redes sociales, lo cual podría molestar mucho a la serpiente. Para evitar malos tragos, es importante que evite interacciones en las redes sociales y se limite a alimentar el alma rodeándose de arte, buena literatura, amistades estimulantes y, si puede, se le recomienda hacer algún tipo de ejercicio, baile, artes marciales, aeróbicos. También deberá evitar amistades superficiales, pues este mes podría ser el foco de atención de "vampiros energéticos".

Junio

El caballo se combinará con el año del tigre, provocando a las serpientes una gran necesidad de ocupar vacíos existenciales y emocionales que no podrán ser llenados con nada pero podrían traerles problemas, y quizás algún vicio, incluso a las serpientes de 2013, que si bien aún están en la escuela primaria, podrían tener contacto con tabaco, pornografía o alcohol a causa de compañeros un poco mayores y mucho más rebeldes. Hay que ponerles mucha atención y hablarles claramente, ya que son tan inteligentes que podrían desarmar cualquier argumento.

Julio

La serpiente no tiene ninguna relación relevante con la cabra que rige este mes, y esta, a su vez, tiene una buena relación con el año del tigre, por lo que la serpiente estará más tranquila y, sobre todo, dispuesta a atender sus proyectos más creativos y emocionales. En cuanto al trabajo y la escuela, podrá llevarse un poco mejor con sus colegas y subordinados, pero a cambio de esa calma deberá ser más responsable con lo que dice o hace, de ese modo este podría convertirse en un mes muy constructivo, y la gente respetará más su punto de vista y su espacio vital, que se ha visto reducido.

Agosto

El choque entre el mono y tigre dejará a la serpiente en el *ring* de boxeo. Deberá buscar refugio entre personas afines y más refinadas. Le costará trabajo no tratar de ejercer su punto de vista, pero, en verdad, todo este mes no es conveniente que interfiera en ningún asunto importante, sobre todo si no la han invitado u obligado a participar. Este mes también deberá evitar la firma de contratos o comenzar demandas. Incluso quejarse por algo en las redes sociales podría conducirla a un sinfín de problemas que más le vale evitar. WU WEI, ya podrá ponerse a litigar después.

Septiembre

El mes del gallo viene con mucho trabajo acumulado, pero eso no será una carga sino una bendición, pues no tendrá tiempo para pensar en sus problemas. Si bien el ambiente está enrarecido por la influencia destructiva de los meses anteriores, este mes traerá cotilleos divertidos en la red. Tiene que aprovechar cualquier tiempo libre para relajarse. Puede pedir ayuda, delegar la carga de trabajo, buscar aplicaciones que le ayuden a mejorar la forma en que organiza su tiempo libre. Solo necesita tener cuidado para no ser demasiado ruda con sus seres amados.

Octubre

Este será un mes de descanso, podrá tranquilizarse y dejar que el tiempo corra sin control, ya que los únicos proyectos y planes que podrán cuajar serán los relacionados con su vida en pareja, si es que la tiene, o con sus relaciones de amistad. Lo demás tendrá que ser manejado con mucho tacto, en particular su trato con compañeros de trabajo, jefes, colegas o clientes. No dispondrá de ventanas de tiempo para organizar con disciplina absolutamente nada.

Noviembre

Este mes la serpiente querrá esconderse en su nido y no salir de ahí hasta que se calme el universo. Se sentirá vulnerable, atacada incluso, rodeada de gente desagradecida. La mayor parte de eso se deberá a que no sabrá comunicarse bien y las personas que aman a las serpientes querrán sacarles toda la información posible en cuanto a sus sentimientos y eso podría provocar que la serpiente estalle. Hay que dejarlas en paz este mes entero, o todos correrán el riesgo de no verles ni las escamas, pero solo ellas mismas podrán imponer los límites necesarios.

Diciembre

Las cualidades energéticas del mes de la rata crearán una especie de cárcel que rodeará al tigre, y eso hará que la serpiente pueda pasar inadvertida. Las serpientes de 1953 y 2013 serán las más beneficiadas de este descuido del tigre, ya que dejarán de ser el centro de atención. Las serpientes de 1977 no serán las más asertivas, pero al menos dejarán de preocuparse por fallas de comunicación. Por último, las de 1965, 1989 y 2001 podrán descansar y cambiar de piel, tomando en cuenta que durante el año que entra es posible que enfrenten nuevas dificultades, y deberán prepararse para ello.

PREDICCIONES PARA LA SERPIENTE Y SU ENERGÍA

SERPIENTE DE MADERA (1905-1965)

Después del ascenso paulatino del año del buey, la serpiente deberá rendir cuentas en la comunidad de los hombres.

Su espíritu conciliador, sanador, sabio y creativo le servirá para un nuevo ciclo en su fundación, empresa, o para integrar sus obras de arte en exposiciones mundiales.

Delegará trabajo y horas extras a sus empleados, socios, y necesitará tomarse un año sabático. El tigre será un estímulo muy excitante para salir de viaje en busca de nuevas oportunidades.

Aprenderá nuevas técnicas digitales, estudiará lenguas, buscará opciones para renovar su profesión u oficio.

Se reinventará con más sentido del humor y aceptando el cambio mundial de paradigma.

Estará invitada a participar del Mundial 2022 y será un engranaje clave para la organización del evento a través de traducciones, turismo, participación en seminarios y comidas típicas.

Deberá asesorarse legalmente antes de firmar un contrato y comprar o vender un inmueble.

El amor se disfrazará para distraerla de la rutina.

Tal vez sea un compañero quien le proponga un cambio de lugar, país, o viajar en un ovni a otra dimensión.

No luche contra las ideas del tigre, que puede hacerle jaque mate.

SERPIENTE DE FUEGO (1917-1977)

Recibirá el año del tigre con saldo positivo.

Sabe que el esfuerzo del año del búfalo la transportó a otro lugar donde se siente más respaldada, firme y segura para encauzar su futuro.

La pareja le brindará protección y alguna sorpresa que le modificará el TAO. Enfrentará problemas familiares con madurez y ayuda terapéutica.

Su capacidad organizativa estará muy solicitada y tendrá trabajos *freelance* muy bien remunerados. Deberá administrar sus recursos para mantenerse con restricción.

La espera no será en vano.

Si puede atravesar el tsunami del año del tigre con provisiones en la madriguera y salud mental, llegarán años de bonanza y ascenso en sus planes de cambios de vida.

Sea discreta, no se enrosque en peleas ni discusiones estériles.

Conocerá gente nueva que renovará su cosmovisión y la convertirá en un alma solidaria. Despedidas agridulces y bienvenidas sorpresivas en la familia la pondrán a prueba.

Año de sobresaltos y sanación holística.

SERPIENTE DE TIERRA (1929-1989)

Después de los pequeños logros del año del búfalo en su crecimiento personal y su profesión, podrá meditar sobre el futuro cercano e incierto.

Tendrá que resolver temas legales con herencias o donaciones y completar aspectos de su vida para conseguir un ascenso laboral internacional.

Un amor inesperado en un viaje le hará dejar su vida para seguirlo en un safari. La pasión, un nuevo mundo, la alejará de amistades y de la familia, que le cobrarán peaje por su ausencia.

LA ESPERA será con amigos y asesores profesionales que dictarán su *marketing*, gira nacional e internacional.

Por la pandemia despedirá a seres queridos y hará el duelo en otro lugar. Deberá mantener la inteligencia emocional para no tener arranques de ira y paranoia.

Su constancia laboral, curiosidad y esfuerzo la llevarán a nuevas estrategias para diseñar su futuro.

Año de cambios sistémicos, renovadores, originales y con crecimiento personal y económico.

SERPIENTE DE METAL (1941-2001)

Llegará al año del tigre pidiendo asilo en la federación galáctica.

El tigre la enfrentará con sus zonas erróneas, sus deudas materiales, afectivas y familiares.

Sentirá que debe esperar que amigos y familiares aparezcan sin ser presionados por su carácter inflexible y desequilibrado.

El año del tigre la pondrá contra el *ring*: su esencia quedará al desnudo y no podrá ocultar sus actos de manipulación.

Dejará sus actividades y su rutina para visitar a un gran amor; la espera de años le confirmó que la distancia NO ES EL OLVIDO.

Cuide su salud física, mental, espiritual; trate de renovar su *look*, FENG SHUI, y salga del lugar de confort a buscar nuevas emociones en el año del felino.

SERPIENTE DE AGUA (1953-2013)

Después de las pruebas en el inframundo y el supramundo en el año del búfalo, sentirá ganas de recuperar salud, familia y amigos para tomarse un año sabático.

Enfrentó "la *Illiada* y la *Odisea*"; atravesó el Sahara y sobrevivió cambiando piel y roles en la sociedad.

El mundo ya no tiene *glamour* ni fiestas para lucir sus encantos. Llegó el tiempo de salir de viaje, mudarse o buscar una madriguera que la proteja del cambio climático y de asumir "el trabajo en lo echado a perder".

Su resiliencia se desmoronará durante este año; el vértigo y la vorágine del felino la dejarán exhausta, fuera de la órbita galáctica y, como la perrita Laika, tendrá que flotar en el espacio sideral.

La serpiente previsora, altruista, solidaria tendrá *bonus track*, golpes de suerte en el azar, y la posibilidad de enamorarse y formar una familia en un nuevo territorio.

Dependerá del saldo kármico que sea el mejor año de su vida o el año en que deberá esconderse en un cenote maya.

L. S. D.

Dos personas, unidas armoniosamente,
conocen la alegría de la felicidad,
busquen lo que busquen, los asuntos que planean
pueden tener éxito.
Aunque una serpiente verde cause turbulencias momentáneas,
al final no afectará a sus beneficios ni a su fama.

ANÓNIMO

PREDICCIONES PREVENTIVAS PARA EL CABALLO BASADAS EN LA INTUICIÓN, EL I CHING Y EL BA ZI

Hoy me desvelé a las cinco de la mañana, aún noche cerrada salpicada por estrellas que brillaban incluso más que en días anteriores.

El último sueño me dejó flotando en el Nirvana.

Estaba muy enamorada de FERNÁN QUIRÓS, o un hombre parecido a él.

Teníamos que almorzar en lo de MIRTHA LEGRAND, que caminaba a mi lado vestida de azul.

Mi corazón explotaba.

Estaba producida, nerviosa, y él también.

Ondas electromagnéticas conectaban los siete chakras, y podía sentir que mi cuerpo se estremecía.

Esperé que lentamente los pinos se dibujaran como monjes en la niebla.

Con mi primer té, seguí el tiempo del amanecer y vi la fisonomía de las sierras azuladas más nítidas. Y, cuando me inclinaba para que la estufa rusa no se apagara, las nubes bailaron sin coreografía y desnudaron la nieve en la cresta de las sierras.

Sentí el hechizo del otoño en Feng Shui.

Supe que ese instante de paz me devolvía un siglo de luchas estériles.

Mi ascendente caballo nutría cuerpo y alma.

Leí varias veces el hexagrama 27 del I CHING, el que salió para el equino en el tránsito del año del tigre.

Ambos son inseparables, socios, amigos, cómplices, emisarios de Buda PARA VIAJAR FÍSICA Y ESPIRITUALMENTE ENVIANDO MENSAJES DE PAZ Y AMOR.

El caballo y la yegua quedaron *knock out* después de las embestidas del año del búfalo.

Asumieron sus responsabilidades familiares como nunca lo habían hecho; desovillaron el nudo familiar con paciencia china y aceptación, dando lo mejor de sí.

Lloraron a solas, compartieron desvelos, cabalgaron en sueños, amores platónicos y sexo descontrolado.

Hablaron con espíritus, buscaron nuevas amistades en redes y algunos las consiguieron.

La vida cambió con la pandemia; su público es invisible, tiene que hacer monólogos frente al espejo y grabarse con el celular para acariciar su ego.

"Los amigos del barrio desaparecieron" –citando a CHARLY– y la juventud galopó sin montura para seguir a pelo.

El tigre le despertará entusiasmo, ganas de vivir a pleno.

Su gran generosidad se expresará en proyectos sustentables: mejorar su salud holística, sus hábitos, constancia, ideas originales y creativas que lo mantendrán al trote; activando su estampa, piernas y brazos como atletas antes de las olimpíadas.

Podrá comenzar una nueva profesión u oficio, admirando a maestros.

Estará tan sociable como lo fue; será *star* en reuniones, eventos, fiestas, y cuando salga de gira firmará autógrafos hasta quedar manco.

Recuperará el sentido del humor, el histrionismo, los placeres del buen comer y beber.

Simultáneamente renacerá en cada etapa y estación del año.

Estará consciente de cada acto; su irracionalidad transmutará en un equilibrio emocional que ganó solo en su establo.

La nutrición será lenta, continua, llena de nuevas experiencias: meditación dinámica, yoga, *trekking, paddle*, carreras en el hipódromo y técnicas de danzas afroamericanas.

Podrá concretar el viaje de su vida con el ser amado.

Recorrerá nuevos países y culturas, y será nómada y libre en cada nueva lección que le traiga la vida.

Es un año que dejará huellas livianas, sin cadenas ni culpa.

El caballo sabio sabe que lo que atravesó fue para sanar su necedad, soberbia y egolatría, para admitir los límites que la vida nos pone a cada animal del zodíaco chino.

L. S. D.

El I CHING **les aconseja:**
27. I / Las Comisuras de la Boca (La Nutrición)

EL DICTAMEN

Las Comisuras de la Boca. Perseverancia trae ventura.
Presta atención a la nutrición y a aquello con que trata de llenar su boca uno mismo.

Al dispensar cuidados y alimentos es importante que uno se ocupe de personas rectas y se preocupe en cuanto a su propia alimentación, del modo recto de realizarla. Cuando se quiere conocer a alguien, solo es menester prestar atención a quién dispensa sus cuidados y cuáles son los aspectos de su propio ser que cultiva y alimenta. La naturaleza nutre todos los seres. El gran hombre alimenta y cultiva a los experimentados y capaces, valiéndose de ellos para velar por todos los hombres.

Mong Tse (VI, A, 14) dice al respecto: "Para reconocer si alguien es capaz o incapaz, no hace falta observar ninguna otra cosa sino a qué parte de su naturaleza concede particular importancia. El cuerpo tiene partes nobles e innobles, partes importantes y partes nimias. No debe perjudicarse lo importante a favor de lo nimio, ni perjudicar lo noble a favor de lo innoble. El que cultiva las partes nimias de su ser, es un hombre nimio. El que cultiva las partes nobles de su ser, es un hombre noble".

LA IMAGEN

Abajo, junto a la montaña, está el trueno: la imagen de la Nutrición.
Así el noble presta atención a sus palabras
y es moderado en el comer y el beber.

"Dios surge en el signo de Lo Suscitativo". Cuando con la primavera se agitan nuevamente las energías vitales, vuelven a engendrarse todas las cosas. "Él consuma en el signo del Aquietamiento". Así, a comienzos de la primavera, cuando las semillas caen hacia la tierra, todas las cosas se tornan cabales. Esto da la imagen de La Nutrición expresada en el movimiento y la quietud.

El noble toma esto por modelo en lo relativo a la alimentación y al cultivo del carácter. Las palabras son un movimiento que va desde adentro hacia fuera. El comer y el beber son el movimiento que va desde afuera hacia adentro. Las dos modalidades del movimiento han de moderarse mediante la quietud, el silencio. Así el silencio hace que las palabras que salen de la boca no sobrepasen la justa medida y que tampoco sobrepase la justa medida el alimento que entra por la boca. De este modo se cultiva el carácter.

EL TRÁNSITO DEL CABALLO DURANTE EL AÑO DEL TIGRE

PREDICCIÓN GENERAL

El tigre, el caballo y el perro forman una combinación de energías que provoca que los tres signos corran prácticamente la misma suerte. Tanto el caballo como el perro tienen que leer las predicciones hechas para los tres signos, y prevenirse. El caballo es energéticamente el jefe del tigre y el perro, por lo tanto la energía fuego en relación con la energía madera del tigre es la que será primordial durante todo el año. El fuego representa el corazón, tema esencial para caballos de 1930, 1942, 1954, 1966 y 1978. Los demás equinos tendrán que trabajar más su optimismo, ser prácticos y no permitir que los sinsabores comunes de la vida los abrumen.

Enero

El mes con el año del búfalo es neutral, a menos que conviva con gente no compatible con el búfalo, las cabras y los perros, que son amigos naturales de los caballos. Los equinos de 1966 comprobaron que el año bovino fue mucho más difícil de lo esperado. Este mes no se presenta sin retos y el futuro le parecerá cada día más difícil. Los potros de 2014 podrían presentar algunos problemas en la escuela debido a que son los más expuestos a convivir con gente de distintas edades; pero es una oportunidad para aprender a no tomarse como personal todo lo que ocurre; y más les vale a los demás caballos atender este consejo.

Febrero

El mes del tigre traerá al caballo una lección: la salud no se compra, se respeta. La primera mitad del año la influencia de la energía agua *yang* será más fuerte que la de la energía madera del tigre, lo cual hará que los siguientes cinco meses los caballos de 1930, 1942, 1954 y 1966 se sientan como si estuvieran atrapados. Hay que hablar con los médicos a la primera señal de agotamiento mental o físico. Los demás caballos tienen que atender sus patrones de sueño con ayuda de algún programa de computación y mejorar sus ritmos circadianos con ejercicios de respiración y relajación.

Marzo

El caballo seguirá cansado, pero la relación entre el año del tigre y el mes del conejo hará que se sienta más alegre, más optimista. Es posible que conozca gente nueva que lo estimule, y a los caballos de 1978, quizá la gente nueva les traiga encuentros candentes. El conejo se combina con el tigre y forman mucha energía madera, lo cual hará a los caballos de 1954 y 2014 un poco más iracundos que de costumbre. Los de 1966 deben mantener su salud lo mejor posible. Si sale de vacaciones vivirá mejor su recuperación.

Abril

Los días 15 y 27 el equino tendrá algunos problemas menores que impedirán que se mueva tan rápido como acostumbra. En su trabajo, negocios o escuela, necesita andar con pies de plomo, planear con anticipación todas sus tareas y asociarse únicamente con personas de su completa confianza, no porque este mes resulte difícil o peligroso, sino porque las cosas podrían mejorar mucho si se anticipa. Una buena agenda podría ayudarlo, e incluso sería posible solucionar problemas que tuvo en otros años; sin embargo, en cuestiones amorosas, las cosas no cuajarán.

Mayo

Durante las siguientes semanas los caballos de todas las edades tienen que hacer caso omiso a todos los "consejos de salud" que encuentren en las redes sociales, ya que les costará mucho trabajo distinguir entre verdaderos y falsos. Si tiene dudas deberá consultar con verdaderos profesionales, aunque esto contradiga sus creencias más espirituales u holísticas. Para los caballos de 2014 será más fácil porque a su edad aprender el pensamiento crítico y el método científico es como aprender el ABC, pero los caballos adultos tendrán que entrenar con más ahínco.

Junio

Este mes la energía fuego, producto de la combinación entre el caballo y el tigre, se completará durante los días de perro: 14 y 26. Los caballos que vivan en el hemisferio norte, en especial los nacidos en 1930, 1942, 1954 y 1966, necesitan marcar esos días en su agenda y no hacer nada importante en ellos. Los demás equinos no estarán exentos de problemas de salud, pero estos se manifestarán en forma de agotamiento, inquietud, ansiedad, y les costará mucho trabajo conciliar el sueño, especialmente si permanecen despiertos después de las 23 horas.

Julio

El mes de la cabra protegerá al caballo con energía tierra; será de tregua. Durante este tiempo se le recomienda salir de vacaciones, hacer servicio comunitario e iniciar una dieta más saludable o alguna disciplina deportiva. La situación amorosa mejorará mucho, así como todo lo que tenga que ver con su profesión, negocio o estudios. La salud de los caballos nacidos durante el siglo XX aún será digna de cuidado, pero mejorará si la combina con algún tipo de terapia; visitar a sus amigos y familiares a menudo le ayudará a controlar el estrés, además ellos lo extrañan.

Agosto

Asuntos relacionados con su vida de pareja o los lazos emocionales con otras personas podrían derivar en una ruptura. Debe abrir bien todos los canales de comunicación y ser más sincero con los demás y con lo que desea: debe aclarar cómo y bajo qué términos, ya que estará distraído y poco apegado, y eso dará lugar a malentendidos. También podrían verse afectadas sus relaciones laborales y en el caso de los caballos de 2002 y 2014, las relaciones con sus compañeros también serán afectadas, por lo que se les pide que pongan mucha atención en clase.

Septiembre

Este es un tiempo para ayudar a solucionar –o al menos aclarar con la gente que más le importa– lo ocurrido semanas antes, ya que los estragos del mes del mono anterior casi siempre arruinan un poco la buena suerte que pueda tener en el mes del gallo, que es un signo que lo protege, le atrae suerte en amor y relaciones sociales. Subirá su popularidad e irradiará carisma, algo que no había podido lograr en mucho tiempo. Esta pequeña racha será importante para sanear sus finanzas, y para los caballos de 2014, que aprovecharán para aprender el valor de la amistad.

Octubre

La combinación del tigre, el caballo y el perro incrementa la energía fuego, ayudando a aumentar su capacidad de abstracción. Esto es bueno para los caballos que se dedican a la ciencia y las artes, sobre todo músicos y matemáticos, pero podría perturbar a los de 1966, que son los más perjudicados por el exceso de energía fuego, que puede afectar el corazón y el sistema circulatorio. Este es un buen mes para encontrar un *hobby* o una vocación, lo cual es excelente para los equinos de 2002 y 2014, pero también podría ayudar a los caballos longevos.

Noviembre

El mes del chancho demostrará ser una verdadera montaña rusa emocional y profesional para el caballo, debido a eso lo mejor que podrá hacer para mantener el balance logrado el mes pasado es pasar más tiempo con la gente que no solo lo ama, sino que además le tiene paciencia, le dará consejos y será más objetiva. Podrá recuperar tiempo y dinero siempre y cuando aprenda a delegar obligaciones, o tal vez deba contratar personas mucho más preparadas para manejar finanzas. Cuidado con torceduras y accidentes menores, ya que podrían afectar su progreso, incluso durante el mes que entra.

Diciembre

El mes de la rata representa un choque con el caballo, ya que es su signo opuesto. Esto le bajará un poco la energía fuego, que ya tenía algo de tiempo fuera de control, por lo tanto el encuentro con la rata traerá algunos inconvenientes a cambio de una clara mejoría en cuanto a salud; pero en el lado menos amable, el choque entre signos indica que la energía agua le podría provocar distracción, y los caballos de 1942 y 2002 podrían sentir algo de ansiedad si quedan aislados, por exceso de trabajo o por falta de movilidad debido a accidentes anteriores.

PREDICCIONES PARA EL CABALLO Y SU ENERGÍA

CABALLO DE MADERA (1954-2014)

El caballo llegará al paso, en silencio, sin jinete ni montura a un nuevo ciclo que le brindará su amigo el tigre.

Las duras pruebas del año del búfalo le quitaron alguna fantasía que todavía atesoraba en su corazón.

El cambio del sabio corcel o del poni será un tránsito apoyado, estimulado y de viento a favor con el rey de la tierra, el felino, que será su interlocutor y patrocinador.

Debido a su rebeldía precoz, su ego e ingenuidad descubrirá un nuevo mundo despojado de frivolidad, de mecenazgos, donde el talento y el esfuerzo serán valorados.

Se ocupará de su salud holísticamente: cuerpo, alma y mente serán atendidos por especialistas que darán con el eslabón perdido de sus males.

Renacerá afectivamente: sentirá mariposas en la panza nuevamente. Su matrimonio, pareja o amigovio le dará libertad y el pasaporte para que viaje a lugares en los que encontrará nuevos amigos, amor, trabajo en equipo y honores.

Sentirá deseos de radicarse y aprender un nuevo idioma, una técnica oriental o danza afroamericana.

Al establo llegarán tigrecitos que serán la alegría del zoo, y los llevará a la calesita. Año de cambios positivos en su vida.

CABALLO DE FUEGO (1906-1966)

A pesar de la merma de los tiempos de COVID en su vida material y en las finanzas, su amigo y socio, el tigre, lo ayudará a renacer y fortalecer la autoestima.

Un nuevo ciclo para recuperar la salud física, mental y anímica lo convertirá nuevamente en el centro de reuniones, espectáculos, vida social y artística.

Podrá mejorar su situación económica: herencias o un matrimonio próspero le abrirá un portal galáctico.

Viajará nuevamente; visitará amigos que añora, conocerá un nuevo continente y atravesará experiencias dignas de Marco Polo y Julio Verne.

En la familia habrá momentos agridulces, pero estará más preparado para asumir nuevos roles y responsabilidades.

Se mudará, conocerá causalmente un mensajero que lo transportará como a Pegaso hacia un nuevo lugar donde se establecerá por un tiempo.

Año positivo en su crecimiento personal.

CABALLO DE TIERRA (1918-1978)

El sabio caballito de tierra aprendió las duras pruebas de la pandemia y las trasmutó en un horizonte de girasoles de Van Gogh.

Supo canalizar su potencial creativo y ayudó en la comunidad de los hombres.

Atravesó desafíos en la familia: separaciones, juicios, herencias y disputas por su territorio que lo mantuvieron al trote y con poca energía.

Por eso aprendió a administrar su energía y durante el año del tigre se ocupará de su nutrición física y espiritual.

Se enamorará locamente y podrá galopar con pasión una relación al estilo *Outlander*.

Año de cambios sistémicos y el retorno a la alegría y al eros.

CABALLO DE METAL (1930-1990)

Después de ser el mejor alumno de los cambios de vida en pandemia y transformarlos en arte, de enraizar una familia y convocar a nuevos socios y amigos en un proyecto a mediano plazo, sentirá que el año del tigre le brinda una beca para concretar sus sueños.

Estará hiperactivo, solicitado, entusiasmado y concentrado en su misión, vocación o carrera. Su corazón galopará alocado.

Nuevos amores y relaciones virtuales se convertirán en citas impostergables para recorrer nuevamente el mundo liviano de equipaje. Estará abierto a nuevas creencias, a explorar universos paralelos y sentir el llamado místico.

Su carisma seducirá a nuevos fanes en el mundo y logrará contratos que serán el sostén de años de vacas flacas.

Año espectacular y lleno de sorpresas gratas.

CABALLO DE AGUA (1942-2002)

El más allá se manifestará en el más acá.

Necesitará apoyarse en su familia y amigos para los cambios inesperados del año del tigre.

Su talento será reconocido en su tierra y en el extranjero.

Podrá compartir nuevos estudios, seminarios, viajes de placer y de reencuentros con examores, mecenas y patrocinadores.

Cabalgará nuevas dimensiones, podrá compartir sus logros con príncipes y mendigos. Se rebelará ante la injusticia social, las estafas del gobierno, y será líder con convocatoria durante el reinado de su mayor admirador, el tigre.

Año del retorno de eros.

L. S. D.

Relajando las cejas, abriendo los ojos, se manifiesta el oro.
Agitado por los ríos y por las montañas, recuerdo claramente
mi vieja choza.
Pescando dentro del río, no he atrapado ningún pez.
Al final del sedal veo de pronto una perla brillante.
Aunque el viejo de la frontera perdió a su caballo,
¿vienen de los hombres las desgracias y la buena suerte?

ANÓNIMO

PREDICCIONES PREVENTIVAS PARA LA CABRA BASADAS EN LA INTUICIÓN, EL I CHING Y EL BA ZI

BEBEEEEEE BEEEEEE.

¿¿Hay alguna cabrita del rebaño que esté por allí??

Imagino el devenir o la transición entre el año del búfalo y el inicio del año del rey de la selva.

La tempestad, desolación, el desamparo, la falta de I-SHO-KU-JU, (techo, vestimenta, comida) azotaron el corral del signo más sensible del zodíaco chino.

El desapego, la liviandad del ser, las pérdidas afectivas y materiales dejaron a la cabra sin ganas de aparecer con su habitual gracia, belleza, elegancia para destacarse en el escenario de la revolución que le depara el año del tigre. Entiéndase esto por un cambio profundo de piel y de paradigma.

A pesar de tener leguas de abruptos peñascos, de corrales sin avena ni maíz, la cabra dio lo máximo de su ser para la familia, el trabajo y la pareja en el año del búfalo.

La pandemia se llevó amigos, algunos miembros del rebaño, y su salud estuvo en peligro.

Su necesidad de rebelión, de participación en la comunidad de los hombres se acentuó durante este tiempo, en el que recordó con nostalgia *La Belle Époque*.

Su necesidad de protección y estabilidad emocional estuvo en jaque; tal vez algunas cabras coquetearon con la muerte o sintieron que algo moría por dentro. Su resistencia física estuvo con síntomas desconocidos y su hipocondría habitual se profundizó.

El año del tigre le brindará saltos cuánticos de alegría y tristeza, de emociones fuertes y de despedidas agridulces, de cambios inesperados en su futuro profesional o en el oficio que practique, pues sin duda sus habilidades manuales e intelectuales serán los mejores recursos para este nuevo tiempo.

En la familia habrá cambio de roles; no deje que la condicionen para ser Florence Nightingale.

Su corazón latirá fuerte al ritmo de un tambor africano.

Estará expuesta a nuevas prácticas en su exposición mediática; tal vez deberá evaluar los factores en pro y en contra de las ofertas que le lloverán para que se desvíe de su TAO (camino), de lo que podría arrepentirse.

La cabra es parte del rebaño; tendrá que estar muy consciente de a quién deberá seguir en esta etapa de revolución.

Tendrá que hacerse respetar, seguir con sus principios éticos para no despersonalizarse y ser devorada en las fauces del tigre.

Las cabras que promedien el medio siglo estarán en una etapa de decisiones claves en su destino.

Tal vez quemen naves, se radiquen en otro país, provincia o región, en la naturaleza, donde podrán disfrutar de las pequeñas cosas de la vida: de un desayuno sobre la hierba, de una relación amigable con sus vecinos haciendo trueque, de nuevas técnicas de sustentabilidad construyendo su casa con permacultura o con adobe y ladrillos de barro y paja. Allí podrán hospedar al rebaño o a su gran amor.

La imaginación será el motor de su sobrevivencia.

La cabra participará en ONG, pymes, grupos de autoayuda, terapias alternativas en las que será maestra y discípula, y observará el abandono que tuvo en tiempos de pandemia para mejorar su *look*, autoestima, salud holística.

El mundo cambiará a la velocidad de un tren bala y para la cabra será muy difícil adaptarse a esta etapa de cambios de hábitos, poca conexión afectiva, competencia desleal, incertidumbre y deslealtad con sus íntimos amigos o pareja.

Es importante que se apuntale: haga terapia, baile, yoga, viajes cortos o largos para reconectarse con su esencia.

NO DELEGUE SU PODER EN DESCONOCIDOS.

Sentirá que su pasado es su gran patrimonio cultural, humano y afectivo. Es recomendable que ahorre para tiempos de escasez, de cambios en la economía mundial, y porque su capacidad laboral menguará como la luna hasta el retorno hacia nuevas praderas donde pastará sobre la hierba verde y fresca.

Tendrá una invitación vip de un amigo o patrocinador para el Mundial de Fútbol en Qatar y descubrirá Medio Oriente, sus costumbres y cultura, con una gran posibilidad de trabajo que cambiará su destino.

A pesar del respeto mutuo entre tigre y cabra, serán espejos de cambios trascendentales.

L. S. D.

El I CHING **les aconseja:**
49. Ko / La Revolución (La Muda)

EL DICTAMEN
La Revolución.
En tu propio día encontrarás fe.
Elevado éxito, propicio por la perseverancia.
Se desvanece el arrepentimiento.

Las revoluciones estatales son algo sumamente grave. Hay que recurrir a ellas únicamente en caso de extrema emergencia, cuando ya no queda otra salida. No cualquiera está llamado a ejecutarlas, sino únicamente aquel que goza de la confianza del pueblo, y también este solo cuando haya llegado la hora. Debe procederse al respecto de un modo correcto, causando alegría en el pueblo e impidiendo, mediante el esclarecimiento, los excesos. Por otra parte es menester que uno esté libre por completo de objetivos egoístas y realmente subsane la miseria del pueblo. Únicamente así no habrá nada de qué arrepentirse.

Los tiempos cambian y con ellos las exigencias. Así cambian las estaciones en el curso del año. Así también en el año cósmico hay primavera y otoño de pueblos y naciones, que requieren transformaciones sociales.

LA IMAGEN
En el lago hay fuego: la imagen de la revolución.
Así ordena el noble la cronología
y clarifica las épocas.

El fuego abajo y el lago arriba se combaten y se destruyen recíprocamente. Así también en el transcurso del año tiene lugar una lucha de la fuerza luminosa con la oscura, que repercute en las revoluciones de las estaciones del año. El hombre se hace dueño de los cambios de la naturaleza cuando reconoce su regularidad y distribuye en forma correspondiente el curso del tiempo. Con ello se introduce el orden y la claridad en el cambio, aparentemente caótico, de las temporadas y uno puede tomar anticipadamente las previsiones necesarias, de acuerdo con las exigencias de las diferentes épocas.

EL TRÁNSITO DE LA CABRA DURANTE EL AÑO DEL TIGRE

PREDICCIÓN GENERAL

Parece que la cabra vivirá un año INTENSO, frívolo aunque interesante. Las más jóvenes se enamorarán, y las mayores recibirán beneficios y buenas noticias. Pero la energía madera que rige parte de su composición energética la hará menos paciente y será más valiente a la hora de argumentar y debatir. La presencia de la cabra se hará notar en las redes sociales, las escuelas, los lugares de trabajo, por lo cual también estará expuesta a rumores malintencionados y pleitos ajenos en los que querrá interceder. Será proactiva y justa, pero tendrá muy poca tolerancia a la frustración y buscará desahogarse de modos poco recomendables.

Enero

El mes y el año pertenecen todavía al signo del búfalo, así que la cabra necesita llevar el perfil bajo. Si intenta sobresalir o equilibrar las jerarquías en su trabajo o en la escuela, lo más probable es que se tope con problemas. Tendrá que pulir sus ya famosas habilidades para la diplomacia aunque sienta que eso no le está funcionando; los problemas de este mes son la última patada del año del búfalo y solo debe aguardar un poco. Para relajarse, necesitará convivir más tiempo con sus amigos conejo y chancho.

Febrero

En cuanto comience el mes, comenzará también el año del tigre, y con esto un año que se llenará de anécdotas, unas muy agradables, otras no tanto, pero siempre serán constructivas o por lo menos excitantes. Este mes la energía le regalará sorpresas con final feliz, reencuentros con viejas amistades y motivos para celebrar la vida. Le pediríamos que aproveche estos momentos para descansar, pero es posible que haya mucho trabajo, y bien remunerado. Probablemente se sienta tentada a perder el tiempo en redes sociales, pero el trabajo no le dará tregua.

Marzo

Durante este mes, su pensamiento crítico y analítico no dejará espacio para la paciencia, y además querrá ser muy eficiente. La cabra es aliada energética del chancho y el conejo y estos dos signos a su vez se combinarán con la energía del tigre que rige al año; si a esto le agregamos el signo del chancho que gobernará los días 15 y 27, la cabra tendrá una sobredosis de energía madera, la cual se expresa en forma de ira. Todo este cóctel hará que la cabra se enoje fácilmente ante cualquier tipo de estupidez.

Abril

El mes será complicado en temas amorosos, ya sea por problemas menores en la piel (algo de acné, quemaduras por el sol) que harán que se sienta menos segura de sí misma, o por tener el estado de ánimo un poco difícil por situaciones provocadas por la energía del mes pasado. Esto será más difícil para las mujeres cabra, pero no es grave, solo les recomendamos que no intenten ningún remedio casero en su piel o la intervención de charlatanes en cuanto al aprendizaje del manejo de las emociones. Necesita alimentar su autoestima con meditación y terapia.

Mayo

El mes de la serpiente eleva la energía fuego al combinarse con el signo del caballo, que regirá los días 5, 17 y 29. El fuego la hará más simpática y artística, pero las de 1931 y 1991 seguirán teniendo problemas cutáneos. Las de 1967 mejorarán su vida social porque se sentirán más optimistas. Las demás cabras tendrán agendas muy agitadas, no pararán y su mente estará despierta; como serán buscadas en todos los círculos sociales, tendrán que decidirse entre diversión o trabajo, pues no podrán hacer ambas cosas al mismo tiempo.

Junio

Este será otro mes complicado, en el que se combinarán varios signos que afectan a la cabra, haciéndola más impulsiva, En particular los días 9 y 21 es importante que ponga mucha atención cuando maneje automóviles o cualquier aparato mecánico pesado. También necesitará afinar su sexto sentido si presiente que algo podría ocurrir, sobre todo si va a salir de viaje. El caballo que rige el mes la dotará de creatividad e imaginación, que resultarán muy importantes durante el resto del año: aproveche esa racha pintando, escribiendo o componiendo música.

Julio

El mes comienza con mucha energía fuego, sobre todo el día 4. Necesita tener cuidado con accidentes en la cocina, o de tráfico, porque estará tan concentrada en lo que le interesa, que todo lo demás parecerá superfluo. Si puede, resultará mejor que evite manejar o desplazarse en zonas peligrosas. Tiene posibilidades de ser forzada a trabajar más de la cuenta, no solo este mes, sino hasta que termine el año, pero si utiliza una agenda y otro tipo de ayuda, es posible que el mes le deje muy buen sabor a pesar de todo el trabajo que le espera.

Agosto

El mes del mono siempre es complicado para la cabra, que no tiene problema alguno con las personas de ese signo, pero la energía metálica del mico le provoca dificultades, accidentes –algunos serios, otros no tanto– y problemas amorosos ligados a faltas de comunicación efectiva. Pero este año es distinto porque la relación tensa entre las energías del mono y del tigre hará que la cabra termine como mediadora en conflictos entre miembros de la familia, colegas del trabajo o condiscípulos en la escuela. Esto podría amargarle un poco las relaciones de pareja, por lo que deberá ser más desapegada.

Septiembre

El mes del gallo combinado con el tigre provocará que le cueste más trabajo comunicarse, así que deberá ensayar mucho antes de hablar en público, y tendrá que ser más diplomática y evitar confrontaciones. Internet quedará vetado, ya que podría ocasionar problemas, más que nada en el trabajo; también sería posible que por comentarios intempestivos le cancelaran las cuentas de redes sociales. Estará susceptible a tomarse en serio algunas noticias falsas, pero si se concentra, su capacidad para discernir entre lo verdadero o no volverá a la normalidad.

Octubre

Este mes tendrá también momentos muy específicos durante los cuales la cabra deberá ser más inteligente y evitar problemas con autoridades, maestros, padres. Los días 15 y 27 serán los más complicados, porque la combinación de energías en el ambiente hará que se ponga algo paranoica y no confíe tan fácilmente en los consejos de sus seres amados; además, estará muy distraída. Los demás días es posible que se encuentre dispersa. Se le recomiendan los juegos de mesa, de video, o que asista a convivencias con los amigos para ayudarse a despejar la mente.

Noviembre

La energía que se acumuló en febrero y marzo estallará de nuevo en el mes del chancho, y con más fuerza en los días 10 y 22, que pertenecen al signo del conejo. La energía producida por la combinación entre los signos tigre y chancho también produce madera, la cual eleva la capacidad de acción y reacción de la cabra, haciéndola más asertiva, pero será difícil trabajar con ella si está involucrada en política, empresas grandes y escuelas. La cabra es una de las más susceptibles a la energía madera, y su reacción, positiva o negativa, dependerá de su carácter.

Diciembre

Este mes de la rata le traerá muchos regalos. Tiene tanta energía acumulada que durante las siguientes semanas podrá soltar todo eso y divertirse como no lo había podido hacer en muchos años. Como su vitalidad y claridad de pensamiento ya no dependerán tanto de la fluctuación de las energías externas, será posible retomar las riendas de su vida, y en particular todo lo referente a su vida amorosa, sexual y emocional resultará muy satisfactorio. Solo habrá que ser cuidadosos con las cabras de 2015, ya que podrían estar expuestas a material pornográfico.

PREDICCIONES PARA LA CABRA Y SU ENERGÍA

CABRA DE MADERA (1955-2015)

Recibirá el año del tigre con ganas de transmutar *look*, trabajo o planear unas vacaciones a un lugar exótico.

Su cansancio, estrés y aburrimiento se irán disolviendo en la comunidad de los hombres.

Estará muy solicitada, sus consejos y experiencia serán revalorizados en situaciones límite.

Buscará opciones de trueque con su corral: nueva casa, una temporada en el exterior; o compartirá más tiempo con hermanos, amigos o su pareja. Su espíritu estará nómada; ni horarios, ni presiones para cumplir con su trabajo.

Será un tiempo de renovación en su cosmovisión, ideas, participación en grupos de autoayuda y de sanación.

Intercambiará experiencias, conocerá gente fascinante y podrá entregarse al TAO (camino) aceptando perderse en nuevos recovecos, en *cumbres borrascosas*.

CABRA DE FUEGO (1907-1967)

Llegará al año del tigre pidiendo auxilio; el estrés emocional, las pérdidas de seres queridos transformaron su cosmovisión.

Sentirá ganas de rebelarse; saldrá del corral participando de la revolución que la entusiasmará para ser parte del nuevo paradigma. Se dispersará en busca de mejores horizontes laborales, de cambios de lugar para vivir, y sufrirá el desapego.

Pondrá en práctica sus estudios, habilidades, búsqueda espiritual para mejorar desde la dermis hasta la epidermis.

Un gran amor, flechazo o romance dentro de un *tour* o seminario le planteará nuevas formas de amor, pareja y relaciones sin reclamos ni autoritarismo.

Volverá a un país que quiere y donde tiene raíces profundas para enseñar su ciencia, oficio, y establecer su corral.

El año del tigre será una revolución en su sistema celular y en su conducta; descubrirá nuevamente su talento, curiosidad y capacidad de adaptación en tiempos en que la velocidad es el gran desafío.

CABRA DE TIERRA (1919-1979)

Año de despertar desde el tercer ojo hasta la adaptación a nuevas formas de vida.

El año del búfalo la mantuvo encerrada en el corral añorando una vida a la que retornará con alegría y buen humor.

Las terapias alternativas son sus aliadas; yoga, taichí, chi kung, *fitness*, constelaciones familiares; cambios de roles que la agobiaban podrán disolverse.

Tendrá ganas de salir de cacería junto al tigre; amores breves, pasiones sexuales, convivencia con nuevos amigos del ciberespacio condimentarán el año con nuevas emociones y estímulos.

Se concretará su gran sueño: pasar una temporada con el zoo en un remoto lugar del planeta.

Renovará la tecnología, el aprendizaje de su oficio y profesión, y tendrá un gran golpe de suerte en su destino.

Año de grandes emociones, despliegue de seducción y optimismo.

CABRA DE METAL (1931-1991)

Después de un año de exigencias que la sofocaron, abrirá el corral en busca de nuevos horizontes. Dejará al rebaño, al zoo, y tendrá un año sabático sazonado con trabajos temporales en lugares que la inspirarán artísticamente.

Su ambición encontrará eco: apostará fuerte a un nuevo trabajo, una propuesta laboral en el exterior, y saldrá beneficiada.

Estudiará ruso y chino, idiomas que le abrirán puertas de progreso y sabiduría.

La pareja sentirá que está distraída, libre, con ganas de reformular la relación, y podría tener algún impedimento para continuar durante el vertiginoso año del tigre.

Sepa evaluar los factores en pro y en contra de un tiempo de revolución y desapego.

Su adaptación y docilidad serán necesarias para progresar en medio de la selva.

CABRA DE AGUA (1943-2003)

Después de las pruebas, obstáculos y nuevas normativas de vida, tendrá la posibilidad de soltar la soga del corral y viajar hacia nuevos y remotos parajes que serán su nueva pradera para estabilizar su equilibrio emocional.

El tiempo de pandemia, duelos y despedidas deberá ser considerado para encauzar una nueva etapa.

Su necesidad de libertad, cambios en roles laborales y familiares le brindarán un pasaporte a una nueva vida.

Será reconocida su trayectoria a nivel global; podrá conocer gente en la comunidad que le abrirá las puertas para predicar poesía, el TAO, sanación, arte y técnicas de Osho para resucitar su vida erótica.

Llegarán tigrecitos a su vida, los recibirá con cariño y consolidará una familia cosmicotelúrica.

No desatienda su salud holística; levante defensas y dele una chance a un gran amor que aparecerá inesperadamente.

Año de mover el kundalini, y de retorno al eros.

L. S. D.

> La brisa del río
> me invita a cantar.
> La luna sobre la montaña
> me incita a embriagarme.
> Y quedo extasiado
> entre las flores.
> El cielo me arropa
> y reposo en la tierra.
> YANG WANLI (1124-1206) - *Elogio de mí mismo*

PREDICCIONES PREVENTIVAS PARA EL MONO BASADAS EN LA INTUICIÓN, EL I CHING Y EL BA ZI

Queridos hermanos simios:

Escribo estas predicciones el día que abrí los ojos a la mañana, en el preámbulo del invierno, y Madre Natura nos regaló una nevada histórica.

¡¡CUÁNTA MAGIA!!

Aún envuelta en el cuarto ahumado, con las brasas en la estufa rusa pidiendo más leña, me sentí inmersa en EL RETORNO a las pequeñas y bellas cosas de la vida, que se han evaporado en tiempos inhumanos.

Curiosamente, el I CHING repitió este hexagrama a tres monos en pocos días.

Después del año del búfalo, que nos bajó de la palmera, nos conectó con nuestra esencia, nos hizo repasar y cursar materias en el ADN, la familia, los amigos, los *íntimos enemigos*, los vecinos, los nuevos seres del inframundo y extraterrestres que cada vez más se avistan en noches gélidas; reconozco que me dejaré llevar por las propuestas del año del tigre, en ellos mi vida SIEMPRE TUVO GRANDES TRANSFORMACIONES.

Conozco la relación entre los opuestos complementarios, pues somos espejos del felino y nos esmeramos en hazañas para sorprender al otro.

El mono, curtido por batallas estériles de defensa de derechos humanos, por intentar mediar entre los humanos y los nibelungos, convocar al zoo a resolver problemas familiares y legales, practicar el WU WEI (no forzar la acción de las cosas), sabe que es propicio acompañar el proceso del reinado del tigre de agua.

Entre mediados del año del buey y mediados del año del tigre, reformulará los grandes temas de la vida: su tiempo, trabajo, nuevos emprendimientos, ventas de inmuebles, viajes por el mundo y recuperación del eros.

El planeta es una selva donde los valores éticos y morales se han evaporado, donde ser responsable y coherente no es un bien preciado.

EL RETORNO, el tiempo del solsticio, indica que el mono retornará a su tribu, a su lugar de contención, seguro y escondido, desde donde promoverá revoluciones, cambios de paradigma en la comunidad de los hombres, encuentros con gente que admira, siendo parte del sistema que produce cambios en niños, jóvenes, adultos, preparándolos para una nueva etapa en la que el tigre acortará caminos para romper el dique de contención de décadas.

El mono revitalizará su salud con técnicas holísticas; descanso, siestas, yoga, taichí, chi kung, dieta, seminarios de meditación, constelaciones familiares y todo el arsenal que aprendió en su vida.

Sabe que puede tener una caída irrecuperable; que si se deja tentar por los espejitos de colores puede sucumbir en las garras del felino.

Su espíritu innovador, generoso, altruista se expandirá y podrá ser guía, maestro y mecenas de quien se acerque a su vida.

Reaparecerá un amor del pasado: le dará vuelta los planes y tendrá que deshojar la margarita.

Deberá tomar decisiones drásticas en lo profesional y en su patrimonio.

Busque asesoramiento legal y no delegue responsabilidades A CIEGAS.

El año del tigre lo moldeará, le abrirá nuevas puertas en el exterior, conocerá gente que lo inspirará y le brindará apoyo espiritual y material a su gestión.

Podrá reír, gozar, disfrutar, olvidarse de quién es y qué hizo en el pasado.

Soltará amarras y navegará entusiasmado en nuevos proyectos, países, mares y continentes sin dar explicaciones en redes ni en púlpitos.

Año inolvidable en su azarosa existencia.

L. S. D.

El i CHING **les aconseja:**
24. Fu / El Retorno (El Tiempo del Solsticio)

EL DICTAMEN
El Retorno. Éxito.
Salida y entrada sin falla.
Llegan amigos sin tacha.
Va y viene el camino.
Al séptimo día llega el retorno.
Es propicio tener adonde ir.

Luego de una época de derrumbe llega el tiempo del solsticio, de la vuelta. La fuerte luz que antes fuera expulsada vuelve a ingresar. Hay movimiento, y este movimiento no es forzado. El trigrama superior K'un se caracteriza por la entrega. Se trata, pues, de un movimiento natural de aparición espontánea. Por eso también resulta enteramente fácil la transformación de lo viejo. Lo viejo es eliminado, se introduce lo nuevo: ambas cosas corresponden al tiempo, y por lo tanto no causan perjuicios. Se forman asociaciones de personas que profesan ideas iguales. Y esa alianza se realiza con pleno conocimiento público; corresponde al tiempo, por lo tanto toda aspiración particular y egoísta queda excluida y tales asociaciones no implican falta alguna. El retorno tiene su fundamento en el curso de la naturaleza. El movimiento es circular, cíclico. El camino se cierra sobre sí mismo. No hace falta, pues, precipitarse en ningún sentido artificialmente. Todo llega por sí mismo tal como lo requiere el tiempo. Tal es el sentido de Cielo y Tierra.

Todos los movimientos se realizan en seis etapas. La séptima etapa trae luego el retorno. De este modo, al correr del séptimo mes después del solsticio de verano, a partir de lo cual el año desciende, llega el solsticio de invierno, y del mismo modo, una vez pasada la séptima hora doble siguiente a la puesta del sol, llega la salida del sol. Por esta causa el número siete es el número de la luz joven, que se genera por el hecho de que el número seis, que es el de la gran oscuridad, se incremente por el uno. De este modo se introduce el movimiento en la quietud, en la detención.

LA IMAGEN

El trueno en medio de la tierra: la imagen del Tiempo del Solsticio.

Así, durante el tiempo del retorno solar, los antiguos reyes clausuraban los pasos.

Mercaderes y forasteros no se trasladaban,

y el soberano no viajaba visitando las comarcas.

El solsticio de invierno se celebra en la China desde épocas remotas como período de descanso del año: una costumbre que se ha conservado hasta hoy, en el período de descanso de Año Nuevo. En el invierno la energía vital –simbolizada por Lo Suscitativo, el trueno– se encuentra todavía bajo tierra. El movimiento se halla en sus primeros comienzos. Por eso es necesario fortalecerlo mediante el reposo a fin de que no lo desgaste un consumo prematuro. Este principio fundamental, de hacer que la energía resurgente se fortifique mediante el descanso, rige con respecto a todas las circunstancias correlacionadas. La salud que retorna después de una enfermedad, el entendimiento que retorna después de una desunión: todo debe tratarse en sus primeros comienzos con protección y delicadeza, para que el retorno conduzca así a la floración.

EL TRÁNSITO DEL MONO DURANTE EL AÑO DEL TIGRE

PREDICCIÓN GENERAL

Da la impresión de que el primer homínido de esta era nació en un año del mono. La expresión esencial de la vida en esta dimensión se manifiesta en dos energías: agua y madera; ambas son importantes para el signo del mono que, por ser primordialmente de metal, conquista a la energía madera y procrea a la energía agua. La tierra, que es la energía más común de todo este planeta, engendra al metal. Toda esta disertación técnica acerca de las características metafísicas del mono viene porque de eso se tratará este año: de conquistar y crear. La primera mitad del año se tratará de ser creativo, la segunda, de plantarse en medio del salón y gritar: "¡Yo Soy!". El mundo es de ustedes.

Enero

Aún estamos en el año del búfalo, por lo tanto tiene la oportunidad de descansar, curarse las heridas y plantearse cambios de carrera, vocaciones, compañía. El reconocimiento por su esfuerzo podría llegar en estos días, pero por las condiciones del mundo es poco probable que aún quede algo que pueda satisfacer su necesidad de atención o de justicia. El mono sabe lo que tiene, y es posible que gane el impulso por el crecimiento y se decida por planear una estrategia más audaz que lo que ha hecho hasta hoy; solo necesita organizarse en serio.

Febrero

Este será el mes más complicado del año, le parecerá perfecto pasar por este inconveniente de una vez. Estará tentado de caer en las fauces de gente inescrupulosa que querrá involucrarlo en negocios grises o redes fraudulentas, compra de monedas ficticias; el abanico de posibilidades será variado, se le suplica tener cuidado y no arruinar por completo el año entero. De todos modos comenzará a vivir tremendos cambios emocionales, profesionales y hasta físicos. Querrá ayudar a otros, por efecto del dharma en acción, pero no obtendrá recompensa alguna.

Marzo

El mes del conejo es parecido al del tigre, pero este será más fácil y probablemente pueda hacer dinero, comenzar alguna rutina constructiva o cambiar de trabajo por algo más productivo. Aun así, tendrá que esforzarse el doble para obtener lo que desea. Este mes sí es posible que comience a ganar un poco más de plata, siempre y cuando no haya caído en las trampas del mes pasado. Por momentos querrá ser más egoísta y salir corriendo con todos los cocos en las manos, pero su corazón se irá haciendo cada día más generoso, al grado de ganarse la confianza de gente que apenas acaba de conocer.

Abril

El mes del dragón inicia una combinación de energía agua que alcanzará su punto más alto durante los días 5, 17 y 29. En la primera mitad del mes el mono estará ansioso, querrá terminar con todo antes de tiempo, lo cual puede meter en aprietos a sus compañeros de trabajo y subordinados. Las cosas se irán resolviendo tranquilamente a su tiempo y la recompensa o resolución de conflictos vendrá sin falta. Se les suplica serenidad a todos, pero en especial a los monos de fuego de 1956 y a los pequeños de 2016, que tendrán que controlar su frustración haciendo ejercicios de respiración.

Mayo

La serpiente combinada con el tigre y el mono da como resultado una combinación de energías que los maestros de astrología china clásica llaman "Castigo Mutuo". Este castigo consiste en que esos tres signos al estar en contacto se comportan de manera egoísta. Este mes será importante que el mono medite con responsabilidad la diferencia entre autoestima, egoísmo y egocentrismo; no son la misma cosa. La diferencia entre el mono y los otros dos signos es que tiene una mayor capacidad para la introspección, por lo tanto, lo pasará un poco mejor, pero aún así necesitará analizar cada paso que dé.

Junio

La energía del caballo en este mes se combinará con la del tigre del año y provocará que el mono se tenga que ajustar a las necesidades y demandas de las personas con las que convive, por lo que no le quedará más que dejarse llevar por un momento y poner lo suyo a un lado mientras el Qi anual se acomoda a su favor. A partir de este mes la energía del tigre será más fuerte, por lo que se sentirá más ambicioso; sin embargo, este mes no es para comenzar absolutamente nada. Tendrá que soltar, analizar sus apegos, subir a su cocotero y relajarse si está exaltado, o descansar si está cansado.

Julio

Mes de suerte en el dinero, mala suerte en el amor. Si nuestro mico tiene una pareja estable, deberá comprender que cada quien crece en su propio espacio y que solo estamos en el mundo para caminar en rutas paralelas. Los monos que no tengan pareja deberán desistir un poco en sus afanes amorosos, sobre todo los monos de 2004, que tendrán ideas románticas en la cabeza, pero aún no saben bien lo que en realidad desean, y en un afán por aprovechar que han llegado a la mayoría de edad podrían encapricharse con alguien que no los merece. Paciencia, el año no es el indicado para darle el sí a nadie.

Agosto

El mes propio será muy difícil para el mundo entero, no solo para el zoo humano o para los tigres, protagonistas principales de este drama, sino que será difícil para animales, plantas y ecosistemas. Curiosamente, en lo que compete al mono, este mes parece ser lo bastante bueno como para iniciar empresas riesgosas ya que al final los monos no tendrán nada que perder, pero deberán ser cautelosos, ahorrar tiempo, dinero, mantener perfil bajo y no tratar de convencer a nadie de nada novedoso, porque si bien es un buen mes para ellos, podrían dañar a otras personas en el camino.

Septiembre

Conforme se acerca el cambio de estación, los monos de todas las edades y energías se sentirán más confiados y con más energía gracias a la ayuda del mes del gallo. Querrán bajar de su palmera y reiniciar todo lo que quedó suspendido. El mundo agradecerá esta vez su presencia. Vecinos, amigos, familiares podrán comprender con más claridad los argumentos y las razones con los que siente que puede ayudar a mejorar las cosas. Dejará de ser antagonista para convertirse en aliado y así podrá mejorar el panorama completo. Se sentirá mucho más atractivo y su vida amorosa mejorará notablemente.

Octubre

El mes del perro dejará un escollo a mitad del camino para el mono, que tiene que poner su salud en el primer lugar de sus prioridades. La energía fuego subirá mucho, más que nada al sur del planeta, aunque los monos boreales y tropicales también podrían verse afectados en su salud cardíaca. Los monos más susceptibles serán los de 1932, 1944 y 1956. Tengan mucho cuidado, eviten los golpes de calor, manténganse hidratados. Los monos de 1968 y 1980, e incluso los jóvenes de 1992, 2004 y 2016, no estarán exentos de sorpresas desagradables, por lo que tienen que evitar hacer ejercicio extenuante o desvelarse.

Noviembre

El mes del chancho le trae un rinconcito donde podrá esconderse hasta que pase la tormenta. Será un mes complicado en el mundo entero, y el zoo completo estará demasiado ocupado como para notar su ausencia si el mono decide no ser el centro de atención. Podrá hacer mejoras en la casa, comprar una bagatela y entregarse a alguna frivolidad sin sentir ninguna culpa. Sin embargo, deberá cuidarse de rumores malintencionados, y los jóvenes tendrán que usar el triple filtro socrático: la verdad, la bondad y la utilidad serán sus únicas armas para enfrentar un mundo cada día más banal.

Diciembre

El mes de la rata ayudará al mono a elevar la productividad. El trabajo y la escuela serán esenciales. No es que vaya a lidiar con mucho trabajo, sino que tendrá más capacidad de abstracción gracias a la energía de este mes. La creatividad será su motor, así como la posibilidad de mejorar su situación económica. La salud volverá a ser un tema, aunque no de urgencia, pero sí en términos de dieta, espiritualidad y ejercicio. Los monos de 2004 estarán ya casi recuperados del mal de amores sufrido meses antes, pero en vez de saltar de nuevo al ruedo, les sugerimos iniciar una disciplina deportiva o artística.

PREDICCIONES PARA EL MONO Y SU ENERGÍA

MONO DE MADERA (1944-2004)

Después de poner en orden papeles, asuntos del pasado que le exigía la familia, y de practicar el hermetismo, saldrá de la jaula a compartir los riesgos que el tigre le propondrá para despertar su curiosidad, imaginación y talento.

El mundo lo llenará de nuevos placeres, amigos, cambios en hábitos y costumbres. Participará en política, aportará su cosmovisión para los nuevos tiempos y tendrá una legión de fanes que apostarán a sus ideales.

Año de cambios en su vida cotidiana, forma de vivir y de recuperación de amigos del pasado, hijos, nietos propios o adoptados en sus viajes por la selva.

Deberá practicar la medicina preventiva: podría tener algún susto y correr riesgos si no hace un chequeo de salud antes de cada safari.

Retornarán el eros, el arte y las noches de charlas interminables bajo el cielo abierto del planeta.

MONO DE FUEGO (1956-2016)

Después de estabilizar su vida familiar, respetar duelos y ausencias, vivir en la naturaleza o pasar gran parte del año allí, visualizará el futuro del éxtasis.

Grandes cambios le depara su amigo el tigre.

Combinará viajes al exterior, estudios e investigación con una vida más nómada y sin exigencias.

Podrá estabilizar su tiempo con ocio creativo, con amigos fundanautas que tengan proyectos cosmicotelúricos y una vida hogareña con cosecha de la pacha.

Renacerán su curiosidad, nuevos proyectos artísticos, su vida detenida por sus obligaciones profesionales y podrá dar la bienvenida a la pasión. Logrará recuperar parte de su familia; habrá reencuentros y despedidas.

Año de cambios internos que lo ayudarán a resetearse con imaginación.

MONO DE TIERRA (1908-1968)

LO CREATIVO regirá su vida.

Tomará decisiones abruptas, drásticas, en el trabajo. Se rebelará a horarios y jefes e iniciará una autogestión.

Saldrá de safari; sumará hijos y amigos a la búsqueda del tesoro, y encontrará otro que lo ayudará a ser un homo sapiens.

Su trabajo arduo lo convertirá en líder; con sus ideas revolucionarias organizará sistémicamente el barrio, el municipio o el país.

Salto cuántico en su vida y proyectos.

Deberá tener cautela, el tigre le pondrá trampas en la selva y su ego deberá evaporarse ante grandes decisiones en momentos inesperados.

Haga deporte y laborterapia; no abandone sus *hobbies* ni a sus amigos.

MONO DE METAL (1920-1980)

Despertará de un largo encierro y retornará al mundo ligero de equipaje, con sus propuestas creativas que serán apreciadas y cotizadas.

El desapego será su aliado.

Encontrará albergue, comida y amigos en cada destino.

Sus ideas renovadoras, modernas y prácticas encontrarán eco; nuevas formas de comunicación, idiomas o técnicas de meditación zen en el Mundial de Qatar le abrirán portales galácticos.

Podrá recuperar el eros; el amor lo llevará por nuevos laberintos y odiseas, y recuperará la fe en la vida.

Cambios de lugar y rescate de vínculos poéticos y creativos lo inspirarán para salir adelante con integridad.

Su sentido del humor e histrionismo serán ovacionados por el rey de la selva.

MONO DE AGUA (1932-1992)

Año de cambios sistémicos en su vida.

Dejará en orden asuntos legales, papeles y deudas.

Podrá sentirse libre, creativo y con vocación samaritana para ayudar a los excluidos en el año del tigre.

Tendrá propuestas laborales a corto y mediano plazo, podrá emprender un sueño anclado o reunirse con sus amigos y trabajar en un proyecto que aúne diferencias culturales, religiosas y políticas con su gran sentido común.

El amor lo chocará inesperadamente.

Deberá escuchar a su corazón para convivir con alguien del pasado y aceptar amor con entradas y salidas por los tejados de zinc calientes.

Año de cambios reales y de cerrar una etapa de su vida con valentía.

L. S. D.

Crepúsculo triste
en el bosque de arces.
Fluyen con melancolía
las aguas del río.
Te vas alejando.
Frígida luna del monte.
Oigo incesantes aullidos
de los monos afligidos.
WANG CHANGLING - *Despidiendo a Zhang Si*

PREDICCIONES PREVENTIVAS PARA EL GALLO BASADAS EN LA INTUICIÓN, EL I CHING Y EL BA ZI

Después de hacer las paces consigo mismo, de ordenar el gallinero y los papeles, de sumergirse en las constelaciones familiares con espíritu arqueológico buscando las causas y los efectos de un tiempo en que su vida estuvo entre el inframundo y el supramundo, llegará exhausto a las fauces del tigre de agua.

Sabe que no hay nada más rico que "el pollo al *spiedo*", que su búsqueda de ordenar el caos del planeta es luchar como QUIJOTE contra los molinos de viento, y que no contará con aliados en este año para sus utopías.

Su situación es incómoda, no solo en el rol familiar como esposa o concubina (metáforas chinas que aluden a un tiempo de ocupar puestos incorrectos) sino que deberá estar muy zen, centrado, en eje para no alterar el equilibrio ecológico de su entorno, zoo, trabajo.

El gallo sabio, moderado, durante el año del búfalo voló hacia otros parajes reseteando su identidad.

Su conciencia está en el purgatorio; no encontrará calma durante el agitado año del felino, que lo arrinconará con asignaturas pendientes.

Deberá atender conflictos en el gallinero.

La llegada de algún joven, hombre, mujer, trans, alterará su armonía.

Durante este tiempo de rasguños y rugidos deberá mantener la templanza.

Su corazón oscilará entre el ocaso y el amanecer de un nuevo tiempo.

Despedidas familiares, duelos, ajuste de cuentas en la pareja, con hermanos y socios serán el *leitmotiv* de su tarea cotidiana.

Sus herramientas espirituales, materiales, sistémicas serán claves para transitar dos años difíciles pero de un salto cuántico en su destino.

Tendrá que estudiar con telescopio Hubble las propuestas que aparezcan inesperadamente.

Su vitalidad renacerá promediando el año, comenzará a imaginar su futuro cercano sin ansiedad ni expectativas, y aparecerán amigos, admiradores, fanes que lo estimularán para que siga en la construcción de un nuevo proyecto.

Será líder en redes, sistemas de informática, cambios de estrategia para mejorar empresas, pymes o su oficio.

El tigre lo admira secretamente y le brindará un pasaporte para radicarse en otro país, región o pueblo, donde conocerá un gran amor que le sacudirá las plumas y masajeará el pescuezo, hace tiempo contracturado por tantas responsabilidades.

Sus proyectos crecerán si reconoce errores, su soberbia para interactuar con socios y empleados, si practica HOPONOPONO, y baja los decibeles del COCOROCOCÓ.

El año del tigre pondrá a prueba su templanza, espíritu de lucha o aceptación de cambios en los roles familiares.

Tal vez haya rupturas, divorcios o un tiempo de tomar aire en otras latitudes, escribiendo su autobiografía.

L. S. D.

El I CHING les aconseja:
54. Kuei Mei / La Muchacha que se casa (La Desposanda)

EL DICTAMEN
La Desposanda.
Las empresas traen desventura.
Nada que fuese propicio.

Una muchacha recibida en la familia sin ser esposa principal debe conducirse con particular cautela y reserva. No debe intentar por sí sola desplazar al ama, pues esto implicaría desorden y acarrearía condiciones de vida insostenibles.

Lo mismo es válido para toda clase de relaciones libres entre la gente. Mientras que las relaciones legalmente ordenadas evidencian un firme nexo entre deberes y derechos, las relaciones humanas electivas destinadas a perdurar se fundan puramente en una actitud de reserva inspirada en el buen tino.

El principio de tales vínculos por inclinación tiene máxima importancia en todas las relaciones del mundo. Pues de la alianza de Cielo y Tierra procede la existencia de la naturaleza toda, de modo que también entre los hombres la inclinación libre constituye el principio primero y último de la unión.

LA IMAGEN
Por encima del lago se halla el trueno:
La imagen de la muchacha que se casa.
Así el noble, por la eternidad del fin
reconoce lo perecedero.

El trueno excita las aguas del lago que reverberan a su zaga en olas rutilantes. Es esta la imagen de la muchacha que sigue al hombre de su elección. Empero, toda unión entre humanos encierra el peligro de que subrepticiamente se introduzcan desviaciones que conducen a malentendidos y desavenencias sin fin. Por lo tanto, es necesario tener siempre presente el fin. Cuando los seres andan a la deriva, se juntan y se vuelven a separar, según lo disponen los azares de cada día. Si, en cambio, apunta uno a un fin duradero, logrará salvar los escollos con que se enfrentan las relaciones más estrechas entre los humanos.

EL TRÁNSITO DEL GALLO DURANTE EL AÑO DEL TIGRE

PREDICCIÓN GENERAL

El año pasado no fue tan catastrófico a pesar de todo. Los gallos vienen con las plumas intactas; pero el tigre llegará a darles vuelta el gallinero porque la energía del tigre es de madera, que representa abundancia en todo. Esta abundancia tomará la forma de tiempo, compañía y recursos, pero el gallo al ver que todo viene a manos llenas podría tomar el camino más arriesgado, lleno de aventuras, y este afán por vivir al máximo podría lastimar su salud. Todos los gallos deben cuidar el sistema respiratorio, piel, oídos y riñones.

Enero

El gallo tendrá este mes para organizar los pendientes, porque el tigre no será misericordioso después. La influencia del búfalo se multiplica por dos pues rige el mes y el año y eso sube la energía metal, que es la que refuerza al gallo. El metal le ayudará a completar asuntos, ahorrar, prevenir, por lo cual se le recomienda visitar al médico o terapeuta, comenzar o retomar las rutinas de ejercicio y buen vivir, comer en horarios adecuados y dormir. También aumentará su productividad, pero debe respetar el ritmo de trabajo de otras personas.

Febrero

El año del tigre comenzará el día primero de este mes, que también pertenece al signo del tigre. En estas semanas, todo vendrá multiplicado por dos, por lo que tiene que sembrar paz, no vientos. Los gallos de 1945 y 2005 podrían tener más dificultades que el resto del gallinero porque la energía del doble tigre tiene mucha madera y eso los volverá más iracundos que de costumbre. Los de 1933 querrán morder más de lo que pueden digerir, y el resto se sentirá confiado. ¡Cuidado! Hay que andar con pies de plomo, ser diplomáticos y más cordiales.

Marzo

El mes del conejo atraerá toda clase de obstáculos, algunos graves; necesitará cuidarse mucho. El gallo sentirá que no puede salir sin que una multitud de problemas se atraviese en su camino, entonces, para evitar inconvenientes, es posible que su brújula interna le diga: "Quédate en casa, ¿para qué sales?". Pocas veces los gallos le ponen atención a lo que les susurra su sexto sentido, pero en este mes es de suma importancia que aprendan a usar internet y pidan todo a domicilio, así se evitarán accidentes, robos e incluso algún contratiempo con figuras de autoridad.

Abril

El dragón que rige el mes trae contención al gallo, que se sentirá en un espacio seguro. Este tiempo puede ser aprovechado productivamente si se deciden por la vía de la diplomacia y la paz. Aunque la energía mejorará mucho la situación emocional y su relación con otras personas, hay que aclarar que el dragón también es un aliado del tigre, y la energía madera que resulta de esta alianza provocará que el gallo reaccione negativamente ante cualquier crítica o llamada de atención, haciendo especialmente difíciles de tratar a los gallitos de 2005 y 2017.

Mayo

La serpiente del mes, en combinación con el gallo y el búfalo, forma energía metal; esa energía benéfica será más fuerte los días 12 y 24. Si necesita firmar algún papel importante, comenzar un negocio, presentar exámenes, comprar alguna propiedad o automóvil, posiblemente esos sean los dos únicos buenos días de todo el año para hacer este tipo de cosas. El mes en su totalidad le ayudará a tener más claridad de pensamiento. Es posible que tenga sueños muy vívidos. Se le recomienda llevar un diario de sueños y atender a las señales del subconsciente.

Junio

El mes del caballo se combinará con la energía del tigre y cambiará la cualidad de la madera para convertir esa energía en fuego. Esto podría sonar amenazador para los gallos, pero esa energía será benéfica porque ayudará a elevar su capacidad intuitiva. Dotará a la mayoría de ellos con más flexibilidad e intensidad, en especial a la hora de expresar su sexualidad y su capacidad para mover montañas a punta de carisma y encanto. Obtendrá casi todo lo que se proponga si procura mantener a raya sus críticas a los demás, o al trabajo de sus colegas y subordinados.

Julio

Todos los gallos sentirán que el mundo está en su contra y, de hecho, todos sus compañeros de trabajo o escuela debatirán con él. En particular las mujeres gallo no podrán mantener el carisma y *sex appeal* que tuvieron el mes pasado, y podrían desarrollar algún complejo molesto. Para los gallos de 1933 y 1993, eso podría llegar a ser doloroso. El tigre se lleva mejor con la energía cabra, así que el gallo tendrá que batallar si intenta sobresalir. Es como si una especie de manto pesado lo cubriese, y eso se debe a que este mes contiene demasiada energía tierra.

Agosto

El mes del mono tiene cualidades que ayudarán al gallo a recuperar el tiempo perdido y mejorar en el trabajo. Subirá la energía metal, con la cual podrá moverse con mayor facilidad; sin embargo, es posible que le den algunos arrebatos de melancolía. Salvo los nacidos en 2017, que aún no tienen un bagaje emocional grande, los gallos en general extrañarán los tiempos en los que todo era más fácil. Los días 13 y 25 serán los más tristes del año, pero en vez de angustiarse o sentirse derrotado puede aprovechar esos días para establecer límites, reconocer sus necesidades y renovar su amor propio.

Septiembre

El mes propio sacudirá al gallo trayendo mucho trabajo, tareas e incluso situaciones complicadas de resolver que no estarán relacionadas con algo profesional. Tenderá hacia la autocrítica, y será muy rudo consigo mismo, pero también muy estricto con otras personas, y esa transferencia creará enemistades. Para frenar esa tendencia, que esconde un poco de autoboicot, deberá enfocar todo ese ímpetu en algún cambio de imagen sencillo: comenzar una rutina de ejercicios, comprar guardarropa nuevo, cambiar el color del pelo; cualquier cambio superficial le dará la sensación de estar cambiando por dentro, pero sin la intensidad que tiene el creer en defectos inexistentes.

Octubre

Viene otro mes con mucha energía de metal, que contrarrestará la energía de madera provocada por el paso del tigre. Este mes es regido por el perro, quien se combina con el tigre, pero también se combina con el gallo. El can funciona como un mediador entre ambos y pone al gallo en una mejor posición. Si bien sus sentidos estarán más afinados, su capacidad para comprender a la gente podría mejorar si practicara más su empatía. Aunque no se abrirá ningún camino viable, el gallo encontrará más cooperación. Seguirá melancólico, pero al tener más energía la tristeza no le pesará tanto como antes.

Noviembre

El mes del chancho se combinará con el año del tigre intensificando nuevamente la energía madera. Tendrá un mejor poder adquisitivo, pero la energía también lo hará ser más ambicioso, lo cual puede ser abrumador para los chicos de 2005, e incluso los nenes de 2017 no podrán manejar bien su tolerancia a la frustración. Los gallos de 1933 podrían poner en peligro su salud al no imponerse límites: necesitan descansar más, disfrutar las cosas sencillas de la vida. Los otros gallos podrán manejarse un poco mejor, pero no por ello es sensato imponerse las jornadas de trabajo que desean. ¡Tranquilos!

Diciembre

El signo de la rata actúa como una cárcel energética que encierra al tigre. Con el rey de la selva distraído, el gallo podrá salir a picotear por ahí sin que nadie lo detenga. Tendrá la oportunidad de moverse con toda la libertad, sobresalir en sociedad, hacer que la gente le haga caso, y convencer de lo que sea a quien sea. Solamente los gallos de 1957 y 2017 podrían sentirse incómodos, pero si aceptan cualquier cambio y se dejan llevar, este mes podría convertirse en el mejor del año. Los demás gallos, tranquilos: hagan todo a buen ritmo, pero no se presionen de más. ¡Felices fiestas!

PREDICCIONES PARA EL GALLO Y SU ENERGÍA

GALLO DE MADERA (1945-2005)

Después del benéfico, amigable y entrañable año del búfalo, sentirá que un tsunami desestructurará su vida.

Sus planes volarán por el aire y deberá tener una actitud zen para aceptar las nuevas reglas de juego.

Habrá reformulaciones en la familia: cambio de roles,

aceptación de una etapa pospandemia que dejó traumas y una salud holística deteriorada.

Un viaje por trabajo, estudio o visita a un familiar le cambiará el panorama de estabilidad emocional y podrá elegir algunas prioridades de sustentabilidad.

Retome el arte, la lectura, el deporte, los amigos y las reuniones en las que pueda filosofar.

Año de cambios sistémicos y bosquejo del futuro.

GALLO DE FUEGO (1957-2017)

Su espíritu samaritano, solidario y altruista tendrá que aceptar cambios dentro de la familia; nuevos roles, o ceder el lugar a los más jóvenes para seguir creando fuentes de erotismo, juegos y terapias alternativas.

Su capacidad de concentración y planificación estará jaqueada. El tigre es un alud de sorpresas gratas y no tanto; tendrá que apoyarse en amigos, socios y en sus descendientes para mantener la inteligencia emocional ante lo imprevisto.

Un viaje a su lugar de origen, un safari, o una invitación a tomar un año sabático serán los condimentos necesarios para alcanzar la plenitud.

En lo más profundo de su corazón sabe que soltar el control remoto de la vida es la clave para su renacimiento.

Año inolvidable en esta reencarnación.

GALLO DE TIERRA (1909-1969)

Tiempo de revolución en su agitada existencia.

Es recomendable que suelte sus creencias, estructuras, y busque un nuevo horizonte para reformular su vida.

El año del tigre traerá gran enseñanza a su ego: los planes se disolverán como pompas de jabón, y tendrá que estar liviano de equipaje para convertirse en andariego.

Un viaje, un maestro o alguien que está a su lado será el guía para años de incertidumbre, desazón y reconstrucción celular.

Vuele bajo y emprenda un nuevo oficio o transmita sus experiencias a discípulos que serán aliados en la nueva etapa que le depara el año del felino.

GALLO DE METAL (1921-1981)

Después de poner en práctica su espíritu curioso, estoico, resistente a las pruebas de la pandemia, de apoyar al zoo en nuevos planes de estudio, convivencia, y de conseguir honores y becas, es fundamental que ordene sus papeles y prioridades y delegue parte de su trabajo o patrimonio en gente de confianza.

Su corazón latirá al ritmo de un tambor africano; será parte de su rebelión a mandatos y deberes, seguirá el rugido del tigre en la selva y podrá conocer su esencia.

El año del buey fue un gran patrocinador para sus sueños, muchos concretados, otros evaporados en la galaxia.

Acepte los cambios y revoluciones que generará el año del tigre y estimule sus dones organizativos para prevenir que falte maíz en el gallinero.

GALLO DE AGUA (1933-1993)

Después del *bonus track* del año del búfalo, aún tendrá un tiempo de seguir con planes y proyectos a mediano plazo.

Asesórese legalmente antes de iniciar una nueva etapa que implique inversiones a corto o mediano plazo.

Su familia necesitará que lo libere de temas que lo agobian.

Sea prudente, practique EL TAO DEL AMOR Y DEL SEXO, renueve el FENG SHUI de su casa y estudio y emprenda un viaje iniciático.

Recuperará la capacidad de adaptación si es flexible como el bambú y no se deja seducir por el carisma del tigre.

Año de cambios en su cosmovisión y de aceptación de sus límites.

L. S. D.

Cortina de seda bordada
alcoba de boda casi a oscuras
ojalá la noche durara
más que mil años.
¡Malditos los pícaros gallos!
Compiten en cacarear
antes de que despunte el alba.
XU LING - *Canto de los gallos*

PREDICCIONES PREVENTIVAS PARA EL PERRO BASADAS EN LA INTUICIÓN, EL I CHING Y EL BA ZI

GUAUUA, GUAUA, GUUA, ladrará el perro afinando sus cuerdas vocales ante la llegada de su amigo el tigre, en el inicio de febrero de 2022.

Después de un año complicado, lleno de sinsabores, sobresaltos, angustia y limpieza kármica de vida, celebrará su renacimiento y despedirá el tiempo viejo hacia uno nuevo.

Su escepticismo, hiperrealismo no mágico, sentido común, ojo clínico y olfato para detectar si sus cachorros están en peligro, si hay chupapranas revoleteando en su cucha o si existe cualquier riesgo mientras hace sus rondas nocturnas lo convirtieron en un mastín entrenado para el revolucionario año del tigre. "NADA SE PIERDE, TODO SE TRANSFORMA"; su capacidad de reinventarse saldrá a la luz como una puesta en escena de MADONNA.

Sufrió tarascones, peleas callejeras, agresiones físicas y verbales; fortaleció sus siete cuerpos, su espíritu guerrero y también conciliador.

Su temperamento fue domesticado por el búfalo; sus arrebatos de ira roja o ciclotimia tuvieron *The Wall* como contención para que no perdiera la fe, el deseo de sueños que el tigre le cumplirá si acepta que "perder a veces es ganar" en tiempos de transición hacia otra realidad.

Su entusiasmo crecerá, encontrará aliados, socios, patrocinadores que le facilitarán la creación de nuevas empresas, ONG, asentamientos para exponer sus obras de arte, comida, cosméticos, indumentaria e ideas para un año más creativo.

Los amigos lo apoyarán, le facilitarán los medios económicos o digitales para concretar su oficio o profesión; volverá a ser centro de atención en asambleas, en la plaza del barrio, en la comuna, y sobre todo por la coherencia que tuvo en su vida, que será muy cotizada en tiempos de corrupción y estafas.

Moverá la cola, le sacarán las pulgas y abrojos de un tiempo a la intemperie sin familia ni mecenas que lo cuidaran.

Tendrá el pasaporte al día y el certificado de vacunación para viajar a otro país y continente.

Conocerá nuevas culturas, estará nómada, y su curiosidad crecerá estudiando y trabajando en diferentes empresas o pymes.

Su talento y su buena actitud ante lo desconocido le abrirán puertas. Conocerá maestros y guías en su profesión que lo adoptarán de alumno y podrá ser parte de un proyecto global de salud, cambio climático o ayuda a los damnificados por guerras.

El perro renovará su pelaje, humor, y tal vez cambie de amo.

Recibirá honores, podrá resolver temas pendientes legales, de salud, y aullará con pasión las noches de luna llena.

El I CHING le dice:

"Las diez mil cosas son propicias todas ellas.

El viajero ya regresa.

Quedándose en la residencia, habrá cosas que celebrar alegremente.

Riquezas como el manantial de un pozo, que aunque se aproveche, no se agota. Todo lo que uno busca, lo encontrará; la felicidad y la alegría serán incomparables. Los enfermos pueden sufrir dificultades al principio, pero se recuperarán más tarde".

Sabía que hoy comenzaba la onda encantada del perro para el TZOLKIN de José Argüelles, tigre amado; lo que supe a media mañana a través de Catman, es que hoy en la Argentina es el día nacional del perro.

Por supuesto, le daremos doble ración a MADONNA, COLADO y CONSUELO, quienes nos cuidan y protegen bajo el gélido cielo serrano.

L. S. D.

El I CHING les aconseja:
24. Fu / El Retorno (El Tiempo del Solsticio)

EL DICTAMEN
El Retorno. Éxito.
Salida y entrada sin falla.
Llegan amigos sin tacha.
Va y viene el camino.
Al séptimo día llega el retorno.
Es propicio tener adonde ir.

Luego de una época de derrumbe llega el tiempo del solsticio, de la vuelta. La fuerte luz que antes fuera expulsada vuelve a ingresar. Hay movimiento, y este movimiento no es forzado. El trigrama superior K'un se caracteriza por la entrega. Se trata, pues, de un movimiento natural de aparición espontánea. Por eso también resulta enteramente fácil la transformación de lo viejo. Lo viejo es eliminado, se introduce lo nuevo: ambas cosas corresponden al tiempo, y por lo tanto no causan perjuicios. Se forman asociaciones de personas que profesan ideas iguales. Y esa alianza se realiza con pleno conocimiento público; corresponde al tiempo, por lo tanto toda aspiración particular y egoísta queda excluida y tales asociaciones no implican falta alguna. El retorno tiene su fundamento en el curso de la naturaleza. El movimiento es circular, cíclico. El camino se cierra sobre sí mismo. No hace falta, pues, precipitarse en ningún sentido artificialmente. Todo llega por sí mismo tal como lo requiere el tiempo. Tal es el sentido de Cielo y Tierra.

Todos los movimientos se realizan en seis etapas. La séptima etapa trae luego el retorno. De este modo, al correr del séptimo mes después del solsticio de verano, a partir de lo cual el año desciende, llega el solsticio de invierno, y del mismo modo, una vez pasada la séptima hora doble siguiente a la puesta del sol, llega la salida del sol. Por esta causa el número siete es el número de la luz joven, que se genera por el hecho de que el número seis, que es el de la gran oscuridad, se incremente por el uno. De este modo se introduce el movimiento en la quietud, en la detención.

LA IMAGEN

El trueno en medio de la tierra: la imagen del Tiempo del Solsticio.

Así, durante el tiempo del retorno solar, los antiguos reyes clausuraban los pasos.

Mercaderes y forasteros no se trasladaban,

y el soberano no viajaba visitando las comarcas.

El solsticio de invierno se celebra en la China desde épocas remotas como período de descanso del año: una costumbre que se ha conservado hasta hoy, en el período de descanso de Año Nuevo. En el invierno la energía vital –simbolizada por Lo Suscitativo, el trueno– se encuentra todavía bajo tierra. El movimiento se halla en sus primeros comienzos. Por eso es necesario fortalecerlo mediante el reposo a fin de que no lo desgaste un consumo prematuro. Este principio fundamental, de hacer que la energía resurgente se fortifique mediante el descanso, rige con respecto a todas las circunstancias correlacionadas. La salud que retorna después de una enfermedad, el entendimiento que retorna después de una desunión: todo debe tratarse en sus primeros comienzos con protección y delicadeza, para que el retorno conduzca así a la floración.

EL TRÁNSITO DEL PERRO DURANTE EL AÑO DEL TIGRE

PREDICCIÓN GENERAL

La primera mitad del año andará un tanto agotado por el exceso de energía agua, que es la energía que controla al perro. Al paso de los días, volverá la ambición por aprender cosas nuevas y terminar proyectos, pero la energía agua disipará su disciplina y, si no se organiza, perderá el tiempo cazando mariposas. Llegada la segunda mitad del año, el perro se combinará con la energía del tigre y provocará un gran deseo por alcanzar la felicidad, lo cual provocará encuentros, pero también rupturas. Los cambios serán rápidos y el mundo le exigirá al perro más atención y pasión, pero si no cuida su salud mental y física, se quedará persiguiendo su propio rabo, agotado y sin llegar a ningún lado.

Enero

Sigue la influencia del año del búfalo, y con ella mucha pesadez. Se sentirá como si una bruma no le permitiera levantar la mirada. No es depresión ni cansancio. Tal vez este estado se deba a que el mes del búfalo le está pidiendo energéticamente una reflexión sobre lo que ocurrió durante los meses pasados. ¿De qué puede hacerse responsable verdaderamente? ¿Qué tiene que dejar ir para darle lugar a la felicidad? Si responde con sinceridad a lo que le pregunta su alma, el año que viene alcanzará la tranquilidad y justicia que tanto anhela para sí y para sus seres amados.

Febrero
Inicia el año del tigre con una revolución interna y externa. El perro no sabrá si está preparado para el reto, pero como siempre, tratará de comportarse a la altura, con el optimismo que lo caracteriza. La primera mitad del año será sencilla hasta cierto punto, porque la energía de agua *yang* que acompaña al tigre le representa prosperidad. No hay que desperdiciar este regalo: es el proverbial tiempo de vacas gordas que hace falta aprovechar para ahorrar lo más posible. También es un tiempo para acompañar a sus seres amados, quienes no estarán en tan buenas condiciones como él.

Marzo
Este mes hay un torbellino de energías fuego y madera debido a las múltiples combinaciones entre los signos del tigre y el conejo, los cuales se combinan con el mismo perro. Esas combinaciones suben aún más durante los días del caballo: 6, 18 y 30, y durante las horas del caballo: 11 a 13 horas. Los perros de 1946 y 2006 deberán tener sumo cuidado con accidentes en transportes de todo tipo, sobre todo en automóvil. Los demás perros tendrán que cuidarse también, pero el riesgo será menor o se verá más reflejado en su salud estomacal. Fuera de eso, estarán de buen ánimo y con buena disposición.

Abril
A pesar de ser su signo opuesto, la energía del mes dragón se calmará un poco por el efecto de la energía agua con madera. Las cosas serán complicadas, pero no tanto como antes, y todo lo podrá manejar bien, siempre y cuando no se deje llevar por el

drama de otras personas, en especial el de sus colegas caballo y tigre, quienes seguramente lo buscarán por compañía o ayuda. El perro en cambio se sentirá más disciplinado y podrá continuar o dar un buen cierre a algunos proyectos que lo tenían preocupado. De todos modos, necesita ser muy claro al hablar para no provocar malentendidos.

Mayo

La serpiente que rige este mes le traerá alguna negociación llamativa que podría rechazar, pero será tentadora, por lo tanto es posible que le diga "sí" a casi todo. Deberá poner límites, porque la gente que lo buscará no tendrá establecida ninguna limitación y precisamente por su disposición tan amable será muy requerida toda su atención. Independientemente de la o las respuestas que dé, es posible que al final los resultados sean poco satisfactorios, por lo que necesita ser muy firme o no tomarse nada a pecho, más que nada si sus actos provocan que otros hablen a sus espaldas.

Junio

Este mes será explosivo. Ocurrirán cambios abruptos, así que la estrategia que decida deberá enfocarse en tres puntos principales: 1) haga lo que haga, su seguridad y salud vienen primero, sobre todo la salud cardíaca y su seguridad cuando esté al volante o como pasajero. 2) Si puede, será mejor que evite salir de viaje. 3) También es importante que revise con tiempo sus instalaciones de gas y electricidad, tanto en el trabajo como en su casa. El contacto con la energía fuego, por el lado amable, atrae la felicidad a manos llenas; vivirá momentos de ternura y alegría que serán inolvidables.

Julio

La energía fuego se va a ir calmando conforme pasen los días y se instale el signo de la cabra en el mes. Sigue una combinación de energías de madera y fuego con el tigre, pero la cabra pondrá algo de energía tierra que apaciguará todo. Sin embargo, este mes podría traer algunos problemas hormonales que posiblemente se expresen en trastornos pasajeros: acné, ciclos menstruales irregulares en el caso de las mujeres perro, humor explosivo a causa de exceso de testosterona en los hombres y, debido a todo esto, mal de amores. Si se complica más, se le recomienda ver a un médico acupunturista.

Agosto

El mono le trae algunas complicaciones que serán totalmente circunstanciales debido al choque del mono con el tigre. El perro es mediador entre ambos signos; en equipo con el tigre produce fuego, y en equipo con el mono produce metal, y la combinación de ambas energías le proporciona disciplina. Esta cualidad le dará ventaja al realizar cualquier tarea que tenga que ver con su desarrollo personal, incluso los cachorros de 2006 y 2018 aprenderán a controlar la frustración sin mayor esfuerzo. Los demás pueden aprovechar para afinar alguna habilidad ya aprendida antes.

Septiembre

Este mes se parece al anterior a nivel energético, y trae disciplina, pero el gallo no será tan amable con el perro. El mes tiene algunos problemas, tanto de movilidad como de relaciones humanas. Posiblemente se vea envuelto en algunos incidentes desagradables debido a personas que no comparten su entusiasmo. También es probable que por alguna razón no pueda convivir con sus amigos o amores, no por exceso de trabajo sino por falta de organización, y eso podría ponerlo muy triste. Para manejar la frustración bastará descansar, ver maratones de series en internet o jugar juegos de video.

Octubre

A veces parece que el perro espera con ansias su mes propio porque siempre le ayuda a concretar todos sus proyectos inconclusos; sin embargo, este año la energía propia viene reforzada, por lo que deberá tener mucho cuidado al cruzar las calles, es posible que incluso algunos perros verdaderos puedan sufrir accidentes, así que no hay que dejarlos salir a la calle sin correa.

Los perros humanos se pondrán ellos mismos una especie de correa virtual que les impedirá salir, pero les permitirá trabajar intensamente, como los genios renacentistas que son, dedicándose de sol a sol, sin interrupciones.

Noviembre

Este mes tiene dos opciones: se convierte en una extensión del mes anterior o se convierte en un mes difícil, lleno de incidentes desagradables o con alguna ruptura emocional. Si elige extender el beneficio laboral del mes anterior, deberá ser cuidadoso con la gente que conozca. Es posible que estas nuevas personas que podrían entrar en su vida no tengan buenas intenciones, por lo tanto deberá guardar sus reservas y evitar que las relaciones se profundicen demasiado, algo que al perro le cuesta trabajo, porque es muy sociable. Tendrá que ser selectivo y preferir el trabajo a solas.

Diciembre

El mes de la rata solo le dejará lugar para la convivencia en familia. Esto le dará la oportunidad de salvar las relaciones con parientes que se hayan distanciado por culpa del tiempo, la lejanía o malentendidos, pero es importante distinguir cuando alguien no quiere tenerlo cerca por cualquier motivo. Si existe algún asunto legal involucrado con parientes, casi seguro podría tener que litigar o buscar ayuda de alguien cercano que conozca los problemas familiares. Es posible que la separación sea el único camino, y que en el año del tigre el perro se case o se divorcie. WU WEI.

PREDICCIONES PARA EL PERRO Y SU ENERGÍA

PERRO DE MADERA (1934-1994)

Llegará exhausto, desconcertado y escéptico al año del tigre.

Los embates del búfalo y sus recursos materiales lo dejaron a la intemperie.

Su resiliencia, espíritu combativo y samaritano serán premiados con creces en el año del rey de la tierra.

Empezará buscando una nueva cucha para sus cachorros, y dentro de ese tiempo encontrará aliados para renovar el FENG SHUI reciclando con permacultura su patrimonio.

Promediando el año del tigre recibirá una oferta que le cambiará la vida.

Una empresa, ONG o una fundación lo convocará física o virtualmente para que participe y preste servicios con su oficio, estudio y profesión.

Su salud mejorará notablemente; sentirá ganas de salir y reconstruir sus siete cuerpos.

Su *sex appeal* y carisma despertarán a una legión de fanes que le pedirán matrimonio y algo más.

Año de renacimiento físico, mental, espiritual; el entusiasmo sacudirá penas, pulgas y momentos tristes que serán superados por el afecto de amigos y de un gran amor.

PERRO DE FUEGO (1946-2006)

Año de soltar amarras de obligaciones familiares, profesionales y de beneficencia para aceptar un safari con su íntimo amigo, el tigre.

Tendrá hambre y sed de aventura, de viajes largos sin boleto de retorno, cacería de nuevas presas para practicar EL TAO DEL AMOR Y DEL SEXO, y de ser dueño de su tiempo.

Dejará atrás sus quejas, mal humor, ladridos y mordidas feroces; transmutará la ira, el enojo y el escepticismo en entusiasmo, creatividad y laborterapia para el ocio creativo.

Su carisma renacerá; tendrá que salir de noche de la cucha para realizar algunas travesuras y aceptar que podría pasar una temporada a la intemperie.

Los proyectos florecerán con interés en la comunidad; podrá concretar sueños y utopías de la juventud y ser maestro de nuevas generaciones que lo seguirán con ideas renovadoras y originales.

Será capaz de aceptar que un gran amor platónico se convierta en *Material Girl* y le cante el bolero *Algo contigo* con mariachis, vestido de blanco, con una rosa en el ojal.

PERRO DE TIERRA (1958-2018)

El perro hizo los deberes en el año del búfalo, a pesar de su estado ciclotímico, su mal humor, estados alterados y adicciones que lo llevaron a mal puerto.

El encierro, la falta de libertad y los sobresaltos del año del buey lo desprogramaron y aceptará el WU WEI (no forzar la acción de las cosas).

Llegará con una reserva anímica, económica y afectiva bajo el nivel del mar; lentamente, su amigo y socio, el tigre, le brindará sorpresas, ofertas de trabajo y viajes que le cambiarán la vida.

El año se convertirá en el "retorno del eros" y podrá emprender un viaje a lugares añorados, nuevos; se adaptará a gente de diferentes culturas y será líder en ideas y planes para la comunidad de los hombres.

Florecerá su espíritu político; su sentido de justicia y del deber estará al servicio de amigos, familiares, y de su pareja, a la que deberá acompañar en un nuevo mapa existencial.

Decidirá vivir en otro lugar: despedirá un ciclo de su vida con convicción y retornará a la naturaleza o cerca de un pueblo donde la gente lo saludará con amabilidad.

Año de *bonus track* y nuevos amigos extranjeros.

PERRO DE METAL (1910-1970)

Año de cambios sistémicos y adaptación a nuevas costumbres.

El año del búfalo movió los cimientos familiares: aceptar que los hijos vuelan, crecen y dejan el nido vacío.

Tendrá que practicar el yoga del desprendimiento, hacer terapias alternativas para admitir los bruscos cambios que le propone el tigre.

Su corazón latirá por un amor que le sacudirá el kundalini.

Dejará casa, trabajo y responsabilidades para vivir un gran amor; viajará, conocerá nuevas culturas y se nutrirá de ellas.

Su talento será reconocido, se reinventará y podrá estar en sintonía con sus ideas para ayudar a gente que quedó con secuelas pospandemia al borde del abismo.

Año de revolución celular y de nuevos horizontes en su TAO.

PERRO DE AGUA (1922-1982)

Durante este año sacudirá pulgas, relaciones tóxicas, y habrá rebeliones que lo reinventarán.

Estará abierto a salir de la cucha, del pueblo y del país en busca de nuevas experiencias.

Su vocación encontrará eco en los alumnos, amigos, padres y gente que ayudará en la sanación anímica y espiritual.

Tendrá ganas de ladrar su verdad al mundo, sacudirá al prójimo como un espejo para que reconozcan sus zonas erróneas, y pueda así sanar heridas.

El tigre reconocerá sus virtudes y las acrecentará; será líder en ONG, empresas y cambios en el ecosistema del planeta.

Soñará despierto y tendrá un inesperado golpe de suerte que lo ayudará a vivir dignamente.

Año de renovación en su cuerpo, estado anímico, y en el entusiasmo que aparecerá, como la primavera, con nuevos brotes de amor.

L. S. D.

El perro duerme a la sombra de las flores;
entre la lluvia, la vaca pace en las praderas.
Li Hou-Ts'un

PREDICCIONES PREVENTIVAS PARA EL CHANCHO BASADAS EN LA INTUICIÓN, EL I CHING Y EL BA ZI

Queridos jabalíes salvajes, cochinillos, chanchos o cerdos: imagino una foto o representación de su estado físico, mental, psíquico al terminar el año del búfalo.

Han dejado parte de su integridad en la lucha descarnada por gobernar lo ingobernable: sea su zoo, empresa, sociedad, ONG, una provincia o un país.

La pandemia se llevó a sus amigos, pareja, familiares y gente que estaba a su lado. Han resistido debajo de su piel dura; pero el sistema nervioso sufrió un gran estrés, y el año del tigre los sorprenderá aun con cambios inesperados.

El amor, el cariño y apoyo de sus seres queridos, pareja, hermanos, hijos, podrá equilibrar su salud, ciclotimia, estados oscilantes de depresión y euforia, o su refugio en adicciones.

El tigre admira y quiere al chancho secretamente.

Sabe que es valioso, creativo, original, precavido, que tiene "otros tiempos" para resolver los temas esenciales que abarcan más de lo que la sociedad le exige.

Su protección será a través de nuevas propuestas laborales, cambio de oficio, viajes inesperados por el mundo y una gran oportunidad para renovar su estilo de vida; el chancho estará un tiempo nómada, a pesar de que seguirá cultivando la tierra y abriendo nuevas ventanas para alejarse un tiempo del chiquero, de relaciones tóxicas, de ideas que ya no cree y de deseos de eros, libertad, viajes cortos en moto, a dedo, haciendo trueque por sus pertenencias y sin exigencias que lo limiten.

Su carácter y humor mejorarán; se sentirá más liviano de equipaje, con ganas de participar en concursos, becas, ONG, sociedades que le den un rol de asesor o consejero más que de seguir sosteniendo sobre sus espaldas karmas ajenos.

LA RESTRICCIÓN es el consejo del I CHING para que no se transforme en un chancho libertino y vicioso.

Los años previos a la pandemia lo convirtieron en un ser arisco, irascible, a la defensiva, lleno de malos presagios y sin posibilidades de reconectarse con las ganas de refundarse.

Su autoestima decreció y las ganas de exponerse al mundo con su talento, ideas, trabajos de investigación o estudios decayeron.

El tigre resucitará una parte que creía muerta, y lo mantendrá alerta, en estado de vigilia, de búsqueda de nuevos paradigmas y de readaptación a su capacidad de transmutación.

En el amor tendrá que fluir: cambios en la convivencia, nuevas formas de compartir la vida, aceptación de crisis que estuvieron contenidas en el año del búfalo y que se definirán durante este período.

Su personalidad cambiará desde el *look* hasta estar más extravertido, divertido, comunicativo, lleno de entusiasmo y dinamismo.

Saldará cuentas pendientes, se mudará o construirá su refugio donde podrá disfrutar de las pequeñas cosas de la vida, que se revalorizarán después de años conviviendo con el tánatos.

Un amigo o maestro lo inspirará para que estudie música, haga artesanías, terapias alternativas, constelaciones familiares, podrá descubrir que tenía acumulado mucho *spam,* y lo alivianará de sus tareas habituales.

AÑO DE UN SALTO CUÁNTICO, TRANSICIÓN, RUMBO AL AÑO DEL CONEJO, EN EL QUE ENCONTRARÁ MÁS POSIBILIDADES PARA ASENTARSE EN UNA NUEVA EXISTENCIA.

L. S. D.

El I CHING les aconseja:
60. Chieh / La Restricción

EL DICTAMEN
La Restricción. Éxito.
No se debe ejercer con persistencia una restricción amarga.

Las limitaciones son penosas. Pero algo se consigue con ellas. En la vida común, gracias al ahorro queda uno preparado para épocas de necesidad. Gracias a una actitud reservada, se ahorra uno humillaciones. Mas asimismo son indispensables las limitaciones en el ordenamiento de las relaciones universales. La naturaleza dispone de límites firmes para el verano y el invierno, el día y la noche, y estas limitaciones dan su significado al año. Del mismo modo la ahorratividad mediante firmes restricciones en los gastos sirve para que se conserven los bienes y los hombres no se vean perjudicados.

Sin embargo, también con respecto a la restricción es necesario observar mesura. Si uno procediera a imponer a su propia naturaleza barreras excesivamente amargas, el sufrimiento sería la consecuencia. Frente a la pretensión de llevar demasiado lejos la restricción de los demás, estos se sublevarían. De ahí que también dentro de la restricción misma sean necesarias las restricciones, las barreras.

LA IMAGEN
Por encima del lago hay agua:
La imagen de la restricción.
Así el noble crea el número y la medida e investiga
qué es la virtud y la recta conducta.

El lago es finito; el agua es inagotable. El lago únicamente puede dar cabida a una determinada medida del agua infinita. En ello consiste su particularidad. Mediante la discriminación y la erección de vallas, también el individuo adquiere su dignificación en la vida. Aquí se trata, pues, de establecer con toda claridad estas discriminaciones que, por así decirlo, constituyen la columna vertebral de la moralidad. Las posibilidades irrestrictas no son aptas para el hombre. Con ellas su vida no haría más que diluirse en lo ilimitado. Para llegar a ser fuerte, se requiere una libre fijación de límites, impuestos por el deber. Únicamente al rodearse el individuo de tales restricciones y establecer libremente para sí mismo el mandato del deber adquiere significación como huésped libre.

EL TRÁNSITO DEL CHANCHO DURANTE EL AÑO DEL TIGRE

PREDICCIÓN GENERAL

Uno de los aliados escondidos del tigre es el chancho. La relación entre ellos es impresionante, porque donde sea que se junten estos dos la energía muta de agua a madera. La energía madera aporta valor, fuerza y ambición. En el lado negativo, la energía madera hace que el chancho se convierta en un verdadero jabalí de batalla, por lo que este año no se irá sin regalarle algún incidente que podría derivar en que el chancho se convierta en un paladín de la justicia. Solo le pedimos que a lo largo de estos meses su guía sea únicamente la prudencia, sobre todo porque si no controla su carácter, el año le podría provocar una ruptura amorosa, divorcio, visitas al hospital y una que otra demanda.

Enero

Hasta ahora, el búfalo ha sido benevolente. El año le trajo retos que seguramente pudo superar y se irá con un reto más, que le ayudará a revaluar las prioridades antes de que comience el año del tigre. Por lo pronto, tendrá la cabeza fría y el corazón caliente. Podrá resolver asuntos pendientes, poniendo como prioridad a su familia y amigos, pero dispondrá de tiempo para relajarse. Es recomendable que se mantenga ocupado, pues la energía agua podría provocar un poco de ansiedad a los chanchos de 1971 y 1983. Los demás no tendrán problema con esa energía.

Febrero

Este será el mes más complicado del año, no por falta de disposición o suerte, sino por demasiada energía madera. Esto le traerá mucha intensidad a sus relaciones, cosa que lo meterá en dificultades porque puede serntir celos y paranoia. Cualquier inconveniente de comunicación con la pareja se podrá resolver si comprende que no puede echarse encima los problemas emocionales de nadie, ni siquiera los de sus seres amados. Si no tiene pareja, este no es el mes adecuado para iniciar ninguna relación nueva o, peor aun, tratar de recuperar un amor del pasado.

Marzo

Este mes del conejo será muy parecido al anterior, pero la energía madera será mucho más fuerte y con eso se disolverán un poco el apego y los celos que sintió antes. Este mes trae más trabajo, concentración y un poco de mal humor, así que no tendrá tiempo para imaginar escenarios trágicos, y los chanchos de 1971 podrían obtener recursos económicos más favorables. Los de 1947 y 2007 querrán que los consientan; los de 1959 y 2019 tendrán la cabeza más clara. Los de 1935 y 1995 estarán muy ocupados con sus proyectos profesionales y pasatiempos.

Abril

El mes del dragón viene con unos días más o menos tranquilos y otros un poco complicados. Los días 11, 14, 23 y 26 serán los más difíciles. Es posible que sufra accidentes de poca importancia, como torceduras y caídas, o en algunos casos pequeñas riñas con clientes, colegas y compañeros de trabajo o escuela. Nada que no se pueda resolver con diplomacia o la ayuda de personas cabra o perro, capaces de manejar mejor los tratos con gente difícil. Los demás días tendrá mejor disposición para todo asunto artístico y podrá aprender alguna habilidad nueva.

Mayo

El chancho querrá saltarse este mes, lo cual no es posible, pero si se concentra en su desarrollo emocional más que en el social o el profesional, podrá pasarlo con tranquilidad. Este mes viene lleno de noticias falsas, fraudes, calumnias. Los más expuestos serán los chanchos de 1935, 1947 y 2007, que deberán tener cuidado con cualquier "empresa" que les pida dinero para contratarlos o cosas que huelan a multinivel o sistema piramidal. Los demás chanchos también podrían sufrir algún tipo de pérdida económica aun sin entrar en contacto con un canalla.

Junio

El mes del caballo trae consigo mucha energía fuego que podrá ayudar al chancho a controlar su nerviosismo o ansiedad, pero sus instintos estarán algo adormilados y eso podría meterlo en algunos problemas laborales o de negocios. Tiene que llevar las cosas con calma para no perderse detalles. Es importante no procrastinar tampoco, porque independientemente de su propia vida, el mundo estará un tanto agitado y parecerá que en el centro del tráfico siempre habrá un chancho provocando atascos. Evite desplazarse los días 7, 16, 19, 28 y 30.

Julio
Mes interesante. Toda la ansiedad que pudo haber sentido antes será borrada. Nada podrá detener al chancho. Le recomendamos bailar mucho, comenzar a hacer ejercicios de alto impacto, según sus posibilidades físicas, claro, pero incluso los chanchos de 1935 podrán ser los reyes de la pista de baile, aunque con moderación. Los de 2019 comenzarán a encontrar en el ritmo a un aliado que los puede acompañar toda la vida, así que aunque parezca muy temprano, hay que acercarlos a la música. Los de 2007 también necesitarán más música y deporte.

Agosto
El mes será catastrófico, no solo para el chancho sino para todo el mundo. Los chanchos de 1935, con su poder de palabra, y los de 1995, con sus capacidades físicas y mentales, querrán ayudar lo más posible a las personas que pudieran pasar momentos difíciles. La salud de los chanchos de 1947 no será la mejor, pero estarán muy conscientes de lo que sea que ocurra en sus comunidades y tendrán dones de coordinación, con la mente abierta a los cambios. Los de 1983 y 2007 tendrán ideas muy claras, que serán de ayuda en las redes sociales, y resultarán buenos debatiendo a favor de la verdad.

Septiembre
Este mes será particularmente peligroso. Podría meterse en problemas si reacciona con violencia ante cualquier provocación, ya que no habrá un solo testigo o juez que se ponga de su lado. Necesita aprender a guardar sus distancias, evitar la compañía y tratos con personas que le resulten irritantes. Los chanchos más susceptibles a reaccionar con ira serán los de 1947,

1971 y 2007. La manera más saludable para manejar su estado de ánimo es por medio de la danza, el ejercicio aeróbico o tomar largas caminatas en contacto con la naturaleza, y acompañarse de personas sensatas que le ayuden a calmarse.

Octubre

El perro se combinará con el tigre y traerá nuevamente mucha energía madera, en particular durante los días del caballo, 15 y 27, esta ráfaga de energía fuego en mitad de un mes que normalmente no contiene fuego podría traer problemas de salud a los chanchos de 1935, 1947 y 1971, que tendrán que poner atención a su presión arterial y consultar cualquier duda o notificar a sus médicos si advierten algún cambio, como dolores de cabeza o cuello. A los chanchos de 1959 esta energía les podría ayudar a aclarar conflictos internos, y a los de 2019, a controlar mejor la frustración. Los demás tendrán algo de mal genio.

Noviembre

El mes propio será complejo porque de nuevo se incrementará la energía madera del mundo. No habría mayores complicaciones, especialmente para los chanchos de 1995, pero a estas alturas del año, ya la mayor parte del chiquero está agotada. Este mes deberán dedicarlo a alimentar su vida intelectual y espiritual con más música y artes. Tendrán buen ojo para la fotografía, por ejemplo, pero también verán su tiempo limitado por responsabilidades nuevas. Necesitarán organizar mejor sus agendas, perder el miedo a las aplicaciones del móvil o la computadora.

Diciembre

Por fin el chancho tendrá un poco de energía agua, que vendrá con ayuda del la rata que rige el mes. Sentirá que la cabeza se le despeja de emociones encontradas y comenzará a pensar con más claridad. Las prioridades irán reacomodándose. Aún necesita apoyarse más en las nuevas tecnologías para avanzar en un mundo más complejo, pero incluso los chanchos de 1935 se sentirán más desenvueltos. Podrá prepararse para las fiestas y, ¿quién sabe?, tal vez haya una ventana para el romance.

PREDICCIONES PARA EL CHANCHO Y SU ENERGÍA

CHANCHO DE MADERA (1935-1995)

Año de recuperación anímica, psíquica, de reconexión con el mundo exterior. La pandemia lo sacudió emocionalmente y lo tuvo achanchado.

El año del tigre lo mantendrá más dinámico, atlético, con nuevos planes para reformular su vida familiar, enfocar el rumbo de nuevos estudios, participación social, para ser parte de una ONG que le permita reconstruir su ritmo laboral, conexión social, y afianzar el rumbo de su vida.

Aparecerán socios, amigos del pasado con ideas originales y renovadoras.

Propuestas de viajes con becas o estadías de investigación le harán conocer nuevas culturas y lo mantendrán activo y decidido a soltar el ancla y navegar nuevos rumbos.

Año que cambiará sus prioridades holísticamente.

CHANCHO DE FUEGO (1947-2007)

Despertará de un largo letargo y entablará una relación amistosa con el mundo.

Después de una crisis existencial, sentirá que el eros retorna a su vida.

La familia lo ayudará a recuperar la capacidad de autoabastecerse, generar cambios paulatinos en la relación con sus hijos, hermanos y amigos.

La experiencia de tiempos de pandemia le dio la posibilidad de introspección, de saldar deudas afectivas y saber quién es realmente.

Podrá oír el rugido del tigre en la selva; sentir que puede amar sin prejuicios y tener una relación que lo mantenga libre y feliz.

Deberá rendir cuentas legales, poner en orden herencias y aceptar un safari para cambiar el paisaje de su entorno.

Podrá recuperar el ánimo y la alegría de vivir.

CHANCHO DE TIERRA (1959-2019)

Despedirá al año del búfalo como a un maestro exigente que le brindó experiencias difíciles y lo puso a prueba con los límites emocionales, psíquicos y de cambios que estaban gestándose en su vida.

El año del tigre será de desafíos: decidirá dónde vivirá y construirá su casa, qué naves quemará y qué prioridades tendrá para mantener lo que logró a través de su vida.

Su deseo de libertad y de soltar amarras de una vida rutinaria llegará a su fin.

Entablará un diálogo con su pareja y su familia para proponerles tiempo compartido entre novedosos oficios, labores, *hobbies* y la búsqueda de nuevos recursos de inspiración y sustentabilidad.

Viajará a países donde podrá establecer lazos culturales y exponer su talento y sabiduría, ser reconocido y admirado.

La familia que despide y los nuevos integrantes que llegarán serán parte de su estado de restricción para administrar con lucidez sus ganancias y patrimonio.

Sentirá deseos de libertad, emancipación y *rebelión en la granja*.

Su corazón latirá fuerte; la pasión y el vértigo de un tren bala lo despertarán de una relación que transmutará en una amistad incondicional.

Crecerá espiritual y materialmente durante el reinado del felino.

CHANCHO DE METAL (1911-1971)

Después de un año de reencuentro familiar, de poner en orden las prioridades de su vida, de encauzar lentamente su profesión y sentir entusiasmo para imaginar proyectos diferentes, el tigre le brindará protección y valentía para nuevos desafíos.

A pesar de los cambios inesperados y bruscos en el mundo, que alterarán con sobresaltos la economía, la forma de vivir, sentirá que la prioridad es defender y cuidar al zoo ante nuevos riesgos de enfermedades o cambios en hábitos de vida.

Su corazón deberá estar alerta a decisiones que lo podrían enjaular en el futuro.

Viajará con libertad, alegría, renovando ideas, planes profesionales y nuevos amigos en el mundo.

Año que cambiará su estabilidad, su rutina con gente joven, creativa y nuevas propuestas de trabajo que estudiará con asesores para dar un salto cuántico en el próximo año del conejo.

CHANCHO DE AGUA (1923-1983)

Llegará celebrando el 1-2-2022, inicio del año del tigre, para indexar con plenitud las pruebas en el inframundo maya.

Su estabilidad emocional tuvo que atravesar pruebas de salud propias y con la familia que lo mantuvieron alejado del mundo.

Volverán los amigos, las reuniones creativas en la escuela, universidad o en la plaza del barrio donde desplegará su talento y solidaridad.

El año del tigre le marcará un nuevo GPS en ideas, proyectos, creatividad y compromiso social y político.

Será líder en la comunidad de los hombres, sentirá deseos de expresar sus ideas y buscar gente afín para concretarlas.

Un año de viajes a corto y mediano plazo a otros países, de investigación de nuevas culturas y cambios en su vida interior y *look*.

Habrá que estar alerta a los zarpazos del tigre, que llegarán cuando menos lo imagine.

Practique medicina preventiva y esté atento para detectar a los impostores.

L. S. D.

La profundidad del cielo no es nada,
el corazón humano es infinitamente más profundo.
El agua del pozo se vende por vino;
la mujer aún se queja de no tener cáscaras
para sus cerdos.
Xue Tao - Extracto del relato
Ya no tengo cáscaras para mis cerdos

Los años lunares exactos desde 1924 hasta 2032

SIGNO					
Rata	05/02/1924	a	24/01/1925	madera	+
Búfalo	25/01/1925	a	12/02/1926	madera	-
Tigre	13/02/1926	a	01/02/1927	fuego	+
Conejo	02/02/1927	a	22/01/1928	fuego	-
Dragón	23/01/1928	a	09/02/1929	tierra	+
Serpiente	10/02/1929	a	29/01/1930	tierra	-
Caballo	30/01/1930	a	16/02/1931	metal	+
Cabra	17/02/1931	a	05/02/1932	metal	-
Mono	06/02/1932	a	25/01/1933	agua	+
Gallo	26/01/1933	a	13/02/1934	agua	-
Perro	14/02/1934	a	03/02/1935	madera	+
Chancho	04/02/1935	a	23/01/1936	madera	-
Rata	24/01/1936	a	10/02/1937	fuego	+
Búfalo	11/02/1937	a	30/01/1938	fuego	-
Tigre	31/01/1938	a	18/02/1939	tierra	+
Conejo	19/02/1939	a	07/02/1940	tierra	-
Dragón	08/02/1940	a	26/01/1941	metal	+
Serpiente	27/01/1941	a	14/02/1942	metal	-
Caballo	15/02/1942	a	04/02/1943	agua	+
Cabra	05/02/1943	a	24/01/1944	agua	-
Mono	25/01/1944	a	12/02/1945	madera	+
Gallo	13/02/1945	a	01/02/1946	madera	-
Perro	02/02/1946	a	21/01/1947	fuego	+
Chancho	22/01/1947	a	09/02/1948	fuego	-
Rata	10/02/1948	a	28/01/1949	tierra	+
Búfalo	29/01/1949	a	16/02/1950	tierra	-
Tigre	17/02/1950	a	05/02/1951	metal	+
Conejo	06/02/1951	a	26/01/1952	metal	-
Dragón	27/01/1952	a	13/02/1953	agua	+
Serpiente	14/02/1953	a	02/02/1954	agua	-
Caballo	03/02/1954	a	23/01/1955	madera	+
Cabra	24/01/1955	a	11/02/1956	madera	-
Mono	12/02/1956	a	30/01/1957	fuego	+
Gallo	31/01/1957	a	17/02/1958	fuego	-
Perro	18/02/1958	a	07/02/1959	tierra	+
Chancho	08/02/1959	a	27/01/1960	tierra	-

SIGNO					
Rata	28/01/1960	a	14/02/1961	metal	+
Búfalo	15/02/1961	a	04/02/1962	metal	-
Tigre	05/02/1962	a	24/01/1963	agua	+
Conejo	25/01/1963	a	12/02/1964	agua	-
Dragón	13/02/1964	a	01/02/1965	madera	+
Serpiente	02/02/1965	a	20/01/1966	madera	-
Caballo	21/01/1966	a	08/02/1967	fuego	+
Cabra	09/02/1967	a	29/01/1968	fuego	-
Mono	30/01/1968	a	16/02/1969	tierra	+
Gallo	17/02/1969	a	05/02/1970	tierra	-
Perro	06/02/1970	a	26/01/1971	metal	+
Chancho	27/01/1971	a	14/02/1972	metal	-
Rata	15/02/1972	a	02/02/1973	agua	+
Búfalo	03/02/1973	a	22/01/1974	agua	-
Tigre	23/01/1974	a	10/02/1975	madera	+
Conejo	11/02/1975	a	30/01/1976	madera	-
Dragón	31/01/1976	a	17/02/1977	fuego	+
Serpiente	18/02/1977	a	06/02/1978	fuego	-
Caballo	07/02/1978	a	27/01/1979	tierra	+
Cabra	28/01/1979	a	15/02/1980	tierra	-
Mono	16/02/1980	a	04/02/1981	metal	+
Gallo	05/02/1981	a	24/01/1982	metal	-
Perro	25/01/1982	a	12/02/1983	agua	+
Chancho	13/02/1983	a	01/02/1984	agua	-
Rata	02/02/1984	a	19/02/1985	madera	+
Búfalo	20/02/1985	a	08/02/1986	madera	-
Tigre	09/02/1986	a	28/01/1987	fuego	+
Conejo	29/01/1987	a	16/02/1988	fuego	-
Dragón	17/02/1988	a	05/02/1989	tierra	+
Serpiente	06/02/1989	a	26/01/1990	tierra	-
Caballo	27/01/1990	a	14/02/1991	metal	+
Cabra	15/02/1991	a	03/02/1992	metal	-
Mono	04/02/1992	a	22/01/1993	agua	+
Gallo	23/01/1993	a	09/02/1994	agua	-
Perro	10/02/1994	a	30/01/1995	madera	+
Chancho	31/01/1995	a	18/02/1996	madera	-

SIGNO					
Rata	19/02/1996	a	06/02/1997	fuego	+
Búfalo	07/02/1997	a	27/01/1998	fuego	-
Tigre	28/01/1998	a	15/02/1999	tierra	+
Conejo	16/02/1999	a	04/02/2000	tierra	-
Dragón	05/02/2000	a	23/01/2001	metal	+
Serpiente	24/01/2001	a	11/02/2002	metal	-
Caballo	12/02/2002	a	31/01/2003	agua	+
Cabra	01/02/2003	a	21/01/2004	agua	-
Mono	22/01/2004	a	08/02/2005	madera	+
Gallo	09/02/2005	a	28/01/2006	madera	-
Perro	29/01/2006	a	17/02/2007	fuego	+
Chancho	18/02/2007	a	06/02/2008	fuego	-
Rata	07/02/2008	a	25/01/2009	tierra	+
Búfalo	26/01/2009	a	13/02/2010	tierra	-
Tigre	14/02/2010	a	02/02/2011	metal	+
Conejo	03/02/2011	a	22/01/2012	metal	-
Dragón	23/01/2012	a	09/02/2013	agua	+
Serpiente	10/02/2013	a	30/01/2014	agua	-
Caballo	31/01/2014	a	18/02/2015	madera	+
Cabra	19/02/2015	a	07/02/2016	madera	-
Mono	08/02/2016	a	27/01/2017	fuego	+
Gallo	28/01/2017	a	15/02/2018	fuego	-
Perro	16/02/2018	a	04/02/2019	tierra	+
Chancho	05/02/2019	a	24/01/2020	tierra	-
Rata	25/01/2020	a	11/02/2021	metal	+
Búfalo	12/02/2021	a	31/01/2022	metal	-
Tigre	01/02/2022	a	21/01/2023	agua	+
Conejo	22/01/2023	a	09/02/2024	agua	-
Dragón	10/02/2024	a	28/01/2025	madera	+
Serpiente	29/01/2025	a	16/02/2026	madera	-
Caballo	17/02/2026	a	05/02/2027	fuego	+
Cabra	06/02/2027	a	25/01/2028	fuego	-
Mono	26/01/2028	a	12/02/2029	tierra	+
Gallo	13/02/2029	a	02/02/2030	tierra	-
Perro	03/02/2030	a	22/01/2031	metal	+
Chancho	23/01/2031	a	10/02/2032	metal	-

Correspondencia según fecha de nacimiento y Ki nueve estrellas

AÑO	10 KAN		12 SHI		KI 9 ESTRELLAS
1919	Tierra menor	6	Oveja (cabra)	9	Fuego púrpura
1920	Metal mayor	3	Mono	8	Tierra blanca
1921	Metal menor	9	Gallo	7	Metal rojo
1922	Agua mayor	6	Perro	6	Metal blanco
1923	Agua menor	3	Jabalí (cerdo-chancho)	5	Tierra amarilla
1924	Árbol mayor	9	Rata	4	Árbol verde oscuro
1925	Árbol menor	6	Vaca (buey-búfalo)	3	Árbol verde brillante
1926	Fuego mayor	3	Tigre	2	Tierra negra
1927	Fuego menor	9	Conejo (liebre-gato)	1	Agua blanca
1928	Tierra mayor	6	Dragón	9	Fuego púrpura
1929	Tierra menor	3	Serpiente	8	Tierra blanca
1930	Metal mayor	9	Caballo	7	Metal rojo
1931	Metal menor	6	Oveja (cabra)	6	Metal blanco
1932	Agua mayor	3	Mono	5	Tierra amarilla
1933	Agua menor	9	Gallo	4	Árbol verde oscuro
1934	Árbol mayor	6	Perro	3	Árbol verde brillante
1935	Árbol menor	3	Jabalí (cerdo-chancho)	2	Tierra negra
1936	Fuego mayor	9	Rata	1	Agua blanca
1937	Fuego menor	6	Vaca (buey-búfalo)	9	Fuego púrpura
1938	Tierra mayor	3	Tigre	8	Tierra blanca
1939	Tierra menor	9	Conejo (liebre-gato)	7	Metal rojo
1940	Metal mayor	6	Dragón	6	Metal blanco
1941	Metal menor	3	Serpiente	5	Tierra amarilla
1942	Agua mayor	9	Caballo	4	Árbol verde oscuro
1943	Agua menor	6	Oveja (cabra)	3	Árbol verde brillante
1944	Árbol mayor	3	Mono	2	Tierra negra
1945	Árbol menor	9	Gallo	1	Agua blanca
1946	Fuego mayor	6	Perro	9	Fuego púrpura
1947	Fuego menor	3	Jabalí (cerdo-chancho)	8	Tierra blanca
1948	Tierra mayor	9	Rata	7	Metal rojo
1949	Tierra menor	6	Vaca (buey-búfalo)	6	Metal blanco
1950	Metal mayor	3	Tigre	5	Tierra amarilla
1951	Metal menor	9	Conejo (liebre-gato)	4	Árbol verde oscuro

AÑO	10 KAN		12 SHI		KI 9 ESTRELLAS
1952	Agua mayor	6	Dragón	3	Árbol verde brillante
1953	Agua menor	3	Serpiente	2	Tierra negra
1954	Árbol mayor	9	Caballo	1	Agua blanca
1955	Árbol menor	6	Oveja (cabra)	9	Fuego púrpura
1956	Fuego mayor	3	Mono	8	Tierra blanca
1957	Fuego menor	9	Gallo	7	Metal rojo
1958	Tierra mayor	6	Perro	6	Metal blanco
1959	Tierra menor	3	Jabalí (cerdo-chancho)	5	Tierra amarilla
1960	Metal mayor	9	Rata	4	Árbol verde oscuro
1961	Metal menor	6	Vaca (buey-búfalo)	3	Árbol verde brillante
1962	Agua mayor	3	Tigre	2	Tierra negra
1963	Agua menor	9	Conejo (liebre-gato)	1	Agua blanca
1964	Árbol mayor	6	Dragón	9	Fuego púrpura
1965	Árbol menor	3	Serpiente	8	Tierra blanca
1966	Fuego mayor	9	Caballo	7	Metal rojo
1967	Fuego menor	6	Oveja (cabra)	6	Metal blanco
1968	Tierra mayor	3	Mono	5	Tierra amarilla
1969	Tierra menor	9	Gallo	4	Árbol verde oscuro
1970	Metal mayor	6	Perro	3	Árbol verde brillante
1971	Metal menor	3	Jabalí (cerdo-chancho)	2	Tierra negra
1972	Agua mayor	9	Rata	1	Agua blanca
1973	Agua menor	6	Vaca (buey-búfalo)	9	Fuego púrpura
1974	Árbol mayor	3	Tigre	8	Tierra blanca
1975	Árbol menor	9	Conejo (liebre-gato)	7	Metal rojo
1976	Fuego mayor	6	Dragón	6	Metal blanco
1977	Fuego menor	3	Serpiente	5	Tierra amarilla
1978	Tierra mayor	9	Caballo	4	Árbol verde oscuro
1979	Tierra menor	6	Oveja (cabra)	3	Árbol verde brillante
1980	Metal mayor	3	Mono	2	Tierra negra
1981	Metal menor	9	Gallo	1	Agua blanca
1982	Agua mayor	6	Perro	9	Fuego púrpura
1983	Agua menor	3	Jabalí (cerdo-chancho)	8	Tierra blanca
1984	Árbol mayor	9	Rata	7	Metal rojo
1985	Árbol menor	6	Vaca (buey-búfalo)	6	Metal blanco
1986	Fuego mayor	3	Tigre	5	Tierra amarilla

AÑO	10 KAN		12 SHI			KI 9 ESTRELLAS
1987	Fuego menor	9	Conejo (liebre-gato)	4		Árbol verde oscuro
1988	Tierra mayor	6	Dragón	3		Árbol verde brillante
1989	Tierra menor	3	Serpiente	2		Tierra negra
1990	Metal mayor	9	Caballo	1		Agua blanca
1991	Metal menor	6	Oveja (cabra)	9		Fuego púrpura
1992	Agua mayor	3	Mono	8		Tierra blanca
1993	Agua menor	9	Gallo	7		Metal rojo
1994	Árbol mayor	6	Perro	6		Metal blanco
1995	Árbol menor	3	Jabalí (cerdo-chancho)	5		Tierra amarilla
1996	Fuego mayor	9	Rata	4		Árbol verde oscuro
1997	Fuego menor	6	Vaca (buey-búfalo)	3		Árbol verde brillante
1998	Tierra mayor	3	Tigre	2		Tierra negra
1999	Tierra menor	9	Conejo (liebre-gato)	1		Agua blanca
2000	Metal mayor	6	Dragón	9		Fuego púrpura
2001	Metal menor	3	Serpiente	8		Tierra blanca
2002	Agua mayor	9	Caballo	7		Metal rojo
2003	Agua menor	6	Oveja (cabra)	6		Metal blanco
2004	Árbol mayor	3	Mono	5		Tierra amarilla
2005	Árbol menor	9	Gallo	1		Agua blanca
2006	Fuego mayor	6	Perro	9		Fuego púrpura
2007	Fuego menor	3	Jabalí (cerdo-chancho)	8		Tierra blanca
2008	Tierra mayor	9	Rata	7		Metal rojo
2009	Tierra menor	6	Vaca (buey-búfalo)	6		Metal blanco
2010	Metal mayor	3	Tigre	5		Tierra amarilla
2011	Metal menor	9	Conejo (liebre-gato)	4		Árbol verde oscuro
2012	Agua mayor	6	Dragón	3		Árbol verde brillante
2013	Agua menor	3	Serpiente	2		Tierra negra
2014	Árbol mayor	9	Caballo	1		Agua blanca
2015	Árbol menor	6	Oveja (cabra)	9		Fuego púrpura
2016	Fuego mayor	3	Mono	8		Tierra blanca
2017	Fuego menor	9	Gallo	7		Metal rojo
2018	Tierra mayor	6	Perro	6		Metal blanco
2019	Tierra menor	3	Jabalí (cerdo-chancho)	5		Tierra amarilla
2020	Metal mayor	9	Rata	4		Árbol verde oscuro
2021	Metal menor	6	Vaca (buey-búfalo)	3		Árbol verde brillante

Un viaje por los años del Tigre

Tigre de Madera 26-01-1914 al 13-02-1915

• Se produjo el Atentado de Sarajevo, en el que el archiduque Francisco Fernando y su esposa fueron asesinados. Este hecho desencadenó en la Primera Guerra Mundial. • En Buenos Aires, el doctor Luis Agote realizó la primera transfusión de sangre del mundo, en el Hospital Rawson. • Tuvo lugar la batalla de las Islas Malvinas, la primera de la Primera Guerra Mundial.

Tigre de Fuego 13-02-1926 al 01-02-1927

• Se estableció una línea aérea regular para transportar pasajeros entre Montevideo, Uruguay, y Buenos Aires, Argentina. • Desde septiembre de 1926 hasta junio de 1927 ocurrió la Gran Inundación del río Misisipi, el río llegó a 10 metros por encima de su nivel normal. • En Londres, Reino Unido, se realizó la primera emisión de la BBC. • Tuvo lugar la primera llamada telefónica transatlántica entre Londres y Nueva York.

Tigre de Tierra 31-01-1938 al 18-02-1939

• Se estrenó, en Estados Unidos, la película *Blancanieves*, de Walt Disney, primer largometraje animado. • En Uruguay se implementó por primera vez el sufragio femenino en las elecciones generales. • En Estados Unidos apareció el personaje Superman, que sus creadores –el escritor Jerry Siegel y el artista Joe Shuster– vendieron por 130 dólares.

Tigre de Metal 17-02-1950 al 05-02-1951

• Se produjo un terremoto en la ciudad de Cusco, Perú, que destruyó gran parte de la ciudad. • Finalizó en Río de Janeiro, Brasil, el Mundial de Fútbol, y Uruguay se consagró campeón por segunda vez. • En México se inauguró el Canal 4, que fue el inicio formal de la televisión mexicana. • En Estrasburgo, Francia, se firmó la Convención Europea de los Derechos Humanos.

Tigre de Agua 5-02-1962 al 24-01-1963

• En Los Ángeles, Estados Unidos, falleció Marilyn Monroe. Fue hallada sin vida en su dormitorio. • En la revista *Amazing Fantasy* apareció por primera vez Spider-Man. • Se produjeron las ríadas del Vallés, una serie de inundaciones que provocaron la mayor catástrofe hidrológica de la historia de España.

Tigre de Madera 9-02-1974 al 10-02-1975

• La astronave Mariner 10, de origen estadounidense, realizó el primer sobrevuelo al planeta Mercurio. • En Estados Unidos, por escándalos por corrupción, el espionaje a los representantes del Partido Demócrata y el abuso de poder expuestos por el caso Watergate, dimitió Richard Nixon, presidente republicano.

Tigre de Fuego 9-02-1986 al 28-01-1987

• El primer ministro sueco Olof Palme fue asesinado en Estocolmo, Suecia. • A la ciudad de Santiago de Compostela, España, la UNESCO le concedió el título de Ciudad Patrimonio de la Humanidad. • En la ciudad de Ginebra, Suiza, murió el gran escritor argentino Jorge Luis Borges. • En Melbourne, Australia, fue robado el cuadro *La mujer que llora*, de Pablo Picasso.

Tigre de Tierra 28-01-1998 al 15-02-1999

• Los restos de Nicolás II de Rusia, el último zar, y de su familia fueron enterrados en la Catedral de San Pedro y San Pablo, en San Petersburgo, Rusia, luego de largos y minuciosos estudios. • En las cercanías de la Isla de Riou, que está a unos 20 km de Marsella, Francia, un pescador encontró una pulsera de identidad con el nombre de Antoine de Saint-Exupéry.

Tigre de Metal 14-02-2010 al 02-02-2011

• En 125 países, más de cuatro mil ciudades apagaron las luces durante una hora en "La hora del planeta" para hacer visible la lucha contra el cambio climático. • En Chile se derrumbó la mina San José, que dejó atrapados a treinta y tres mineros durante 69 días a 720 metros de profundidad. Todos pudieron ser rescatados con vida.

Bibliografía

- *El cielo a mis pies. Antología de la Poesía China Moderna*, Traducción, selección, introducción y notas: Blas Piñero Martínez, Poesía Hiperión, Madrid, 2013.

- Kushi, Michio: *Astrología Oriental*, Asociación Macrobiótica del Uruguay, Montevideo, s/f.

- Squirru, Ludovica: *Horóscopo chino*, Atlántida, Buenos Aires, 2002.

- Squirru, Ludovica: *Horóscopo chino*, Atlántida, Buenos Aires, 2010.

- Von Wurmb, Sigurd: *Una vida guiada desde el Cosmos*, Editorial Otros Mundos, Rosario, 1972.

- Wilhelm, Richard: *I Ching*, Sudamericana, Buenos Aires, 1996.

- https://es.wikipedia.org